£4.50

18/28.

Un asunto sensible

Literatura Mondadori, 404

Un asunto sensible

MIGUEL BARROSO

Barcelona, 2009

© 2009, Miguel Barroso
© 2009, de la presente edición en castellano para todo el mundo:
  Random House Mondadori, S. A.
  Travessera de Gràcia, 47-49. 08021 Barcelona
© Rafael Pérez (Reuters), por la foto de la p. 370

Primera edición en U.S.A.: noviembre de 2009

Printed in Spain – Impreso en España
ISBN: 978-0-307-39294-7

Distributed by Random House, Inc.

BD92947

Para G, M y F, por el honor.
Para E, A, T y L, por el valor.
Y también para Rafael y Vicente, por la amistad.

ÍNDICE

El 20 de abril de 1957, cuatro jóvenes dirigentes del Directorio Revolucionario, supervivientes del fallido asalto al Palacio Presidencial del dictador cubano Fulgencio Batista, fueron cercados y luego acribillados por la policía en el apartamento 201 del número 7 de la calle Humboldt de La Habana. Este hecho fue conocido como «El crimen de Humboldt 7».

El 14 de marzo de 1964, cuando habían transcurrido más de cinco años desde la victoria de Fidel Castro, se abrió el juicio por el crimen de Humboldt 7. Los autores que no lograron huir fueron fusilados en los días que siguieron al triunfo revolucionario. El único acusado que se sentó en el banquillo fue Marcos Armando Rodríguez, «Marquitos», joven comunista compañero de estudios de los asesinados. Marquitos fue sentenciado a muerte por un delito de delación al término de un proceso que conmovió a la opinión pública cubana dentro y fuera de la isla y por el que desfilaron las máximas autoridades del nuevo régimen, incluidos el presidente de la República, Osvaldo Dorticós, y el primer ministro y hombre fuerte, Fidel Castro.

El juicio dejó al descubierto las tensiones internas en el seno del poder revolucionario, debilitó a la vieja guardia comunista y salpicó a dos de sus exponentes más destacados, el matrimonio Joaquín Ordoqui-Edith García Buchaca. El viceministro de las Fuerzas Armadas y la ministra de Cultura testificaron bajo la sospecha de haber encubierto o amparado al delator. Estos hechos fueron conocidos como «El caso Marquitos».

El 16 de noviembre de 1964, seis meses después de concluido el proceso, Joaquín Ordoqui fue detenido y encarcelado bajo la sorprendente acusación de haber colaborado con la CIA norteamericana. El veterano dirigente comunista pasó el resto de su vida en prisión domiciliaria y falleció en 1973 reivindicando su inocencia hasta el último momento. Estos hechos fueron conocidos como «El caso Ordoqui».

Este libro está escrito con el propósito de responder a la multitud de interrogantes que rodearon los tres episodios. Lo hace a través de los testimonios de numerosos supervivientes, a partir del análisis de la documentación disponible y mediante datos nuevos, procedentes de los archivos de la CIA y también de la Seguridad checa. Todos los hechos recogidos son ciertos, aunque, por motivos de seguridad, los nombres de algunos testigos aparecen alterados.

Es el resultado de una investigación que se prolongó durante ocho años a través de Cuba, México, Guatemala, República Checa, Gran Bretaña, España y Estados Unidos. Da cuenta de una cadena de historias de crimen y traición, cuyas principales víctimas fallecieron hace tiempo. Y desenmascara por vez primera a varios de los culpables, que todavía hoy no han sufrido castigo alguno por sus actos.

I

EL CASO

La mentira se asienta seguramente sobre un fondo insignificante de verdad.

ERIC AMBLER, *El proceso Deltchev*

1

—Es un asunto sensible. Aquí, todavía, ese caso que a usted le interesa es un asunto sensible.

«Aquí» es La Habana, Cuba.

«Todavía» es noviembre de 2006.

«Ese caso» es el proceso a Marcos Armando Rodríguez, «Marquitos», un joven comunista, condenado y ejecutado en 1964 por haber delatado siete años atrás el refugio de cuatro dirigentes del Directorio Estudiantil Revolucionario. Una nube de policías al mando del comandante de la Quinta Estación, el sanguinario Esteban Ventura Novo, rodeó el número 7 de la calle Humboldt y acribilló a los cuatro jóvenes el 20 de abril de 1957.

«Usted» soy yo, el narrador.

Y «un asunto sensible» significa que, por alguna razón, la Seguridad cubana no desea que nadie remueva ese caso.

El autor de la frase, mi interlocutor, es Philip Burnett Franklin Agee, ex agente de la CIA a quien le queda poco más de un año de vida. Mientras la pronuncia no mueve un músculo. Lo único que se altera en mi campo visual es la ropa tendida que se ondula con la brisa en un balcón cercano. Estamos en la cocina de Agee, sentados frente a dos tazas de café denso y amargo.

Decir que la CIA detesta a Agee es quedarse corto. Agee es la bestia negra de la CIA, su enemigo jurado. Para empezar, fue su primer y único desertor ideológico: Agee abandonó una prometedora carrera escandalizado por la connivencia de la Agencia con las sanguinarias dictaduras latinoamericanas de los setenta. Para continuar, publicó *Inside the Company. CIA Diary*, un relato minucioso de las operaciones secretas de la Agencia en América Latina durante los sesenta. Para terminar, reveló los nombres de dos mil agentes encubiertos que operaban en Europa oriental y África. Y, por si faltaba una razón más, uno de esos dos mil agentes, Richard Welch, fue asesinado poco después por un grupo radical cuando ejercía como primer secretario de la embajada americana en Atenas.

El odio persiste más allá de los años, más allá de las distancias, más allá de la vida incluso; y trasciende también las tecnologías. En el buscador de la web de la CIA (www.cia.org) aparecen hasta veintinueve referencias a Philip Agee. Una de ellas corresponde a un discurso repleto de insultos pronunciado en 1999. El calificativo más suave es *traitor*, «traidor». Su autor fue George Bush, antiguo director de la Agencia, ex vicepresidente de Estados Unidos, ex presidente del país y padre del también ex presidente George W. Bush, así como de Jeff, gobernador de Florida, a su vez, segunda patria (aunque en ocasiones parece la primera) de los exiliados cubanos.

El último domicilio conocido de Philip Agee está en Cuba, a poca distancia de la Oficina de Intereses de Estados Unidos. La vieja embajada yanqui se alza en pleno Malecón de La Habana, a medio camino entre el monumento a las víctimas del acorazado *Maine* y la estatua ecuestre del general de las guerras de la independencia Calixto García. Y justo al lado, entre ese macizo de hormigón y cristal y el mar Caribe, desde una valla publicitaria que ilustra la mayoría de los reportajes tópicos sobre la Cuba revolucionaria, la viñeta de un miliciano desafía a la caricatura del tío Sam y proclama: «Señores imperialistas sepan que no les tenemos absolutamente ningún miedo». (El humor habanero completa la consigna: «Lo que les tenemos es mucha envidia».)

Agee desembarcó en Cuba después de patear medio mundo durante veinte años con la CIA en los talones. Fue expulsado de Inglaterra, Holanda, Alemania, Francia y España en los setenta. Fue despojado más tarde del pasaporte americano. Resolvió entonces cambiar de continente. Se refugió en Grenada cuando gobernaba en la isla antillana el marxista Maurice Bishop, que le otorgó una nacionalidad de conveniencia.

A Philip Agee le persigue la CIA, pero le persigue aún con más saña la mala suerte. A los dos años de desembarcar en Grenada, los marines invadieron la islita caribeña. No tuvo tiempo siquiera de hacer las maletas antes de dar un nuevo salto para refugiarse en la Nicaragua de la Revolución sandinista. Es sabido cómo acabó aquello. Agee volvió a escapar por los pelos antes de caer en manos de sus antiguos colegas.

Cuando mantenemos nuestra entrevista, la ocupación oficial de Agee es la de agente turístico. Dirige www.cubalinda.com, una agencia de viajes por internet especializada en ofertas turísticas para norteamericanos que burlan el embargo y saltan a la isla a través de Cancún (México) o Nassau (Bahamas).

Las páginas amarillas del listín telefónico de La Habana atribuyen el número 55-39-80 a Cubalinda.com. Un contestador informa que el número está fuera de servicio. En el teléfono de información 113 no les consta uno nuevo. Pero ese servicio no es del todo fiable. Como sucede casi siempre en La Habana, el mejor método para conseguir cualquier cosa es callejear y preguntar.

El antiguo espía ha cumplido ya setenta años. No refleja temor; a lo sumo, cautela. Como si quisiera emular al miliciano de la valla que desafía la representación diplomática yanqui, ha instalado su domicilio a cinco cuadras escasas de la sede de sus eternos perseguidores.

Habita un piso en una torre de apartamentos del reparto habanero de El Vedado. Está localizado en la pequeña zona comprendida entre la Maternidad de Línea y la antigua Funeraria Rivero; el tramo que en otras épocas se conocía con una expresión que bien podría resumir sus andanzas: «El espacio entre la vida y la muerte».

Agee me cita a las cinco de la tarde frente al portal de su casa. Los bajos albergan un registro del Ministerio de Justicia y distraigo la espera observando la cola que se churrusca bajo el sol y aguarda el forcejeo burocrático. Juego a adivinar el tipo de trámite que atormenta a cada cual. Agee llega con media hora de retraso a bordo del coche más común en la isla: «Un Lada es mejor que nada», proclama la publicidad popular habanera. Este Lada es de color rojo y lo conduce un mulato barbudo de mediana edad, rostro ametrallado de granos y tórax prominente que resalta una camiseta granate muy ceñida. El espía me saluda con un gesto y enfilamos juntos el sendero empedrado que lleva al portal. El mulato no abre la boca. Sólo nos sigue.

Entrevisté a Agee casi treinta años atrás en Barcelona, y su aspecto ha cambiado poco. Entonces tenía la apariencia de un dinámico profesor universitario yanqui. Ahora tiene el aire de un agotado profesor universitario yanqui. En lo demás, sigue igual: pantalones chinos, mocasines náuticos, camisa a cuadros con botonadura en el cuello, peinado con raya lateral. Se desplaza con lentitud, ha perdido vista y tiene dificultades para encajar la llave en la cerradura. Hace treinta años, titulé la entrevista con una de sus respuestas: «A los espías les importa un bledo la ética».

Por aquel tiempo, yo estaba fascinado por el mundo de los espías, los agentes dobles y triples y le pregunté: «¿Cómo puedo estar seguro de que realmente usted abandonó la CIA; que no sigue trabajando para ella?». Ahora esa pregunta sería tan superflua como la primera que le hice en La Habana:

—¿Funciona el elevador?

—Nunca se sabe —responde arqueando las cejas.

Funciona. Asciende renqueando varios pisos. Pero la luz mortecina y el inquietante crujido de los cables al rozar con las poleas producen la sensación de un tétrico descenso. No cruzamos más palabras hasta que hemos franqueado una reja, descorrido un cerrojo, liberado un candado y abierto una cerradura. Pienso en las noticias que corren sobre el aumento de robos y la inseguridad en la capital.

—Parece que hay muchos robos…

No me ha oído. Por lo menos, no contesta. El mulato sigue en silencio. Sólo observa con atención, como si estuviese haciendo prácticas para radar de tráfico. Agee se agacha para saludar a varios gatos blancos de distintos tamaños que se ondulan con las caricias.

El interior del apartamento es amplio y luminoso. Desde el pasillo contemplo un salón tapizado de libros y, al fondo, el mar. Con una inclinación de cabeza me invita a pasar a la cocina.

Nos acomodamos frente a dos tazas de café fuerte y oscuro. El mulato ha desaparecido de mi campo de visión pero llega el sonido de sus pisadas desde el office contiguo. Siento que Agee me está examinando. Me pregunta por mi llegada, por mi partida, por mi hotel. Podría decirse que me interroga con su mirada y con sus preguntas. La costumbre.

Evoco entonces nuestro anterior encuentro en Barcelona. Su libro *Diario de la CIA* acababa de traducirse al español.

—¿Recuerda quién lo publicó?

—Fue la editorial Laia —contesto seguro.

Cualquier hipotética ventaja que hubiese adquirido con mi veloz respuesta quedó anulada al instante, porque Agee apostilla sin pausa:

—La gente del PSUC… —deja la frase sin terminar y, tras evocar a los antiguos comunistas catalanes, vuelve a preguntar entornando los ojos, como si necesitara concentrarse para escarbar en ese yacimiento de recuerdos—: ¿Cómo se llamaba el director?

Me hace esa pregunta y un par más. Le doy la respuesta acertada a las tres. Calcula y me mira fijo a los ojos.

—De modo que es la segunda vez que usted y yo coincidimos…

—Así es —confirmo.

No le digo que he tenido noticias suyas de vez en cuando a través de la prensa, que le vi hace poco en *Comandante*, la película de Oliver Stone sobre Fidel Castro.

—¿Usted conoce la frase de Ian Fleming, el creador de James Bond? —me espeta.

Lo que me acaba de lanzar es más que una pregunta; es un preámbulo, porque no aguarda mi respuesta y continúa—: *Once is happenstance. Twice is coincidence. Three times is enemy action.* Una vez es casualidad… dos es coincidencia. Tres, una acción del enemigo.

Traduce con buen vocabulario y un rictus muy leve en los labios que quiero interpretar como un atisbo de sonrisa. Habla español con un marcado acento americano. Igual que en las fotos, igual que hace treinta años, tiene un rostro anguloso, como una esquina. Un perfil rapaz que la edad no ha suavizado. Y unos ojos claros que descifran las intenciones detrás de las palabras y los gestos. Me parece más práctico explicarle la verdad:

—Estoy empezando un relato ambientado entre Miami y La Habana a principios de los sesenta y he tropezado con el caso Marquitos. Me ha llamado la atención la resonancia pública que tuvo aquel juicio y sus repercusiones políticas. He leído las actas del proceso y hay muchas cosas que sigo sin entender sobre las motivaciones del delator, sobre la demora de años en procesarle…

Corta en seco:

—Es un asunto sensible. —Y recalca—: Aquí, todavía, ese caso que a usted le interesa es un asunto sensible.

Tiempo después, repasé las notas de aquella conversación y concluí que las palabras de Agee me habían proporcionado a la vez la clave del caso y el título de este libro. Pero para que sucediera eso faltaba aún bastante tiempo. Aquella tarde de noviembre de 2006 yo era sólo alguien cargado de dudas sentado en una cocina habanera inundada de sol frente a un espía al que restaba poco más de un año de vida.

2

Acabé de escribir mi novela *Amanecer con hormigas en la boca* en 1998. Es un libro que se puede leer de varios modos: como relato histórico, como novela negra... Para mí es, antes que nada, un drama que versa, como todos los dramas, sobre alguien que miente a alguien. El tema es doble: la amistad traicionada y, ante todo, la Revolución. Así, con mayúsculas. Acudí a la Revolución cubana porque era la más próxima, en la cultura y en el tiempo. La que había encendido la imaginación de generaciones recientes. Personas que han pasado un tercio de sus vidas preguntándose si es posible la Revolución, otro tercio si es deseable y la última parte si es reparable.

Aunque la acción de la novela transcurría en Cuba, trataba de la revolución en general, de cualquier revolución. Mientras la escribía intentaba responderme a estas preguntas: «¿Qué es una revolución para quienes la viven? ¿Qué signos preceden su llegada?». Me importaban poco las definiciones académicas. Me interesaba saber qué siente y qué piensa la gente cuando está a punto de estallar una revolución: ¿se percatan de lo que va a suceder?, ¿actúan en consecuencia?

Escribir la novela me sirvió para comprender que la respuesta en todos los casos es la misma: No.

Tengo entendido que Luis XVI anotó el 14 de julio de 1789 en su diario una sola palabra: «Nada». El dictador Batista puso pies en polvorosa en un avión cargado de dólares y acompañado de un puñado de secuaces la noche de fin de año de 1958. Los barbudos entraron en La Habana a las pocas horas, el primer día de 1959. Pero el horóscopo de la última semana de 1958 aconsejaba «aprovechar las oportunidades que se abren de hacer negocios con el gobierno». Está claro que los autores del zodíaco no aciertan siempre y tampoco son buenos analistas políticos. Pero Coca-Cola (y Coca-Cola sí tiene en nómina sagaces analistas) publicaba este anuncio en los primeros días de enero: «Coca-Cola saluda al pueblo cubano y le felicita por la recuperación de su libertad».

Casi nadie en Cuba, y desde luego nadie en La Habana, era consciente de estar viviendo una revolución. Por lo menos, no una revolución en el sentido marxista, un cambio radical de las estructuras de propiedad, del sistema económico y social. La palabra «Revolución» había cristalizado en Cuba como una voz retórica desde tiempos de José Martí y la lucha por la independencia. Podía significar reforma, también progreso, o, simplemente, cambio; era incluso sinónimo de la noción de dignidad. Otras veces servía para describir un revolico, un despelote, una choricera, ferretreque, guararey, recholata, timbeque, bayú. O sea: desorden, caos.

Mientras me documentaba para mi novela, comprendí que la Revolución, el cambio que convirtió la Cuba capitalista y republicana en un baluarte comunista por espacio de medio siglo, no se impuso súbitamente un día. Se abrió paso durante meses, años. El primero de enero de 1959 huyó en avión o en yate un puñado de gerifaltes batistianos, ardieron dos o tres edificios, se lanzaron por la ventana unas pocas ruletas y se derribaron a golpes de bate unos cuantos parquímetros. Pero los días 2, 3 y 4 de enero se vendieron más Oldsmobiles, se brindó de nuevo con sidra El Gaitero, se proyectaron nuevos negocios, se escrituraron flamantes apartamentos, Bola de Nieve continuó amenizando con sus boleros extremados las noches del Monseigneur, se apostaron fortunas en los casinos, las radionovelas arrancaron nuevos estremecimientos a las amas de casa, se exhibieron más y más superfluos abrigos de pieles. La Revolución vendría después. Fue, como se decía en la época, «un proceso».

Mi curiosidad se proyectó hacia delante y traté de comprender cómo vivió la gente ese «proceso». Decidí ampliar mi visión de la Cuba revolucionaria con una segunda novela, el segundo elemento del díptico. Poblada por los mismos personajes y ambientada entre La Habana y Miami, siguiendo el movimiento de esa parte de Cuba que, tras la Revolución, se desgajó de la isla y se dislocó a Florida. Ese segundo proyecto, aún en pie, se llama *Huracán sobre el azúcar*. Tomé el título prestado de una serie de artículos que Jean-Paul Sartre publicó a principios de los sesenta en *France Soir* tras una prolongada visita a Cuba.

Pasé el verano de 1999 encerrado en el Instituto de Filología y Lingüística de La Habana. Ocupa las antiguas dependencias de la desfalleciente Sociedad Económica de Amigos del País, en la avenida Carlos III. Un edificio de fachada jónica con un amplio y refrescante patio central. Dispone de una de las hemerotecas más surtidas y accesibles de la isla, unas bibliotecarias solícitas y una sala de lectura ventilada y luminosa. Son las condiciones ideales para documentarse a salvo de los frecuentes apagones.

Hojeaba la colección encuadernada de la revista *Bohemia* sin buscar nada definido. Acaso la cartelera cinematográfica, o el eco de los estertores de la noche habanera; quizás el reflejo cada vez más pálido del ambiente callejero, la declinante publicidad comercial, o bien las cada vez más exuberantes consignas políticas. Ese amasijo impreciso de información que entre los escritores se denomina documentación y en periodismo, «color».

Al llegar al segundo volumen de 1964, a la altura del número 12 de la revista fechado el 20 de marzo, tropecé con un amplio reportaje encabezado por el titular «Pena capital para el delator de los mártires de Humboldt 7». La crónica ocupaba seis páginas ilustradas. La primera estaba presidida por la toma frontal de un muchacho enfundado en una camisa blanca almidonada y vestido con un traje dos tallas por encima de su escuálida complexión; las manos entrelazadas en un gesto más de abatimiento que de reposo y los ojos y buena parte del rostro ocultos por unas gafas de carey de cristales tintados y dimensiones descomunales. El pie de foto sentenciaba: «Marcos Rodríguez: EL DELATOR». La segunda página del reportaje reproducía retratos de «los mártires de Humboldt 7».

Página de Bohemia *con el reportaje sobre el crimen de Humboldt.*

Cuatro muchachos encorbatados, con el aspecto característico de una época en que los jóvenes se esmeraban en parecer adultos y no al revés, como sucede ahora. Al lado, aparecía una fotografía que puedo describir con los ojos cerrados: un niño de unos cinco años con los pies juntos y las manos recogidas en la espalda observa el charco de sangre largo y espeso que se ha formado en el vestíbulo del edificio de la calle Humboldt, el escenario de la matanza. El reguero procede de algún punto invisible situado fuera de encuadre y desciende a lo largo de una quincena de escalones. «Los esbirros de Ventura arrastraros [*sic*] los cadáveres hasta la calle. El niño observa el rastro de sangre.» Así decía el pie de foto.

Tenía referencias vagas de la masacre o «crimen de Humboldt 7» por lecturas anteriores. La copiosa literatura oficial que siguió al derrumbe de la dictadura reservaba un espacio destacado a este caso al rememorar las atrocidades de la policía batistiana.

El 13 de marzo de 1957, cuatro estudiantes de poco más de veinte años, jóvenes dirigentes del Directorio Revolucionario, habían participado junto con decenas de compañeros en un espectacular asalto al Palacio Presidencial que estuvo a punto de costarle la vida a Batista y de cambiar el curso de la historia de Cuba. Sucumbieron en la acción más de la mitad de los asaltantes, entre ellos el primer dirigente del Directorio, José Antonio Echeverría, el popular «Manzanita». Los organizadores del asalto sólo contemplaban dos desenlaces: el triunfo o la muerte. «Seremos libres o caeremos con el pecho constelado a balazos», dejó escrito precisamente uno de ellos. Por eso los supervivientes, perseguidos por una policía rabiosa, tuvieron que buscar refugios improvisados en domicilios de amigos y familiares. Tras cinco semanas dando tumbos por la ciudad, los cuatro se ocultaron en el escondite que se convertiría en su tumba: el apartamento 201 del número 7 de la calle Humboldt.

Más de medio centenar de policías de la Quinta Estación de La Habana al mando del teniente coronel Esteban Ventura Novo rodearon el edificio por sorpresa y acribillaron a los cuatro revolucionarios. Los esbirros se comportaron en todo momento como si supieran a la perfección a quiénes buscaban y dónde encontrarlos. Por eso, siempre se sospechó que un delator había facilitado a la policía el crimen de Humboldt 7.

3

Esta historia arranca, pues, en agosto de 1999. En la Biblioteca del Instituto de Filología y Lingüística de la Universidad de La Habana, frente a un ejemplar de *Bohemia*. Exactamente el número 12 de 1964.

Para reponerme de la sorpresa levanté la vista y contemplé el cuadro que acaparaba la pared opuesta: *La inspiración*, de Eduardo Chinarro, retrataba a un hombre maduro en ademán contemplativo. Paseé luego la mirada por los grandes nombres del saber que presidían sin orden ni lógica la estancia: Shakespeare, Cervantes, Copérnico, Linneo, Pasteur, Confucio, Aristóteles, Leonardo, Erasmo... El reloj eternizaba las 9 y 58 minutos de algún día remoto.

Continué absorto la lectura de la crónica judicial:

«¡Éste fue el delator de sus compañeros...!» La voz dolida y enérgica a la vez de la viuda de Fructuoso Rodríguez se alzaba en el recinto de la Audiencia habanera, donde tenía lugar el juicio —sensacional e inesperado a la vez— contra Marcos Rodríguez, por haber delatado a los mártires de Humboldt 7.

El acontecimiento, sin lugar a dudas, evocaba una gran tragedia y una vil traición, la peor ocurrida en los convulsos tiempos de la lucha clandestina por la libertad de Cuba. Porque el acto infame llevó a la muerte a cuatro revolucionarios: Fructuoso Rodríguez, Juan Pedro Carbó Serviá, Joe Westbrook y José Machado.

Todos recordaban la amarga tarde del 20 de abril de 1957: el siniestro Esteban Ventura, al frente de una jauría de esbirros, llegando con infalible tino, guiado por la delación, al escondite de los cuatro dirigentes estudiantiles; el cerco implacable; el intento de escape; la matanza de jóvenes, a pocos pasos de la calle, por los policías apostados ventajosamente y con superioridad abrumadora de armamento.

Luego, el desolado periplo de padres y madres de estación en estación, burlados por las hienas policiales, sin saber dónde estaban sus hijos, mordidos ya por la sospecha de varios cadáveres. Y el encuentro imborrable con el despojo de lo que más querían, acribillado a balazos.

La crónica, sin firma, proseguía en tono vibrante:

De todo aquel despliegue de crimen y pena era responsable el hombre, joven aún, que se sentaba en el banquillo de los acusados, Marcos Armando Rodríguez, el hombre que, inverosímilmente, había escapado durante siete años al justo castigo por su monstruosa acción.

Pero toda la acusación actual revestía carácter secundario, de pura confirmación, frente a la actitud del acusado, que confesaba ser culpable del hecho repugnante porque [*sic*] se le juzgaba.

Con la cabeza y la voz bajas, escondiendo la mirada de los testigos de la acusación −todos ellos miembros del Directorio Revolucionario y compañeros de los mártires− Marcos Rodríguez, ex miembro de la Juventud Socialista,[1] relataba los pormenores de su traición.

El párrafo completaba la primera doble página del reportaje. Me detuve en este punto y tomé aire. Llevaba ya semanas procesando periódicos y revistas del período revolucionario y lo que acababa de leer resultaba absurdo, un sinsentido. Si una cosa había aprendido examinando toneladas de impresos es que para la fecha del juicio, cinco años después del triunfo revolucionario, no existía en Cuba un solo medio de comunicación independiente del poder. Diarios, radios y estaciones de televisión habían sido nacionalizados a principios de 1960. Y desde mucho antes nada de lo que se publicaba en la prensa aparecía por azar

1. Comunista.

o fuera de control. Ese asombro quedó reflejado en mi cuaderno: «Es mucho más que "sensacional e inesperado", como dice el cronista. Es incomprensible. ¿Cómo es posible que la prensa vincule abiertamente a un militante comunista con un caso de traición?», anoté.

Había transcurrido un lustro desde el derrocamiento de Batista; se habían cumplido tres años desde la fallida invasión de bahía de Cochinos y la proclamación del carácter socialista de la Revolución; dos, desde el alineamiento incondicional con el campo soviético, y poco menos desde la crisis de los misiles que colocó al mundo al borde de la guerra atómica. Las tres principales fuerzas antibatistianas —el Movimiento 26 de Julio de Fidel Castro, el Directorio Revolucionario, ya muy debilitado, y el viejo partido comunista prosoviético (PSP)— habían emprendido un proceso de unificación tiempo atrás hasta confluir en el Partido Unido de la Revolución Socialista de Cuba (PURSC) regido por una cúpula integrada por miembros de las tres facciones y encabezada por el líder máximo, Fidel Castro.

De pronto, el semanario de mayor circulación de la isla daba cuenta de un juicio público a un militante comunista acusado de delación. Desfilaban, además, por el estrado como testigos de cargo un ministro y varios militares de alta graduación procedentes del Directorio Revolucionario.

Sentimientos difíciles de describir se reflejaban en los semblantes de los magistrados y asistentes cuando escuchaban al Judas —pálido, correctamente vestido, con enormes espejuelos que parecían subrayar el equívoco de su aspecto— narrar cómo utilizó la confianza que en él tenían depositada los líderes estudiantiles escondidos para poner en conocimiento de Ventura la dirección de aquéllos.

El resto de la crónica se ilustraba con imágenes de varios testigos y del fiscal; con instantáneas del escenario del crimen (la entrada desportillada del apartamento 201, la fachada del bloque); y con escenas del duelo popular que envolvió el entierro en la Necrópolis de Colón. Pero mi asombro fue máximo al llegar al pasaje que insinuaba como origen de la delación la acerba rivalidad política entre el Directorio Revolucionario y el viejo partido comunista (PSP).

Uno de los puntos más trascendentales del proceso afloró en el interrogatorio: el de los móviles de la traición. ¿Qué diferencias existían entre al acusado y las víctimas?

–Principalmente obedecían a que discrepábamos sobre los métodos de lucha –expresó el acusado.

El presidente de la sala, Jesús Valdés García, quiso conocer cómo esas discrepancias estorbaban las relaciones de Rodríguez con el grupo del Directorio. Respuesta del acusado:

–Es que yo quería influir políticamente sobre ellos.

Intervino el fiscal:

–¿En qué organización militaba usted?

–Durante dos años o más milité en la Juventud Socialista…

En 1964 hacía tiempo que no existía prensa independiente. Otro tanto sucedía con el poder judicial independiente, muy maltrecho ya durante el régimen de Batista. La Constitución de 1940, y junto con ella todas las garantías judiciales, había sido frecuentemente atropellada durante la dictadura batistiana y cancelada por el nuevo régimen revolucionario. Nueve de cada diez magistrados del Tribunal Supremo y más de dos tercios de los jueces y abogados del país colgaron la toga y pasaron a ejercer como porteros de noche, aparcacoches o jardineros en Florida. Tres años antes del juicio de Humboldt 7 se había declarado oficialmente «abolida la doctrina burguesa de la separación de poderes y de la independencia y neutralidad política de la justicia».

Había tropezado con algo desconcertante: una crónica en la prensa oficial acerca de un proceso celebrado en los tribunales del poder que fustigaba la negligencia del poder («Marcos Armando Rodríguez, el hombre que, inverosímilmente, había escapado durante siete años al justo castigo por su monstruosa acción») y que insinuaba la connivencia comunista en un monstruoso crimen perpetrado contra mártires revolucionarios.

La crónica concluía en tono trágico:

Cuando el fiscal comenzó su informe, destacó la coincidencia del proceso con la efeméride del 13 de marzo, de cuyas acciones heroicas habían sido sobrevivientes los dirigentes inmolados más tarde por la policía.

Con palabras emotivas pidió que se hiciera justicia revolucionaria a través del fusilamiento.

–Para los mártires de la patria, la muerte es el salto a la gloria eterna en la memoria de su pueblo, mientras que para los traidores, la muerte es el oscuro final con que pagan sus crímenes y su infamia –dijo el fiscal.

Tan abrumadoras eran las circunstancias para el acusado que su mismo defensor sólo pudo solicitar clemencia.

Al cierre de esta edición, el juicio quedaba concluso para sentencia. Pero era fácil anticipar cuál sería ésta.

Anoté esta última frase y la subrayé. Y más abajo: «¿Qué significa el equívoco de su aspecto?».

Recogí mis papeles y caminé hacia el mostrador para devolver la colección de *Bohemia*. A través de los ventanales abiertos irrumpía el bullicio de un círculo infantil. A la izquierda, en un banco del patio, conversaban dos ancianos frente a un estanque verde rodeado de aspidistras y sin gota de agua. Consulté los diarios correspondientes al mes de marzo de 1964 disponibles en la biblioteca.

–Tenemos las colecciones completas de *Hoy* y de *Revolución*. Eran los únicos que aparecían por aquellas fechas –me informó cansinamente la bibliotecaria, una mujer cetrina y enjuta, reclutada seguramente ya para la muerte.

–¿Me los puede tener listos para mañana?

–Eso va a estar complicado.

–¿Y pasado mañana? –dije, resignándome a la parsimonia local.

–No es cuestión de tiempo. El problema es que para manejar los diarios de todo ese período se necesita una autorización especial.

La caída pronunciada de ojos denotaba que no hablábamos de cualquier problema ni de cualquier autorización. Ese gesto equivalía a una negativa.

–¿De qué período?

–En realidad, desde diez años para atrás…

–¿Quién concede la autorización?

La funcionaria alzó la mirada hacia un punto impreciso del techo y respondió:

–Depende del Consejo de Estado… Son las instrucciones que bajaron…

Todavía no sé si aquel día de agosto buscaba algo o ese algo me buscaba a mí. Al cabo del tiempo esa duda no importa gran cosa. Fuera, un sol feroz requisaba todas las superficies disponibles e imprimía un tono de amargura luminosa a la mañana.

4

El «Crimen de Humboldt 7», acontecido en 1957, y aireado con profusión por la prensa tras el derrocamiento de Batista en 1959, se había transformado en 1964 en el «Caso Marquitos». Y fue justamente «Caso Marquitos» la referencia que utilicé para archivar las fotocopias de la crónica del juicio. Proseguí la documentación de mi proyectada novela durante el resto del verano y, a ratos perdidos, todo el curso siguiente. Mis escuetas notas sobre Humboldt y Marquitos quedaron relegadas. Finalmente, sin embargo, la escritura hirviente se impuso. Fue el resultado de una evolución sosegada que transformó mi sorpresa en obsesión.

Aproveché las siguientes vacaciones para viajar a Miami. Planeaba recoger informaciones sobre el exilio cubano de principios de los sesenta, antes de que cuajara el paisaje actual de Little Havana.

El éxodo cubano inicial arribó a Miami en tres oleadas. La primera estaba formada por militares, policías y políticos batistianos y por una gavilla de malversadores y desfalcadores. Ambos grupos eran tan inseparables que en realidad formaban uno solo y asomaron en Florida con el año nuevo del 59.

La segunda oleada se registró a lo largo de los meses siguientes y se alimentó de los damnificados por la reforma agraria y por la reforma urbana, también con profesionales y empresarios. La tercera ya incorporaba representantes de casi toda la sociedad cubana, con predominio claro de los medios urbanos sobre el campo, de los blancos sobre los negros, de los católicos sobre los no creyentes y de la clase media sobre los trabajadores. Se disparó en 1961, al fracasar el intento de invasión de bahía de Cochinos. Ése fue el momento en que para muchos se desmoronó un mito que había mantenido vivas las esperanzas de los enemigos de la Revolución. Ese mito proclamaba: «Los americanos no permitirán que arraigue el comunismo a noventa millas de su suelo».

En poco tiempo se asentaron en Florida más de cien mil cubanos. Se amontonaban en el Riverside, la parte más desvencijada de lo que sería con los años la Pequeña Habana. Ocupaban las *efficiencies*, pequeñas casas plantadas sobre pilotes que antes habían evacuado los *white trash*, los americanos pobres. Con el primer dinero que conseguían, los isleños revistieron la madera exterior de las casas para conjurar el recuerdo de los bohíos miserables habitados por los guajiros de su tierra. Tabicaron los porches para sacar habitaciones suplementarias en las que alojaban a los familiares recién llegados. «Nos llaman gusanos —bromeaban—, pero vivimos como sardinas.»

Los domingos coincidían todos en la misa matinal de la iglesia jesuita del Gessú; a la salida hojeaban los *periodiquitos* de los doscientos grupos rivales del exilio, todos ellos financiados de un modo u otro por la CIA. Cualquier lugar era bueno para porfiar de política. El Lila's, por ejemplo, donde tomaban una *mentirita* (un cuba libre); o el súper de la calle Ocho; también el Royal Castle donde los más tragones se despachaban las hamburguesas gigantes. También el parque, entre ficha y ficha del dominó. El *Patria*, el periodiquito de mejor presencia, editado por nostálgicos de Batista, publicaba una rúbrica semanal con la lista de ex fidelistas fugitivos bajo el título «Siguen llegando» y con epigramas mortificantes: «Quién te iba a decir entonces / que tan pronto te iba a ver / en la puerta del Refugio / y hablando mal de Fidel».

Dediqué varias jornadas a recorrer aquellos parajes y a evocar aquel ambiente de Flagler Street, donde algunos comercios llegaron a prohibir el ingreso a «dogs, blacks & cubans». Conversé con veteranos del exilio; rastreé en La Moderna Poesía, Libros Españoles y en Universal, las mejores librerías hispanas de la zona, además de puntos de encuentro y tertulia. Y desemboqué, al fin, donde terminan todos los que buscan información solvente sobre Cuba: la Cuban Heritage Collection.

La CHC es el reverso del Instituto de Filología y Lingüística de La Habana, que tan bien conocía. Fondos meticulosamente microfilmados, cómodamente consultables en dependencias funcionales, radicadas en un despejado campus universitario de vegetación frondosa y enclavado en un barrio apacible, lindante con el distrito residencial de Coral Gables.

Allí se custodia la otra mitad que completa la escindida historia de Cuba. Igual que las familias, con una parte a cada lado del Caribe, existen dos versiones del futuro, pero también del pasado. La oficial, plasmada en la prensa editada en la isla; y la otra, la del exilio. En ocasiones —como sucede también con ciertas librerías, o restaurantes, o confiterías que se han expatriado siguiendo los pasos de sus dueños—, las publicaciones también se dividen en dos. Ése fue el caso, por ejemplo, del semanario *Bohemia*. Su propietario, Miguel Ángel Quevedo, preservó durante la dictadura de Batista un precario espacio de libertad. Tras la victoria de la Revolución, se alineó resueltamente con Fidel Castro.

El 22 de mayo de 1960 *Bohemia* apareció con un editorial que proclamaba: «La Revolución ha dado pan al cubano hambriento, ha dado tierras al cubano despojado, letras al cubano ignorante, ha dado medicinas al cubano enfermo, esperanza y orgullo al cubano fiel …». Algo debió de escasear en ese reparto, porque el cubano editor del semanario, Miguel Ángel Quevedo, se refugió una semana después en la embajada de Venezuela y se exilió a continuación en Caracas.

Allí fundó *Bohemia Libre*, semanario itinerante entre Puerto Rico y Caracas. Aguantó así un tiempo. Después, la nostalgia y la desesperación pudieron con él y practicó el tiro al blanco en su propia cabeza.

Pero eso ocurrió más tarde. En 1964, *Bohemia Libre* aún aparecía. Y, por alguna razón que todavía me cuesta entender, al igual que tantas esquinas de esta historia, cuando rellené el for-

Página de Bohemia Libre *con reportaje sobre el crimen de Humboldt.*

mulario, la primera publicación que pedí en la biblioteca fue el *Bohemia Libre* correspondiente a marzo de aquel año, a las semanas del juicio de Humboldt 7.

Allí estaba la crónica, bajo el título «UN COMUNISTA AL PAREDÓN». Ni rastro del lirismo de la *Bohemia* gemela. Sí, en cambio, muchas preguntas, abundantes conjeturas y algún que otro dato nuevo.

El reportaje refería primero «los hechos»:

> Durante la segunda semana de marzo, un tribunal constituido en la Audiencia de La Habana condenó al paredón de fusilamiento

al señor Marcos Armando Rodríguez Alfonso. Sobre él gravitaba la acusación de delatar en abril de 1957 a cuatro miembros de la organización insurreccional Directorio Revolucionario: los delatados fueron asesinados por la policía represiva del régimen de Batista el 19 [*sic*] de abril de 1957.

El condenado, Marcos Rodríguez, pertenecía desde el año 1954 al Partido Comunista. Durante el proceso, el acusado enfatizó que había entregado a los cuatro miembros del Directorio Revolucionario «por razones ideológicas».

Los acusadores durante el proceso fueron los comandantes Faure Chomón, ministro del Transporte, Raúl Díaz Argüelles, Alberto Mora y Guillermo Jiménez, la señora Martha Jiménez y otros destacados miembros del Directorio Revolucionario.

«La primera vez que lo vi –testificó un comandante del Directorio– fue en la Universidad. Me llamaron la atención su gesto arrogante, su camisa roja y sus sandalias amarillas, porque en Cuba es raro ver a alguien con semejantes sandalias.»

Subrayé este párrafo y anoté: «Coincide con la alusión al aspecto equívoco de la *Bohemia* oficial». Continué leyendo:

El acusado fue hallado culpable y condenado a la pena máxima que imponen las leyes cubanas actuales.

Resultaban llamativas las coincidencias entre las dos *Bohemia* gemelas: 1) confirmación de la delación en el crimen de Humboldt 7; 2) admisión de la culpabilidad de Marquitos; 3) filiación comunista del acusado; 4) insistencia en los móviles ideológicos del delito; 5) alusión al aspecto equívoco del procesado.

La próxima sorpresa me aguardaba en el siguiente renglón:

Pero el caso no se cerró con la condena: los miembros del Directorio Revolucionario exigieron en cartas a la prensa el esclarecimiento total del caso, basándose en los siguientes puntos:

Tras el triunfo de la Revolución, Marcos Rodríguez regresó a Cuba y en vez de ser sometido a la justicia por su traición, recibió una beca del comandante Joaquín Ordoqui para estudiar en Checoslovaquia.

Las palabras y los hechos deducidos del proceso comprometían a Edith García Buchaca, miembro como su esposo Joaquín Ordoqui del comunismo tradicional, por haber proporcionado amparo al acusado y recibido tras el crimen, ya en el exilio mexicano, la confidencia de su delación, que ella disculpó diciéndole que, laborando arduamente en el futuro, podía purgar su pena y ser un comunista puro.

En la crónica publicada en Cuba se deslizaban vagas alusiones a la responsabilidad de los comunistas. Esta nueva versión de *Bohemia Libre* iba más lejos. Ponía nombre a esa implicación: Edith García Buchaca y Joaquín Ordoqui. La primera desempeñaba en el momento del juicio la secretaría del Consejo Nacional de Cultura (equivalente a ministra); su esposo ostentaba el grado de comandante (máximo en la jerarquía militar cubana) y era nada menos que el viceministro primero del Minfar (Ministerio de las Fuerzas Armadas Revolucionarias), el brazo derecho de Raúl Castro. Aquello tenía toda la apariencia de una batalla entre facciones opuestas del poder revolucionario:

> En los círculos cubanos, en el seno de los organismos estudiantiles y –a media voz– en toda Cuba, las pruebas de la coincidencia de los comunistas con los agentes policiales del régimen anterior eran el diálogo obligado. Se agudiza la vieja pugna existente desde la Sierra entre los revolucionarios de origen democrático y los miembros del comunismo isleño.

La crónica se cerraba con las preguntas que, según su autor, quedaban sin respuesta tras el juicio:

> ¿Por qué el delator en vez de ser sometido a juicio tras el triunfo de la Revolución recibió una beca para que estudiara en Checoslovaquia? ¿No se prueba así que los comunistas eran capaces de colaborar con el régimen de Batista «por razones ideológicas»? Y, sobre todo, ¿por qué permitió Castro la celebración pública de un proceso que ha desprestigiado al tradicional Partido Comunista de Cuba?

Tiempo después intentaría responder a estos y otros muchos interrogantes. Por el momento, aquel episodio, o mejor, aquella cadena de episodios de la que entonces sólo conocía algunos eslabones, ganaba espacio en mi cabeza. Aquella singular combinación de crimen sanguinario, ruin delación y despiadada intriga política comenzaba a desplazar mis proyectos originales de escritura. Anoté escuetamente: «¿Qué hay detrás de este juicio?».

5

Esa misma noche cené con un grupo de cubanos. Entre ellos, Eddy Castejón, un ejemplar exótico incluso entre la variopinta fauna del exilio miamense. Corpulento y atlético, pese a sus setenta años largos, sigue en activo y se gana la vida proyectando instalaciones de aire acondicionado. Habita solo una casita en Hialeah (Pradera Alta, en lengua semínola) y frecuenta el Versalles y otros restaurantes del South West (Sagüesera, en lengua cubana), donde despotrica contra el «Insepulto», término con que alude a Fidel Castro, guardándose de pronunciar su nombre. Observa el mundo a través de unas gafas redondas bifocales y cultiva en todo momento la institución más arraigada en Cuba: el choteo. Eddy es decididamente un jodedor, es decir, un bromista, y para él no existe en el universo una sola pena tan atroz que merezca un gesto grave.

Hasta ahí, Eddy tiene todo en común con miles de cubanos de su edad que deambulan por las aceras de la calle Ocho o que discuten con sofoco sobre béisbol (en cubano, *pelota*), en el Parque Central de La Habana. Lo original, lo extravagante, lo singular, es que Eddy se exilió de Cuba porque era y es *libertario*. Es decir, anarquista. En realidad, ha consagrado su vida a recopilar y difundir la historia del anarquismo en Cuba a través de artículos, charlas, conferencias, libros. Es poco lo que un anarquista puede hacer por su causa en una ciudad como Miami. En realidad, resulta imposible imaginar un territorio más dominado por la búsqueda frenética del dinero y del éxito y, por tanto, menos fértil para las doctrinas de Bakunin. De modo que Eddy canaliza su activismo en las reuniones semanales que celebra en la librería Universal de la calle Ocho con media docena de correligionarios locales, en las frecuentes visitas a los compañeros españoles de la CNT-FAI y en ocasionales desplazamientos a Toulouse, París o Roma, generalmente para pronunciar conferencias de temática histórica y para participar en debates.

Estamos en el Versalles, en la confluencia de la calle Ocho y la avenida Treinta y cinco, en el mismo centro geográfico y social de la Pequeña Habana, a sólo dos cuadras del cementerio Woodlawn, que guarda los restos de muchos cubanos célebres, entre ellos el despiadado dictador Gerardo Machado. El Versalles es la catedral local de la gastronomía y del *picuísmo*, la cursilería cubana. Del *Cuban kitchen* y del *Cuban kitsch*. La decoración de escayola y espejos se inspira en una especie de estilo persa-colonial-Luis XV, salpicado de un toque nostálgico que corre a cargo de fotografías coloreadas evocadoras de una Habana idealizada.

Damos cuenta de un aperitivo de frituritas de malanga, más el plato combinado número 3, compuesto de picadillo y tamales. Todo regado con Hatuey helada. Algunos veteranos de bahía de Cochinos trasiegan en el mostrador posterior un café bien cargado en un vasito de plástico, de los que usan en la Social Security para dosificar grageas. En la barra, alguien lee los obituarios del día y un corrillo puja por fijar la fecha de la caída de Castro.

—Miami ya no es lo que era —suspira Eddy.

—¿En qué notas el cambio?

—Figúrense que hace unos días durante toda una tarde de conversación y mojitos ninguno de mis amigos mencionó Cuba o al Insepulto. El tema fue exclusivamente esa pequeña píldora azul que puede conseguirse en el mercado negro por la mitad del precio normal… ¡Mi hermano, las prioridades cambian, ahora el Viagra puede con el Insepulto! ¡Miami ya no es lo que era! —Estalla en una carcajada.

Eddy incide de inmediato en su tema favorito.

—A veces se ha criticado al anarquismo cubano porque llegó de Europa, porque no era autóctono. Pero ¿qué otras ideas en

Cuba no han venido del otro lado del mar? ¡Coño, si somos una isla! Los ideales de la independencia —continúa— procedían de Estados Unidos. Y el reformismo autonomista venía de Canadá; y ¿de dónde más que de Galilea venía el cristianismo? En Cuba no hay nada autóctono, porque a los indios los mataron ustedes. ¡A todos! —Me apunta con un índice acusador. Y remata airado su razonamiento—: Así que decir que las ideas anarquistas vinieron de allende los mares es muy marxista. Claro, yo les pregunto a los marxistas: ¿Y de dónde vino el marxismo a Cuba, o es que éste —señala el busto arrogante del indio Hatuey de la botella de cerveza— era marxista cuando ustedes le dieron candela? —Eddy libera otra cascada de risas que apaga con un trago de cerveza a pico.

Le relato entonces mis lecturas en la Cuban Heritage Collection. Eddy, como se habrá adivinado, es un anticomunista visceral, ferviente, rabioso. Odia a los comunistas como sólo se detesta a los parientes muy próximos que disputan una herencia. Es un odio acaso tan feroz como el de los ultraderechistas más furibundos. Y en Miami se encuentran anticomunistas tan ofuscados que sostienen que Batista era, en realidad, un comunista camuflado y facilitó a propósito la victoria de Castro. Puede que sea cierto que el odio es una forma de intimidad, porque el anticomunismo de Eddy no es hijo de un resentimiento paralizador y sofocante. Eddy Castejón se quedó en Florida aprovechando su luna de miel y no perdió tierras, ni apartamentos, ni negocios. Dejó atrás a unos cuantos camaradas detenidos en el presidio de La Cabaña y unos sueños juveniles hechos trizas. Eddy odia a los comunistas por razones distintas:

—Estos de aquí, son unos criminales, unos imperialistas, lo que tú quieras… ¡unos fascistas! —Acentúa el último adjetivo. Lo proclama en voz alta y traza con la zurda un gesto vago que no se sabe si abarca el comedor del Versalles, Little Havana, la península de Florida o el hemisferio completo—. ¡Pero al menos éstos han construido, coño, han puesto en pie cosas! El Insepulto lo único que ha hecho ha sido destruir mi país. Hay gentes que se extrañan de que un libertario critique tan duramente a Castro porque suponen que ha distribuido, que ha repartido riqueza. Yo les *riposto* que ha distribuido miseria y la miseria es la única cosa que repartida entre más, toca a más —concluye con sorna.

—A propósito de comunismo, tengo un par de consultas —le anuncio a Eddy.

—Dispara —responde solícito.

—La primera duda es sobre el significado de una referencia a un personaje que encontré en un *Bohemia Libre* de 1964.

—¿Qué personaje?

—Marcos Rodríguez, un muchacho que juzgaron por delatar a los cuatro estudiantes de Humboldt 7.

—¿Marquitos, el comunista? Lo descangañaron, lo hicieron talco.

—Entonces, ¿seguro que era comunista?

—¿Tiene barba el Insepulto? ¿Qué tú quieres saber?

—Trato de entender una alusión a la indumentaria de Marquitos. —Leo mi cuaderno: «La primera vez que lo vi fue en la universidad. Me llamaron la atención su gesto arrogante, su camisa roja y sus sandalias amarillas, porque en Cuba es raro ver a alguien con semejantes sandalias»—. ¿Cómo lo interpretas?

—Yo no pisé la universidad, porque ayudaba a mi tío en su negocio; pero sí te puedo decir que uno que llevara sandalias amarillas y camisa roja en aquella época, de seguro era *cherna* —sentencia.

—¿Cherna? —repito.

—Aviador, ganso, marinero, mula, pájaro, pargo, pato, yegua, champe, cundango, flojo… Dile como quieras, gallego: ¡maricóóón! ¿Tú me entiendes ahora? —estalla a reír de nuevo—. Tira ahí la segunda, a ver si es igual de fácil.

Me intereso por su opinión sobre el trasfondo de las disputas que se adivinan en el juicio a Marquitos y por las acusaciones contra Joaquín Ordoqui y Edith García Buchaca.

—¿Cómo es posible que desde los tribunales y la prensa oficial se vertiesen acusaciones de ese porte contra dirigentes revolucionarios?

–Déjame que te haga un poco de historia. Fidel llega al poder el uno de enero de 1959. Bien. Se pasa los dos primeros años asegurando que su Revolución es democrática, que es humanista, que es tan verde como las palmas, que aquello no es comunismo… Insinuar lo contrario, denunciar la creciente influencia comunista era, según él, contrarrevolucionario… Así dos años. –Hace una pausa para señalar la botella vacía al paso de una camarera y prosigue–. De pronto, en 1961, todo cambia. La ruptura con los yanquis es total después que estos mongos organicen el despelote de bahía de Cochinos, o Playa Girón, como le dicen allá en la isla. Ahí proclama el carácter socialista de la Revolución y el veintiséis de julio de ese mismo año 1961 (quédate con la fecha, porque es el día que conmemora el aniversario del asalto del Cuartel del Moncada en Santiago de Cuba, aquella gesta suya que acabó en tremenda matazón) anuncia la fusión de las tres organizaciones revolucionarias reconocidas en las ORI (Organizaciones Revolucionarias Integradas). Y empieza a gestar un partido comunista a su medida, a la vez que estrecha al máximo las relaciones con la Unión Soviética. Al frente de la organización de ese embrión de partido, de las ORI, queda un veterano comunista, Aníbal Escalante.

–¿Cuánto dura eso?

–Unos meses. Al año siguiente, el trece de marzo de 1962 (repara también en el simbolismo de la fecha, porque el Insepulto adora los símbolos y ese día se conmemora el asalto a Palacio que protagonizó el Directorio Revolucionario) lanza un *speech* y de pronto denuncia que el maestro de ceremonias del acto se acaba de saltar unas frases del testamento de su líder, José Antonio Echeverría, «Manzanita».

–¿Qué decían esas frases?

–Nada, una bobería, algo así como «Ojalá Dios nos ayude a establecer el reino de la justicia en nuestra tierra». El caso es que se habían saltado la palabra «Dios». Explota de ira y arremete contra «ellos», no dice quiénes, pero sí dice que están pervirtiendo el sentido de la Revolución con su dogmatismo. A los tres días exactos, ni uno más ni uno menos, el diario *Revolución* publica un editorial que lleva por título «La guerra contra el sectarismo»...

—¿Qué entiendes por sectarismo?

—En la jerga marxista, sectarismo es uno de esos términos que sirve para descalificar a un rival, igual que revisionista, liquidacionista... La acusación se aplica a cualquiera que estorbe, pero se asocia por lo general con conductas que cultivan la división interna dentro del partido, el favoritismo que beneficia a un sector del partido frente a los otros... ¿Oká?

—Entendido.

—Bueno, no me extiendo, el caso es que, a finales de ese mismo mes de marzo, Aníbal Escalante y sus colaboradores más directos quedan fuera de juego; los truena y los manda al extranjero. Los tilda de dogmáticos, afirma que sólo confiaban en los suyos, que discriminaban a quienes no procedían del viejo partido, que reservaban todos los puestos de mando para los viejos comunistas... A modo de advertencia deja caer: «No nos dejaremos domesticar fácilmente». A eso se llamó la «lucha contra el sectarismo» y se cobró unas cuantas decenas de víctimas políticas entre los dirigentes y cuadros del viejo PSP.

—¿Y esa purga no perturbó sus relaciones con la URSS?

—¡Nada que ver! Él proseguía el acercamiento hacia los rusos. Ubícate: a los pocos meses de esa campaña contra el sectarismo se empiezan a instalar los misiles nucleares soviéticos en Cuba. Llega el otoño de 1962 y estalla la crisis de los misiles. Kennedy decreta un bloqueo naval de la isla y da un ultimátum para que se desmonten los cohetes. Y lo más grande es que los rusos lo tiran en banda: negocian por su cuenta y desmantelan los cohetes sin contar con Castro, que, por lo visto, estaba dispuesto a seguir adelante, aunque la isla y el globo entero volaran por los aires. —Eddy lanza una risotada; salta a la vista que disfruta retrospectivamente con la humillación de su enemigo.

Sospecho que me he extraviado en el laberinto mental de Eddy.

—He perdido el hilo, ¿qué tiene todo esto que ver con el juicio de Humboldt 7?

–Paciencia... Ya llegamos a tu juicio. ¿Qué sucede desde finales del 62 hasta marzo del 64, que es el momento que te interesa? Muy sencillo: lo que te he contado, la fusión de las ORI y todo eso, es lo que se deja ver por arriba. –Eddy pasea horizontalmente la mano derecha–. Pero por debajo subsiste la rivalidad y la lucha por el reparto del poder entre las tres antiguas facciones. –Agita la izquierda imitando una llama–. Los del Directorio Revolucionario por una parte, ya en declive; por otra parte, los del Movimiento 26 de Julio, la gente de Fidel; por último, los viejos comunistas del PSP que estaban desbaratados tras la purga de su camarada Aníbal Escalante y que eran estalinistas puros, prosoviéticos a ultranza; vaya, prácticamente del KGB. Pero tenían cuadros preparados, disciplina y también influencia en sectores sindicales y en medios intelectuales; y, sobre todo, tenían la protección de los rusos que controlaban la *magua*. –Reacciona ante mi extrañeza y aclara–: La plata, la pasta le dicen ustedes. Y tenían además algo más valioso todavía...

–¿Las armas?

–Más aún... Las armas son decisivas, porque son tecnología y la tecnología es clave. Ya lo explicaron esos dos grandes libertarios compatriotas tuyos, Durruti y Ascaso. Recorrieron Cuba de punta a punta y limpiaron los bancos a conciencia: «El secreto para salir bien librado es tener siempre la mejor arma y el mejor carro». Pero hay algo todavía más valioso que la tecnología, que las armas: las ideas, la doctrina.

El camarero distribuye cartas de postre plastificadas. Eddy le frena con la palma y pide un queso crema con dulce de coco. Saluda de lejos a un anciano enfundado en una guayabera con el pelo teñido color de rata que aguarda en la barra y susurra: «Están muertos. Todos estos de aquí están más muertos que el Insepulto». Alza la voz y reanuda su explicación:

–Y no hay otra ideología tan potente como el marxismo-leninismo, el comunismo. Hasta la víspera de su triunfo, Castro era un aventurero con tremenda confusión de ideas; si quieres comprobarlo no tienes más que leer cualquier biografía que no sea oficial o el mismo discurso suyo ante el tribunal que le juzgó por el asalto al Moncada, «La Historia me absolverá». Nada que ver con el marxismo. Según sus compañeros de andanzas juveniles, se entusiasmaba leyendo a Mussolini y a vuestro José Antonio Primo de Rivera. Pero llega un momento en que comprende que el comunismo va a ser lo suyo, que eso es lo que a él le conviene, porque tiene de todo. Para empezar, le da prestigio (acuérdate que hablamos de principios de los sesenta, aún no había ocurrido ni la invasión rusa de Checoslovaquia). Segundo, le da dinero. Ahí están las subvenciones rusas que han costeado todos sus desmanes por más de cuarenta años. Y tercero, le da lo que más le ha importado siempre…

—¿A qué te refieres?

—¡Poder, coño, le da poder! —exclama impaciente—. Le da poder; mucho poder, todo el poder. Y poder para siempre, sin molestas elecciones cada equis años. ¿Lo vas entendiendo?

Desisto de rebatir las estrafalarias disquisiciones políticas de Eddy y procuro centrarle.

—¿Te importa volver al juicio de Humboldt 7?

—Domina tus prisas… —se impone tajante. Está resuelto a completar su disertación—. Como te decía, la historia de esos años es la historia de cómo se va fraguando un sistema comunista típico, con su partido único, su doctrina marxista-leninista, su política internacional alineada con la URSS… y a la vez se libra una batalla de poder entre las diversas facciones.

—¿Me estás diciendo que el juicio a Marquitos es un momento de esa batalla?

—No es cualquier momento. Es el Momentazo. Hubo mucho comemierda de acá y de allá que no se dio cuenta, por pura ceguera. No lo tengo fresco, pero el juicio por aquel crimen horrible de Humboldt 7, que venía de siete años atrás, lo utilizaron unos y otros para librar una batalla de poder entre bandos. Los del Directorio, los del 26 de Julio, los comunistas…

—¿Y quién salió ganando?

—¿Quién va a salir ganando, gallego? El único que ha ganado siempre… ¿O es que conoces a otro? ¡Él, gallego, él!

Pienso en el declive de la isla, en el implacable cerco norteamericano, en las penurias de los cubanos, en la decadencia física de Fidel Castro y objeto secamente:

—La situación no tiene precisamente el aspecto de un éxito, ni Fidel Castro tiene hoy por hoy el aire de un triunfador…

—No me seas ingenuo, gallego. En política, ganar no es lo mismo que triunfar. Ganar significa lograr que los otros fracasen. Y repasa a todos los demás. —Enumera con los dedos—. Comenzando por los que se alzaron contra él y los *ripió*; siguiendo por una decena de presidentes americanos que cogieron la *perreta* con derrocarlo y ahí sigue. Y terminando por el último cubano de acá o de allá que no pasamos un día sin pensar en él. ¿Te parece poco fracaso? ¡Acabó con todos…! ¡Nos jodió, compadre, nos jodió a tooodos!

Las palabras rezuman una tristeza insoportable. Vuelvo la mirada buscando una ventana, pero las únicas ventanas del Versalles dan al parking. Lo que hace las veces de ventanas son las fotografías coloreadas que cuelgan de los muros y que se abren a la perspectiva exterior de un pasado distante y falso. Tampoco esta vez me parece que sirviera de mucho rebatir el análisis de Eddy. Aún así, apunto tímidamente una obviedad:

—No me parece que haya un único responsable… —es inútil, porque Eddy se columpia de un extremo a otro de sus obsesiones.

—¿Sabes cómo le llaman ahora al Insepulto?

Existen mil apodos y conozco una buena parte, pero no me atrevo a competir con un profesional. Guardo silencio y aguardo.

—Le dicen «Yolanda».

—Primera noticia.

—Por lo de «eternamente Yolanda», de su querido Pablito Milanés. —Hecha la aclaración, Eddy bascula nuevamente del humor a la amargura. En eso consiste precisamente el choteo cubano; y sentencia—: ¡Nos jodió bien jodidos, compadre!

6

El 1 de enero de 1879 se estrena, en el Liceo de Matanzas, una nueva pieza musical titulada *Las alturas de Simpson* y es seguro que ninguno de los asistentes a ese evento podía saber que estaba viviendo uno de los estrenos más importantes de la historia de la música cubana. Porque, a diferencia del son, cuyos orígenes se pierden en el anonimato de la creación colectiva, el danzón sí tuvo una fecha de inauguración y un autor reconocido: Miguel Faílde.

Así arranca un artículo titulado «Miguel Faílde y el danzón» aparecido a comienzos de 2001 en el diario digital cubano Cubaencuentro.com. En condiciones normales me hubiera pasado desapercibido, como una reseña más de las que aparecen en la publicación digital.

Pero existen tres asuntos sobre los que el acuerdo entre cubanos se ha revelado imposible a lo largo de la Historia. El béisbol, la *pelota*, es el primero. Lo atestiguan los corrillos permanentes que ventilan la primacía entre el Industriales o el Almendares a los pies de la estatua de Martí en el Parque Central de La Habana. El segundo es la política; ahí está la Historia. El tercero, la identidad del creador del mambo.

En su tercer párrafo, el artículo deslizaba una pregunta retórica y provocadora:

¿Quién hubiera podido decirle a Faílde que, en 1951 –más de setenta años después–, un «chaparrito con cara de foca», Dámaso Pérez Prado, retomaría la antigua estructura de su danzón y, aprovechando los experimentos de varios músicos, daría origen al mambo, ritmo que cubriría toda una época en América?

La réplica no se demoró ni una semana. El periódico digital recogía el tajante desmentido que remitía desde México D.F. Carlos Olivares Baró: «Pérez Prado no inventó el mambo». Tras una referencia a las «imprecisiones» del anterior artículo, seguía un recorrido erudito por la obra de Benny Moré y una digresión musicológica («incorpora cinco trompetas en vez de una, para conseguir así dos planos tímbricos diferenciados que constantemente estarán en contrapunto; el uso de un solo trombón definirá tonos y ataques alejados de la función armónica de este instrumento», etcétera.). Una vez reconocidos los méritos a Pérez Prado («No está en nuestro ánimo restar importancia a la labor creativa del Cara de Foca»), Olivares Baró apunta al blanco:

> Es realmente en 1938 cuando nace en La Habana el nuevo ritmo: su aparición se produce dentro de la estructura de un danzón que su autor, el bajista y pianista cubano Orestes López (entonces integrante de la famosa orquesta Arcaño y sus Maravillas), denominó Mambo.

Ya está dicho: el artífice del mambo fue Orestes López, «Cachao». A lo sumo en cooperación con Arcaño; en ningún caso Dámaso Pérez Prado, «Cara de Foca». Concluye la réplica con la exposición del desinteresado móvil que empuja al polemista:

> El mambo se conoció en el mundo entero; las firmas disqueras de Estados Unidos aprovecharon la coyuntura y ganaron millones de dólares durante muchos años; mientras tanto, su verdadero creador permanecía en el anonimato sin ganar regalías por derechos de autor. Quizás esta aclaración sea una modesta manera de hacerle justicia.

Las cosas, naturalmente, no podían quedar así. Y el articulista cuestionado replica en tono fatigoso: «A veces, el cubano afán por polemizar me desconcierta», comienza. Reconoce los méritos de Cachao y de Arcaño, pero zanja:

De no haber sido por Pérez Prado, probablemente los experimentos de Orestes López hubieran quedado como una curiosidad para eruditos, de las tantas que hay en la historia de nuestra música popular. El fenómeno mambo y su enorme repercusión internacional se le deben a ese chaparrito con cara de foca.

Va más lejos, y aventura:

Y si ahora estamos recordando a López es, en gran medida, por lo que hizo con su ritmo Dámaso Pérez Prado.

Parecía todo resuelto, pero a los pocos días se incorpora a la controversia un nuevo polemista atraído por el *revolico*. Arsenio Rodríguez puntualiza desde Sevilla, España, que «tanto en la semblanza sobre Miguel Faílde como en la rectificación posterior de Carlos Olivares Baró» existen «vacíos históricos que me gustaría argumentar porque son discusiones bastante bien investigadas y publicadas dentro y fuera de la Isla».

Tras una introducción somera, Arsenio Rodríguez ataca el tema central:

Con respecto a la réplica de Carlos Olivares, lo que me asombra es que en ningún momento menciona al tresero autor de *Catalina y su guayo* y también de *La vida es un sueño,* entre otras piezas popularizadas a inicios de la década de 1940. Sin lugar a dudas fue él quien introdujo piano, tumbadoras y trompetas al formato del son tradicional convirtiéndolo en conjunto y que más tarde evolucionaría hasta el *jazzband* como el de Bebo Valdés, fundado en 1952, o la banda de Benny Moré, quien arma su tropa en 1953.

Y Arsenio Rodríguez concluye:

Las grabaciones de la época demuestran que el primero en utilizar pasajes instrumentales ejecutados por las trompetas fue:… ¡Arsenio Rodríguez!

No consta en el artículo la índole del parentesco entre el Arsenio Rodríguez que polemiza en 2001 y el Arsenio Rodríguez a quien el primero atribuye la autoría del mambo sesenta años antes.

He seguido con regocijo multitud de polémicas similares, y no habría prestado mayor atención al debate si no me hubiera conectado con un personaje capital en esta historia.

Joaquín Ordoqui García era el nombre del colaborador de Cubaencuentro.com, autor del primer artículo sobre el danzón que desencadenó la polémica. Un nombre y unos apellidos que coincidían con los de la pareja de veteranos dirigentes comunistas salpicados por el caso Marquitos.

Había transcurrido cerca de un año desde mis últimas pesquisas sobre el crimen de Humboldt 7 y el caso Marquitos, pero una vez más fui arrastrado por la curiosidad. Me procuré su teléfono y concerté una cita con el hijo de Joaquín Ordoqui Mesa y Edith García Buchaca una tarde de invierno en un café próximo a la plaza de España de Madrid.

—No te costará reconocerme, soy muy alto —me advirtió cuando convinimos la cita por teléfono.

Apareció en el umbral un hombre vestido con desaliño, con pocos rasgos físicos en común con su padre, tal como lo representaban las defectuosas impresiones de la época. Tenía el pelo crespo y pardo. Era muy alto, pero también muy ancho, robusto, barbudo y conversador. Al rato comprobé que era, además, muy entrañable, tenía unos ojos oceánicos y una voz grave que parecía brotar de las cavidades más remotas de su enorme cuerpo. Me explicó que vivía desde hacía algunos años en un pueblo a las afueras de Madrid. Se sentía a gusto; tras haber recalado en medio mundo, se ganaba la vida con el diseño gráfico y escribiendo aquí y allá, después de haber colaborado en emisiones de televisión educativa.

Le mencioné la polémica sobre el mambo, para romper el hielo.

—No hay nada más cubano que ese afán por polemizar. Creo que lo heredamos de ustedes. Los norteamericanos discuten por

Joaquín Ordoqui García, hacia 2001.

cosas que merecen la pena. Westinghouse y Edison, por ejemplo. Se fajaron duro sobre qué corriente daba más rendimiento en la silla eléctrica, si la alterna o la continua, pero ya se sabe que detrás de eso había una patente y cantidad de plata. En cambio, nosotros discutimos por gusto —sentencia con una sonrisa que no se cierra del todo, como si tuviera alguna avería.

Pedimos un segundo café y siguió envuelto en una tormenta de humo. Le pregunté sin rodeos por el caso Marquitos y ladeó ligeramente la cabeza.

—Claro que sí; por supuesto que lo conozco bien, toda mi vida le he dado vueltas.

Rasgó el sobre de azúcar y sacudió hasta el último grano. Sujetó con firmeza otro pitillo rubio y aspiró como si quisiera cerciorarse de que el humo penetraba hasta el fondo de los pulmones.

—¿Piensas que Marquitos fue realmente el delator?

—Marquitos era un infiltrado del Partido Comunista en el Directorio Revolucionario. Tengo casi por seguro que él fue realmente el delator. No le doy tanto valor a la confesión, porque después de un tiempo guardado en manos de la Seguridad el muchacho hubiera confesado hasta los crímenes de Jack el Destripador. Mi convicción viene de los muchos detalles precisos de la delación. Eso poca gente lo discute. –Sorbió un trago largo que prolongó la pausa–: Menos claros están los móviles.

–Los habituales suelen ser el dinero y el resentimiento... –apunté.

–En realidad, se han barajado tres motivaciones diferentes. El dinero no parece que contara gran cosa. Tengo entendido que hubo dos juicios. Durante el primero parece que se insistió sobre todo en una motivación política para la delación. Aunque la historia oficial presentara una versión de armonía idílica, las rivalidades entre los sectores opuestos a Batista eran enormes. El Directorio Revolucionario era un grupo aventurero, que practicaba la lucha armada, con atentados contra los sicarios de la dictadura, tácticas insurreccionales y demás. Y el PSP era el típico partido comunista prosoviético, reformista, enraizado en los sindicatos, poco amigo de aventuras, tranquiiiilo.

Después de arrastrar la penúltima sílaba, Joaquín hizo una pausa y lanzó alrededor una mirada rápida y abarcadora, como controlando todo el ámbito del salón. Nuestra mesa ocupaba un extremo y quedaban pocos clientes. Una pareja discutía con vehemencia. El sonido de la disputa nos llegaba amortiguado por el molinillo de la cafetera y la música ambiente. Una melodía pegajosa que gemía en inglés sobre sacrificio y amor.

–¡En el colmo del posibilismo, los comunistas apoyaron la candidatura de Batista en las elecciones de 1940! Es verdad que el Batista del 40 no era el mismo que el Batista que dio el golpe en 1952, pero esos antecedentes creaban muchas suspicacias. Los comunistas consideraban a los del Directorio Revolucionario unos gángsters... ¡Igual que a Fidel Castro, por cierto! Cuando el asalto de Castro al Cuartel Moncada en 1953, el diario comunista, el *Hoy*, publicó un editorial criticando la acción y tachándola de *putschista* y pequeño burguesa. En realidad, mi padre y el primer marido de mi madre, Carlos Rafael Rodríguez, fueron los únicos comunistas con cercanía a Fidel. Mi padre pasó una temporada en la prisión de Boniato con él; justamente tras el asalto al Moncada, hasta que se aclaró que el Partido no había tenido nada que ver con aquello y lo soltaron.

—¿Hasta donde podía llegar la rivalidad entre los grupos de la oposición?

—¿Quieres decir si es posible que llegaran a delatarse entre sí a la policía de la dictadura? No lo creo, aunque tampoco lo descarto. No hubo episodios de lucha violenta entre ellos; pero no se fiaban un pelo unos de otros. El PSP fue siempre un partido comunista estalinista, ortodoxo, sumiso por completo a los dictados de Moscú. Más que militantes, eran creyentes. Y los del Directorio eran un grupo estudiantil, con muy poca base doctrinal y en la tradición directa de la lucha violenta, y a veces armada, que se remonta en la isla a los años treinta, a los tiempos de la lucha contra la dictadura de Machado. Eran gentes radicales en los métodos, pero nada amigos de lo que sonara a marxismo. Les preocupaba más la acción que la doctrina, pero si tenían alguna doctrina, esa doctrina era anticomunista. Los más destacados y populares, como Manzanita, José Antonio Echeverría, o el propio Fructuoso Rodríguez, su número dos, cayeron en la lucha contra Batista. A los que sobrevivieron, Fidel se los quitó de encima en cuanto llegó a La Habana. Hizo como siempre, sacó a la gente a la calle y les echó arriba una manifestación que reclamaba que todos los grupos se desarmaran y se integraran en el Ejército Rebelde. El suyo, claro.

—¿Y cómo reaccionaron?

—Fidel es un tipo que se desayuna un alacrán vivo. Y Faure Chomón, que era quien había quedado al frente del Directorio, no ganaría ni en una pelea de almohadas.

—¿Qué fue del resto?

Mi interlocutor se rascó la barba. Era tan áspera que producía el mismo ruido que un perro arañando una moqueta sintética.

—En cuanto la Revolución tomó un signo comunista, algunos de ellos se viraron contra Fidel, igual que parte de los miembros del Movimiento 26 de Julio de La Habana. Ésos acabaron en el paredón o en la cárcel, como Cubela, que intentó envenenarle, o Gutiérrez Menoyo. Otra minoría quedó integrada en las FAR, el Ejército. Éstos fueron los que llevaron la voz cantante en el juicio contra Marquitos.

—¿Y la tercera?

—¿Cuál? —preguntó expulsando otra tormenta de humo.

—Hablaste antes de tres hipótesis, de tres posibles motivaciones…

—También hubo rumores de mariconería. Siempre sobrevoló en el juicio. Marquitos era inseparable de Joe Westbrook. Tenía una especie de enamoramiento *sui generis*, parece que platónico. Andaba a todas partes con él, igual que antes no se apartaba de otro del Directorio a quien algunas gentes tildaban de homosexual, Jorge Valls; me parece que fue testigo de la defensa en el juicio, el único testigo de la defensa. Se ha hablado de una reacción de despecho. Pudiera ser despecho amoroso, o también por la forma desconsiderada en que lo trataban. Date cuenta que esta gente del Directorio Revolucionario eran guapos de veras, eran unos tipos con timbales, que se rifaban la vida; lo que se dice unos bárbaros, hechos al choque físico con la policía, unos *tiratiros*… Puedes figurarte cómo debían de considerar una gente tan machista a aquel muchacho enclenque, con su librito siempre bajo el brazo, sus espejuelos, su indumentaria extraña… Tenía que resultarles ridículo. Parece que Juan Pedro Carbó, uno de los cuatro de Humboldt 7, humillaba bestialmente a Marquitos y lo trataba de maricón a cada rato.

Habían transcurrido ya dos horas de conversación con lo más parecido a una locomotora de vapor. Mi interlocutor observó su enésimo cigarrillo del día fijamente, como si un mago lo hubiera hecho aparecer súbitamente en su mano.

—¿Crees que tus padres tuvieron algo que ver con el caso?

—No sé si fue el Partido quien orientó esa delación, y eso es imposible de saber sin acceder al expediente del caso y al sumario del juicio. Pero, de cualquier modo, es seguro que ellos no tuvieron que ver con el chivatazo.

—¿Cómo puedes estar tan seguro? —me atreví a preguntar.

Joaquinito Ordoqui con su padre ante Notre Dame, en 1956.

—La razón es bien sencilla: cuando lo del crimen de Humboldt 7, nosotros vivíamos en Praga. En realidad, las dudas que se arrojaron sobre mis padres hablaban de un posible encubrimiento, tiempo después de la delación. En concreto, cuando coincidieron en el exilio con Marquitos, en México, y más tarde, inmediatamente después de la Revolución, cuando el muchacho se zafó de la cárcel y marchó para Checoslovaquia con una beca que le facilitó el Partido… Pero, como dijo Kipling, ésa ya es otra historia. En todo caso, tampoco eso será fácil que se aclare jamás.

—¿Y es importante para ti?

Seguí su mirada hacia la calle, a través del ventanal. La tarde estaba a punto de mezclarse con la noche y las calles se iban poblando de sombras.

—Lo importante, más que este episodio, es lo que vino después. Eso sí que cambió mi vida.

Joaquín Ordoqui hijo levantó la mano. Cuando llegó el camarero me enteré de que deseaba otro whisky con soda. La música había enmudecido y el silencio se había impuesto en la sala. La pareja vecina había aplazado sus diferencias y se devoraban la boca cacheándose a conciencia. El neón del pasillo que conducía a los aseos tartamudeaba con histeria.

—¿A qué te refieres?

—El juicio contra Marquitos terminó en abril de 1964. Yo estaba a punto de cumplir once años y la familia lucía feliz, por lo menos eso me parecía a mí. Después de semanas de tensión, mis padres quedaban limpios de cualquier tacha. Celebramos mi cumpleaños y nos reunimos todos, hasta mi hermana Anabelle, que acababa de regresar del viaje de novios. Lo celebramos en la finca de Calabazar, donde nos acabábamos de mudar. ¡No sabía qué poco faltaba para que todo se viniera abajo…!

Ordoqui me contó que siete meses después del juicio de Humboldt 7 su padre fue detenido y sometido a arresto domiciliario. Su madre y él quedaron también sujetos al encierro. Se convirtió en un niño preso. Un buen día llegó un pelotón de soldados y levantaron una cerca metálica alrededor del perímetro de la finca. Plantaron alrededor unas cuantas torretas con reflectores y pusieron centinelas.

—Mis padres no podían moverse de allí y yo sólo podía salir al colegio. Me llevaba un guardia que no se separaba de mí.

Ese gigante de cincuenta años lo relataba todo con la vista fija en un punto impreciso situado entre el whisky y los recuerdos.

Al revivir el episodio mantuvo la expresión de un niño desamparado…

—Yo era lo bastante mayor para darme cuenta de que algo pasaba, pero demasiado chiquito para entender lo que pasaba…

—¿Por qué el arresto? ¿Se reabrió el juicio por el crimen de Humboldt?

—¡Ni hostia! —casi me grita sujetando una cerilla moribunda—. El proceso de Humboldt 7 se cerró oficialmente con la condena y el fusilamiento de Marquitos. La detención de mi padre no tenía nada que ver con aquello; al menos, ésa fue la versión oficial. A mi padre le acusaron de colaborar con la CIA…

—¿La CIA? —interrumpo con estupor.

—Esa misma.

Responde en voz alta y fija a la vez la mirada en mi rostro, como si esperara una reacción. Agita los brazos y sacude los hombros para acentuar la indignación. Las manos vuelven a su lugar para expresar soledad, desamparo.

Con la tensión aplacada por unos cuantos whiskys me detalló la parte siguiente de la historia, la que yo desconocía. Tanto su padre como su madre quedaron oficialmente exonerados de cualquier responsabilidad jurídica en el juicio de Humboldt 7. Fidel Castro eximió por completo a García Buchaca y se limitó a reprender públicamente al comandante Ordoqui por su falta de celo y vigilancia. Lo mismo le ocurrió al ministro Faure Chomón, máximo exponente del Directorio Revolucionario, que se llevó otro rapapolvo público sin consecuencias.

—Pero más de medio año después del juicio, la noche del dieciséis de noviembre de 1964, mi padre no regresó de un viaje de trabajo que hizo a Matanzas. No conozco todos los pormenores, pero se aparecieron en casa mandos de la Seguridad diciendo que estaba detenido por ser agente de la CIA.

—¿Qué tenía que ver tu padre con la CIA? —exclamo.

—Figúrate. No tiene sentido. Nada en su biografía llevaba ahí… Mi padre era un comunista mil por mil, un estalinista convencido, un hombre que veneraba la Unión Soviética; era lo que

Club Mella, espacio de recreo del PSP, el partido de los comunistas cubanos. Entre otros, aparecen el líder sindical Lázaro Peña (primero a la izquierda); el poeta Nicolás Guillén, (cuarto por la izquierda); el dirigente Aníbal Escalante (séptimo por la izquierda); el delegado de la Internacional Comunista Fabio Grobart (entre Edith García Buchaca y Carlos Rafael Rodríguez, quinta y séptimo por la derecha); el intelectual Marinello al fondo. Joaquín Ordoqui es el cuarto por la derecha.

hubiéramos llamado un «hombre de Moscú», que había realizado misiones delicadas, especiales, para los rusos…

Describió algo peor que una pesadilla. Un giro absurdo y trágico en la vida de un par de comunistas consagrados en cuerpo y alma a la causa desde la adolescencia. Dos miembros sobresalientes de un Partido que se comportaba como el alumno aventajado de los soviéticos para la zona, que ejercía una especie de tutela sobre los partidos comunistas de la región: mexicanos, guatemaltecos, salvadoreños…

Ordoqui despachó otra media cajetilla mientras resumía la trayectoria de su padre. Parecía extraída del primer tomo de las *Vidas comunistas ejemplares*. Joven autodidacta de familia obrera de provincias; precoz dirigente sindical ferroviario; militante clandestino durante la dictadura de Machado; organizador del contingente cubano de las Brigadas Internacionales durante la guerra civil española; miembro del Buró Político del Partido por más de treinta años; delegado en Praga, en Moscú, en Pekín; próximo a Fidel Castro desde que coincidieron en prisión en 1953 durante la dictadura de Batista; exiliado en Europa oriental y en México; viceministro primero de las Fuerzas Armadas tras la Revolución; responsable logístico del despliegue de los misiles soviéticos en territorio cubano en 1962; admirador incondicional de la «Patria del Socialismo»… Imposible imaginar una biografía más compacta.

—¿De qué acciones se le acusó?

—Según parece, durante meses estuvo llegando a la Inteligencia cubana información reservada procedente de la CIA. Era información apabullante por la minuciosidad y por la precisión; daba cuenta de un agente al que se denominaba en clave Canoso. Mi padre tenía el pelo blanco desde muy temprano. Las informaciones reflejaban su modo de hablar, sus movimientos; al parecer, toda aquella información le apuntaba a él.

—¿Quién facilitaba los datos?

—Por lo que sé, la fuente era anónima. La acusación sostenía que mi padre había comenzado a colaborar con la CIA tiempo atrás, cuando vivía exiliado. También le imputaron haber pasado información sobre la instalación de los cohetes soviéticos antes de la crisis de octubre del 62.

—¿Y qué pruebas aportaron en el juicio? —continué atónito.

—Cero pruebas. —Forma un círculo con el índice y el pulgar derechos— . En realidad, ni siquiera se celebró un juicio. Otra rareza más…

—¿A qué te refieres?

—Me resulta increíble imaginar a mi padre de agente yanqui, pero se me hace igual de incomprensible que en plena guerra fría un delito de espionaje y traición se saldara sin un juicio y una ejecución ejemplarizante… Más aún si el acusado es un dirigente y, para colmo, militar.

Joaquín me contó que tras la detención de su padre se publicó una nota anunciando una investigación para «aclarar determinados aspectos de su conducta política» y quedó sometido a prisión domiciliaria el resto de su vida.

—¿No fue sentenciado?

—Ya te dije —se impacienta—, no fue tan siquiera juzgado. Fue, simplemente, castigado; sin abogado, sin jueces, sin sentencia. Murió de amargura y de cáncer de garganta nueve años más tarde, en 1973.

—¿Y tu madre?

—Mi madre corrió los primeros años una suerte parecida. Estuvo presa hasta la muerte de papá; luego levantaron las restricciones y pudo llevar vida normal, porque contra ella no existían cargos. La vida de toda la familia quedó destrozada a partir de aquel dieciséis de noviembre de 1964. Ella evita hablar del tema, y lo comprendo.

De pronto, se le ilumina la expresión y añade:

—Pero está bárbara. Tiene ochenta y muchos años pero conserva la cabeza perfecta. De tanto en tanto viene aquí a pasar unos días con mi hermana Anabelle y conmigo. Pero sigue en lo mismo, en la Revolución, el socialismo, el comunismo... ¡Figúrate que hasta justifica todavía a Stalin!

Mientras traen la cuenta intercambiamos nuestras direcciones de correo electrónico y quedamos para vernos en unos días...

—¿Y tú qué piensas? —le pregunto antes de separarnos.

—¿De lo de mi padre? Ya te he dicho: nada en su biografía llevaba ahí. Pudiera ser un montaje de los americanos, o de enemigos que tuviera él dentro del sistema. Él era un comunista seguro de sí mismo y de sus ideas. Seguro hasta el límite de la osadía. A veces hasta se me pasó por la cabeza si llevaría la audacia tan lejos como para pensar que podía burlarse de la CIA y manejarla mientras vivía en México. Pero no tiene sentido. Era audaz, pero era un hombre de partido, nunca hubiese actuado así por su cuenta. Le he dedicado mucho tiempo a todo esto y hay muchas cosas raras. Por ejemplo, lo que dice en su libro Philip Agee, ¿sabes quién es?

Joaquín Ordoqui, viceministro de las Fuerzas Armadas Revolucionarias, junto con el ministro Raúl Castro, hacia 1963.

—¿El ex agente de la CIA? Le entrevisté hace tiempo en Barcelona…

Ordoqui asiente.

—Sí. Ahora vive en Cuba. Él alude de pasada al tema en un libro. Dice que al oficial de la CIA que manejó el caso de mi padre le dieron la más alta condecoración…

—¿Y tú qué piensas? —insisto.

—Esa pregunta me ha perseguido muchos años. Igual que a toda mi familia. Y lo peor es que seguramente ya nunca se aclarará.

—Total, no cambia gran cosa —le animo.

—Lo cambia todo. —Se agita y bracea bruscamente.

—¿A estas alturas? ¿Qué más da ya? ¿Qué importancia tiene cuando a ti mismo te cuesta señalar de qué lado estaba la razón, si los buenos en aquella disputa eran los soviéticos o los yanquis?

Por algún motivo que todavía ignoro, me sentía obligado a consolar al grandullón. Se había enfundado una pelliza forrada de borrego que le confería una envergadura aún más imponente. Pero detrás de la bomba de energía que encerraba ese cuerpo se advertía una fragilidad que se escapaba por los ojos. Me dirigió desde arriba una mirada fija tan azul como los sueños que se prolongó hasta que expulsó un pensamiento rebozado en humo:

—Dentro de cientos de años, las palabras «comunismo», «Stalin», «CIA», «misiles»... serán mierda y no significarán nada. Y, aún entonces, la palabra «traidor» seguirá significando lo mismo.

—¿Por dónde crees que habría que empezar a buscar?

Yo mismo me sorprendí al oírmelo preguntar. A Ordoqui debió de parecerle de lo más normal que nos pusiéramos manos a la obra para desenterrar un episodio de hacía cuatro décadas.

—He pensado muchas veces que el crimen de Humboldt 7, el caso Marquitos y el caso de mi viejo son el mismo caso. Cada uno va encerrado dentro del anterior, como las muñecas rusas. Habría que empezar, sin duda, por el juicio de Humboldt y el caso Marquitos. Date cuenta que el juicio termina a finales de marzo de 1964. Mi madre era entonces secretaria de Cultura y mi padre viceministro primero de las Fuerzas Armadas. En otoño mi padre es encarcelado... Los historiadores hablan de la pertinencia histórica.

—¿Qué significa?

—Que cuanto más cercanos están dos acontecimientos, más probable es que estén relacionados.

Me era imposible compartir aquella seguridad en la conducta de un padre ausente, aquella confianza ciega, independiente de las ideologías de uno y otro, opuestas más que distantes. Era imposible compartir esa seguridad, aquella confianza, pero también era imposible mantenerse indiferente. Se despidió con una nueva sonrisa imperfecta. Se irguió y marchamos en silencio hasta la puerta. Caminaba abierto de pies, con los enormes zapatos marcando las diez y diez. Me tendió la mano grande y firme. Lo observé alejarse calle arriba. Avanzaba a zancadas pero sin equilibrio, como un gigante vulnerable. Me quedé pensando en todos los golpes que habían abollado aquella sonrisa.

II

EL JUICIO

Su declaración en el proceso es el último servicio que usted puede hacer al Partido.

Arthur Koestler, *El cero y el infinito*

1

Cuando se abre la causa 72/64 en la sala de vistas de la Audiencia de La Habana contra Marcos Armando Rodríguez Alfonso, han transcurrido tres años, dos meses y nueve días desde su detención en Praga, bajo la acusación de «sostener contactos con funcionarios de embajadas capitalistas que implican inteligencia contra los intereses de la Revolución». Es decir, de espionaje. Esto es lo primero que pude averiguar.

Marquitos ha pasado treinta y ocho meses en manos de la Seguridad cubana. Treinta y ocho meses dan para mucho. Para tanto que la institución ha cambiado de sede, de responsable y de nombre. Lo más curioso es que tampoco la imputación es la misma. Marquitos no comparece ante la sala que preside el magistrado Jesús Valdés García acusado de espionaje; el cargo es ahora delación. Se le acusa de ser el chivato que entregó a los «mártires de Humboldt 7».

Marcos viste formal, mucho más que buena parte del público que exhibe guayabera o ropa veraniega, y que la mayoría de los testigos que desfilarán en atuendo militar de campaña. Su imagen tiene poco que ver con las descripciones que se escucharán sobre sus andanzas universitarias. Chaqueta holgada de mezclilla con tres botones y hombreras rebosantes de relleno; camisa blanca amplísima con puños almidonados sobresaliendo de las mangas, corbata azul celeste con una fantasía carmelita; gafas de carey de montura oscura y lentes ahumadas, inmensas, desproporcionadas para la anchura de su cráneo.

Pelo oscuro y de rizos sólo incipientes por el corte severo, punto menos que militar; mentón retraído. Espalda cargada, como abrumada por el peso de la acusación y de la culpa. Manos entrelazadas reposando sobre los muslos. Mirada hincada en las baldosas.

El juicio se inicia el sábado 14 de marzo de 1964 frente al edificio del Capitolio, en la nueva sede del Tribunal habanero, en el número 605 de la calle Teniente Rey. Y el fiscal se cuidará de señalar la coincidencia con el aniversario del asalto al Palacio Presidencial, la gesta que promovió el Directorio siete años atrás y que protagonizaron los traicionados mártires de Humboldt.

Un centenar largo de personas asisten a la vista. Pese a que la audiencia no ha sido anunciada públicamente, no queda un hueco en los bancos. Al fondo y en los laterales se agolpan los rezagados.

El testimonio de Marquitos resulta casi inaudible. Responde a las preguntas del implacable fiscal, Carlos Amat, sin mirarle. Reconoce su culpa y refiere que la noche anterior a los hechos se dirigió al apartamento 201 de Humboldt 7. Antes de penetrar en el edificio se percató de que había una perseguidora policial próxima, lo cual le produjo tensión. «Los compañeros que estaban en el apartamento me *relajearon* por mi nerviosismo», explica.

Esa burla le resolvió a entrar en contacto con el teniente coronel Ventura Novo «llamando por teléfono a la estación de policía, avisando que tenía una noticia muy importante que suministrar». Ventura, sigue Marquitos, lo citó «en un apartamento en la calle Carlos III, en la esquina del antiguo Hospital de Emergencias, a las tres de la tarde de ese mismo día». El propio policía abrió la puerta.

Tras la delación, marchó al cine Dúplex a ver unos documentales. Al salir, escuchó por la radio los pormenores de la matanza y acudió nuevamente al apartamento de Ventura Novo. El carnicero de Humboldt 7 le ofreció la salida del país y una cantidad de dinero que asegura haber rechazado.

El tono del fiscal es más admonitorio que capcioso. Marcos responde con un hilo de voz. Sólo se repone al dar cuenta de sus diferencias con los asesinados de Humboldt 7:

—Principalmente obedecían a que discrepábamos sobre los métodos de lucha.

El público se remueve, consciente de estar presenciando la profanación de un tabú: la evocación pública de las discrepancias ideológicas entre las facciones que combatieron a Batista. El presidente de la sala intenta minimizar esa motivación:

—¿Cómo es posible que mantuviera la relación con el Directorio pese a esas discrepancias?
Marquitos se recupera y responde desafiante:
—Trataba de influir políticamente en ellos.
El fiscal, tenso, inquiere:
—¿En qué organización militaba usted antes de la delación?
—Durante dos años o más milité en la Juventud Socialista —responde Marquitos.

La sala hierve. Y una diatriba del fiscal quiebra nuevamente a Marquitos que descuelga de nuevo la cabeza. El resto de su testimonio reconstruye sus pasos tras la delación: unas semanas de asilo en la representación de Brasil, bajo la protección del embajador Vasco Leitao da Cunha; la salida rumbo al exilio; la estancia en Costa Rica; el periplo vía Panamá y Chile hacia Argentina, con un billete costeado por Dysis Guira (la novia de Joe Westbrook, uno de los cuatro mártires); la penúltima estación en México; el regreso a Cuba tras la Revolución.

Ya en La Habana, fue detenido por espacio de unos días, pero reivindicó su inocencia y quedó en libertad. A los pocos meses se trasladó a Checoslovaquia con una beca para estudiar filosofía.

Martha Jiménez es el siguiente testigo. La viuda de Fructuoso Rodríguez es una mujer alta y hermosa. De labios carnosos y ojos grandes y claros. Con un físico escultural que disimula a duras penas bajo una camisa blanca abotonada hasta el cuello y una rebeca. El atuendo recatado que corresponde a la viuda de un mártir revolucionario.

Martha relata sus sospechas hacia el acusado desde el día mismo de la matanza y las gestiones, tras el triunfo de la Revolución, ante la comandancia del Ejército rebelde. Denuncia que uno de los esbirros presos, Mirabal, facilitó una descripción del delator que apuntaba a Marquitos; otro, apellidado Sierra, que ejercía también de escolta de Ventura, le identificó en una fotografía de grupo. Marcos Rodríguez fue, pese a todo, puesto en libertad.

La viuda de Fructuoso desafía a Marquitos con la mirada y el gesto cada vez que alude a él. El acusado mantiene la vista hincada en el suelo durante todo el testimonio.

Desfilan después por el estrado hasta cuatro militares procedentes del Directorio Revolucionario. Todos ostentan el grado de comandante, el máximo en la jerarquía militar cubana. Todos portan uniforme de campaña verde olivo y los grados correspondientes en el hombro. Ilustran distintos episodios acaecidos durante el asilo y el exilio de Marquitos. También corroboran el testimonio de Martha Jiménez.

La acusación de más calado político parte del último de ellos, el comandante del Ministerio del Interior, Guillermo Jiménez. En su opinión, la causa de la traición no es otra que la «formación del acusado, las contradicciones que sostenía con los mártires y el desprecio que en consecuencia tenía hacia éstos».

El diario *Revolución*, portavoz del fidelista Movimiento 26 de Julio, es el único medio de comunicación que se hace eco de la celebración de la vista. El lunes 16 de marzo de 1964 publica una crónica bajo el titular: «Confesó el delator de mártires de Humboldt». La entradilla amplía: «Se llama Marcos Rodríguez. Testificó en la sesión inaugural Martha Jiménez, la viuda de Fructuoso Rodríguez. Declarará hoy el comandante Faure Chomón».

El periódico *Hoy*, órgano de lo que fue el PSP, el comunismo ortodoxo, guarda un clamoroso silencio. La radio calla, la televisión no asoma por el tribunal y el juicio no aparece en las pantallas.

El mismo lunes 16 de marzo se reanuda la vista y acapara la sesión el testimonio del dirigente del Directorio Revolucionario de mayor rango: el ministro del Transporte, comandante Faure Chomón Mediavilla. Faure, mediana estatura, porte bizarro, sube al estrado provisto de unas cuartillas. Luce su característica perilla de chivo al estilo Trotski. Debe de conocer de primera mano esta iconografía porque su primer destino tras el triunfo revolucionario fue la embajada cubana en la Unión Soviética.

Los cinco testimonios que prestaron declaración el sábado anterior la viuda de Fructuoso y los comandantes del Directorio esparcieron metralla en las debilitadas filas de la vieja guardia comunista. Faure Chomón dispara el lunes el obús definitivo. Los veteranos comunistas no pasan por su mejor momento. Una cruel paradoja hace que cuando sus ideas se abren camino y Fidel Castro abraza en público su causa, se proclama marxista-leninista y se alinea con la Unión Soviética, justamente entonces, la estrella de los comunistas de viejo cuño empieza a palidecer. El declive comenzó dos años atrás con la campaña oficial contra el «sectarismo», la acusación de intentar acaparar poder infiltrando las estructuras del ejército y de la administración con antiguos militantes comunistas y de relegar a los miembros de las facciones rivales. La campaña contra el sectarismo supuso para dos de los más significados veteranos comunistas, Aníbal Escalante y Blas Roca, una estrepitosa defenestración y un discreto relegamiento, respectivamente.

El ministro Faure no se anda por las ramas: arranca con un breve preámbulo en el que da por sentada la culpabilidad del acusado, pero acto seguido proclama solemne:

Mi declaración debe constar de dos aspectos: un aspecto que juzga este tribunal y un segundo aspecto que será juzgado por el tribunal de la Historia. Marcos Rodríguez es juzgado, pero el fenómeno que lo produce hay que analizarlo para que sus experiencias le sirvan a nuestra Revolución.

Faure, pues, no se conforma con la condena penal de Marquitos; él reclama otra sentencia más concluyente, la del tribunal de la Historia. La primera tiene como blanco el acusado; la segunda apunta al viejo Partido Comunista. Invocar en Cuba al tribunal de la Historia es mucho más que recurrir a una metáfora sobada. Es jugar muy fuerte, porque ésa fue precisamente la expresión que empleó en su alegato Fidel Castro en el juicio por el fallido asalto armado al Cuartel Moncada en Santiago de Cuba: «Condenadme, no importa. La Historia me absolverá».

Faure, pues, va a por todas: «Y puede decirse que Marcos Rodríguez es un fruto amargo del sectarismo. ¿Por qué?», se pregunta, y a continuación enarbola un documento devastador: una carta enviada por Marquitos desde la prisión, en fecha imprecisa, a Joaquín Ordoqui. Éste ostentaba el grado de comandante y desempeñaba nada menos que el cargo de viceministro primero de las Fuerzas Armadas Revolucionarias, jefe de retaguardia. Entre sus cometidos estuvo el despliegue de los misiles soviéticos que originaron la crisis internacional de octubre de 1962. Ordoqui formaba, con los declinantes Escalante y Roca y junto al aún poderoso ministro de la Reforma Agraria, Carlos Rafael Rodríguez, y la ex esposa de éste y actual compañera suya, Edith García Buchaca, el quinteto de veteranos comunistas encumbrados en la cúspide de la nueva jerarquía revolucionaria.

El tronante ministro del Transporte dispara con munición letal. Todo su testimonio se estructura en torno a la carta incriminatoria. Faure Chomón da lectura a párrafos seleccionados de la carta y, a continuación, intercala sus despiadados comentarios. Por ejemplo, aquel en que el acusado recuerda que

cuando, durante la clandestinidad, se me designó para realizar trabajos de información en el seno del Directorio Revolucionario siempre se mantuvo el criterio de que era una labor meticulosa. Nuestras pequeñas entrevistas tenían que ser subrepticias, no sólo en el recinto universitario sino también fuera de él. La utilidad de ese trabajo era innegable, pues cada paso que se fraguaba, cada acción a ejecutar, cada compromiso contraído eran informados.

Los métodos de Marcos son, según Faure Chomón, despreciables; pero los métodos de Marcos no son en realidad los suyos, son los de su organización; así lo prueban su preparación y su verborrea típicamente comunista. Son los métodos del Partido que le ha formado… Otra vez la alusión a la «formación del acusado» que ya dejó caer el también ex miembro del Directorio Revolucionario, comandante Guillermo Jiménez, en la primera sesión del juicio. Faure Chomón prosigue la lectura de un pasaje de la carta en el que Marquitos denuncia su situación:

> ¿Por qué soy yo precisamente a quien se señala como el traidor de Humboldt? ¿Por qué se han ceñido sobre mí todas las investigaciones? Partiendo de la misma raíz que les da origen, no pueden confundirse dos tipos opuestos de información: una es positiva, consecuentemente necesaria y política, por cuanto se preocupa de la integridad, hondura y pureza de toda lucha revolucionaria; la otra es negativa, antipopular y traidora por cuanto se dirige a la desintegración y aplastamiento de la lucha revolucionaria. La primera es vigilante de todos los vehículos que conducen a la Revolución, la segunda es destructora de todos los caminos para llegar a ella. En definitiva, hay que establecer la diferencia que existe entre el hombre que le brinda información a su Partido y el hombre que le brinda información a la policía.

Sí, ya está dicho. Marquitos alega que él operaba para el Partido, que estaba infiltrado en el Directorio en razón de su militancia comunista. A Faure Chomón sólo le resta completar el efecto demoledor de la carta. Lo hace con ironía, desmayando los brazos y vuelto por completo hacia el público:

> Parece que no; parece que resulta ser la misma persona, y quien es capaz de espiar y traicionar la acción de revolucionarios es capaz de espiar y traicionar para la policía, como lo hizo, porque únicamente con cualidades de traidor se puede alguien prestar para realizar ambas cosas.

El testigo Faure traza una descripción idealizada de los fraternales vínculos que ligaban a las diversas organizaciones revolucionarias en la lucha contra la dictadura y prosigue la lectura de los pasajes en los que Marquitos se duele de su prolongado encierro, de su falta de garantías y medios para defenderse y se pregunta con patetismo «¿Dónde descansan los sustentáculos [sic] del humanismo marxista?».

Faure Chomón remata la lectura y, en un gesto teatral, se aproxima al presidente de la sala y entrega la carta. Girado de nuevo hacia el público se justifica:

Yo he leído este documento porque estimo que la memoria de Fructuoso Rodríguez, Juan Pedro Carbó Serbiá, José Machado y Joe Westbrook se lo merecen. Que la Revolución que ama y respeta a sus mártires no puede esconder la verdad. Por eso en nombre de la verdad he traído aquí ese documento y he comentado el mismo. Porque el tal Marcos Rodríguez le sacó copias que seguramente están hoy en manos de la CIA y de su progenitor [sic] y guía, el tristemente recordado Esteban Ventura Novo.

Llegado a este punto, el ministro de Transporte, Faure Chomón, ya puede completar su tesis que vincula el crimen de Humboldt 7 a la campaña contra el sectarismo, sinónimo de las peores aberraciones:

El caso de Marcos Rodríguez es un fruto amargo del sectarismo, porque si nosotros vamos a buscar la raíz del problema podemos preguntarnos cómo un individuo de tal calaña puede militar en una organización revolucionaria. Yo entiendo que razones tácticas puedan atraer a una serie de elementos desviados, torcidos e invertidos, que buscando notoriedad les acomoda esta posición.

Y para culminar, pone fin a su monólogo con una soflama sobre la verdad revolucionaria:

Nuestras verdades nos defienden y nos hacen mejores, más fuertes. […] La verdad es para cumplir fielmente con la actitud de un marxista-leninista. ¡Juzguemos a Marcos Rodríguez que en él también vamos a enterrar, a sepultar el sectarismo!

Tras estas palabras, el alegato del fiscal Amat resulta superfluo. Denosta la personalidad del acusado y apremia la aplicación de la justicia revolucionaria.

Morir frente a un pelotón de fusilamiento llevando en la frente el estigma de traidor y vendido. Triste final con el que los traidores pagan su crimen y su infamia.

Una ovación cerrada recibe las palabras del fiscal. Marcos Rodríguez se contrae aún más en el banquillo, como si intentara esfumarse. El abogado de oficio, que ha permanecido pasivo durante la vista, admite la culpabilidad plena de su defendido y entona una rutinaria petición de clemencia.

Casi nada de lo acontecido ese lunes 16 de marzo de 1964 en la sala penal de la Audiencia de La Habana trascendió en la prensa. El comunista *Hoy* mantuvo un silencio impenetrable; lo mismo hicieron las radios, con la excepción de algún boletín de la CMQ que aludió a los lazos de Marquitos con el viejo Partido Comunista. La tímida excepción fue, de nuevo, *Revolución*.

El periódico fidelista por excelencia se limitó a recoger la petición del fiscal y a dejar constancia de la declaración de Faure Chomón, cuyo contenido, sin embargo, se silenció. La noticia mereció una discreta posición en portada, por detrás de la rúbrica de un convenio de investigación entre Cuba y la URSS, la reseña de nuevas bajas yanquis en Vietnam del Sur, la participación de los dirigentes del Sindicato Nacional de Trabajadores de la Industria Azucarera en la zafra… Por detrás, incluso, de la gesta de Di Stéfano que anotó tres goles frente al Murcia y situó al Real Madrid en cabeza de la remota Liga española.

El miércoles 18 de marzo se dicta la sentencia de la causa 72/64. Marcos Armando Rodríguez Alfonso, de veintiséis años, residente en La Habana, es declarado culpable de un doble delito de «colaboración con la dictadura batistiana y confidencia, por el que resultaron víctimas los cuatro mártires revolucionarios de Humboldt 7, asesinados por Esteban Ventura Novo». Le será aplicado el artículo 100 de la Ley Procesal de Cuba en Armas. Pena de muerte por fusilamiento.

2

—Esto fue el primer juicio.

Acaba de concluir la lectura y cierra el pliego. Ha transcurrido más de un mes desde nuestro primer encuentro y Joaquín Ordoqui García, «Joaquinito» —así me ha dicho que le llame a partir de ahora— ha leído mis anotaciones sin interrupción. Mantiene una expresión concentrada y ausente. Como un hombre en alta mar. Comenta mirando al vacío:

—Dicho popularmente: «le dieron paredón». Y en lenguaje castrense: «seis de frente y uno de lado». ¿Dónde conseguiste todo eso?

—Anduve por aquí y también por allá —respondo señalando un punto imaginario más allá de la ciudad, más allá de la península, más allá del océano.

—Pero los expedientes jurídicos del caso son inasequibles en Cuba. Ni la prensa de aquellos años se puede consultar en las hemerotecas…

—Lo sé… Uno tiene sus caminos —replico con sorna.

—¿Has conseguido más cosas?

Le expliqué a Joaquín Ordoqui que me estaba procurando por diversos medios casi todo lo publicado acerca del proceso a Marquitos. El primer juicio resultaba la fase más árida: las actas eran absolutamente inaccesibles; pero había conseguido reconstruir parcialmente esa fase a través de las escuetas reseñas aparecidas en *Revolución* y también gracias a testimonios personales que no precisé.

—¿Qué te ha parecido? —inquirí.

—Todo es nuevo para mí, pero nada me choca. Sólo hay un detalle que me llama la atención. Si te pones en el lugar de quienes vivieron esa situación comprendes que hay un patrón de conducta.

—¿Qué quieres decir?

—¿Cómo desató Fidel la campaña contra el sectarismo en 1962? Con un editorial en *Revolución* que ponía en la picota los métodos de los viejos comunistas —se autopregunta y se autorresponde Joaquinito—. Era su periódico, el periódico particular de Fidel. Quiero decir que igual que hoy ocurre con el *Granma*, él supervisaba el diario, incluso escribía personalmente algunos artículos de fondo. Pues bien, la información de este juicio que perjudica a los comunistas y ese nuevo alegato contra el sectarismo vuelve a aparecer en *Revolución*. ¿Ves lo que te quiero decir?

—¿Estás insinuando que detrás de esas gacetillas de *Revolución* estaba el propio Fidel Castro?

—Eso ya no puedo afirmarlo. Lo que sí puedo asegurar es que todo el mundo, comenzando por los viejos comunistas (que por cierto, debían de estar apendejados después de lo que había sucedido con su camarada Escalante) y siguiendo por los del Directorio Revolucionario, todo el mundo en Cuba tendría la impresión de estar reviviendo la situación de dos años atrás.

Joaquinito hablaba moviendo mucho la cabeza y con impaciencia. Estrujó la cajetilla vacía y prendió una colilla del cenicero. Ascendió apenas un hilo blanco de humo.

—¿Y entonces? —Quiero saber adónde conducen esas conjeturas.

—Te has documentado bien, has deducido mejor y casi puedo ver las escenas que describes. Pero todo resulta irreal. Para comenzar, el cambio de acusación entre la detención y el juicio. El crimen de espionaje no era cualquier cosa en plena guerra fría. No lo es ahora, así que figúrate entonces. Y ese cargo se evapora misteriosamente. Para seguir, me ha parecido que era el propio fiscal quien interrogaba a Marquitos sobre su filiación comunista…

—Así es.

—Bueno, pues si cualquier juicio de la época estaba cocinado, imagínate quién dictaba las intervenciones del fiscal… Y para acabar, esa acometida brutal de un ministro de Fidel contra el viejo Partido Comunista desde la plataforma de un tribunal y nada menos que durante un juicio con la carga emocional y simbólica que tenía el crimen de Humboldt 7.

—¿Y eso, adónde nos lleva?

—Eso sí que no lo sé. ¿Recuerdas la expresión de Milan Kundera? «En el comunismo, uno nunca sabe el pasado que le espera». Ahí lo tienes. —Sonrió y lanzó a la camarera un piropo mudo—. Pero, como dijo Kipling…

—¿«Eso ya es otra historia»? —me adelanté.

Joaquinito sonrió sin reservas.

La conversación se prolongó el tiempo suficiente para que Joaquinito se soplara cuatro rones. Al servirle el primero, la camarera derramó sin querer unas gotas de una botella de Havana Club recién abierta. Joaquinito inclinó la copa y vertió algo de ron en el suelo: «Lo pedían los santos», bromeó a modo de explicación. También se despachó un par de platos de cacahuetes y otros dos de patatas fritas. Le seguí como pude, pero bebía y comía con fruición, más aun, de forma voraz. Hablamos de todo un poco: de trabajo, algo más de libros y mucho de Cuba. Su curiosidad era como su apetito: insaciable. Preguntaba sin parar. Para librarme del interrogatorio le dije que había leído su último artículo sobre Silvio Rodríguez, el cantautor cubano iniciador de la Nueva Trova.

—¿Y tú qué piensas?

Le contesté que compartía su dificultad en separar al artista del político. Que con Silvio me sucedía igual que con Bob Dylan:

—El mito es demasiado grande para la persona que debía sostenerlo. Me duele ver a Dylan amenizando las veladas de Juan Pablo II.

—¡Para traición dolorosa, la de Elvis! —casi chilló—. Nació como un provocador y acabó como un monaguillo haciendo coritos… Del rock de la cárcel pasó al rock conventual —prorrumpió en una risotada que dejó a la vista una dentadura desigual con piezas crecidas sin orden.

—¿Lo de Silvio te parece mejor?

—Chico, es muy difícil comprender ahora la realidad moral y política que vivió la juventud cubana que se quedó en el país después de la Revolución. Creíamos que estábamos participando en una cruzada justiciera, que los horrores eran sólo errores; pensábamos que latíamos al mismo ritmo que el 68 de París; y encima las gentes que venían a Cuba desde París nos decían que así era. Y en medio de aquellas persecuciones veladas, de las prohibiciones expresas y las protecciones oportunas, fue como crecimos escuchando a Silvio.

El tono había bajado mientras acumulaba argumentos exculpatorios. Emitió una sentencia envuelta en humo:

—Creo que a pesar de todo él innovó nuestra canción y nos regaló a un par de generaciones las palabras adecuadas para hablar de amor y de pasión.

El tema estaba agotado y se había hecho tarde para los dos. Lo expresamos cada uno a nuestro modo. Yo miré el reloj y Joaquín se dio un manotazo en la frente. Había conseguido aparcar cerca del bar. Se apoyó en un Volvo grande salpicado de abolladuras que alguna vez fue blanco. Me pareció que dentro se movía algo. Me tendió la manaza y preguntó sin rodeos:

—¿Vas a seguir con el tema?

Más que una pregunta era una proposición, tal vez una súplica. No tenía nada decidido y no supe qué responder. Me limité a bajar la cabeza y a chocar su mano. Joaquín lo interpretó como una afirmación y me dejó ver otra vez su dentadura desordenada.

—Cuenta conmigo. Verás que mi palabra vale más que una escritura ante notario.

El Volvo arrancó a la primera y desapareció a mitad de manzana perseguido por una nube constante de humo oscuro. La cabeza de un perro se asomó por la ventana. Mirando cómo se alejaba, supe que me habituaría a aquellos encuentros conspirativos.

3

El 17 de marzo de 1964, el sol hizo ascender del alquitrán de las calzadas del barrio chino habanero un vapor que, unido al estruendo de las diez mil cornetas que resonaron en las paredes de la calle Dragones, daba un aire de espejismo a la marcha parsimoniosa del *team* de motocicletas del Departamento de Orden Público que abría paso al discurrir de cientos de patinadores, ciclistas, máscaras y muñecones por el centro de un túnel de serpentinas y bajo una tormenta de confetis que se posaron sobre el cortejo de Robin Hood y los Hermanitos del Bosque. Casi tan celebrado como las habituales figuras del marqués de Atarés y de las Bolleras por los espectadores que pugnaban por refrescar la garganta, formando colas frente a los tanques de cerveza helada en el paseo del Prado para acudir enseguida a ovacionar las carrozas del Ministerio de la Construcción, del Instituto Nacional de Turismo, de la Dirección de Recursos Hidráulicos, del Instituto de la Reforma Agraria y rugir con ardor reavivado al paso del platillo volante que transportaba a un grupo de lindas criollitas y, en medio de ellas, tocada de un gorro brillante de forma cónica tejido a juego con el minúsculo biquini, la reina del Carnaval Socialista, Mabel Sánchez Doménech y sus damas de honor, sus luceros de pantorrillas gruesas y compactas pregonando un fin de fiesta en la avenida del Puerto amenizado por un cartel de lujo: las orquestas Aragón, de Roberto Faz, de Enrique Jorrín, la Riverside.

Ese 17 de marzo de 1964 el equipo de Industriales, como era ya costumbre, volvió a vencer a los Occidentales, por 5 a 4 en esta ocasión, y se situó en una posición de liderazgo intratable, a cinco puntos y medio del inmediato seguidor. Al partido de pelota, celebrado en el Parque Latinoamericano, asistió el comandante Ernesto Che Guevara acompañado de su esposa Aleida March. También el comandante en jefe, Fidel Castro, que siguió el *match* desde el palco de la prensa.

El primer ministro aprovechó el prolongado encuentro para mantener un diálogo informal con los periodistas. Anunció que en menos de diez meses, «lo puedo asegurar al cien por cien» habría una producción de sesenta millones de huevos por mes y el huevo estaría por la libre (desaparecería de la cartilla de racionamiento). La abundancia alcanzaría en el mismo plazo también a los lácteos («Tendremos más leche que Holanda y fabricaremos más queso que Francia»). Se explayó sobre los planes para la flota pesquera («Tenemos cinco barcos atuneros, a fines del 65 tendremos setenta») y vaticinó la mejor cosecha de tabaco de la Historia. Exhibió un optimismo rotundo sobre el futuro: «Si nosotros no logramos la abundancia será sencillamente porque somos unos incapaces completos de lograrlo». Se explayó, en fin, sobre distintos asuntos agrarios por espacio de una hora, demorándose en el tipo de gramíneas (alfalfa) y la raza bovina (Jersey) más aptos para las tierras de Oriente.

Ese día de marzo prosiguió la campaña de vacunación de la polio en las escuelas y barrios, y en la televisión dio comienzo un ciclo de cine soviético. Los habaneros pudieron elegir entre la ópera representada por un elenco búlgaro encabezado por Olga Popova, el circo soviético dirigido por Vladimir Tsvetko o una surtida cartelera que incluía los filmes *Un día, un gato*, checa; *Tragedia optimista*, soviética; *Los malos duermen*, japonesa; *Brigada de tanques*, checa; *El bandido*, italiana; *Las doce sillas*, cubana, y la versión cómica de *Los tres mosqueteros* ideada por el mexicano Cantinflas.

Los diarios del día siguiente recogieron estos pormenores a la vez que daban cuenta de las asambleas de emulación celebradas en el INRA (Instituto Nacional de la Reforma Agraria) y en el Mintrans (Ministerio del Transporte), donde fueron condecorados los trabajadores vanguardistas de la producción; la conferencia del poeta español Blas de Otero en la UNEAC (Unión de Escritores y Artistas de Cuba) porque el socialismo, igual que el Ejército, habla en siglas. También reseñaron la visita de los equipos de natación y gimnasia de la República Popular China y los triunfos clamorosos del ajedrecista Boris Spasski.

Pero el 17 de marzo, además de todos los hechos anteriores, la cadena radial CMQ deslizó nuevas insinuaciones sobre las conexiones comunistas de Marquitos. El miércoles 18 de marzo se dictó sentencia y al día siguiente ni siquiera el periódico comunista *Hoy* pudo fingir que nada ocurría. Tanto ese diario como *Revolución* recogían la condena a muerte del acusado. Pero de nuevo *Revolución* fue más lejos. El periodista Segundo Casáliz dedicó al juicio la columna diaria que aparecía bajo el pseudónimo de Siquitrilla.

EL JUICIO POR EL CRIMEN DE HUMBOLDT 7

El tema número uno en la calle es el juicio contra Marcos Rodríguez, delator de los mártires de Humboldt 7.

Pocas veces una información periodística desata tan extraordinario interés. Pocas veces coinciden tantos aspectos importantes.

La cadena de sucesos que permitieron al delator escapar al castigo durante cinco años constituye una historia no sólo apasionante, sino aleccionadora.

La exposición del comandante Faure Chomón está —podría decirse— en todas las esquinas.

¿Que los enemigos la divulgarán a su modo? Obviamente.

¿Que su publicación causaría revuelo? Sin duda.

Por lo demás, Marcos Rodríguez ante sus jueces es bueno para la Revolución.

La publicación del juicio fue buena para la Revolución.

La verdad es buena para la Revolución.

Los testimonios de los miembros del Directorio Revolucionario que desfilaron por la Audiencia entre el sábado 14 y el lunes 16 de marzo habían desencadenado un terremoto. Dieciséis líneas perdidas en la inmensidad de las hojas tamaño sábana de *Revo-*

lución y la alusión impresa a un testimonio desconocido del gran público, el de Faure Chomón, multiplicaron su onda expansiva.

El sábado 21 de marzo se desencadena la contraofensiva: *Hoy* abandona el mutismo. Publica una carta al director que merece el espacio excepcional de portada:

> Querido compañero:
>
> En torno al juicio de Marcos Rodríguez hay confusión. Algunos intrigantes están haciendo su agosto con esto. Los hay incluso que pretenden dar lecciones de civismo y tienen hasta la osadía de insinuar que la Revolución teme sacar a la luz pública en toda su magnitud este juicio, o sea, es capaz de encubrir culpas.
>
> El hecho de que no haya aparecido publicada la declaración de Faure Chomón de la cual había una declaración taquigráfica muy deficiente que necesitaba ser revisada por el autor, hace las delicias de ciertos elementos que en sí no tienen la menor preocupación por la verdad, ni son puros, ni son revolucionarios, ni se preocupan en lo más mínimo de los problemas que verdaderamente interesan a las masas y que no pierden la menor oportunidad de dar cauce al resentimiento, la ambición, el divisionismo, o el espíritu reaccionario que bajo un barniz de neorrevolucionarismo encubren el odio de pequeñoburgueses que en realidad sienten hacia la Revolución Socialista.

El estilo es inconfundible: expresiones castizas, retórica ampulosa… Su autor es el primer ministro del gobierno revolucionario, Fidel Castro Ruz. Nos encaminamos a un ajuste de cuentas en toda regla. Y los métodos serán tan excepcionales y expeditivos como conminatorio es el tono de la carta:

> ¡Que se publique íntegramente la versión de la declaración de Faure Chomón!
>
> Como primer ministro me dirigiré además al Ministerio Fiscal a fin de que en la vista de apelación solicite que el proceso sea abierto de nuevo a prueba.
>
> ¡Que sea todo lo público que pueda concebirse un juicio!
>
> ¡Que declaren todos los que tengan algo que declarar ante la menor imputación o insinuación que se haya hecho sobre ellos!

¡Que se discuta todo lo que se tenga que discutir!

¡Que comparezcamos todos a este juicio si es necesario y que sea juzgado, no sólo moralmente sino legalmente, todo el que deba ser juzgado!

¡Es necesario que los intrigantes, que los pseudorrevolucionarios, los sectarios de nuevo cuño, que no se conforman con menos que con que rueden las cabezas de honestos revolucionarios y que la Revolución, como Saturno, devore a sus propios hijos, sean desarmados y reciban verdaderamente una lección de civismo!

Lleva la firma, pero también el sello, el estilo. «L'estil c'est l'homme», decía Marx. Además de expresiones castizas y retórica ampulosa, referencias mitológicas.

La orden es tajante. Habrá un segundo juicio. Y se celebrará con luz y taquígrafos; el caso recibirá tanta publicidad como sea posible, es decir: acaparará la atención del país.

Dicho y hecho. Las cuatro columnas de la página 5 del mismo diario *Hoy* están ocupadas íntegramente por un texto que recupera el testimonio de Faure Chomón bajo el título: «Declaración en el juicio seguido al delator de los mártires de Humboldt 7». Lo encabeza la advertencia: «Versión taquigráfica».

A partir de ese sábado el juego está abierto; todos saben ya a qué atenerse. Y a ello se atienen. *Revolución* no se publicaba los domingos. Pero el lunes siguió desde la primera página el surco de su colega *Hoy*. Bajo el rótulo «Carta de Fidel a Blas Roca» anunciaba:

> En su edición del pasado sábado, el colega *Hoy* insertó la siguiente carta del primer ministro, comandante Fidel Castro, al compañero Blas Roca, director del fraterno rotativo. También publicó el texto de las declaraciones del comandante Faure Chomón que ofrecemos en página interior.

La columna contigua anuncia que ese mismo día a las dos de la tarde se iniciará la vista del juicio de apelación en la Sala de lo Criminal del Tribunal Supremo.

Como resultado de la petición formulada por el primer ministro del Gobierno Revolucionario, Fidel Castro, el proceso que se sigue al delator Marcos Rodríguez será abierto nuevamente a prueba. Las sesiones del juicio serán transmitidas por la Cadena Nacional de Radio Rebelde.

Estamos de nuevo frente a frente en el café que se ha convertido en punto habitual de reunión. Joaquinito Ordoqui concluye la lectura de mis anotaciones sin inmutarse. Al fondo se oyen sillas que se arrastran, conversaciones, una caja registradora, la banda sonora de la evasión de los oficinistas. Joaquín remueve el segundo café de la mañana y me observa con ironía a través de la densa cortina tóxica:

—¿Ya estás fumando, tan pronto?

—Para fumar lo que fumo hay que empezar pronto —bromea. Y continúa—: ¿Tú sabes lo que es entropía?

—Las ciencias no son mi fuerte —concedo.

—La teoría de sistemas define la entropía como la tendencia de los sistemas a desintegrarse como consecuencia de una disminución del flujo de información.

—Está bien. Sabes de historia, sabes de música, sabes también de física y hasta de epistemología. ¿Qué tiene eso que ver con nuestro caso? —le dije con impaciencia. Joaquín no se molestó. Al menos no lo demostró.

—Te lo diré de otro modo: cuando todo está bajo control, basta la menor discordancia para que todo el sistema se cuartee. Lo importante en lo que has descubierto no es la dimensión de un artículo en un periódico ni el alcance de las insinuaciones en una emisora de radio. Lo importante es que resquebrajaron la verdad oficial, que era el silencio. ¿Conoces aquel cuento de Solzhenitsyn que se titula «Nosotros nunca nos equivocamos»? Ahora sólo haría falta saber por qué se abrió esta fisura en el control oficial, aunque al paso que llevas empiezo a creer que tal vez lo averigüemos.

Lo tomé como una felicitación tácita y nos emplazamos para un próximo encuentro, esta vez sería en su restaurante cubano favorito. Antes de separarnos me entregó un libro de poemas. Sorprendido, le di las gracias.

—No es un regalo; o mejor, es un regalo pero es también una guía. ¿Recuerdas que hablamos de la importancia que tuvo para mi generación Silvio Rodríguez?

—A la perfección.

—Sé que no es fácil entender desde acá lo que sucede allá. Pues aún resulta mucho más difícil entender desde *ahora* lo que sucedía *entonces*. Vamos a pasar una temporada descifrando juntos cosas que sucedieron hace cuarenta años a ocho mil kilómetros. Para entenderlas te conviene tener en cuenta la distancia, toda la distancia.

—He recorrido esos ocho mil kilómetros unas cuantas veces —le hice notar.

—Es que esos ocho mil kilómetros tienes que elevarlos a la potencia cuarenta, por los cuarenta años que han transcurrido. Y el resultado son unidades de distancia. Y esa distancia, como no es física sino emocional, no se salva con el estudio, sino con la poesía.

No abrí el libro hasta llegar a casa. Era una antología de Cintio Vitier. Tenía una página con la esquina doblada, a la altura de un poema titulado «Ambiente» fechado en los sesenta:

> *A veces*
> *se diría*
> *que no puedes llegar hasta mañana.*
> *Y de pronto*
> *uno pregunta y sí,*
> *hay cine,*
> *apagones,*
> *lámparas que resucitan,*
> *calle mojada por la maravilla,*
> *ojo del alba,*
> *Juan*
> *y el cielo de regreso.*

Hay cielo hacia adelante
todo va saliendo más o menos,
bien o mal, o peor,
pero se llena el hueco,
se salta,
sigues,
estás
haciendo
un esfuerzo conmovedor en tu pobreza,
pueblo mío,
y hasta horribles carnavales, y hasta
luna.

Repiten los programas
no hay perfumes
(adoro la repetición, ese perfume):
No hay, no hay, pero resulta que
hay.
Estás, quiero decir,
estamos.

4

El lunes 23 de marzo de 1964 todo está listo para el segundo juicio de apelación. La Sala de lo Criminal del Tribunal Supremo se constituye en el espacioso Salón de Actos del Palacio de Justicia, en el edificio central que flanquea el monolito del monumento a Martí en la antigua plaza Cívica, ahora plaza de la Revolución. Pasadas las dos de la tarde penetran por la puerta lateral derecha los miembros de la sala. Tanto su presidente, José Fernández Piloto, que ocupa el centro, como los cuatro magistrados que le escoltan, visten toga.

La defensa se sienta a la derecha de la presidencia y la fiscalía en el lado opuesto. Ejerce la primera un experimentado letrado, Manuel Grillo Longoria. En el bando fiscal forman Santiago Cuba y su adjunto Carlos Amat, que ejerció como acusador de la primera vista. Las deposiciones se prestan desde un pupitre provisto de dos micrófonos con forma de bocina situado frente a la presidencia.

El acusado se incorpora el último, conducido por dos custodios. Camina con la cabeza baja. Al traspasar las puertas acristaladas el trío se detiene un segundo parpadeando bajo los haces de luz que derraman los reflectores. Toma asiento y aguarda solitario el inicio de la sesión encogido sobre un interminable banco de madera clara. Su amigo Jorge Valls, el único testigo de todo el proceso que abogó por su inocencia, recuerda en sus memorias, *Veinte años y cuarenta días: mi vida en una prisión cubana*, que «cuando reapareció Marcos, era incapaz de mantenerse en pie ni de levantar la cabeza. Era un trozo de cuero».

Tras el reo se agolpa el público, medio millar de privilegiados que han logrado sentarse en sillas plegables de armazón metálico y asiento de felpa. Prevalece el orden protocolario y acaparan la primera fila varios ministros, encabezados por el de Justicia, comandantes del Ejército Rebelde, reconocibles por sus uniformes verde olivo, y miembros de la dirección del PURSC (Partido Unido de la Revolución Socialista de Cuba). Destaca la presencia cetácea de la esposa del presidente de la República, doña Caridad Molina, que viste un traje veraniego de fondo negro salpicado de topos blancos.

Igual que las esposas de otros dirigentes, la señora de Dorticós no se perderá una sola sesión del proceso que se ha transformado en un acontecimiento político, pero también en un evento social. Atrae la atención de un numeroso público que se agolpa en el fondo y los costados de la estancia. También a los medios nacionales, incluso a una decena de corresponsales extranjeros que se alinean en el flanco derecho del salón. Las grabadoras radiales y las cámaras de la televisión y del Instituto Cubano de Arte e Industria Cinematográficos, ICAIC, registran la sesión que se transmite en directo.

El presidente ordena al secretario que dé lectura al Resultando aprobado, a la Sentencia dictada, al Considerando de la Calificación y a la Parte Dispositiva.

El secretario se encarama a un micro de pie dispuesto frente al estrado y recita el acta que concluye:

> … La Audiencia ha procesado al sancionado como autor de un delito de confidencia y le impuso la pena de muerte por fusilamiento.

El presidente convoca al acusado por su nombre y le ordena ponerse en pie. Le pregunta si ejercerá el derecho de prestar declaración previa. Insistirá por tres veces, porque la voz temblorosa de Marcos Armando Rodríguez es inaudible pese a las dos aparatosas bocinas del micrófono. Finalmente, la respuesta llega al público mediante el eco del presidente:

—No desea prestar declaración. Siéntese.

Cede entonces el turno al fiscal, que inicia el interrogatorio interesándose por las relaciones de Marcos con los miembros del Directorio. El acusado identifica a Jorge Valls como su primer contacto en esa formación y reconoce que al poco comenzó a transmitir a la Juventud Socialista algunas informaciones relativas al Directorio que sonsacaba a Valls. El fiscal se esmera en exonerar a los comunistas de las actividades del delator.

> FISCAL: Es decir, que no fue la Juventud Socialista la que le mandó vincularse a Jorge Valls, sino que por su vinculación usted comenzó a dar esa información. ¿Es así?
> ACUSADO: Sí.

El interrogatorio prosigue centrado en los movimientos de Marquitos durante los momentos anteriores y posteriores al asalto al Palacio Presidencial el 13 de marzo de 1957, hasta desembocar en los sucesos de Humboldt 7. Se detiene en un incidente que se produjo la víspera del crimen y que ya fue abordado en la primera vista del juicio. Marcos acudió al apartamento de la calle Humboldt junto con Dysis, la novia de Joe Westbrook, y otra compañera. Cerca del portal divisaron una perseguidora policial aparcada. El fiscal pregunta por la reacción del acusado.

> ACUSADO: Di la vuelta a la manzana, paré en la otra calle, y entonces dimos un rodeo y vimos que la perseguidora se había ido y entonces subí al apartamento […]
> FISCAL: Brevemente, ¿qué fue lo que ocurrió cuando usted llegó al apartamento, que los compañeros le abrieron la puerta; qué tipo de conversación, qué otra cosa tuvieron ustedes?

Marcos se arruga todavía más y guarda un obstinado silencio. El presidente suspende la sesión unos minutos y la fiscalía reitera la pregunta.

> ACUSADO: Una conversación desagradable.
> FISCAL: ¿Llegó usted al apartamento muy sereno o daba la impresión de que estaba un poco alterado?

ACUSADO: Sí.

FISCAL: ¿Alterado?

ACUSADO: Sí.

FISCAL: ¿Qué le expresaron los compañeros?

ACUSADO: Algunas cosas.

FISCAL: ¿Qué fue lo que le dijeron los compañeros?

ACUSADO: Algunas cosas.

FISCAL: Le expresaron que usted era un individuo cobarde, que estaba nervioso o que estaba alterado. ¿Fue eso?

ACUSADO: Sí.

FISCAL: ¿Fue eso lo que le dijeron?

ACUSADO: Sí.

FISCAL: ¿Era la primera vez que los compañeros que estaban allí le decían cosas parecidas?

ACUSADO: No.

FISCAL: Yo quisiera que usted nos dijera en tres o cuatro palabras lo que los compañeros que estaban en el apartamento le dijeron cuando usted llegó.

ACUSADO: Fueron cosas desagradables. Nada más.

FISCAL: ¿Qué reacción le produjeron a usted esas cosas desagradables que le dijeron? ¿A usted eso le molestó?

ACUSADO: Sí.

FISCAL: Le molestó. Entonces, frente a esa sensación de molestia que le produjeron a usted las cosas que le dijeron los compañeros ¿qué decidió usted hacer?

ACUSADO: [Silencio]

FISCAL: ¿No decidió hacer nada?

ACUSADO: [Silencio]

FISCAL: Presidente, yo propongo que se suspenda nuevamente la vista para que el procesado se calme.

La vista se vuelve a suspender. Marcos se contrae más y más conforme el interrogatorio se aproxima al momento de la delación. La voz se ha convertido en un murmullo lúgubre y quedo.

FISCAL: Le dijeron en el apartamento de Humboldt cosas desagradables. ¿Y qué decidió usted hacer? ¿Decidió decir a Esteban Ventura Novo que esos compañeros se encontraban allí?

ACUSADO: Sí, señor.

FISCAL: ¿Cuándo lo decidió? ¿Esa misma noche?

ACUSADO: No.

FISCAL: ¿Al día siguiente por la mañana?

ACUSADO: Sí.

FISCAL: ¿Por qué medios se comunicó usted con Esteban Ventura?

ACUSADO: Por teléfono.

FISCAL: ¿Lo llamó por teléfono y concertó una entrevista con él?

ACUSADO: Sí.

FISCAL: ¿En esa entrevista usted le manifiesta que los compañeros se encontraban en Humboldt 7?

ACUSADO: Sí.

FISCAL: ¿Usted pensó que Ventura al tratar de detenerlos los mataría?

ACUSADO: No.

FISCAL: ¿Usted pensó que los iba a arrestar nada más?

ACUSADO: Sí.

El fiscal indaga en los móviles de la delación y Marquitos niega hasta seis veces haber recibido dinero. La venganza, el desquite por el desprecio padecido, se perfila como móvil único de la delación.

Forzado por el fiscal, un Marquitos menguante rememora sus siguientes pasos. La febril sesión de cine en el Dúplex, las primeras noticias del crimen llegadas a través de un receptor de radio, una nueva visita desesperada al carnicero Ventura Novo, los reproches, los insultos. Y, enseguida, la fabricación de una coartada, la llamada a una amiga, el encuentro con un compañero, la invención de la portentosa huida del apartamento cercado por la policía, la maquinación de una leyenda, la del milagroso superviviente de Humboldt 7 que ahuyentaba sospechas y, de paso, le transformaba en héroe. A continuación, el asilo en la embajada de Brasil y, semanas más tarde, el exilio.

La acusación enfila el interrogatorio hacia las derivaciones políticas del caso y Marquitos sostiene que durante los meses de su exilio en México, en la víspera de su regreso a Cuba, reveló su pecado a Edith García Buchaca por la «gran confianza» que le tenía. El dato es trascendental porque avalaría la teoría de un encubrimiento comunista de la delación. Por eso, el fiscal recuerda que en un careo mantenido en la sede del Partido ante el mismísimo presidente de la República, Marcos había desmentido este extremo y golpea una vez y otra en la contradicción.

FISCAL: ¿Y por qué razón usted lo negó en aquella ocasión y por qué lo afirmó antes y lo vuelve a afirmar ahora?

ACUSADO: [Inaudible]

FISCAL: Yo le ruego que lo diga con claridad. Es la última pregunta que le estoy haciendo.

ACUSADO: [Inaudible]

FISCAL: ¿Qué dice?

ACUSADO: Yo no quería comprometer a nadie.

FISCAL: [...] ¿Y cuando lo dijo por primera vez en su confesión a los compañeros de la Seguridad sí quería comprometer a alguien?

ACUSADO: [...] Creía que quedaba en secreto en la Seguridad.

FISCAL: Yo no entiendo. ¿Qué fue lo que lo movió a usted en esa confrontación directa delante del presidente de la República, en una reunión del Partido, a negar y decir que eso que se decía no era verdad?

ACUSADO: Porque no quería crear problemas.

FISCAL: Señor presidente, me basta.

Ya está dicho. Edith García Buchaca, martillo implacable de revisionistas, látigo de desviacionistas, máxima responsable de la cultura oficial, suprema encarnación de la ortodoxia, acaba de ser arrastrada públicamente a la infame posición de encubridora de un abyecto delator.

A todo esto, la acusación inicial de espionaje que originó la detención de Marquitos en Praga ocupa apenas un minuto al final del interrogatorio fiscal, un par de preguntas de trámite a las que Marquitos responde con negativas.

Toma el relevo el abogado defensor, que no ahonda en los cargos y se limita a interesarse por las circunstancias personales del reo:

DEFENSA: ¿Qué edad tiene usted, acusado?

ACUSADO: Veintiséis años.

DEFENSA: ¿Usted recuerda la fecha de su nacimiento?

ACUSADO: Veinticinco de abril de 1937.

DEFENSA: ¿Por qué razón cuando usted hace su confesión ante la Seguridad del Estado dijo tener veinticuatro años de edad?

ACUSADO: No.

DEFENSA: ¿No recuerda haber dicho tener veinticuatro años de edad? Sin embargo, así aparece consignado a fojas doce del sumario… Una última pregunta: ¿durante su estancia en la prisión provisional alguna vez fue examinado por un psiquiatra?

ACUSADO: No.

DEFENSA: Me basta.

5

En esta ocasión envié el texto a Joaquín por e-mail junto con una extensa trascripción de las actas de esta sesión del juicio.

Me llamó al momento y quedamos citados para esa misma noche en un restaurante criollo del centro («Sirven la mejor ropavieja de este lado del océano», porfió Joaquín). Venía de entregar su crítica musical de la semana y me esperaba con un daiquiri clásico entre las manos («Los de fresa son una mariconada, como dicen ustedes»). En cuanto me senté le dije que me había conmovido el poema de Vitier.

—Respeto a Vitier, pero este poema en concreto, ahora mismo, me produce rechazo. Te lo regalé porque te serviría para comprender. Está escrito en aquellos años de mística revolucionaria y de dificultades —me dijo—. Expresa, por supuesto, la visión de Vitier, un católico que veía en la escasez y la penuria material un valor ético. Pero también refleja la oscilación de muchos entre aquella ensoñación colectiva y la dura realidad cotidiana. Pensé que te ayudaría a entender cómo fue posible que millones de personas se embarcaran fascinadas en aquella aventura. Había represión, pero no todo era represión; había además la sensación de estar haciendo Historia, de estar plantando cara a los yanquis, de estar llevando la libertad a América Latina, luego a Vietnam, después a África; la fantasía de estar tocando el cielo, aunque escaseara lo más elemental en la Tierra…

Él se adelantó a pedir y, a la vez que rechazaba las cartas, revisó con detenimiento a la camarera que pareció complacida. Ropavieja y, de acompañante, guacamole.

—Antes, lo que tú sabes, mamita —agregó. Cuando la muchacha se alejó, susurró ufano—: Aquí no hace falta aclarar que hablamos del guacamole cubano porque saben distinguir el cubano del mexicano…

—¿Cuál es la diferencia?

—¡Querrás decir cuál es el parecido, porque es sólo el aguacate y la cebolla! Una de las características de la comida cubana es la presencia del dulce en sus múltiples combinaciones. Ahí tienes los plátanos maduros (ya sean machos fritos o, simples platanitos fruta, de preferencia manzanos) y el boniato (asado, frito o hervido), aunque en algunos platos, como el picadillo o la ropavieja, la función la asumen las pasas. En el caso del guacamole, el factor dulce es la piña.

Concluyó su explicación como si ahondase en una materia científica. Le pregunté si había tenido tiempo de leer mi envío.

—¿Cómo que no? Lo leí justo después de escribir la crónica musical de esta semana y me dio que pensar.

—¿Cuál era el tema esta vez? —pregunté.

—Mira tú qué coincidencia, escribí sobre Freddy. Si has leído a Cabrera Infante seguro recordarás a Estrellita, el gran personaje de *Tres tristes tigres*, su mejor obra, y una de las mejores novelas de la literatura cubana, aunque Cabrera decía que lo suyo no eran novelas. Estrellita existió y se llamaba, en la realidad, Freddy. Cabrera la retrata con su abdomen de barril, sus dos enormes tetazas, un cuerpo monstruoso. Se rinde ante aquel fenómeno, sentimiento puro, aquella voz suave, húmeda, que le hacía estremecerse…

—¿Llegaste a escucharla?

—No, por desgracia. No nos empatamos. Ella murió con veintiséis años y más de trescientas libras de peso. Se infartó. Yo no tenía ni diez años y mi vida nocturna estaba inédita. Pero pocos la disfrutaron en directo. Se llamaba en realidad Fredesvinda García Herrera y venía de un pueblecito de la provincia de Camagüey. Actuaba cada noche en el mismo tugurio, el Celeste, y su voz se imponía como un saxo barítono, como un ciervo en celo, un mar embravecido.

—Si no recuerdo mal, Estrellita, el personaje de Cabrera Infante, no era cantante profesional.

Regresó la camarera con mi cerveza y un recipiente lleno de un líquido coloidal rojo. El vaso rebosaba de ostiones aderezados con jugo de tomate sobre los que regó medio pomo de tabasco antes de ofrecérmelo.

—¡Prefiero lavarme los dientes con la escobilla del váter!

Rió antes de despachar todo el vaso de un solo sorbo. Expulsó un vendaval de aire y me miró sin pestañear. Hablaba casi siempre mirando fijo a los ojos:

—Freddy tampoco era profesional. Era cocinera, criada de los Bengoechea, una familia importante. Cantaba *a cappella*, sin instrumentos. Tuvo una carrera corta y fulgurante. Durante un tiempo esa negra chocolate deambulaba con sus sandalias sin tacón y su figura rolliza, sin cuello, por la calzada de Infanta y recalaba en el bar Celeste; en aquel antro cantaba a dos voces con la vitrola. Un día, alguien la descubrió y pasó directa al cabaret del Capri, un local prestigioso propiedad de Santos Traficante, el mafioso. Llegó a presentarse en televisión junto a Benny Moré y Celia Cruz. Enfática como era, dijo que «después de esto, ya puedo morirme…».

—¿Se conserva alguna grabación?

—Un solo vinilo que es el que acaban de reeditar en CD. Se grabó con el acompañamiento de una *jazz band*. Para mi gusto, rivaliza demasiado con su voz, por ejemplo en la versión de «Noche de ronda» de Agustín Lara. Pero la voz se abre paso, se impone y suena como la de la Vaughan, la genial jazzista americana. Es una voz que tienes que oír: sale de las entrañas, del hígado, de los intestinos, de los ovarios y el corazón; todo junto. El disco es desigual, imperfecto. Le sobran algunas canciones y le faltan otras; lo escribo en la crítica. Pero es portentosa; seguramente la cantante cubana más efímera y extraordinaria que haya existido.

Sirvieron el aguacate y la ropavieja, también una bandeja de arroz blanco, unos plátanos maduros y una ensalada. Joaquinito se extendió en explicaciones sobre la gastronomía cubana y la tradición de las sopas.

—Gracias a aquella creencia de que el caldo concentra la sustancia de todos los alimentos quedaba el sobrante de falda de res con el que se elaboraba la ropavieja.

Celebré el plato.

—Está sabroso —dije.

—La clave es el comino —comentó—. Bueno —sonrió—, y la paciencia, porque hay que hervir y rehogar casi cada ingrediente por separado.

—¿Por qué dijiste coincidencia al hablar de Freddy?

—Porque me puse a averiguar del Celeste, el lugar donde empezó a cantar Freddy y ¡tú no te vas a creer dónde quedaba!

Hizo una pausa para aumentar la tensión.

—¿Estás impaciente por saberlo? —preguntó.

—Por decirlo como Popeye, tengo mucho aguante, pero no aguanto más.

—¡El Celeste estaba en Humboldt 11, dos puertas más allá del lugar del crimen! ¿Tú te das cuenta de que Freddy cantaba en la misma cuadra donde se refugiaron los cuatro muchachos asesinados? Justo al momento de averiguarlo me llegó tu texto.

—Supongo que te conmovió lo que leíste. —Me refería a la acusación contra su madre.

—Eso no cuenta ahora. No quiero que suene jactancioso, pero yo no aprendí a vivir como un hombre en cursos por correspondencia. Las cosas son como son y uno debe afrontarlas —respondió, cortante.

—¿Hay algo que te haya chocado?

—Casi todo el interrogatorio resulta previsible, no aporta mucho. Sólo me han llamado la atención dos cosas. ¿Has contado las veces que Marquitos responde al fiscal con monosílabos? Son cincuenta y seis. Parece como si el fiscal le diera hecha la declaración y Marquitos sólo tuviera que asentir.

—Eso sin contar los pasajes que no te envié, ni siquiera transcribí, porque resultaban repetitivos —le confirmé—. Conseguí escuchar también la grabación, aunque no me permitieron copiarla…

—¿Y aporta algo distinto?

—Me impresionaron los silencios y la voz de Marquitos, siempre a punto de quebrarse. Dijiste que te habían llamado la atención dos cosas, ¿cuál es la otra? —le interpelé.

—Las preguntas del abogado defensor sobre la edad de Marquitos. ¿Reparaste de qué modo sutil, al interrogar sobre la edad, evidencia que la confesión de Marquitos data de hace dos años? ¡Tres años preso, dos años confeso y todo ese tiempo sin juicio! Ese abogado, Grillo Longoria, era santiaguero y no sé que fue de él.

Sirvieron dos cafés. Joaquinito aprovechó los cumplidos para coquetear de nuevo con la camarera:

—¡Qué rico café tú haces, mi amor!

Ella replicó al requiebro con poca convicción:

—¡Qué sato tú eres, Joaquín!

Al quedarnos otra vez solos, le informé que poco después del proceso a Marquitos, confinaron a Grillo Longoria una buena temporada en un campo de las UMAP, las Unidades Militares de Ayuda a la Producción.

—En realidad eran centros de internamiento y reeducación para homosexuales, religiosos, antisociales y desafectos... —Fue Joaquinito quien me informó—. Más de treinta mil personas pasaron por ellos. Comenzaron con otro discurso de Fidel, otro trece de marzo, otro aniversario del asalto a Palacio. Calificó de «lacras» a esos «hijos de burgueses que ni estudian ni trabajan», a los «lumpen» y a las «sectas dirigidas por la CIA», parece que en ese saco metía a los testigos de Jehová y a los abakuás, una sociedad secreta de origen afrocubano...

—Los conozco.

—¡Anjá! El caso es que en las puertas de aquellos campos estaba escrito: «El trabajo os hará hombres». Pero allí dentro se quedaron setenta y dos que más nunca salieron, contando los suicidas. ¿Cómo supiste lo de Grillo? —Y, sin esperar a que respondiera, volvió a la carga—: ¿Tú no me vas a decir cómo te hiciste con todo ese material y accediste a la grabación? —preguntó con sorna antes de despedirnos.

—Como dijo Kipling...

—Ya sé: «... ésa es otra historia». Descuida —me dijo—, ya lo averiguaré. ¿Conoces el dicho cubano? «Si la carrera es larga, el perro siempre alcanza al venado.»

Estábamos de buen humor, el local era luminoso y los añejos que trasegamos seguramente tuvieron que ver con esa euforia. Nos sirvieron una última ronda, «la del estribo, le decía Hemingway» y celebré, sin decírselo, su criterio gastronómico.

—Un día vienes a cenar a casa para que pruebes el mejor plato del mundo.

—¿Y cuál es, según tú?

—Hay dos. Aparte de los cubanos, claro; ésos no cuentan: la tortilla de patatas a la española y el cebiche peruano. Por si no lo sabías, la gastronomía de Perú es de las tres o cuatro mejores del mundo y una de las más mestizas porque además de la influencia indígena y colonial hay elementos de cocina japonesa, china y también italiana. Ese cebiche no tiene nada que ver con nada de lo que hayas probado con ese nombre en otro lugar. Eso sí, hay que servir el cebiche, de pargo o mero a poder ser, con una rueda de boniato hervido, una mazorca de maíz y unas hojas de lechuga. Se come mezclando los tres sabores.

—He contado cuatro...

—Las hojas de lechuga sólo cumplen una función decorativa —rió.

Acabamos la noche escuchando en su Volvo los boleros de Freddy, acompañados en el asiento de atrás por la perra de Joaquinito. Tenía razón, en la versión de «Noche de ronda» sobraba orquesta. Y también tenía razón en que la voz no se parecía a nada de lo que hubiera escuchado antes. Era rugiente y visceral como si ascendiese directamente desde las tripas hasta la garganta.

6

Martha Jiménez inicia el 24 de marzo de 1964 una ronda de testimonios que incluye a la totalidad de comparecientes en el primer juicio. La viuda de Fructuoso mantiene un ademán que refleja aplomo y dignidad. Viste colores sobrios, camisa blanca, rebeca oscura y falda amplia, calza zapatos negros de tacón bajo. Oculta la expresión con unos espejuelos *cat eyes* de cristales tenuemente ahumados. Presta juramento erguida y responde sin vacilar a las preguntas. Relata sus tempranas sospechas sobre el acusado y sus gestiones para lograr su detención y procesamiento.

Tras Martha, se sucede en el pupitre de los testigos la misma cadena de personajes vinculados al Directorio Revolucionario que testificó en el primer juicio. Con algunas diferencias: ha mermado su firmeza y ya no se comportan como denunciantes. El fiscal se muestra obsesionado en arrancar un certificado de conformidad con la actuación de las autoridades a lo largo del caso, desde las primeras denuncias presentadas al filo de la victoria revolucionaria hasta la tramitación judicial. Los comandantes del Directorio cooperan.

FISCAL: ¿Usted considera, compañero, que por parte de las autoridades en aquel momento hubo negligencia en la persecución del procesado?

JULIO GARCÍA OLIVERA: En ningún momento.

FISCAL: Es decir, que su opinión es que no hubo ninguna negligencia por parte de las autoridades que tuvieron participación en estos hechos en cuanto a la persecución en un momento inicial de Marcos Rodríguez.

JGO: Exactamente.

El comandante Guillermo Jiménez lleva unas gafas graduadas que amplían el tamaño de sus ojos y acentúan la sensación de desamparo frente al acoso del fiscal empeñado en ajustarle las cuentas por sus referencias durante el primer juicio a los móviles políticos de la delación de Marquitos:

> FISCAL: Cuando usted decía en la anterior vista que la motivación del acusado era de carácter ideológico y que eso fue lo que llevó…
>
> GUILLERMO JIMÉNEZ: nunca dije eso.
>
> FISCAL: ¡Usted lo dijo!
>
> GJ: Yo me refería a que las contradicciones, no recuerdo la palabra…
>
> FISCAL: Yo quisiera que usted explicara la idea suya.
>
> GJ: Las contradicciones que él tuvo con los compañeros, referí también estos epítetos que él utilizaba, la formación de Marquitos, pero no hablé en ningún momento de formación ideológica que usted ahora dijo, porque en ningún momento creo que este individuo pueda tener ningún tipo de motivación ideológica, porque evidentemente él es la negación de cualquier criterio político, ideológico. Este individuo sencillamente no puede estar adscrito ni militar en ningún tipo de ideología y muchos menos en una ideología de tipo revolucionario que él podía decir que profesaba, pero que era imposible que profesara. Yo en ningún momento dije eso; usé la palabra «formación» como el conjunto de las influencias del medio que llevan a un individuo a realizar una acción tan detestable como ésa […]

Tampoco este testigo abandonará el estrado sin certificar su conformidad con la gestión del proceso:

> FISCAL: ¿Usted considera que la actuación de las autoridades revolucionarias fue correcta en aquel momento y todo lo diligente que era necesario?

GJ: Sí.
FISCAL: Me basta.

Algunos testimonios de la jornada encajan dentro del apartado de curiosidades. Por ejemplo el de otro miembro del Directorio, José «El Moro» Assef, un individuo moreno y velludo, estrecho de mente y de ademanes bruscos. Por un lado, trazó un cuadro escandaloso del exilio de Marquitos en Costa Rica que acreditaba un móvil económico para la delación («Frecuentaba cabarets, se dio a la vida alegre. En una sastrería de Costa Rica, que es una de las más grandes, pudimos comprobar cómo él se mandaba a hacer allí cuatro trajes, también cómo se compraba un reloj y una pistola...»). Al aportar detalles sobre la vida muelle de Marquitos en el país centroamericano incurrió en alguna descripción contradictoria («Inclusive mantenía a una prostituta allí»), con su propia calificación del acusado:

FISCAL: ¿Tenía usted una mala opinión de él?
JOSÉ ASSEF: Su físico creo que producía desprecio. Antes y ahora.
FISCAL: ¿Por qué? ¿Porque era bajito, delgado?
JA: No, por sus gestos un poco extraños y amanerados [...].
FISCAL: ¿Era introvertido?
JA: Bastante.
FISCAL: ¿Raro?
JA: Sí.
FISCAL: ¿Entre las imputaciones que se le hacían a Marquitos estaba la de ser homosexual?
JA: Bueno, era una apreciación de casi todos nosotros.

Antes de concluir, el testigo presta la consabida adhesión al procedimiento:

FISCAL: Y para finalizar, ¿usted considera que este juicio, tal como se viene desarrollando, es el camino correcto para que la justicia revolucionaria sancione con toda la dureza que se requiere a un individuo que cometió un crimen tan abominable?
JA: Por supuesto.

El plato fuerte de la jornada es el testimonio del ministro del Transporte, comandante Faure Chomón. Viste el mismo atuendo que en el primer juicio, pero su porte ha perdido prestancia y muestra un semblante taciturno. Ya no es el inquisidor arrogante de una semana atrás. Más bien se comporta como el dócil rapsoda de una composición ajena. No se somete siquiera a un interrogatorio. El fiscal le invita simplemente a «manifestar todo lo que quiera decir en relación a los hechos».

El monólogo que Faure Chomón recita, tras un preámbulo de carraspeos, arranca de consideraciones políticas acerca de la lucha contra Batista, deambula por la descripción de los preparativos del asalto a Palacio del 13 de marzo de 1953, se demora en las sospechas que les infundió Marquitos tras el crimen de Humboldt 7 y desemboca en las indagaciones que se realizaron en los meses posteriores a la Revolución. No aporta novedades en ninguno de esos puntos y pronto deja al descubierto la finalidad de su testimonio: escenificar una retractación pública que recita con voz trémula:

FIDEL CASTRO: El hecho de que hubiera una mala copia taquigráfica, exigió que reconstruyéramos todo lo que allí se había dicho; el haber tenido que esperar a reconstruir aquella copia taquigráfica que fue muy deficiente [...] provocó que muchos elementos utilizaran ese tiempo en que dejó de publicarse, mientras se estructuraba de nuevo la declaración, para convertir todo este juicio revolucionario en un arma de ataque contra nuestra Revolución. Y circularon por la calle, como todos sabemos, distintas versiones, falseando la verdad del revolucionario, falseando lo ciertamente dicho.

Y elementos enemigos de nuestra Revolución, contrarrevolucionarios, unidos a gente confundida, unidos a gente que aún no ha sabido comprender el daño que se hace a la Revolución cuando se proclama un antisectarismo que no era otra cosa que otro sectarismo, cuando se combatía un sectarismo hacia compañeros que habían sostenido militarmente una idea revolucionaria verdadera y que es la que hoy defendemos, en un antisectarismo sin ninguna idea seria que defender, se iban a los rumores haciéndole daño a nuestra Revolución, preocupando profundamente a nuestro pueblo, que quería saber qué había ocurrido y qué se había dicho, cuál era la verdad de todo lo que había pasado y de todo lo que estaba pasando.

Vino la ocasión y, como señalara y ordenara el compañero Fidel, terminada de reestructurar aquella copia taquigráfica, se publicó para conocimiento de nuestro pueblo.

Sin aguardar una indicación del fiscal, Faure se suma al protocolario reconocimiento de los esfuerzos desplegados por la Seguridad («Es cierto que los órganos del poder revolucionario actuaron desde el primer momento para tratar de establecer la verdad sobre el tal Marcos Rodríguez y su delación»), se autojustifica por su testimonio en el primer juicio, motivado, según dice, por la búsqueda de una explicación a la aparente impunidad en que durante años se desenvolvió el delator. Esa explicación la halló, precisamente, «en el propio fenómeno denunciado por nuestro máximo líder y jefe, compañero Fidel, en un enfoque crítico al fenómeno del sectarismo».

Protegido ya por la invocación de Fidel, Faure concluye con un panegírico de la contribución de los antiguos comunistas del PSP.

FC: El ejemplo de la lucha revolucionaria del entonces único movimiento marxista de nuestro pueblo, el Partido Socialista Popular.

La acusación ha permitido que el ministro del Transporte se explaye sin interrupciones. Al finalizar, le invita a extraer un corolario de todo este proceso que trae a Marcos ante la justicia revolucionaria para que se le juzgue y «recaiga sobre él la sanción condigna al crimen que ha cometido». Faure proclama ardoroso:

... Toda esta experiencia, además, ha de servir para hacernos más fuertes a todos, para hacernos a todos mejores comunistas, para que nuestra Revolución pueda hacerse más fuerte y avanzar mejor construyendo el socialismo, logrando victorias para nuestra causa y venciendo traidores y traiciones, venciendo siempre a los enemigos que tratan de aprovecharse de todo para clavarle un puñal al costado de nuestra Revolución.

El interrogador, lógicamente, tiene poco que añadir a esta arenga:

Al fiscal le basta, compañero presidente.

Al concluir la sesión, los testigos del Directorio marcharon cada uno por su lado, sin intercambiar palabra pero con una misma sensación desoladora. Se entiende que esta segunda vista del juicio al presunto delator de los dirigentes del Directorio Revolucionario asesinados en Humboldt 7 fuera el último acto político conjunto de los antiguos miembros de esta formación, el instante que señaló su definitivo declive político.

Unos y otros corrieron suertes distintas. Por ejemplo, José Assef, «el Moro», se dedicó a la medicina; Raúl Díaz Argüelles siguió en el Ejército y combatió en la guerra de Angola donde perdió la vida, al término de una conducta que sus compañeros y jefes describieron como «heroica». Julio García Olivera también siguió en las Fuerzas Armadas y mantuvo un puesto en el Comité Central, aunque sin peso; luego se distanció de las responsabilidades públicas y se consagró a la Sociedad de Amigos del País donde anima una revista de periodicidad incierta. Martha Jiménez, la viuda de Fructuoso Rodríguez, siguió una carrera diplomática y vive, según creo, retirada en La Habana.

Guillermo Jiménez ostentaba en la época del proceso el grado de comandante en la sección de contrainteligencia del Ministerio del Interior. Al concluir la sesión recorrió la interminable plaza de la Revolución y dejó atrás el Ministerio de las Comunicaciones, sobrepasó después el Ministerio de las Fuerzas Armadas y descendió por el paseo de la Revolución. Nada más superar la mole de un antiguo colegio de religiosos, ya despoblado de curas y habitado por becarios de camisa gris, a la altura del semáforo de la calle Veintitrés, antes de girar, extrajo del bolsillo superior de la guerrera una cajetilla de Populares especiales y una caja de fósforos. Los Populares especiales eran el equivalente de los Partagás king size, sus preferidos hasta que desaparecieron arrastrados por la racionalización de la industria tabaquera que impuso la Revolución.

Mientras rascaba inútilmente la cerilla contra la lija recordó las explicaciones oficiales: «En el capitalismo se fabricaban gran variedad de marcas y dentro de cada marca diversos modelos, por ejemplo había seis H. Upmann: finos, redondos, extrafinos, singulares, ovalados, montecristos. Cada cajetilla de un tamaño diferente y de colores distintos. Eso era así porque en el capitalismo todo se rige por la competencia y por el derroche. Con el socialismo se impone racionalizar y simplificar los modelos y a la vez eliminar las viejas denominaciones. Los Regalías pasarán a denominarse Agrarios, más en consonancia con el esfuerzo reformador que promueve la Revolución; los Superroyal, serán Aromas, un nombre sin resonancias anglosajonas; los Partagás, los Eden, los H. Upmann, serán en lo sucesivo Populares, una denominación que no precisa explicaciones ulteriores; y tanto los Corona como los Competidora Gaditana pasarán a denominarse Criollos… marca más ajustada a nuestra idiosincrasia».

Prendió al cuarto intento el pitillo. Recordó el comentario jocoso del Che Guevara sobre la racionalización implantada en las fábricas de cerillas y la escasez de fósforo: «Todos los fumadores se acuerdan del ministro de Industria». Se deshizo de la colilla cuando caminaba a la altura del cine Riviera, donde proyectaban una cinta japonesa de samuráis. Dio un rodeo antes de marchar a su despacho y se asomó a la heladería Copelia que se alzaba en la intersección de Veintitrés y L sobre los terrenos de lo que había sido el Hospital Reina Mercedes y luego el cabaret Nocturnal. Soportó una cola de un cuarto de hora y escogió un helado de coco, uno de los veinte sabores disponibles, de los cincuenta y seis que prometían los rótulos.

Cuando llegó a las dependencias del Minint era la hora de comer y no quedaba nadie, salvo los milicianos de guardia. No necesitó recibir instrucciones. Recogió de su mesa sus objetos personales y un par de libros y cerró el broche de la cartera de mano. El camino de regreso a casa lo hizo también a pie.

Jamás regresó a aquel despacho. No había cumplido aún treinta años, tenía el grado de comandante y había desempeñado la máxima responsabilidad del Directorio Revolucionario en el interior del país con sólo veintitrés años, desde finales de 1957 hasta la caída de Batista. Su siguiente trabajo fue de responsable de una planta de fabricación de betún. En 1994 cesó en ese mismo puesto y pasó a lo que se conoce en Cuba como «Plan Piyama» (pijama) y en la antigua Grecia como ostracismo. O sea, el vacío.

7

Joaquín hizo varias anotaciones en el margen de los folios. Alternaba dos rotuladores, uno negro, rojo el otro. La mayoría de los apuntes parecían signos de interrogación y exclamación. Era un sábado por la mañana de un invierno agonizante, casi primaveral. El ritmo más lento de mis averiguaciones, los viajes y ocupaciones de uno y otro, más las vacaciones, habían hecho posponer hasta seis veces nuestro encuentro. Ocupábamos la mejor mesa de una terraza que se asomaba sobre la puerta norte del Prado. Una fila de turistas que se desplazaba con pereza asediaba el ingreso al museo. No me dio opción a rescatar una sola patata frita. Encargué una segunda ración y corrió la misma suerte.

—Estoy herido de hambre —murmuró a modo de disculpa.

Entre anotación y sorbo de vino blanco, meneaba la cabeza en señal de desacuerdo y basculaba el pie izquierdo enfundado en una deportiva colosal.

—Ese Faure es un maestro de la traición —concluyó por fin. Plegó las hojas y las guardó en la zamarra—. Ponle ante muchas puertas, ¡él siempre elegirá la que conduzca a la traición!

—Es verdad —concedí—. De un juicio a otro tuve la impresión de estar escuchando dos personas distintas. Aquel comandante de porte desafiante del primer juicio y ese sujeto trastabillante de la segunda declaración.

Joaquín acompañó con la mirada la retirada de la camarera.

—¡Tremenda hembra! —suspiró. Paseamos hacia el Jardín Botánico que era el destino convenido para aquella cita matinal.

—¡Es un cucarachón, un pendejo! —continuó Joaquinito—. Todas las veces que se encaró a Fidel, se arratonó. La primera de todas, nada más triunfar la Revolución, cuando se acuarteló con la gente del Directorio Revolucionario y reclamó el cumplimiento del pacto que habían firmado todas las corrientes opositoras (Ejército apartidista, gobierno provisional, restablecimiento de la Constitución del cuarenta y elecciones a fecha fija). A Fidel le bastó con un discurso frente a una concentración de seguidores («¿Armas para qué?», le desafió) y Fauré se amarilló al segundo y entregó todos los hierros…

—Pero Fauré no es el único —señalé—, es clamoroso el cambio de posición de esos comandantes y dirigentes del Directorio. Los que en el primer juicio actuaban como agresivos acusadores se comportan en el segundo como medrosos testigos. Y a duras penas mantienen un mínimo de dignidad; excepto Guillermo Jiménez, y eso que le apretaron a fondo.

—Por lo que llevo visto, este segundo juicio tenía que servir para dos cosas: despejar cualquier duda sobre la Seguridad (todos certificaron que su gestión había sido impecable) y desligar la delación de cualquier móvil político. De ahí la insistencia del fiscal en establecer por las buenas o por las malas que Marquitos no era comunista y, que si lo era, su delación no tuvo que ver con su militancia. Apretaron a fondo y todos aflojaron… salvo Jiménez.

—Fue valiente; se respetó a sí mismo y a la memoria de sus compañeros. Sigue activo… hace poco leí la reseña de un libro suyo sobre la clase empresarial cubana de antes de la Revolución. Y era buena…

—Date cuenta de cuántas vidas se torcieron por este dichoso caso, pero no la de Fauré Chomón… ¡Es nauseabundo el tono de la declaración, con esa verborrea cantinflesca! Te reconozco que gocé con esa parte del trabalenguas… —Acompañó la sonrisa con un gesto de asco y desplegó el manojo de folios.

Leyó el pasaje en que Fauré decía «cuando se proclamaba un antisectarismo que no era otra cosa que otro sectarismo, cuando se combatía un sectarismo hacia compañeros que habían sostenido militarmente una idea revolucionaria verdadera y que es la que hoy defendemos, en un antisectarismo sin ninguna idea seria que defender». Celebró la lectura con una carcajada, dobló de nuevo las hojas y prosiguió:

—Pero consiguió lo único que le importaba: siguió de ministro. Ese tracatán siempre fue una rana pequeña en una charca pequeña. Ahí lo tienes aún; es el único del Directorio que conserva un cargo oficial...

—¿Tracatán?

—Sí, arrastrado, cachanchán, cargabates, guatacón, besaculo, adulón y muchas más... Es una de las palabras con más sinónimos en cubano.

—Eso será sin contar las que tienen que ver con el sexo...

—Ésas no cuentan... Si contaran no habría competición.

—Si hay tantos sinónimos, por algo será —intento provocarle.

Sin resultado, porque al llegar frente a la taquilla saca un carnet que no descifro y pide dos entradas. Mientras la taquillera corta los billetes, Joaquín la examina hasta donde permite el mostrador y le dirige un halago:

—¡Qué bien te sienta ese peinado nuevo, mami!

Enfilamos el camino central y reanudo la charla:

—¿Qué cargo tiene ahora?

—Es asesor de la Asamblea del Poder Popular o algo así. ¡Una botella miserable para retribuir un palmarés de claudicaciones!

Giramos por un sendero hasta un pabellón acristalado que protegía las plantas de climas cálidos. Estaba dividido en tres módulos y se encaminó al tercero, el que acogía los cultivos de clima desértico. Joaquín me reveló dos de sus grandes pasiones: los cactus y los peces tropicales. «Aparte, por supuesto, de la pelota y el dominó. No me lo he analizado pero debe de ser una manera de dar salida al gorrión por el calor y el trópico...» Aquélla fue probablemente la conversación más personal que mantuvimos nunca. Me habló sin interrupción de su vida. La infancia feliz de un niño crecido en el seno de la nomenclatura del Régimen, «el *fiñe* rollizo y rubio que pasa de mano en mano en la tribuna de los dirigentes», el nene que se fotografía en las piernas del Che Guevara, que entrega el ramo de flores al cosmonauta soviético Gagarin, recibido con honores de héroe en Cuba.

Y después, la caída brusca, incomprensible, el horror. De la felicidad a la desdicha. El aislamiento del encierro domiciliario, la soledad; de ahí a la búsqueda de la amistad en cualquier lugar, en los policías que custodiaban la casa, que le conducían a diario hasta la escuela, en los compañeros de clase que le miraban raro, el niño preso, el niño extraño, el niño grande preso y extraño.

Un matrimonio precipitado a los dieciséis años con Ingrid, una actriz mayor que él para salir a como diera lugar, a toda costa, a cualquier precio. Para escapar de la maldición del encierro. Otra boda más, Mary, y una hija muerta con sólo tres años. Cumplidos los veinte y con dos matrimonios fallidos, una estadía en la Universidad Karl Marx de Leipzig, en la RDA, para cursar germanísticas bajo el amparo de Carlos Rafael Rodríguez, vicepresidente entonces y primer esposo de su madre.

—Allí compartí habitación con Roberto Ampuero, el escritor chileno. ¿Le conoces? A él le fue mucho peor, un poco por mi culpa se enamoró de una cubana que era hija de Flores, el fiscal general. Le hizo la vida talco. Lo cuenta en una buena novela: *Nuestros años verde olivo*.

De regreso a Cuba, un nuevo matrimonio, esta vez con Maritza, esta vez arrebatadamente enamorado:

—Es la madre de Joaquín, que vive con ella y con mamá en La Habana. Tampoco salió bien, por culpa mía. Ninguna mujer me dura; las demás me gustan demasiado.

Además en esa época le dio por la vida marginal:

—Me acerqué al mundo de las casas de vecindad, de los solares, de Centro Habana y Habana Vieja. A pesar de la represión y del férreo control estatal, allí quedaba un rescoldo de resistencia a la oficialidad. En la calle cualquier forma de comercio particular estaba prohibida, perseguidísima, desde la ofensiva revolucionaria de 1968, aquella locura que Fidel impuso y que se llevó por delante hasta las tintorerías y los puestos ambulantes de fritas. En los solares podías encontrar cosas inversosímiles: desde un lager bien frío, una ración de vaca frita procesada a partir de la carne rusa, o un pitillo de marihuana.

Muchas tardes en aquellos solares los vecinos improvisaban rumbones con percusionistas aficionados que no tenían nada que envidiar a Chano Pozo. Eran gentes que vivían de trabajos legales (la estiba en el puerto, la construcción, sobre todo) o del comercio de ropas, el robo en cualquiera de sus formas y el tráfico de drogas.

—En aquel mundo que no era el mío tuve sensaciones extrañas. Me parecía que el tiempo no transcurría, que la vida era diferente de lo que había aprendido en casa o en la escuela; que la cultura era otra cosa. Entré en contacto con realidades tan profundas que tuve la certeza de que había otro país dentro del mío, y que esa realidad prevalecería sobre la política y la Historia.

Hubo, claro está, más matrimonios, exactamente cuatro más. Cada etapa, larga o corta, de la vida de Joaquinito está etiquetada con un nombre de mujer y adherencias de otras muchas sin nombre, sin rostro. La tercera fue Marlene, vino luego Margarita y después el abandono definitivo de la isla, la ruptura completa con el Régimen y el viaje a Perú en 1987 donde se casó con una muchacha limeña recatada y de buena familia.

—¡Resultó ser de Sendero Luminoso! ¡Imagínate, salgo escapando del comunismo y caigo en aquella secta! ¿Sabes el dicho cubano? «Hay quien huye del machete pa' meterse en la vaina».

Por último, el nacimiento de su hija menor, Anabelle, de su última esposa, Nelia, también peruana. En total, siete esposas, «de momento», puntualiza, porque vive solo.

—Los matrimonios felices se parecen todos; en cambio, los infelices lo son cada uno a su manera —sentenció—. Lo dijo Tolstói y yo lo certifico con mi experiencia.

En 1994, nueva huida y nueva etapa en Madrid.

—Me siento a gusto. Es cierto que cada vez que llego a una ciudad nueva me digo: «¡Qué lugar fascinante!». Me sucede igual que con las mujeres. Siempre busco alguna que está en otra parte... Pero la verdad es que aquí tengo todo lo que necesito, está mi hermana Anabelle, de cuando en cuando nos visita mi vieja, tengo trabajo, amigos, hay buenas jevas —guiñó un ojo—, hasta se juega dominó por parejas, como allá.

—¿No echas nada en falta?

—Cuando me da el gorrión, pienso en mi hijo y le llamo; en la pelota, y busco algún partido por parabólica; y en el clima —responde sin dudar—. Entonces es cuando visito mis cactus o mis peces tropicales. Y si no los tengo a mano, me busco cómo jugar una partida de dominó, a la cubana, por parejas... Es la forma más rica de jugar y, con la concentración, se te pasan todos los males. O casi todos...

8

En la sesión del miércoles 25 de marzo de 1964, la tensión política que existe en las esferas dirigentes se traslada al tribunal: los jerarcas procedentes del Movimiento 26 de Julio, como Faustino o Llanusa, se sientan separados de los viejos comunistas del PSP, y éstos de los antiguos miembros del Directorio Revolucionario presentes en la sala. Entre el público prolifera el uniforme de miliciano con botas militares y el corte de pelo marcial. Escasean las chaquetas, corbatas, sombreros y guayaberas, prendas en proceso de extinción tenidas por símbolo del pasado.

Cuando los magistrados han recogido sus togas, algunos asistentes se impacientan y miran de reojo en dirección a sus gruesos relojes soviéticos. Aparece por la puertececita del fondo el acusado que exhibe la habitual expresión de abatimiento. La sesión está reservada al testimonio de los viejos comunistas y la inicia Raúl Valdés Vivó, ex responsable comunista en la Universidad de La Habana que marca el tono de la jornada:

FISCAL: El acusado ha manifestado que él era miembro de la Juventud Socialista y que realizaba labores de información para esta organización.

RAÚL VALDÉS VIVÓ: Esa afirmación es mentira; Marcos Rodríguez nunca fue miembro de la Juventud Socialista en la Universidad de La Habana. El delator nunca brindó ningún tipo de servicio a la Juventud Socialista.

Tras el desmentido tajante, la embestida mordaz, feroz, contra los miembros del Directorio, concentrada en Guillermo Jiménez:

En el primer juicio, un proceso del que nos enteramos por los periódicos, se afirmó que el juicio a Marquitos debía servir para enterrar el sectarismo. Marcos no fue en modo alguno el fruto del sectarismo. Causó asombro la afirmación del comandante Jiménez, que tampoco oímos ayer en este juicio, de que Marcos Rodríguez comete su delación debido a su formación. Ahora, donde dije dije, no dije dije, sino que dije Diego; pero para todo el pueblo de Cuba ésta fue una afirmación anticomunista del comandante Jiménez, una afirmación que hizo renacer en nuestro país el anticomunismo y que sembró la duda y la confusión.

Atribuir a alguien una conducta anticomunista en la Cuba de 1964 no era una fruslería. Constituía una acusación política de la máxima gravedad que podía costar una buena temporada a la sombra si la imputación prosperaba.

Otros antiguos dirigentes universitarios de la Juventud Comunista corroboraron las afirmaciones de su predecesor de mayor rango: «En ningún momento Marcos Rodríguez militó en nuestra organización». Alguno cruzó la línea y verbalizó la acusación que flotaba en la sala: «Solicitó el ingreso en la Juventud, la cual le fue denegada en la discusión que tuvimos en el Buró debido a su actitud personal que nos inducía a pensar que era homosexual».

Comparece luego un testigo atípico, tanto que es el único en la sala y en todo el país que sostiene abiertamente la inocencia del acusado. Mientras el fiscal se dirige a todos los declarantes con el apelativo de «compañero», habitual desde 1961, Jorge Valls recibe el frío tratamiento de «señor». Valls, un inclasificable ex dirigente del Directorio, no sólo mantiene la inocencia de Marquitos; además proclama orgullosamente su estrecha amistad con el acusado. Presta declaración con voz segura y grave, erguido en su altura física y en la superioridad desafiante que confieren las creencias inamovibles:

JORGE VALLS: Puedo decir que lo conocí en 1953 en casa de Dysis Guira, y que se ofreció para colaborar en las cuestiones universitarias. En aquel momento no indagábamos nada más que si una persona era leal y podía confiarse en ella. Marcos demostró siempre que se podía confiar en él [...]

La fiscalía hace patente su menosprecio hacia un individuo desafecto al régimen revolucionario que, para colmo y contra toda lógica, porfía en la defensa de su amigo Marcos: «Nosotros –proclama antes de renunciar a su turno de preguntas– nos oponemos a que ese señor siga hablando porque entendemos que, por no ser Valls revolucionario, está moralmente invalidado para enjuiciar las cuestiones de nuestra lucha. Eso lo podemos hacer los revolucionarios y sólo los revolucionarios».

Es el presidente del tribunal quien interroga sobre asuntos adyacentes al testigo que recalca una vez y otra su fe en la inocencia de Marquitos. Valls responde impasible, sin otro movimiento que el de la mano derecha devolviendo el largo flequillo a su posición.

El humo de los cigarrillos alcanza una densidad que obliga a interrumpir unos instantes la vista. En la cafetería hay pocas existencias, apenas unos antiguos envases prerrevolucionarios de Canada Dry rebautizados con la marca Fresco y rellenados con un brebaje de sabor a jarabe expectorante.

Se reanuda el desfile de los testimonios con el responsable máximo del Instituto Cubano de Arte e Industria Cinematográficos (ICAIC). Alfredo Guevara –sin ninguna relación con el guerrillero argentino del mismo apellido, Ernesto Che Guevara– es una persona estrechamente ligada a Fidel Castro, hasta el punto de haber sido, según algunos, su iniciador en la doctrina marxista. Proporciona alguna información de primera mano sobre Marquitos y lanza de soslayo algún mandoble sobre quien fue su protegido.

ALFREDO GUEVARA: Yo tenía una reserva con el acusado porque lo conocía de años atrás, él había tenido problemas políticos en la Sociedad Cultural Nuestro Tiempo [plataforma legal controlada por el Partido Comunista] en la cual era conserje. [...] Aquel muchacho jovencito llegó allí como encargado de la limpieza y de cuidar el lugar. No pasaron unos meses antes de que tuviera siempre un libro debajo del brazo y que tratara de imitar a los artistas en los rasgos exteriores.

A estas alturas, arremeter contra Marquitos es como disparar sobre una ambulancia. Lo sustantivo del testimonio es el ataque, el dardo envenenado que el cineasta clava en Ordoqui y García Buchaca:

> Después de un breve contacto [en México D.F.] le perdí de vista [a Marquitos] un tiempo y más tarde lo encontré en casa de los compañeros Edith García Buchaca y Joaquín Ordoqui. Allí, ellos lo habían prohijado. Había una actitud de lástima y paternal con Marcos Armando Rodríguez que tenía una situación económica difícil. En ese período la compañera Edith, y yo no recuerdo si el compañero Joaquín, me plantearon gestionarle una beca para Checoslovaquia.

Es el turno del veterano e influyente comunista Carlos Rafael Rodríguez, primer esposo de García Buchaca. Facilita alguna información sobre los orígenes políticos de Marquitos y su paso por el empleo de conserje en Nuestro Tiempo. Relata cómo el acusado solicitó el ingreso en el Partido en 1955 y se indignó al sugerírsele que por su edad le correspondía inscribirse en las Juventudes («Él decía que era demasiado maduro para eso…») y luego suplicó un trabajo para emanciparse de su padre. El testimonio concluye con un vívido retrato psicológico del acusado:

> CARLOS RAFAEL RODRÍGUEZ: Creo que el tribunal se ha dado cuenta de la característica de la dualidad de este sujeto que inspira siempre sentimientos alternativos de conmiseración y de desprecio. No ya por su figura, porque no se trata ya de figura, se trata de un problema de manifestación física, de modo de actuar y de comportarse.

Llega la hora de Edith García Buchaca. Rebasados los cuarenta años, mantiene una belleza severa, con un rostro que expresa fuerza y rigor. Ni el traje austero, ni el peinado, ni las gafas cuadradas hacen mucho por subrayar su feminidad y sí la firmeza del carácter. Invierte sus primeros minutos en establecer una distancia moral con el acusado y levantar una valla protectora frente a los acusadores: su acendrada militancia comunista.

Vengo aquí, ante este tribunal, no a defenderme de esa calumnia ni de otras semejantes que pudieran inferirse contra mí, porque contra esa calumnia me defiende mi propia vida, me defiende mi actuación revolucionaria, firme en los principios de una militante comunista.

Una militancia que, recuerda, se inició en Cienfuegos a los catorce años. «Desde esa temprana edad hasta el día de hoy, —afirma, altiva— mi vida revolucionaria no ha tenido ni contradicciones, ni paréntesis de ninguna clase.»

Una vez establecida esa distancia, y sólo entonces, se ocupa sin titubeos de sus relaciones con Marquitos. Sitúa su primer contacto en México D.F. en 1958, recién regresada de Europa, en el curso de una reunión en casa de Martha Frayde, una doctora próxima al Partido Ortodoxo a quien se señalaba como una *fellow traveler*, una compañera de viaje comunista. Marquitos estaba recién llegado de Argentina y pidió ayuda para traer armas de allá.

Unos meses después de haberlo conocido [sigue Buchaca], el sancionado estuvo haciendo entrenamientos y estuvo en distintas actividades que lo alejaron muchas veces de la capital de México. Mantuvo, podemos decir, en los últimos meses de ese año una relación intensa con nosotros; visitaba nuestra casa, almorzaba en nuestra casa y nosotros le ayudamos a resolver la forma de dormir en casa de Horacio Fuentes, un compañero cubano que fue dirigente textil, ya que cuando llegó a México, el acusado llegó [...] desprovisto de dinero, y en condiciones realmente de indigente, sin recursos económicos de ninguna clase, sin recibir ninguna ayuda de sus familiares.

García Buchaca dedica a autoexculparse el tiempo imprescindible. De inmediato, rebate la declaración de Marcos que la convertía en receptora de la confidencia de su delación y, por tanto, en encubridora. Recuerda que en cuanto se enteró de que Marquitos la había implicado en su declaración, «me dirigí al compañero presidente de la República, doctor Osvaldo Dorticós, y le pedí confrontar con el acusado esa calumnia. Y le pedí más, le pedí que estuviera presente en esa confrontación el comandante Faure Chomón». En ese careo, recuerda Buchaca, Marquitos se retractó una vez y otra de su imputación. Dijo más, confesó que no podía explicarse por qué la había involucrado. Y cuando se le apremió, reveló que ese punto de su declaración le había sido sugerido por el interrogador de la Seguridad del Estado.

García Buchaca no ha acudido al juicio a defenderse. Desmentida cualquier responsabilidad en el encubrimiento del delator, desencadena una contraofensiva en toda regla. Si la imputación de Marquitos ha llegado tan lejos, sostiene, no es por casualidad. Se debe a que «hemos asistido en el último año a una verdadera campaña de difamación de la autoridad de revolucionarios íntegros que hemos dedicado toda una vida a la causa de nuestro pueblo y de la clase obrera». Por si quedaban dudas, acusa con nombres y apellidos: «algunas intervenciones (y entre ellas las del comandante Faure Chomón) no ayudan al esclarecimiento de los hechos». A continuación, una catarata de reproches al ministro y dirigente del Directorio. Faure, según Buchaca, pretende enjuiciar junto con el delator la conducta del Partido Socialista Popular; intenta transformar el proceso en un juicio político; se comporta con deslealtad al guardar silencio respecto de la calumnia de la que ella era objeto, cuando había presenciado la retractación de Marquitos en el careo.

Tras la contraofensiva, García Buchaca cierra su deposición llevando al límite su desafío:

Yo les decía al comenzar mi declaración que no venía aquí a defenderme de esa calumnia. Pero tampoco quiero que sea la Historia quien me juzgue. No quiero que me juzgue la Historia, sino que me juzguen mis contemporáneos de lucha, los que han convivido conmigo en este proceso, desde el año 1933 hasta nuestros días. Y ante ellos es que pongo mi conducta, mi vida, mi actuación revolucionaria, y me someto a la sanción que ellos dispongan.

Los asistentes eligen distintas fórmulas para aplacar el hambre durante la pausa. Los jerarcas que han podido estacionar sus vehículos en el parqueo contiguo marchan en modernos Alfa Romeo o en Chevrolets algo más resplandecientes hasta el Vita Nuova y otros restaurantes de moda de la zona de la Rampa o a los recién inaugurados por repúblicas socialistas hermanas: el Hanoi, el Moscú. Los peatones tienen que conformarse con un cucurucho de fritas de los que dispensan los ambulantes que pedalean en el área contigua a la Terminal de Ómnibus o probar suerte en cualquiera de las cafeterías oficiales de la zona. Todas presentan un aspecto desolador. La penuria ha ido en aumento desde principios del 61 y cobró carta de naturaleza un año después con la implantación de la libreta de abastecimiento. Desde entonces, las amas de casa extreman su imaginación para elaborar las recetas que aconseja por televisión la infatigable Nitza Villapol: cómo elaborar sofrito sin aceite; filete de res sin carne de res y con pulpeta de boniato, mayonesa sin huevo…

El siguiente testigo al reanudarse la sesión es el marido de García Buchaca, el viceministro de las Fuerzas Armadas Revolucionarias y veterano dirigente comunista, Joaquín Ordoqui. Viste uniforme militar con los grados de comandante cosidos en la hombrera y espejuelos de gruesa montura negra. La cabellera y el bigote son espesos y canos. Su aire abatido contrasta con la entereza desafiante de su mujer.

Tras el primer juicio, pendían sobre los viejos comunistas tres espadas amenazantes: la primera, que afectaba por igual a todos los miembros del antiguo PSP, era la presunta pertenencia de Marquitos al Partido. Lo sostenía el acusado, lo certificaban los testigos del Directorio y lo acreditaban sus lejanos vínculos con la sociedad pantalla *Nuestro Tiempo*, igual que la intercesión de Alfredo Guevara para disfrutar de una beca en la Checoslovaquia comunista. La segunda era el supuesto encubrimiento que Buchaca proporcionó a Marquitos, tras la hipotética confesión de su crimen en México.

El fiscal ha sido beligerante frente a estas dos primeras imputaciones; se esmeró por desmontar ambas. La tercera, que seguía suspendida después de estos testimonios, involucraba en solitario a Joaquín Ordoqui por el sostén que proporcionó a Marquitos tras su detención en 1959, al poco de regresar al suelo cubano; y por el documento que Faure Chomón había exhibido en el primer juicio: la comprometedora carta que el acusado le envió desde la cárcel.

Nada más abrir la boca, Joaquín Ordoqui rememora el momento en que conoció a Marcos Rodríguez:

> En México, de regreso de Argentina y explicó que traía una misión que resolver para revolucionarios cubanos. Trabamos conversación y estuve un tiempo sin ver a Marcos Rodríguez. Tras unos días llegó a casa a plantear que tenía una situación económica mala, que él había trabajado en *Nuestro Tiempo* y que estaba en contacto con la Juventud [comunista] en Cuba y que requería ayuda por parte nuestra. [...] Venía a menudo a comer porque se encontraba en una situación difícil.

Ordoqui relativiza la profundidad de su relación con Marquitos,

> No tuve con él más que las relaciones normales que se pueden tener con un hombre que uno conoce días, semanas o meses. Pero el comportamiento que se le ha atribuido de que derrochaba dinero, en México no lo pude ver en ningún caso. Al contrario: poca ropa y una situación muy difícil.

Conocemos por el testimonio de Ordoqui que Marquitos se entrenó para participar en una fallida expedición guerrillera a la isla pero quedó excluido. No porque existiesen sospechas sobre su fiabilidad, sino por «su debilidad para una expedición de esa naturaleza a la que aguardaban calamidades y vicisitudes».

Descartada la aventura guerrillera, «Marcos se orientó en otra dirección, la de la lectura y el estudio». Estudió francés y se consagró a la literatura. Se comprende que, al anunciarse una beca para estudiar literatura checa, Ordoqui intercediera a favor de Marcos ante la embajada checa junto con su camarada Alfredo Guevara.

Al triunfo de la Revolución, los contactos de Ordoqui con Marcos se espaciaron, según aquél. Hasta que

> un día me entero que Marcos estaba preso y que se le acusaba de la muerte de los muchachos que asesinó Ventura. Como tengo como principio y norma como dirigente del Partido no mezclarme en los problemas de la Seguridad del Estado, no fui ni al presidio de La Cabaña.

Al ser puesto en libertad, Marcos reprocha a Ordoqui el abandono en que le ha dejado el Partido y atribuye su detención al «ensañamiento anticomunista» de las gentes del Directorio. Ordoqui emplaza a los acusadores de Marquitos a aclarar el asunto. Mantuvo entonces reuniones en compañía de Carlos Rafael Rodríguez con los dirigentes del Directorio Revolucionario Alberto Mora y Guillermo Jiménez. Las evidencias que aportaron no hicieron mella en su confianza en Marquitos.

Los hombres del Directorio alegaban «que en México había tenido Marcos una vida licenciosa, con derroche de dinero y en Costa Rica también»; sostenían, además, que «según las conversaciones mantenidas con los secuaces de Ventura, el delator era un hombre delgado, chiquito, con espejuelos, con libros bajo el brazo».

Al primer argumento opuso Ordoqui su propio testimonio: «Si el derroche de dinero que hizo Marcos en México es el que hizo en Costa Rica… A mí me consta que lo único que tenía en México era miseria». Desprecia también el segundo argumento tachándolo de mera especulación puesto que «esos secuaces de Ventura habían sido fusilados días antes». La opinión que sacó

Ordoqui de aquellas reuniones fue que contra Marquitos no existía «ningún elemento de juicio serio».

Ordoqui asegura haber desaconsejado a Marquitos la marcha a Checoslovaquia mientras persistieran las acusaciones del Directorio en su contra:

> Yo le preguntaba si podría estudiar tranquilo en Checoslovaquia. Puedo –decía–, porque tengo mi conciencia limpia y yo no puedo perder mi juventud en demostrar mi inocencia. Si hay que responder mañana, yo vendré a Cuba porque estoy libre de culpa.

Ordoqui ha consagrado la primera parte de su testimonio a zafarse de la acusación de haber amparado al delator tras su regreso a Cuba. Se aplica a continuación a despejar las dudas sobre su conducta durante el encarcelamiento de Marquitos y en relación con la carta que éste le envió y que fue esgrimida como pieza de convicción por Faure Chomón en el primer juicio.

> Viene un día a verme su padre para que fuera a ver a Marcos. Yo le contesto que no, que no es bueno que un dirigente político haga acto de presencia en la Seguridad del Estado, que él debe demostrar su inocencia.

Meses después acuden nuevamente el padre y el abuelo para que visite a Marcos, y Ordoqui reitera su negativa.

> Recibo un día una carta en la que Marcos Rodríguez me dice que si hay abuso de poder, que si este país se está convirtiendo en no sé qué… que no hay garantías; señala lo que él llama arbitrariedades. Y cuando me viene a ver el abuelo otra vez yo le digo que no, que no es abuso de poder. Que él debe estar más interesado que nadie en esclarecer los hechos.

Pasa un tiempo y esa misma carta que Marcos Rodríguez le trasladó mediante su padre llega a manos de Faure Chomón, a través de «un señor que es cameraman. Y me entero después que esa carta está corriendo de mano en mano».

Ordoqui se pone en movimiento. Contacta primero con el jefe de la Seguridad, quien le revela que existían fundadas sospechas de que Marcos estuviera implicado en el crimen de Humboldt 7. Pese a todo, los familiares de Marquitos insisten una y otra vez. El veterano comunista se dirige entonces a «Ramirito Valdés, ministro del Interior» y le plantea:

> Esta carta circula por las calles; Marquitos está preso. Me aclaró: «Compañero Ordoqui, éste es un problema que tiene que tratar con el presidente de la República». Fui a ver al presidente de la República, porque esto ya iba tomando un sesgo… El presidente de la República, para sorpresa mía, me dijo: «Hoy no le puedo dar respuesta; mañana, después que investigue, voy a darle la respuesta».

Al día siguiente Dorticós se comunica con Ordoqui y le dice: «Hace más de seis meses o siete que Marquitos ha confesado y además ha acusado a su compañera [Edith García Buchaca] de que conocía este hecho».

García Buchaca se encontraba en Oriente: regresó de inmediato y habló con el presidente Dorticós. Solicitó una reunión, «una especie de confrontación o careo» a la que asistieran todos los compañeros que quisieran, en especial los miembros del Directorio, «porque ella estaba interesada en la aclaración de los hechos».

Recuerda, como lo hizo horas antes su esposa, que en ese careo se produjo la retractación de Marcos Rodríguez, quien responsabilizó de haber sugerido el nombre de Buchaca a uno de los policías que le habían arrancado la confesión.

Antes de concluir, Ordoqui se pregunta:

> ¿Tengo responsabilidad? No me parece que tenga ninguna responsabilidad. Porque a mí por norma y costumbre se me ha educado en mi Partido a ir a la veracidad de los hechos, y hasta tanto éstos no se investiguen no se puede proceder con un hombre. Y después, contra él todo lo que sea necesario. Inclusive el pelotón.

Todas las autoridades que han testificado han sido despedidas sin repreguntas; no será ése el caso de Ordoqui, para quien está reservada una última demanda emponzoñada:

FISCAL: Según nosotros hemos tenido noticias, Marcos Rodríguez le pidió en México el ingreso en el Partido Socialista Popular. ¿Qué puede usted decirnos de esto?

JOAQUÍN ORDOQUI: Efectivamente, me pidió el ingreso, porque él decía que ya tenía cierto proceso de madurez. Yo mandé la carta para acá, para Cuba y fue aceptado. Pero la vida de Marcos Rodríguez en el Partido en México fue muy efímera, porque no fue nada. Cuestión de meses...

FISCAL: Nada más, presidente.

9

Era un sábado por la tarde cuando envié a Joaquinito las actas completas de esa sesión. No dio señales de vida esa noche. Me llamó temprano el domingo y me propuso un aperitivo en un café frente al Palacio Real.

Cuando llegué tenía abierto el periódico y había dado cuenta de un par de cervezas y un plato de patatas fritas.

−¿Sabes que en La Habana hay otro café que se llama igual que éste? −preguntó−. Está al comienzo de la calle Oficios, frente a la Lonja del Comercio…

Joaquinito había leído los testimonios de los comunistas en el juicio al poco de enviar una crónica sobre un disco de homenaje a Bola de Nieve.

−Parece que estamos en racha de coincidencias −apuntó−. Era un fiñe cuando conocí a muchísimos artistas populares. Desde Celia Cruz a Olga Guillot, que se han convertido en anticomunistas feroces pero deben su éxito a la emisora 1010 que fundó mi padre por cuenta del Partido… Mi preferido era Bola de Nieve.

Se entregó a una extensa disertación sobre la ambivalencia del viejo Partido Comunista cubano, tan ligado a la biografía de sus padres y a la suya propia. Lo describió como una agrupación de militantes abnegados, entregados y perseguidos; provista de un panteón de héroes de las luchas sociales y de mártires de la dictadura de Machado. Pero, a la vez, un partido desconcertado porque otros habían hecho la Revolución en su lugar y eso había echado por tierra sus teorías, arruinado su estrategia, cuestionado su propia razón de ser.

—¿Hay algo más dramático para un partido nacido para hacer la Revolución, convencido de que nadie más puede hacerla, que asistir como testigo pasivo al triunfo del socialismo en su propio país? —se preguntó—. Pero aquellos tipos, dogmáticos incorregibles, prosoviéticos recalcitrantes como eran, habían sido un elemento fundamental en la Cuba republicana porque sirvieron de cauce para que los desheredados se integraran en el sistema republicano. Y en eso mi padre tuvo un papel crucial.

Me relató que fue Joaquín Ordoqui quien levantó a pulso la Cadena 1010. La emisora atraía al gran público con una programación basada en radionovelas inspiradas en grandes obras clásicas y en espacios de música popular en vivo.

—De entonces recuerdo a Bola de Nieve. Desde que tenía uso de razón... Bueno, o ese sucedáneo que me permite andar por la vida.

Evocó relamiéndose una comida en casa del músico en Guanabacoa. Conservaba la memoria imborrable de una pierna de puerco asada al jugo de naranjas dulces.

—Regresamos aquel día con un mortero de mármol que nos regaló la mamá de Bola. Mamá lo conserva aún de adorno bajo la escalera de su casa.

Mientras tarareaba una particular versión de «La vie en rose» mencioné las respuestas de Valdés Vivó y los otros comunistas.

—Eran gentes con miedo. El miedo se huele, se filtra a través de las actas taquigráficas. Intuían que podían acabar todos liquidados, igual que su correligionario Escalante. Con todo —señaló—, además de cobardes eran bobos de la yuca: ¿cómo se le puede ocurrir a un tipo que es periodista, aún más, que es subdirector del diario *Hoy*, decir que se enteró del primer juicio por los periódicos? O sea que el subdirector de *Hoy* se enteraba de las noticias por *Revolución*, la competencia... ¿Cómo puede soltar así esa guayaba tan descarada?

Comenté el testimonio de Jorge Valls. Le dije que me había conmovido su defensa del amigo a espaldas del mundo entero, a riesgo de su propia vida y pese a que el propio Marquitos había confesado. Le salió caro. A las pocas semanas del proceso, Valls ingresó en prisión y cumplió una larga condena de veinte años. Lo relata en un libro titulado *Veinte años y cuarenta días.*

—He oído hablar de él —apuntó Joaquinito—. Por lo que sé, vive ahora en Miami. Y sigue en la brecha; anima un fantasmagórico partido Social Revolucionario o algo así. Creo que está enredado en asuntos espiritistas y teosóficos... Como diría Trotski, todo el mundo tiene derecho a equivocarse. Pero Valls abusa de ese derecho —intentó bromear.

—En cualquier caso, anota otra víctima más de este caso —apostillé.

Pero Joaquín estaba impaciente por ir al meollo del asunto:

—Lo más apestoso me resultó la conducta de Alfredo Guevara. —Explotó de ira—. Allí ellos lo habían prohijado —declara—, volcando toda la responsabilidad sobre mis padres. Hay dos constantes en la trayectoria de Guevara: la sinuosidad (¿sabes que Titón Gutiérrez Alea, el cineasta, le apodó «la Dalia Negra», por su costumbre de cubrirse los hombros con una rebeca oscura?) y la incondicionalidad a Fidel. Me consta que en la época del juicio sostenía una guerra sorda con mi madre y aspiraba a desplazarla de su responsabilidad en Cultura.

—Me pareció muy entera la reacción de tu madre. —Lo dije sin esforzarme en fingir.

No se inmutó, pero agarró el vaso con tanta fuerza que temí que estallara. Golpeó la mesa y luego siguió:

—No deja títere con cabeza. Comienza parando los pies al comebolas de Guevara; se revuelve luego contra la campaña «anticomunista» y pasa la cuenta a Faure Chomón. Pero alcanza la apoteosis cuando se niega a recibir ningún veredicto de la Historia y se encomienda sólo al juicio de sus camaradas (se refiere específicamente a los viejos comunistas, puesto que invoca a «los que han convivido conmigo en este proceso, desde el año 1933 hasta nuestros días») y a nadie más. ¡Ahí está magistral! —exclamó con admiración.

Se hizo un silencio. Le observé por encima de la humareda que brotaba de sus manos. Me evitó la mirada. Con la misma destreza que un camarero sin ganas de trabajar.

—Tu padre… —comencé.

Tampoco se inmutó. Pero estrujó la cajetilla vacía.

—Sí. Fue doloroso revivir la situación de mi padre —atajó Joaquinito, y la temperatura del salón bajó varios grados—. Estamos reconstruyendo un juicio que no sólo es público, sino que se transmite por radio y televisión a todo el país. ¡Es la telenovela de la época! Y ahí tienes al fiscal que pregunta a traición sobre el ingreso de Marcos en el Partido: «Según nosotros hemos tenido noticias…», dice. ¿De dónde provienen esas noticias que no han aparecido en las actas del juicio ni figuran en la confesión del acusado? ¿Qué sentido tiene esa pregunta en medio de los esfuerzos oficiales por desvincular a Marcos del Partido? Sólo se me ocurre una respuesta: hundir a Ordoqui, minar su confianza y socavar su prestigio. Prepararlo para lo que vendrá después, la ejecución sumaria frente al paredón moral de la televisión.

Suspiró. Silencio. Miraba a través de mí.

No se me ocurrió nada para distender la situación. Me disponía a incorporarme cuando cerró el paso con un gesto:

—Si vas a orinar, ¡ni se te ocurra! Es lo peor que puedes hacer con la cerveza. Si vas una vez, ya no paras. Vale la pena aguantar.

Aguanté. La llegada del camarero con otro servicio fue como la respuesta a una plegaria muda.

—¿No te resultó llamativa la peripecia de la carta de Marquitos a tu padre?

—Más que llamativa, extravagante: Marquitos escribe una carta a mi padre cuando lleva mucho más de un año en manos de la Seguridad. ¡Y estar en manos de la Seguridad, máxime en aquella época, no era salir de campismo! —exclama Joaquín, y celebra su ocurrencia con un trago largo y dos caladas—. Esa carta sale de la cárcel sin dificultad —continúa— y se la entrega el padre de Marquitos a Ordoqui sin más problemas. Alguien se toma la molestia de sacar copias y, tiempo después, cuando Marquitos ya ha confesado hace rato, esa misma persona, u otra, hace llegar una de esas copias, ¿a quién? Justamente a Faure Chomón, el principal exponente del Directorio. Faure conecta a mi padre y le reclama explicaciones; mi padre (puedo imaginar con qué apuro) acude al ministro del Interior, Ramiro Valdés, que no era precisamente su amigo del alma…

—¿Qué relación tenían?

—Muy tensa. Mi padre era un duro, implacable si quieres, pero no soportaba los ademanes inquisitoriales de Ramiro ni su obsesión persecutoria contra los homosexuales…

Se hizo más silencio y Joaquinito volvió a romperlo para canturrear un tema de Bola de Nieve.

—De adolescente, cuando escapé del encierro en la finca del Calabazar, a veces me iba solo al restaurante Monseigneur a escuchar a Bola. Allí me inicié en el consumo de los negronis y los martinis. Eso, cuando había —continuó—. A veces hasta caía un *filet mignon* si estaba de suerte… Pasaba horas en aquel lugar. Primero actuaba Martha Jean Claude y luego salía aquel negro… ¿Cuántas veces habré escuchado ese «¡Ay mamá Inés!» de voz áspera. Y «La vie en rose» de la Piaff. O su versión de «La flor de la canela» de Chabuca Granda. Y su hit, «Chivo que rompe tambor», un tema afro. Fueron más de cien veces, acaso mil. Cantaba a su manera en italiano, en francés y en inglés con la misma gracia que en español. No tenía un gran repertorio, pero no cansaba porque las versiones variaban con sus estados de ánimo.

—¿Cuál era tu preferida?

—«Vete de mí.» Podía arrancarle lágrimas si esa noche estaba conmovido. Se acompañaba al piano, igual en los temas afros que en los boleros. Cuando cantaba aquello de «Tengo las manos tan deshechas de apretar que ni te puedo sujetar…» uno sentía vivo el desgarro que inspiró la canción.

Joaquinito se había ausentado de la conversación, del lugar y del año. Intenté devolverle a nuestro tema:

—¿Cómo te explicas esa peripecia de la carta?

—Se me hace difícil. Fíjate que Valdés se lo saca de encima y le indica que trate este asunto con el presidente Dorticós; Dorticós le cita para el día siguiente, supongo que con tal de ganar el tiempo que precisa hasta recibir instrucciones de Fidel. Y es entonces cuando se celebra un careo. Es verdad que todo resulta sospechoso, empezando por ese cameraman misterioso que copia la carta y la mueve con soltura y sentido de la oportunidad. Dirás que estoy paranoico. —Me observó fijamente—. Pues te recuerdo lo que dice ese otro gran músico cubano, Paquito d'Rivera: «A los paranoicos también los persiguen».

Alzó el vaso, ya casi vacío y me propuso un brindis:

—¡Por los paranoicos!

—¡Y por Bola de Nieve! —le acompañé.

Eran las últimas horas de una mañana clara y fresca, como un cristal. Desde la ventana del Café de Oriente se divisaba la fachada del Palacio Real bañada por el sol.

10

Existe una secuencia y un propósito narrativo evidentes en la sucesión de los testimonios de esta segunda vista de la causa 72/64. No hay espacio para el azar y sí un orden meticuloso. El primer día, se asiste a la declaración exánime del acusado y, tras él, los dirigentes del Directorio se retractan de sus recientes acusaciones. La segunda jornada, los comunistas contraatacan y exoneran al Partido de cualquier responsabilidad política colectiva.

Las primeras sesiones han ido atrayendo un interés popular creciente. Y esa atención se alimenta desde arriba, al incorporar para la difusión del juicio a la potentísima cadena Radio Progreso.

La tercera jornada llega el turno de la Seguridad. Y la sesión comienza una vez más a las dos en punto de la tarde con la declaración del capitán Renier, que ocupaba la jefatura del Departamento de Investigaciones del Ejército en las semanas posteriores a la Revolución. Bigotito recortado de galán, gafas oscuras, uniforme verde olivo sin grados visibles, el oficial explica los pormenores de la primera detención de Marquitos en aquellas fechas agitadas y confusas. Narra sus gestiones para atender las denuncias de los miembros del Directorio y contrastar la culpabilidad de Marquitos, los careos con dos esbirros de Ventura Novo detenidos en el presidio de La Cabaña en espera de fusilamiento. Ante las dudas surgidas, el investigador llegó a disfrazar al acusado para someterlo al reconocimiento de los escoltas de Ventura que presenciaron la llegada del delator:

«Le puse un pantalón de mecánico, cogí un libro y se lo puse debajo del brazo. Fuimos a La Cabaña, lo dejé afuera, entré a hablar con el esbirro y le puse a Marquitos enfrente. Le hice caminar por delante y me dijo: "Ése no es el hombre."» Se limitó, por tanto a elevar un informe que sin afirmar la inocencia de Marcos Rodríguez reconocía la imposibilidad de probar su culpabilidad.

Tras su oscura puesta en libertad en 1959, Marquitos marcha a Checoslovaquia y su pista se pierde durante un tiempo. Poco sabemos de los veinte meses que transcurren hasta su detención en Praga a principios de 1961 y esa penumbra se extiende a los siguientes veinte meses en que Marcos estuvo en manos de la Seguridad. El investigador de la Seguridad que instruyó el expediente de Marquitos omite cualquier referencia a ese largo período y comienza por declarar que recibió el encargo del caso en julio de 1962, cuando el acusado llevaba año y medio preso.

El agente Gutiérrez viste de civil, con traje oscuro y realiza su declaración apoyado en un documento que lee impávido y entrega después al tribunal. Confiesa su desánimo ante las dificultades que debió superar a lo largo de meses para contactar con todos los testigos del caso «por razón de los cargos que ocupaban dentro de la Revolución y que les obligaban a moverse constantemente».

En el informe que elevó describe cómo brotaron las sospechas sobre la existencia de un delator:

> El hecho de que los compañeros no hubieran permanecido ni veinticuatro horas en el apartamento de Humboldt 7 antes de la llegada de Ventura evidencia –sin lugar a dudas– que fueron encontrados en virtud de una delación.

Explica a continuación que las sospechas de Martha Jiménez, la viuda de Fructuoso, recayeron en Marquitos «por ser el conocedor de la situación del apartamento, así como por las discrepancias existentes entre él y Juan Pedro Carbó Serviá, el cual lo había censurado por una serie de problemas de la Organización, así como por desviaciones sexuales que adolecía, las cuales le había señalado».

Pero no era esa la única pista que apuntaba a Marquitos:

> También he podido conocer que el periódico *Tiempo en Cuba* [propiedad de un preboste batistiano] publicó una reseña del hecho de Humboldt 7, donde se relata cómo fueron asesinados los jóvenes revolucionarios. Y señalando que Ventura informaba que se encontraba prófugo de la casa el tal Marquitos, el cual había saltado –según la versión– un balcón al fondo del apartamento, logrando huir del lugar; lo que era imposible, ya que el edificio y todos los pisos habían sido rodeados.

Si todos los ocupantes del apartamento 201 de Humboldt 7 murieron asesinados en el acto, se dijo el investigador ¿quién pudo informar a Ventura de la huida de Marquitos? Dedujo que Marquitos tenía que ser el delator.

El policía atribuye en parte las disputas del acusado con los cuatro dirigentes asesinados a discrepancias sobre los métodos de lucha. Marcos sostenía que sus métodos violentos nunca conducirían al derrocamiento de la tiranía, y postulaba unos medios «persuasivos e inteligentes».

Concluida esta fase, el acusado pasó a manos de dos interrogadores que comparecen a continuación. El relato del interrogatorio policial describe a un Marquitos reacio a la confesión, entero, pese a los dos años largos de cárcel, y contumaz en la negativa; capaz de replicar a la cascada de indicios que le señalaban («Cien conejos no hacen un elefante», reponía). Según sus interrogadores, sólo obtuvieron la confesión cuando dieron con el resorte que venció la resistencia de Marquitos:

> Se le hizo creer que se encontraba formado un tribunal revolucionario para juzgarlo y que él, aunque negara, sería sancionado, porque nosotros teníamos la convicción y las pruebas necesarias para eso. Este hecho creó más condiciones todavía y se le preguntó que por qué lo había hecho, que si lo había hecho por dinero. Entonces que no, que no, que por dinero no. Y ya empezó su confesión. Solloza y manteniendo la misma actitud que ha mantenido en este juicio de bajar la cabeza y de hablar despacio y con palabras entrecortadas, confiesa largamente y trata de justificar la delación.

El abogado defensor intuye las posibilidades que abre tal declaración y tiende una trampa:

DEFENSA: ¿Y cuando ustedes le advirtieron que se había formado un tribunal revolucionario y que de todos modos se le iba a fusilar, fue entonces cuando…?

El policía corrige raudo: «¡Que se le iba a juzgar…!».

A partir de ese instante se produce una de las escasas controversias del juicio, cuando el abogado defensor apremia al testigo:

DEFENSA: Exacto. Que se le iba a juzgar, eso quise decir. Yo lo que trato de establecer es si efectivamente, como dijo el imputado, «cien conejos no hacen un elefante», no vaya a ser que la amenaza del tribunal revolucionario haya creado el otro elefante que es una confesión.

El fiscal se siente aludido y puntualiza molesto:

FISCAL: A mí la pregunta de la defensa me ha despertado una curiosidad sobre la técnica de los interrogatorios. Usted tiene alguna experiencia en eso porque lleva algún tiempo trabajando en esas labores. ¿Generalmente, los acusados confiesan en la primera oportunidad?

POLICÍA: Nunca casi.

FISCAL: Gracias. Nada más, compañero presidente.

Pero el defensor no se da por vencido:

DEFENSA: A mí también la pregunta del ministerio fiscal me ha despertado otra curiosidad. ¿Usted nunca ha sabido de ningún caso en que una persona haya confesado haber cometido un crimen siendo inocente?

POLICÍA: Que yo recuerde, no.

DEFENSA: Yo, sí. Nada más, señor presidente.

Será éste el último incidente contradictorio del juicio. El jefe del Departamento de la Seguridad del Estado, el capitán José

Abrahantes, completa la panoplia de testimonios policiales. Es un apuesto y aventajado combatiente rebelde, incorporado precozmente a la lucha guerrillera que con el tiempo alcanzará el Ministerio del Interior y tendrá un trágico final.

Abrahantes presta un testimonio más interesado que interesante. Apenas algunas fechas y datos administrativos confusos sobre el manejo del caso por la Seguridad. En particular, la fecha en que se gestó la detención de Marcos:

> JOSÉ ABRAHANTES: En los primeros meses del año 1961 llegó a nuestro organismo de fuentes serias y de crédito que el señor Marcos Rodríguez Alfonso, que en aquella época se encontraba en Praga, Checoslovaquia, estaba sosteniendo en aquel país toda una serie de contactos con funcionarios de embajadas capitalistas que implicaban inteligencia contra los intereses de la Revolución.
>
> Nos dirigimos al ministro de las Fuerzas Armadas Revolucionarias, comandante Raúl Castro, y a petición nuestra aprobó que fuese traído a Cuba y sometido a una investigación. Llegó a Cuba en los primeros días de marzo de 1961, siendo conducido e ingresado en el Departamento de Seguridad del Estado.

Consta, pues, que Marcos fue detenido a comienzos de 1961 por actividades de inteligencia contrarrevolucionaria; dicho de otro modo, por espionaje. En los primeros veinte meses de su encarcelamiento en la isla varió la calificación de su delito y se transformó en reo de delación. Ése es el cargo por el que es sometido a juicio y por el que se reclama una pena de muerte. No es lo único que ha cambiado en la isla en ese lapso.

El año 1961 se inició en La Habana con una manifestación descomunal que conmemoraba el segundo aniversario del triunfo revolucionario. Tanques pesados y ligeros, baterías con cañones de corto y largo alcance y artillería antiaérea, todos ellos de fabricación soviética, discurrieron frente a la tribuna. Escuadrillas de aviones a hélice y a propulsión surcaron el cielo mientras desfilaban miles de soldados y reservistas en medio del delirio popular. Fidel Castro pronunció un enérgico discurso en el que calificó por vez primera a sus opositores, incluidos algunos miembros de los primeros gobiernos revolucionarios, de «gusanos» y les acusó de «drogadictos, proxenetas, viciosos del juego, contrabandistas…». «Instrumentos del imperialismo» fue la acusación más amable, y la de mayor fundamento, porque en una finca del departamento guatemalteco de Retalhuleu, y bajo supervisión americana se entrenaban desde hacía semanas varios cientos de cubanos para lo que meses después será la invasión de bahía de Cochinos. Un proyecto que la administración republicana Eisenhower/Nixon traspasa al equipo demócrata del recién electo John F. Kennedy.

El primero de enero de 1961 explotaron ciento veinte bombas de baja intensidad sólo en el municipio de La Habana; días antes, un artefacto había estallado en los almacenes Flogar en pleno centro urbano. La televisión mostraba sin cesar imágenes de brigadistas, muchachos uniformados que partían en misión alfabetizadora hacia recónditas zonas rurales, y el perímetro del Malecón habanero aparecía erizado de ametralladoras Dun-dun de cuatro caños, listas para enfrentar una invasión. La consigna oficial era «Si vienen, quedan».

La tensión entre Washington y La Habana crecía a diario y la escalada verbal dio paso a medidas represivas: la depuración en los centros de trabajo, el decreto que establecía el fusilamiento en setenta y dos horas de cualquier responsable «material o intelectual» de sabotajes, incendios, explosiones y otras acciones contrarrevolucionarias… La prensa extranjera quedó prohibida en toda Cuba y el 13 de enero, al fin, horas antes de ceder el poder, Eisenhower anunció la ruptura de relaciones diplomáticas. La visita a la isla quedaba prohibida tanto para los ciudadanos norteamericanos como para los residentes en Estados Unidos.

Tres años después, cuando se celebra el juicio de Humboldt 7, la ciudad presenta otro aspecto muy distinto. Un salto cualitativo se produjo con el embargo norteamericano decretado en marzo del 61. Había entonces en Cuba, según un joven periodista colombiano «482.560 automóviles, 343.300 refrigeradores; 549.700 radios; 303.500 televisores; 352.900 planchas eléctricas; 286.400 ventiladores; 41.800 lavadoras; 3.510.000 relojes de pulsera; 63 locomotoras y 12 navíos mercantiles». Salvo los relojes suizos, apuntó Gabriel García Márquez, «todo lo demás estaba fabricado en Estados Unidos y dependía de sus repuestos». Dos años después, «a falta de pintura, las fachadas de las casas comienzan a desportillarse, por la humedad del clima y la cercanía del mar. El parque automovilístico no se renueva y el paisaje de la calle se ha transformado. Siguen circulando grandes coches americanos mullidos, llenos de cromados, pero empiezan a tener el aspecto de vehículos del tercer mundo con carrocerías abolladas, remendadas, pintadas a medias. Las guaguas avanzan rechinando, arrastradas por gastados motores...». Esta última descripción es de un joven médico argentino, Ernesto Che Guevara.

Los luminosos de publicidad comercial se han apagado y han dejado paso a algunos carteles que pregonan la propaganda oficial y las guaguas averiadas han sido sustituidas por camiones. Los escaparates presentan un aspecto desolador con vidrieras rotas que protegen burdos adornos de flores, fotos de líderes fallecidos, rudimentarios carteles con lemas revolucionarios y cartones que invitan a practicar una improbable «elegancia social del regalo». La radio transmite música clásica y la radionovela soviética *Así se templó el acero*.

De las antiguas formas de diversión quedan sólo vestigios. Los resplandecientes casinos regentados por la mafia cerraron sus puertas a finales de 1961, pero subsisten a duras penas unas docenas de cabarets y locales nocturnos, todos ellos identificados por el Instituto Nacional de la Industria Turística con idénticos neones. Los antiguos clubs sociales han sido rebautizados y abiertos al pueblo. El distinguido Miramar Yacht Club se ha transformado en el Patricio Lumumba. Las clases altas han emigrado en su gran mayoría y se han difuminado las fronteras entre estratos sociales.

La vida cotidiana se ha hecho también más difícil. La escasez se ha generalizado y el racionamiento alcanza a toda la cesta de la compra. Los productos soviéticos de baja calidad y deficiente diseño penan por cubrir el vacío de los suministros americanos. La incipiente producción local ilustra las dificultades de poner en marcha una industria desde cero: «Los cierres de cremallera no funcionan, los triciclos infantiles son quincalla, los zapatos están fijados con tres clavos que saltan a la primera, el champú no hace espuma y el pomo tiene un tapón que no tapa, los polvos de maquillaje dan al rostro un tono rojo violento, las muñecas parecen brujas, los fósforos no prenden, el papel de los cigarrillos es incombustible...». La descripción procede también de un indignado desahogo del Che Guevara.

Una de las pocas cosas que no ha cambiado en Cuba durante esos años es que Osvaldo Dorticós continúa en la presidencia desde que fue desalojado el primer jefe de Estado del período revolucionario, Manuel Urrutia, sólo seis meses después de su nombramiento, a consecuencia de un enfrentamiento con Fidel Castro.

Y otra cosa que persiste es la función meramente decorativa de la presidencia de la República desempeñada por Dorticós, un orondo abogado de Cienfuegos que recibió el apodo popular de «Cucharón», un cubierto que «ni pincha ni corta». Todo el poder está concentrado en las manos del primer ministro, Fidel Castro.

La sesión se reanuda precisamente con el testimonio del presidente de la República. Osvaldo Dorticós refiere cómo la Seguridad informó de la confesión de Marquitos a Fidel Castro y, a la vez, puso en su conocimiento que éste «había formulado ciertas imputaciones a la compañera Edith García Buchaca en el sentido de que, durante su estancia en México, había informado a ésta de su participación en aquellos hechos de Humboldt 7, es decir, de su condición de delator».

El relato de Dorticós ilustra bien el manejo del caso por el vértice del poder revolucionario:

OSVALDO DORTICÓS: El compañero primer ministro informó estos antecedentes exclusivamente al comandante Raúl Castro y a mí [...] Inicialmente, pues estos hechos de la confesión de Marcos Rodríguez y de la extensión de la confesión a estas imputaciones, fueron conocidos solamente por nosotros tres –además de los compañeros del Departamento de Seguridad– y no se transmitió esta información a los miembros de la Dirección Nacional.

Dorticós recibe un día una llamada de Joaquín Ordoqui. El veterano comunista menciona la carta que le había hecho llegar Marcos Rodríguez; le relata las reiteradas visitas del padre y del abuelo del acusado y sus reclamaciones por la dilatada permanencia en prisión. Ordoqui explica que acude a Dorticós, «tras haber conversado con el comandante Ramiro Valdés, en el mismo sentido y después de haberle informado el comandante Ramiro Valdés que ésa era una cuestión que él debía ventilar con Dorticós».

Comoquiera que, recalca Dorticós, «habíamos acordado, Fidel, Raúl y yo, que la ventilación de esta cuestión quedara en manos de Fidel», emplaza a Ordoqui para el día siguiente.

Inmediatamente que se marchó de mi despacho el compañero Ordoqui, hablé con el compañero Fidel. Convinimos con él en que era imprescindible informar de la verdad al compañero Joaquín Ordoqui y a la compañera Edith García Buchaca […] Cité al compañero Ordoqui y le expliqué que el acusado había aceptado plenamente su responsabilidad y que había formulado imputaciones a la compañera García Buchaca. La reacción de Ordoqui fue la de no aceptar aquella imputación y rechazarla como una infamia.

En esa conversación acuerdan avisar a García Buchaca, que se encontraba en Santiago de Cuba, para que regrese a La Habana.

Al día siguiente el compañero Ordoqui me informó por teléfono de que la compañera García Buchaca se encontraba indignada ante aquella imputación; que la rechazaba categóricamente y que reclamaba de mí, de la Dirección del Partido y del Gobierno un esclarecimiento absoluto de los hechos; que es más: ella pedía una confrontación, un careo con el acusado. […] Ella pidió además que otros compañeros de la Dirección estuvieran presentes. Organizamos en las oficinas de la Dirección Nacional del Partido aquella reunión en la que participamos el compañero Blas Roca, el compañero Faure Chomón, el compañero Emilio Aragonés, el compañero Ramiro Valdés, José Abrahantes, el compañero Joaquín Ordoqui, la interesada compañera García Buchaca y yo, además de los compañeros del Departamento de Seguridad que estuvieron a cargo de los interrogatorios del acusado.

11

—¿Sabes jugar al dominó? —me sorprendió Joaquinito al teléfono.

—Sé colocar las piezas…

—… las fichas —me corrigió.

—… las fichas, y sé contar los tantos al final de la partida.

—No es mucho, pero es suficiente.

Era un jueves y las noches de los jueves, me anunció Joaquinito, se celebraban en un bar próximo a Cuatro Caminos las
mejores partidas de dominó «a la cubana», es decir, por parejas.
Me glosó la doble ventaja de esa modalidad de juego:

—Fomenta el espíritu de equipo y, además, reduce el factor
suerte.

Antes de iniciar la contienda frente a un mulato y un anciano que mordisqueaba tenazmente una colilla de veguero, Joaquín me llevó a un rincón de la estancia y con aire de concentración me instruyó en los secretos del juego:

—En cada partida, un jugador tiene ante sí más de un millón
cien mil combinaciones posibles. Gana el que sigue estas tres
leyes de la dominótica —afirmó con semblante serio—: primera,
el jugador debe desarrollar sus datas más fuertes y ayudar a que
su compañero desarrolle las suyas; segunda, el jugador debe evitar que el contrario desarrolle sus propias datas, salvo cuando lo
exija la ley primera; tercera, el jugador debe evitar quedarse sin
una data, salvo cuando lo exijan las leyes primera y segunda.

Equipado con estas instrucciones, abrí el juego con un doble nueve. En vano intenté descifrar las muecas que emitía mi

pareja. Su rostro reflejaba una desesperación creciente. Una sola vez me permití un comentario sobre mi propia torpeza y el mulato me cortó en seco:

—No critiques la jugada más que en partida acabada.

Varias parejas disputaban otros encuentros en las mesas desperdigadas en el local. La decoración alternaba fotos que inmortalizaban grandes momentos de la historia internacional del dominó con calendarios y pósters promocionales de ron y cerveza desde los que bellezas juveniles se insinuaban sobre fondos tropicales. Junto a cada mesa de juego se plantaban dos supletorias para albergar ceniceros, cajetillas, vasos y cualquier utensilio susceptible de perturbar el recogimiento de los jugadores. O acaso para evitar que alguien hiciese trampas. Perdimos una tras otra las nueve partidas de la competición. Confieso que a la altura de la séptima deseaba el advenimieno de la derrota para poder descargar la vejiga ya que, según me exhortaron, las estrictas reglas del dominó prohíben que nadie se levante de la silla durante el juego. Y con el encuentro perdimos las consumiciones en juego, tres rondas de ron añejo.

Cedimos el turno a otra pareja y paseamos hasta un anodino pub cercano. Joaquinito me relató varias anécdotas sobre la furiosa afición cubana al dominó. La más sabrosa se refería a una dama habanera que murió de un soponcio en el momento en que su rival cerró el juego, precisamente cuando se disponía a colocar su última ficha, un doble tres. Una reproducción gigantesca en mármol del mortífero doble tres cubre la lápida de esa fanática del dominó en el cementerio de Colón.

—Se quedó ahorcada, ésa es la palabra. Así somos los cubanos, o no llegamos o nos pasamos —bromeó.

Me puso después al corriente de sus impresiones sobre la marcha de nuestras investigaciones:

—Noto que las fichas van encajando; ¡éstas sí! —bromeó en referencia a nuestra aparatosa y reciente derrota.

—¿A qué viene tanto optimismo?

Por mi parte, todo cuanto lograba deducir de la documentación examinada era un alud de pruebas incriminatorias de Marquitos en medio de un juicio heterodoxo plagado de irregularidades.

—¡Entonces no has entendido nada! —se indignó—. Para empezar, las fechas no casan. Si Marquitos tenía veinticuatro años cuando confesó, eso sucedió en los primeros meses de 1962, antes de cumplir veinticinco. No concuerda con la cronología de la Seguridad que sitúa la confesión un año después. Para continuar, ahí tienes otra vez el desfase entre las razones de la detención de Marquitos en Praga («contactos que implicaban inteligencia contra los intereses de la Revolución») y la acusación del proceso, la delación de Humboldt 7.

Traté de enfriar tanto optimismo con una discreta dosis de lógica:

—Está bien, te concedo que en la versión oficial hay cabos sueltos.

—¡Cabos sueltos! —gritó.

—Reconozco que la versión oficial hace aguas…

—¡Coño, más que el *Titanic*! —volvió a interrumpir.

—… que asoman por aquí y por allá incoherencias y las irregularidades y los abusos usuales en un proceso político de este género. Pero en absoluto tengo la impresión de que estemos avanzando en ninguna dirección definida.

No sirvió de nada. Joaquinito estaba convencido de que las últimas actas configuraban una versión alternativa de los hechos. El problema consistía en que no sabía cuál era esa versión.

—A mi padre le escuchamos contar cómo tocaba una puerta después de otra. Y el testimonio de Dorticós deja claro quién abría, cerraba o entornaba las puertas para tenerlo mareado.

Me emplazó a contabilizar las ocasiones en que Dorticós precisa quién lleva la iniciativa en este asunto: «El compañero primer ministro informó estos antecedentes exclusivamente al comandante Raúl Castro y a mí», una; «inicialmente, pues, de estos hechos conocidos solamente por nosotros tres», dos; «el compañero Fidel nos pidió que dejáramos en sus manos el tratamiento de esta cuestión», tres; «habíamos acordado Fidel, Raúl y yo que la ventilación de esta cuestión quedara en manos de Fidel y que él personalmente decidiera plantearla y resolverla en la forma que él seleccionara», cuatro; «inmediatamente que se marchó Ordoqui de mi despacho hablé con el compañero Fidel», cinco.

—¿Y adónde nos lleva eso? —le interrogué.

—Al menos una conclusión se impone —bramó Joaquinito—. Este asunto lo manejó Fidel personalmente de cabo a rabo. ¿Estamos de acuerdo?

—Más o menos igual que todo en Cuba. A esas alturas me parece una obviedad descubrir que en Cuba existe una concentración del poder en Fidel Castro ¿Y adónde nos lleva eso? —insistí.

—Nos recuerda algo elemental. Tan elemental que se olvida a cada momento, porque no prestamos atención a las evidencias cotidianas. Por ejemplo: ¿cuántos dientes tiene un tenedor? —examiné la mesa en busca de cubiertos y Joaquinito interrumpió—: ¿Te das cuenta? Tienes que pensarlo. Pues sucede lo mismo en este caso. La evidencia cotidiana en Cuba es que nada de lo que sucede allí se hace a espaldas de él. Y este juicio no es la excepción; al contrario, es la confirmación de la regla. Él es el guionista y el director de la pieza, la clave consiste en identificar a través de qué actores él representa su obra. El fiscal, los jueces, la Seguridad, la prensa, Abrahantes… Por cierto, ¿sabes que Abrahantes había sido uno de los aplicados alumnos de los cursos de marxismo-leninismo que impartía Marquitos en México en casa de mis viejos?

No me dio tiempo a reclamarle algo de orden en su razonamiento, un mínimo de coherencia en sus caóticas conjeturas, cuando continuó:

—¿Y sabes que Abrahantes con el tiempo llegó a ministro del Interior, fue destituido y murió en prisión de un ataque al corazón, en circunstancias sospechosas? —Tampoco me dio oportunidad de responder afirmativamente a la pregunta y prosiguió—: ¡Anota, otra víctima más de este caso! Pero no nos perdamos en las coincidencias que nos volvemos locos. El caso es que casi todos, incluidos el presidente Dorticós y, desde luego, Faure Chomón, son sus peones y actúan como tales.

—Tus padres… —interrumpo.

—Mis viejos, estaban fuera de base. A mi viejo le había caído comején al piano y no se había enterado; de ahí lo patético de su testimonio visto en perspectiva.

—¿No te olvidas de Marquitos?

—Por supuesto, también él. Marquitos era un cadáver de permiso. Estaba más muerto que vivo. No era más que el pretexto para el circo que organizó Fidel. Funcionaba como esas calcomanías de araña que colocan en los urinarios para que todos dirijan la orina hacia ese punto y no salpiquen fuera...

—¿Y qué me dices de los demás miembros del Directorio? Tampoco parece que supieran lo que se estaba urdiendo...

—¡Anja! Y ya más nadie —sentencia.

—En apariencia, nadie más —concedo—. ¿Y adónde nos lleva eso?

Volví a repetir mi frase predilecta. Nada más acabar de pronunciarla comprendí que no era una pregunta sensata, sólo la expresión de alguien desconcertado en medio de una sala llena de estruendo y humo.

—¡A la solución, carajo! —casi gritó Joaquinito con los brazos extendidos hacia delante y se quedó mirándome en silencio con ojos extraviados.

Tuve ganas de preguntarle a qué solución se refería. Yo no me sentía ni remotamente capaz de definir con certeza lo que estábamos buscando. Tal vez la diferencia entre nosotros residía en que Joaquín luchaba por rehabilitar a un héroe que había visto desmoronarse en plena infancia, mientras que yo actuaba movido por una fuerza compuesta a partes iguales por un romántico afán justiciero y una ramplona curiosidad.

III

EL CULPABLE

¿Por qué mató, entonces? Porque, en realidad, no existe ningún móvil concluyente. ¿Tendremos que convenir en que fue por odio, por venganza?

JOSÉ TRIANA, *La noche de los asesinos*

1

GRABACIÓN DE LA REUNIÓN SOSTENIDA POR UNA COMISIÓN DE LA DIRECCIÓN DEL PARTIDO UNIDO DE LA REVOLUCIÓN SOCIALISTA DE CUBA (PURSC) CON EL PROCESADO MARCOS RODRÍGUEZ EN OCTUBRE DE 1963 *(Extractos)*. Participan: Osvaldo Dorticós, presidente de la República; Ramiro Valdés, ministro del Interior; Faure Chomón, ministro del Transporte; Blas Roca, ex secretario general del PSP, director de *Hoy*, Edith García Buchaca y Joaquín Ordoqui.

Tras reconstruir las circunstancias de la delación y las motivaciones del acusado, el careo desciende a la supuesta confesión del crimen a Edith García Buchaca:

OSVALDO DORTICÓS: ¿Y a nadie durante este tiempo confesó el hecho suyo? ¿A alguien confidencialmente usted le dijo que lo había hecho?

MARCOS RODRÍGUEZ: Yo se lo insinué una vez a Edith.

OSVALDO DORTICÓS: ¿Cómo se lo insinuó?

MARCOS RODRÍGUEZ: Que si un miembro del Partido había cometido, por ejemplo, una traición podía ese hombre reivindicarse. Y entonces recuerdo que ella me dijo que sí, a través de un gran trabajo y un gran esfuerzo.

BLAS ROCA: Pero solamente le dijo «si un miembro», no le dijo que usted había hecho una traición.

MARCOS RODRÍGUEZ: No, yo no le dije que yo lo había hecho.

BLAS ROCA: ¿Usted habló de una traición y sin explicarse qué clase de traición?

MARCOS RODRÍGUEZ: No recuerdo haber explicado…

OSVALDO DORTICÓS: ¿Dónde fue esa conversación con Edith?

MARCOS RODRÍGUEZ: En México.

OSVALDO DORTICÓS: Pero ¿usted describió en qué podía consistir esa traición, cuáles eran los hechos, más o menos hablando de una tercera persona supuesta?

MARCOS RODRÍGUEZ: Creo que puse un ejemplo.

BLAS ROCA: ¿Qué ejemplo?

MARCOS RODRÍGUEZ: No recuerdo qué ejemplo fue […].

OSVALDO DORTICÓS: ¿Cómo fue la conversación?

MARCOS RODRÍGUEZ: Más o menos le dije sobre eso, que cómo un miembro del Partido que había cometido una traición con otros revolucionarios podía juzgar todo aquello y demás; entonces ella me dijo que era monstruoso. Entonces, dándome una explicación de casos similares que ocurrieron en China y eso fue todo lo que hablamos…

OSVALDO DORTICÓS: Pero ¿cómo, cuando usted le planteó eso, ella no se interesó por saber por qué le planteaba eso y en qué consistían los hechos? ¿Eso no se aclaró? Compañero: ¿usted fue quien interrogó al señor?

INTERROGADOR 1: Sí, señor.

OSVALDO DORTICÓS: ¿Usted recuerda cuando usted lo interrogó, antes de que él escribiera la confesión, en qué forma él le contó a usted una conversación que tuvo con la compañera Edith García Buchaca? ¿Qué fue lo que le dijo a usted verbalmente, aparte de lo que él escribió?

INTERROGADOR 1: Él se refirió a que cuando estaba en México, en ocasión de estar ayudando a la causa revolucionaria, pues hubo de tener confianza con la compañera y le contó lo que había hecho.

BLAS ROCA: Es decir, que le contó que había delatado a la gente de Humboldt 7. ¿Eso fue lo que él dijo?

INTERROGADOR 1: Sí.

BLAS ROCA: ¿Fue eso, Marcos?

OSVALDO DORTICÓS: Lo que usted escribió aquí yo se lo voy a leer. Usted escribió lo siguiente: «Llegué a México y fui directamente a ver a Martha Frayde. […] después de ello yo me sentí muy mal y le confié el secreto a Edith […] Le conté todo como había sido; ella se quedó perpleja, yo no sabía qué hacer, prometió no decir nada y me explicó que en la República Popular China ella sabía de casos como el mío. Me dijo que mediante el trabajo y el sacrificio constante, siéndoles útil a la Revolución y al Partido, podría purgar mi delito. Le dije que yo no había previsto las consecuencias en medio de la obsesión y que el desenlace había sido una matanza. Ella me prometió que el ahínco y el tesón en la lucha fiel al Partido borrarían aquella mancha. Después de esto ella me pidió que la ayudara a traducir unos documentos de Mao Tse Tung, etc...». Es decir, que usted escribió aquí que sí le contó lo de Humboldt 7.

MARCOS RODRÍGUEZ: No es cierto.

OSVALDO DORTICÓS: ¿Y por qué usted lo escribió no siendo cierto? Ésa es la letra suya.

MARCOS RODRÍGUEZ: Sí, sí, yo recuerdo ahora que yo lo escribí así.

OSVALDO DORTICÓS: ¿Y por qué usted escribió esa cosa incierta, esa mentira?

MARCOS RODRÍGUEZ: No sé, francamente.

OSVALDO DORTICÓS: Pero ¿no sabe por qué escribió esa mentira? ¿Con qué finalidad usted dijo eso y con qué finalidad usted lo escribió?

MARCOS RODRÍGUEZ: Me encontraba en esos días excesivamente nervioso.

OSVALDO DORTICÓS: Pero, bueno, el nerviosismo, ¿cómo le hizo imaginar toda la entrevista? ¿Por qué usted describió eso con pormenores, lo que le dijo a Edith de lo de Humboldt 7, y que usted le había dicho lo de la traición?

MARCOS RODRÍGUEZ: No, no, yo no. [...] quizás quise decir que le había hablado sobre algo similar, algo que se podía equiparar con eso, pero concretamente sobre el caso de Humboldt no hablé.

OSVALDO DORTICÓS: Edith, ¿tú recuerdas que este señor haya hablado contigo alguna vez de una traición así en términos generales?

EDITH GARCÍA BUCHACA: Mira, quisiera precisar un poco, porque primero, de esa conversación yo no recuerdo absolutamente nada. Puedo hacer referencia a problemas que sí he tratado delante de Marcos, como los he tratado delante de otros compañeros, de mi viaje a China y de experiencias obtenidas allí que no tenían, desde luego, nada que ver con una traición; y de eso sí estoy segura que el compañero Marcos no usó la palabra «traición» en ningún momento. Él utilizaría otra palabra, pero esa palabra, «traición», en la conversación, ni en esa forma figurada general, que no tuviera que ver nada con Humboldt, en un sentido de principio, jamás puede haber utilizado la palabra «traición» y yo haberle dicho que a una persona que traicionara a un revolucionario, cualquiera que fuera, se le podría reivindicar a través de ninguna forma.

[…] Nunca, en ningún momento, ni siquiera de esa forma así general que dice Marcos, puede haberse tratado nada de traición, porque él sabe bien y precisamente siempre ante nosotros se presentó como una víctima, como una persona acusada injustamente de un hecho que él mismo, ante nosotros, ante nuestros ojos, rechazaba como lo peor que podía realizar un hombre.

JOAQUÍN ORDOQUI: Yo me recuerdo que jamás en la vida, en México, entre las reuniones nuestras, se tocó Humboldt 7. Me recuerdo que cuando se tocó Humboldt 7 fue ya en La Habana sobre la base de la detención de Marcos, que se le mandó para La Cabaña por parte del Minfar y fue cuando comenzó el conocimiento nuestro del problema de Marcos y la salida de él para una beca que tenía en Checoslovaquia. Pero en las reuniones nuestras en México, ni en las conversaciones, allí jamás se discutió la posibilidad de que Marcos hubiese hecho eso. Jamás. Y en las discusiones que tuve con él antes de salir para Praga yo le decía: «¿Cómo tú puedes estudiar en Praga tranquilamente con una acusación así, Marcos?». «Soy inocente y no me preocupo.» «Pero no me importa que seas inocente y no te preocupes, pesa sobre ti una acusación…» Edith le decía: «Pero tú tienes que tener sangre en las venas y ver cómo te aclaras esta confusión, porque irte así, en estas condiciones…». Creo que le dije: «Marcos, esto queda pendiente. Tú das el viaje, pero mañana vuelve a ponerse esto en el tapete y tendrás que regresar para responder de esta situación aquí. Es un problema no liquidado […] Entonces por qué no aclaras este problema». «Mire, yo voy a ver la gente del Directorio.» Me informó que había ido a ver a la madre de Joe Westbrook, a la compañera de Fructuoso y a casi todos los compañeros del Directorio. «Entonces, ¿eso quedó claro o no quedó claro?», le pregunté a Marcos, y me dijo: «Quedó claro». «Bueno, si quedó claro… pero me parece que eso no queda claro, que queda pendiente para el juicio que quieren los compañeros del Directorio.» ¿Eso fue así o no fue así? […]

MARCOS RODRÍGUEZ: Y en realidad era así.

OSVALDO DORTICÓS: ¿A quiénes viste…?

MARCOS RODRÍGUEZ: A la madre de Joe y a la viuda de Fructuoso.

OSVALDO DORTICÓS: ¿Qué le dijo, que usted era inocente?

MARCOS RODRÍGUEZ: Ellas me preguntaron y yo les contesté, y en síntesis les dije que yo era inocente.

BLAS ROCA: Aquí ha habido una cosa que a mí me llama la atención de Marcos: no sabes por qué dijiste que le habías contado eso a Edith cuando ahora das otra versión y dices que la esbozaste en líneas generales…

OSVALDO DORTICÓS: Lo que le está preguntando Blas es por qué en la declaración dijo: «Le conté todo como había sido». Y ahora usted dice otra declaración distinta. Lo escribió, ¿no se acuerda que lo escribió?

MARCOS RODRÍGUEZ: Sí, sí, me acuerdo.

OSVALDO DORTICÓS: ¿Sabe por qué lo escribió? Cuando usted lo escribió, ¿sabía que estaba escribiendo una mentira?

MARCOS RODRÍGUEZ: En esos días yo no dormía, no comía. Estaba excesivamente nervioso. Posiblemente desarrollé eso en mi imaginación.

OSVALDO DORTICÓS: ¿Para qué?

MARCOS RODRÍGUEZ: No sé por qué realmente.

OSVALDO DORTICÓS: Ramiro, ¿usted quiere preguntarle algo?

RAMIRO VALDÉS: No, era con relación a eso, porque así y todo él había situado, o sea que lo que le había dicho era una insinuación, y aquí no hay ninguna insinuación. Aquí está bien claro que él le comunicó todas esas cosas a la compañera Edith e, incluso, hace referencia a algunas cuestiones bastante detalladas y pormenorizadas. Si ha inventado todo esto, ha inventado toda una situación. Es esa situación, existen los diálogos que van más allá de ejemplos y de situaciones. Entonces, de ser esto, como él posteriormente afirma, de no ser cierto, ¿qué motivación puede tener esto? […]

BLAS ROCA: Ahí sería interesante saber qué motivo hubo para eso.

MARCOS RODRÍGUEZ: Voy a ser sincero. En el interrogatorio un compañero me preguntó varias veces…

OSVALDO DORTICÓS: ¿Quién, este compañero que estaba aquí?

MARCOS RODRÍGUEZ: No, otro…

OSVALDO DORTICÓS: ¿Fueron dos?

MARCOS RODRÍGUEZ: Dos. Me preguntó varias veces que si Edith sabía algo. Entonces…

EDITH GARCÍA BUCHACA: Déjeme ver a ese compañero.

OSVALDO DORTICÓS: ¿Entonces qué? Continúa.

MARCOS RODRÍGUEZ: Es un interrogatorio largo, cuatro o cinco horas…

[*Entra en la sala el segundo interrogador*]

OSVALDO DORTICÓS: ¿Éste fue el compañero?

MARCOS RODRÍGUEZ: Sí […]

OSVALDO DORTICÓS: ¿Usted recuerda haberle preguntado algo sobre si Edith conocía algo sobre el hecho?

INTERROGADOR 2: Bueno, yo recuerdo que cuando hablamos algo él habló de eso y nosotros le preguntamos algo, pero muy ligeramente. Yo no sé si concretamente…

OSVALDO DORTICÓS: Pero ¿fue después que él habló, o es que ustedes tenían alguna noticia de eso?

INTERROGADOR 2: No, nosotros no teníamos ningún antecedente de eso.

BLAS ROCA: Es decir, después que él mencionó a Edith, usted le preguntó si Edith sabía algo de eso.

INTERROGADOR 2: Desde luego.

OSVALDO DORTICÓS: ¿Cómo explica usted eso ahora? ¿Estaba usted tratando de dar una explicación del asunto?

MARCOS RODRÍGUEZ: No, no. El compañero me preguntó: «Ven acá, ¿Edith sabe algo de eso?».

EDITH GARCÍA BUCHACA: Un momento, Marcos. Antes de que tú dijeras nada, antes de que tú me nombraras a mí para nada, ¿él te preguntó? ¿La persona que trae mi nombre, que asocia mi nombre al asunto es el compañero interrogador?

MARCOS RODRÍGUEZ: No, estábamos hablando sobre todo el problema; lo que había hecho en México, etcétera. Entonces él me preguntó: «Dime una cosa, ¿Edith sabe algo de esto?». Dígole primero: No. […]

INTERROGADOR 2: Sí, él lo dijo primero.

OSVALDO DORTICÓS: O sea, eso lo dijo espontáneamente.

INTERROGADOR 2: Él lo dijo ahí, narrando los acontecimientos de México.

JOAQUÍN ORDOQUI: ¿Usted dijo eso antes o después?

MARCOS RODRÍGUEZ: Yo estaba confesando.

OSVALDO DORTICÓS: Déjalo, Joaquín, que él espontáneamente explique.

MARCOS RODRÍGUEZ: Entonces, el compañero me pregunta: «¿Edith sabe algo de esto?».

JOAQUÍN ORDOQUI: ¿Después de haberlo dicho tú o antes?

MARCOS RODRÍGUEZ: Yo había narrado todos los hechos, desde el principio hasta el regreso. Entonces el compañero me pregunta: «Dime una cosa: ¿Edith sabe algo de esto?». «No», dígole. «¿Estás seguro? ¿Edith no sabe nada de eso?» Y así fue.

JOAQUÍN ORDOQUI: ¿Y qué contestaste tú?

MARCOS RODRÍGUEZ: Entonces yo le expliqué que yo había hablado con ella y que le había dicho que cómo podría ser un hombre así en cuanto a la traición.

OSVALDO DORTICÓS: ¿Cómo fue, compañero, según usted recuerda?

INTERROGADOR 2: Él empezó a hablar, cómo le habían despedido aquí en La Habana, había ido a la embajada y después se había trasladado a México; y entonces después de narrar muchas cosas dijo que en una ocasión él se había sentido mal y se lo había dicho a Edith y entonces tengo entendido que ella le había dicho que todavía había muchas cosas por hacer, o sea que esas cosas podía rectificarlas trabajando. Entonces tengo una idea de que ella le dijo que estábamos en proceso de lucha y que debiera luchar por eso antes de nada... [...]

OSVALDO DORTICÓS: Claro, Marcos. Hay una cosa en todo esto. Está claro que usted dijo que a Edith le confesó lo de Humboldt 7. Está claro que lo dijo porque además usted lo escribió de su puño y letra. De eso no hay duda. Hay una sola cosa que está oscura en todo esto: ¿por qué dijo usted esta mentira? ¿Por qué usted inventó esa entrevista con Edith?

MARCOS RODRÍGUEZ: Fue un diálogo.

OSVALDO DORTICÓS: Fue un diálogo que usted lo cuenta y al otro día lo escribe. ¿Por qué inventa esa mentira? [...] En dos ocasiones, primero verbalmente y después por escrito, usted cuenta eso. ¿Por qué usted inventa esa entrevista con Edith?

MARCOS RODRÍGUEZ: En aquel momento los compañeros saben qué estado tenía yo en aquel momento.

OSVALDO DORTICÓS: Sí, pero cuando uno está nervioso se le olvidan los hechos, pero el nerviosismo nunca le hace inventar hechos a uno. […] Usted hablaba en la carta a Joaquín de que había un abuso de poder contra usted…

MARCOS RODRÍGUEZ: Yo sé que es difícil de comprender…

OSVALDO DORTICÓS: Yo he visto la carta que usted le escribió a Joaquín. Una carta bien redactada, llena de filosofía y de dialéctica. Una carta que no se hizo en nerviosismo.

MARCOS RODRÍGUEZ: Sé que es difícil de comprender eso, pero a mí mismo me fue difícil aceptar que yo hubiera hecho semejante cosa. Por eso es que siempre traté de desvirtuarlo, de ocultarlo. Porque me parecía que yo no había cometido eso. Era tan monstruoso, tan inhumano, tan cruel, tan horrible, que yo no podía aceptar eso. Entonces, ¿cuál era mi actitud de autoprotección ante eso? Creer, justificarme mentalmente, idealmente, que yo no había podido hacer eso. Y entonces creé todos esos pájaros. Llegué a pensar en un momento (y no soy ningún demente ni ningún loco) que lo que yo estaba escribiendo era la verdad. Y ahora, una persona razonable puede preguntarse: ¿cómo es posible? O éste es muy sinvergüenza, o es un esquizofrénico.

OSVALDO DORTICÓS: ¿Y usted qué es?

MARCOS RODRÍGUEZ: Yo soy un sinvergüenza. Yo no soy un esquizofrénico, porque el que trata de justificar todo esto, aquel que trata de hacerse un parabán a través de las ideas, sabe que la conciencia es la que en definitiva da el último toque.

OSVALDO DORTICÓS: ¿Usted le tenía afecto a Edith, estimación?

MARCOS RODRÍGUEZ: Yo le tenía afecto a todos los compañeros.

OSVALDO DORTICÓS: Me refiero a Edith.

MARCOS RODRÍGUEZ: Naturalmente.

OSVALDO DORTICÓS: ¿Y cómo echó esa mancha sobre ella imputándole que conociera el hecho y lo hubiera ocultado? [*Pausa*] Mire un momentito a Edith. ¿Usted se siente tranquilo?

FAURE CHOMÓN: En su carta a Joaquín usted dijo en un párrafo que su reacción podía ser mucho más peligrosa que el estallido de una bomba nuclear para la humanidad.

MARCOS RODRÍGUEZ: He explicado que este recurso a la literatura era precisamente para probarme a mí mismo que yo no era. Lo único importante es la traición. Todo lo demás es letra. Es un hombre que trata de autojustificarse. ¿Para sí mismo? No, para los demás, creyendo que el ignorar la realidad es desaparecer y eso no es posible.

FAURE CHOMÓN: Pero en el tono de su carta no hay justificación, hay defensa. Está llena de intenciones y amenazas que pueden haber sido resultado de la imputación que usted le hace a la compañera Edith. Dice en la carta que usted es un hombre de Partido, que informaba a su organización y que esto debía entenderse que era muy distinto que informar a la policía.

MARCOS RODRÍGUEZ: Ya he dicho cuál es el motivo de todo eso […]

OSVALDO DORTICÓS: ¿Qué tu ibas a decir, Joaquín?

JOAQUÍN ORDOQUI: Yo recuerdo que fue el abuelo a verme a la Jefatura de Servicio para que yo lo fuera a ver a Marquitos. Respondí que era más conveniente que él demostrara su inculpabilidad…

EDITH GARCÍA BUCHACA: Tú le ibas a preguntar, ¿no? Que por qué te había mandado esas copias.

JOAQUÍN ORDOQUI: ¿Por qué ha mandado esas copias? ¿Qué sentido tenía mandar todas esas copias? Yo le informé a la Seguridad que había recibido esas copias. Me dijeron: «Estamos en las investigaciones».

MARCOS RODRÍGUEZ: Yo, en realidad, desconozco eso de las copias […].

BLAS ROCA: La carta es hecha…

MARCOS RODRÍGUEZ: Hecha a máquina.

BLAS ROCA: Pero exacta, literal.

MARCOS RODRÍGUEZ: No; desconozco eso.

OSVALDO DORTICÓS: Pero ¿quién pudo haber sacado copia de la carta si tú le mandaste la carta a Joaquín? […]

BLAS ROCA: ¿Con quién mandaste tú la carta?

MARCOS RODRÍGUEZ: Con mi padre.

BLAS ROCA: Entonces, ¿tu padre puede haber sacado las copias?

MARCOS RODRÍGUEZ: No, mi padre apenas sabe escribir. […]

EDITH GARCÍA BUCHACA: ¿En qué fecha tú recibiste las copias esas?

FAURE CHOMÓN: Eso fue hace unos dos meses o tres.

EDITH GARCÍA BUCHACA: Y la carta tiene un año.

Durante la reproducción de toda la grabación, Marquitos escucha inmutable. Sólo una vez, cuando Dorticós le pregunta si es un sinvergüenza o un esquizofrénico, levanta la cabeza y se lleva las manos a la cara formando una celosía con los dedos cruzados. Al término de la cinta, el presidente de la sala devuelve la palabra a Osvaldo Dorticós. El presidente de la República expresa su conclusión del careo. Para él no hay duda: «Yo llegué a la convicción más firme de que era absolutamente falsa la imputación que el acusado Marcos Rodríguez formulara contra la compañera Edith García Buchaca. Tuve además el cuidado de preguntar terminada la entrevista a cada uno de los compañeros de la Dirección Nacional la opinión de ellos y todos coincidieron con la mía; de manera especial me cuidé de preguntar al compañero Faure Chomón cuál era su criterio. El compañero Faure me dijo que del análisis del interrogatorio llegaba a igual conclusión que la mía».

Dorticós entrega la versión mecanografiada del careo antes de regresar a su asiento. Así se da por concluida la sesión. La reanudación del juicio se anuncia para el día siguiente a una hora inhabitual: las nueve de la noche.

2

Comentamos el careo casi una semana después de habérselo enviado. Fue de madrugada, a la salida de un concierto de Martha Valdés.

—Tengo dos entradas para la presentación del disco que acaba de grabar con Chano Domínguez y Colina. Lo escuché y está bueno de verdad... Luego conversamos un rato.

Le observé durante la velada y un par de veces se secó las mejillas con el revés de la mano. Fue cuando sonó «Tengo», «Un tema compuesto originalmente para la gorda Freddy», me susurró, y «La noche de anoche», del repertorio de Olga Guillot. Las más aplaudidas fueron «¿Cómo fue?» y «No puedo ser feliz», dos temazos de Benny Moré y Bola de Nieve que arrancaron bises de un público enardecido.

—Por momentos hasta me olvidé de que estaba en el Teatro Albéniz y en Madrid. Me sentía como en La Habana en los setenta escuchando a Martha, a Portillo de la Luz o a Frank Domínguez, envuelto en sombras y rones y a pocos metros de ellos...

Tapeamos en una tasca cercana a la Puerta del Sol y por el camino me reconoció que Martha Valdés era más compositora que cantante.

—No tiene una voz poderosa, pero la capacidad de interpretar, de transmitir lo que esconde una canción, los sentimientos que la inspiran, las imágenes que la pueblan, todo eso es de pinga, compadre.

Llegamos al Café Central cuando acababa de terminar una *jam session*. Ocupamos una mesa cercana a la puerta y pedimos unos mojitos que sabían a caipirinha y que vinieron acompañados de unas aceitunas. La siguiente ronda ya fue de añejo.

—¡Déjame que adivine quién interviene al día siguiente! —dijo Joaquinito en referencia al juicio. Y sin dar tiempo a una respuesta adelantó su pronóstico—: ¡Me afeito la barba si no es el turno de Fidel!

—¿Cómo puedes saberlo?

—Primeramente, porque hay un protocolo implícito en los testimonios. Después del presidente de la República, Dorticós, sólo puede testificar alguien de jerarquía superior. Marx, Lenin y José Martí están muertos, o sea que ese alguien sólo puede ser Fidel. Segundo, porque el juicio se reanuda ¡a las nueve de la noche!

—¿Qué tiene eso que ver?

—Bróder, ahora los yanquis le llaman a eso *prime time*, pero el primer político en descubrirlo fue Fidel Castro. Las nueve de la noche es la hora de la novela, la hora de los grandes *shares*, de los *super ratings*, la hora en que todo el país está sentado frente al televisor. ¿Sabes uno de los apodos que le pusieron al principio de la Revolución? —Tampoco aquí me dejó espacio para una respuesta, pero de todos modos no hubiese acertado—. Le decían «Patrón de Pruebas». Acá se traduciría como «Carta de Ajuste». ¡Se pasaba el día en el televisor!

Joaquinito enumeró una sucesión de juicios transmitidos por televisión. Comenzó por el del grupo de pilotos militares que un tribunal revolucionario absolvió y Fidel se empecinó en condenar; siguió con los «mercenarios», los expedicionarios de bahía de Cochinos, para acabar con el proceso del general Ochoa y los hermanos De la Guardia… Se explayó sobre lo que denominó la «propensión histriónica del sistema», la afición a las grandes superproducciones públicas, televisadas a poder ser.

—¿Quieres más ejemplos?: la autocrítica del escritor Heberto Padilla, en un teatro. Le gusta el show y además no se anda con miramientos. Él no es de los del Antiguo Testamento, de los del «ojo por ojo»; te arranca los dos, por si acaso.

Rió con esa risa excesiva que sólo se ve en algunos melodramas latinoamericanos. Luego se quedó mirando fijamente el cigarrillo como buscando en las volutas que exhalaba el diseño probable de alguna buena teoría. Contemplé desde la cristalera la plaza. El viento despeinaba las ramas desoladas de dos árboles grises. El reflejo de las farolas besaba las lunas de una tienda de muebles.

Repasamos juntos la trascripción del careo. Casi llegaba más luz del exterior que de las lámparas del local, pero Joaquinito sacó los papeles y repasó sus notas en rojo y azul. Su primera observación se refirió a las condiciones en que se hallaba Marquitos cuando hizo la confesión en la que involucraba a su madre. Repitió las palabras de Marcos: «En esos días yo no dormía, no comía», «Estaba excesivamente nervioso». Más adelante: «En un interrogatorio largo, cuatro o cinco horas».

—De *habeas corpus*, ni cojones; y de asistencia letrada, nananina.

—¿Piensas que su confesión de culpabilidad era falsa, que se la arrancaron?

Agitó el índice a derecha e izquierda como un limpiaparabrisas y respondió muy alto:

—Sostengo que se la arrancaron y que, arrancada y todo, era verdadera. Lo que me parece forzado y falso es la implicación de mi madre.

Contemplé a Joaquinito con un gesto que intentaba sólo ser inexpresivo pero que él interpretó, con acierto, como escéptico:

—Está bien, tú dirás: ¿qué otra cosa va a pensar un hijo de su madre? Pero observa ese diálogo surrealista sobre quién pronunció antes el nombre de Buchaca, si fue Marquitos o el interrogador; fíjate cómo Dorticós frena a mi padre («Déjalo Joaquín, que él espontáneamente explique»). Nota cómo respalda a los investigadores («O sea, eso lo dijo espontáneamente»), o cambia oportunamente de tema («¿Por qué inventa esa mentira, Marcos?»). ¿No es bastante?

—Es bastante —me armé de valor y repliqué—, pero para mí no es suficiente. Por lo menos no es suficiente para erigir sobre esas sospechas una teoría que ni tú mismo te atreves a decir cuál es.

Vaciló muy poco tiempo, apenas un segundo, pero lo noté en los ojos. Enseguida volvió a la carga:

—Atiende entonces a las reacciones cuando aparece el asunto de la carta misteriosa: otra vez mis padres presionan. Más metódica ella que él, desde luego, para desentrañar el enigma. ¿Qué hacen Dorticós y Blas Roca? Ofrecer explicaciones pedestres. ¿Quieres más? Porque tengo más…

El buen humor se ha evaporado y asoma la impaciencia en el tono. Joaquinito captura las aceitunas de dos en dos.

—No lo discuto. Digo que la conclusión no es indiscutible.

—Está bien, socio, si lo que tú esperas es encontrar un documento que diga «García Buchaca y Ordoqui eran inocentes y fueron víctimas de una trampa», ya te digo desde ahora que ese documento no existe. Y si existió alguna vez hace ya tiempo que pasó a mejor vida. Lo que yo estoy haciendo es aplicar la lógica.

Empezaba a fatigarme el entusiasmo de Joaquinito. Hablaba con la misma seguridad que si acabara de leer lo que decía en la enciclopedia Espasa…

—¿Qué lógica? —le espeté—, ¿la que te lleva siempre donde tú quieres?

Me observó y expulsó una bocanada espesa. Miré alrededor y me di cuenta de que la música había dejado de sonar y éramos los últimos clientes. Había tal silencio que podía oír cómo giraba el globo terráqueo. En el plato quedaba sólo una última aceituna indultada.

—Está bien. La lógica me dice que una carta de un sospechoso de espionaje no sale de las celdas de la Seguridad cubana por su propio pie; me dice que las cartas no se copian solas; la lógica me dice que las confesiones de un individuo que lleva preso veintiséis meses sin abogados, ni *habeas corpus*, ni tutela judicial, suelen estar escritas al dictado de los interrogadores; la lógica me dice que esas imputaciones son un absoluto contrasentido. ¿Por qué iban a encubrir mis padres a sabiendas a un delator si ellos estaban a doce mil kilómetros cuando se produjo la delación?

¿Por instrucciones del viejo Partido? ¿Por qué no cierra entonces filas el viejo Partido con ellos? Más aún: si mi madre había recibido la confidencia de la culpabilidad de Marquitos en México en 1958, ¿qué sentido tiene que en la carta que cuatro años más tarde dirige Marquitos a mi padre invoque su inocencia?

Aquella noche la borrachera iba en ascenso y preferí dejar las cosas como estaban. Me incliné por no llevarle la contraria y me guardé otras explicaciones que me venían a la cabeza. Le hubiera dicho, por ejemplo, que existían las mismas razones para creer la confesión de Marquitos en lo referente a su propia culpabilidad que en lo que afectaba a Edith; le hubiera enumerado las veces que los dirigentes comunistas, Carlos Rafael Rodríguez, su padre, su madre, los responsables del Ejército Rebelde, amparan a Marquitos, detienen la mano vengadora del Directorio Revolucionario; también hubiese podido replicarle que el viejo Partido ya había consentido el sacrificio de su camarada Escalante sin mover un músculo; o que, en su carta, Marquitos no tenía más remedio que clamar por su inocencia, a la vez que deslizaba amenazas veladas que serían debidamente entendidas por su destinatario. Eso por hablar del caso, porque hubiera podido incluso enumerar decenas de traiciones perpetradas por comunistas estalinistas contra otras facciones revolucionarias rivales; o recordarle la ausencia de escrúpulos de los prosoviéticos en las más diversas latitudes y circunstancias históricas. Pero no hubiera servido de nada. No me hubiera creído aunque le hubiera dicho la hora debajo del Big Ben. Debí de disimular mal lo que callaba porque Joaquinito volvió al ataque:

—¡Claro que me afectan los sentimientos! —gritó iracundo, al borde del aneurisma—. Y también me duele comprobar paso a paso cómo se acentúa la soledad de mis padres. Pero sé dejar eso de lado y aplicar la lógica.

Estaban apagando las luces y recogiendo las mesas del café. Clavé la mirada en el fondo del vaso. El hielo se había fundido.

3

Las nueve de la noche es una buena hora para pasear en los meses de primavera. Pero el jueves 26 de marzo de 1964 las calles de La Habana estaban desiertas. Las familias se agrupaban frente a los televisores y en torno a las radios para seguir el momento culminante del juicio de Humboldt 7. La Sala Primera del Tribunal Supremo de la República de Cuba registraba la afluencia de las grandes ocasiones. En la primera fila se apretujaban la obesa pareja presidencial, la mitad del Ejecutivo, una pléyade de dirigentes, comandantes en uniforme verde olivo, magistrados… Cualquiera con la mínima significación en la estructura del poder revolucionario sabía que ése era su sitio.

Fidel Castro hace su entrada con ademán teatral. Arranca desde la puerta del fondo y cruza la sala con largas y vigorosas zancadas. Viste un sobrio uniforme de campaña verde oscuro, una boina negra ladeada y toscas botas militares. Irradia fuerza y poder, por más que el único signo exterior de jerarquía sea una estrella dorada de cinco puntas cosida en la hombrera sobre un rombo rojo y negro, los colores del Movimiento 26 de Julio, su movimiento. Sólo las cámaras de filmación con sus ronquidos sierran el silencio mientras alcanza el estrado y presta juramento.

El presidente del tribunal cumple con el trámite de abrir la sesión y cede la palabra al fiscal que invita cortésmente a Fidel Castro a intervenir. Serán las únicas voces que se escucharán esa noche. Fidel extiende ambos brazos y deja al descubierto dos relojes, uno en cada muñeca. Comienza su alocución pausadamente. Destaca la doble dimensión, jurídica y política del juicio.

Se ocupa de la primera nada más comenzar y despeja cualquier duda sobre su veredicto.

FIDEL CASTRO: Al mismo tiempo que un tribunal legalmente constituido de la República juzga estos hechos, la opinión pública toda del país ha estado también atenta a este juicio. Luego aquí es necesario hablar ante dos tribunales: el Tribunal de Apelación y el Tribunal del Pueblo. […]

Comienzo por decir que considero, con absoluta convicción, culpable al acusado. Acerca de los móviles de su conducta, no se han podido conocer con entera exactitud si fueron móviles políticos, si fue movido por dinero o por otras razones. Me inclino personalmente a creer que fue movido por una pasión de odio bajo y cobarde contra las víctimas.

Tengo la impresión de que no quiso sacrificar al compañero Joe Westbrook. […] Pero es evidente que su plan se encaminó hacia el sacrificio de los compañeros Fructuoso Rodríguez, Carbó Serviá y Machado. […] Y a lo largo de su confesión, a lo largo de otras expresiones suyas, se ve, se palpa todavía, que estaba movido por un profundo odio hacia determinados compañeros, y que aún hoy ese odio lo mueve. […]

Quedaban una serie de incógnitas por responder: ¿cómo pudo el esbirro Ventura citarlo a una casa sin conocerlo?, una casa que posiblemente disponía para actividades de este tipo; ¿por qué no lo mantuvo retenido en tanto comprobaba si era efectiva o no la información? […]

Lo que no admite dudas de ninguna clase es que efectivamente tuvo lugar la delación, de que tuvo lugar en aquel sitio, y aun para aquellos que puedan creer y pensar en cosas extrañas, tan extrañas como habría sido la confesión de este individuo y que tal confesión hubiese sido falsa; lo que no es realmente fácil es que invente las características de aquel apartamento, que era precisamente el apartamento de Ventura. […]

Dada la importancia adquirida por el caso, se disculpa Fidel, tuvo que «realizar algunas gestiones y algunos esfuerzos personales para tratar de responder a las incógnitas». Por ejemplo, «hube de interrogar al acusado Marcos Rodríguez», pese a que la tarea no resultaba «nada agradable para mí». Da lectura a continuación al interrogatorio:

FIDEL: Hiciste daño, pero yo te quiero hacer una pregunta y es ésta: si tú tuvieras una oportunidad de no hacer daño, de hacer bien, ¿lo harías en este momento?

MARCOS: Desearía poder dar toda mi vida por la Revolución, pero al mismo tiempo comprendo que no se me debe dar ninguna oportunidad, porque por mi culpa murieron cuatro compañeros, por mi mentalidad sectaria y mil veces despreciable…

FIDEL: Si pudieras escoger entre seguir haciendo daño aun después de muerto o que puedas al menos sentir un instante de satisfacción al actuar de manera que se puedan evitar nuevos daños, ¿tú escogerías el camino de evitar nuevos daños?

MARCOS: Claro, seguramente. […]

FIDEL: Yo te quiero hacer una pregunta: cuando ocurrió la muerte de los muchachos de Humboldt 7, ¿sentiste arrepentimiento?

MARCOS: Sí, salí de la casa y no sé qué sentí, a mí mismo me daba asco lo que había hecho pero, al mismo tiempo, no tenía la suficiente valentía moral, la conciencia para poder presentarme y decir: he sido yo. Después traté por todos los medios de justificarme a mí mismo. Mire qué barbaridad. […]

FIDEL: ¿Tú pensabas que podías tranquilizar tu conciencia?

MARCOS: Quise venir a luchar aquí, lo hice por dos veces, fracasé primero en Costa Rica, después en México.

FIDEL: ¿Tú pensabas que viniendo y combatiendo, aun muriendo en esa lucha tú te ibas a sentir tranquilo?

MARCOS: Yo pensaba que tenía que hacer algo, digamos justo, todo lo contrario de lo que había hecho, suplir eso con mi acción por la Revolución.

FIDEL: Sin embargo, tú después regresaste a Cuba. ¿Tú no tenías temor de que pudiera saberse tu participación en aquel hecho? […]

MARCOS: Creía que como se lo había dicho a Edith y ella me había dicho: «Bueno, tienes que hacerte más fiel al Partido, seguir luchando», entonces yo pensé. […]

FIDEL: ¿Y cuánta gente estaba con Ventura ese día [*de la delación*]?

MARCOS: Yo no los vi. Estaban en la sombra detrás de una mampara, serían dos o tres.

FIDEL: ¿La casa dónde estaba?

MARCOS: En Carlos III, en la esquina del Hospital de Emergencias, en el segundo o tercer piso. […]

FIDEL: ¿Hablaste con Ventura?

MARCOS: El veinte por la mañana. […]

FIDEL: ¿Qué le dijiste?

MARCOS: Me contestó uno que sería el de la Carpeta y le dije «hazme el favor, al comandante Ventura». Me dice: «¿de parte?». No le puedo decir. «Muy bien.» Al poco tiempo, serían uno o dos o tres minutos, cogió el teléfono y dijo: «Oigo». Era Ventura. Le dije: «No le puedo decir quién soy, pero tengo que darle una noticia importante, ¿me puede usted ver, puede recibirme?». Se quedó un momento callado y me dijo: «¿No me puedes decir quién eres?». «No, no le puedo decir quién soy.» «Bueno, ve a verme a las tres de la tarde a tal dirección.» Y me dio la dirección de Carlos III apartamento dos o tres, en el primero o segundo piso. Así fue como sucedió. […]

FIDEL: Cuando llegaste, ¿qué pasó?

MARCOS: Era en el segundo o en el tercer piso…

FIDEL: ¿Era una casa de familia o un local alquilado para eso?

MARCOS: No, era un local alquilado para eso.

FIDEL: Con respecto a él personalmente, ¿qué le dijiste?

MARCOS: «Yo soy la persona que vengo»… Ventura dijo: «Pase». […] Cerca de la puerta había una mesa redonda y dos balances. Me dijo: «Siéntate», le dije: «No, no, no me voy a sentar». Le dije: «El recado que le quería dar es que en la calle Humboldt 7, apartamento 201 están escondidos Fructuoso, Carbó y Machadito, deténgalos».

»Ventura me respondió: «¿Tú no eres Marquitos? Pero ¿tú no eres comunista?». Y puso una cara de que no comprendía aquello, no entendía aquello, no podía entenderlo.

FIDEL: ¿Qué más te dijo? […]

MARCOS: Más nada. Me dijo: «Ven por la noche». Parece que pensaba que yo lo hacía por dinero. Entonces salí, fui a mi casa, y salí de mi casa… Yo no tenía conciencia de lo que hacía. […]

FIDEL: ¿Qué objetivo tú perseguías? ¿Tú querías vengarte de ellos?

MARCOS: No sabía lo que yo pensaba. Qué cosa más inconcebible: pensaba que si ellos estaban presos, si estaban al margen de la actividad, se iba a lograr más unidad, iba a haber menos fricción en la universidad. […]

FIDEL: […] ¿Tú no estabas violento con ellos? Según declaraciones tuyas, dijiste que no podías dormir y te sentías muy humillado, y que entonces por esa razón decidiste hacerlo. No se ha aclarado bien el móvil: si era simplemente un acto de honor ofendido, una herida muy grande que tenías delante, ¿tú no has podido pensar bien cuál fuera el móvil? Dime, ¿qué pasó ese día anterior?

MARCOS: Bueno. Cuando yo llegué a la casa vi una perseguidora en la puerta. Yo pensé: «Hay una perseguidora en la puerta, se acaba de efectuar el traslado o está al efectuarse; o los han cogido y la policía se ha quedado para apresar a todos». Yo consulté a las dos compañeras que iban conmigo, y entonces me decidí a ir. Fui nervioso, lógicamente, quién no iba a estarlo. […]

FIDEL: ¿Ellos se burlaron de ti?

MARCOS: Sí.

FIDEL: ¿Eso fue lo que mas te hirió? ¿Eso influyó mucho en ti?

MARCOS: Sí. […]

Fidel Castro se detiene luego en la reconstrucción de los detalles de la detención de Marquitos en 1959 para despejar cualquier duda sobre un posible «apañamiento» de la oportuna ejecución de los testigos, secuaces de Ventura Novo, y de su exculpación y puesta en libertad. Ni una palabra sobre la detención en Checoslovaquia en 1961 ni sobre los tres años de presidio. Fidel Castro pasa entonces a ocuparse con fruición de la segunda faceta del proceso: la dimensión política.

FIDEL: En realidad, no me podía imaginar, que de nuevo un juicio iba a ser un medio, un vehículo esclarecedor para el análisis, un vehículo de información para el pueblo. […] El juicio de orden legal para juzgar la conducta y los hechos del señor Marcos Rodríguez, se convirtió inesperadamente en un juicio de carácter político. […]

El carácter político del juicio se deriva, fundamentalmente, de la versión emitida, o de las declaraciones emitidas por el compañero comandante Faure Chomón, en el juicio que tiene lugar ante el Tribunal de la Audiencia. ¿Tuvo el compañero Faure el propósito de convertir el juicio en un juicio político? Creo, honestamente, que no. ¿Es un error del compañero Faure, una apreciación errónea de las circunstancias en las cuales podía hacer esta declaración? Entiendo, honestamente, que sí. ¿Pueden explicarse las razones, las circunstancias, que pudieron llevar al compañero Faure a cometer ese error? Entiendo que sí. [...]

Hace aproximadamente un año, cuando preparábamos nosotros nuestro primer viaje a la Unión Soviética, el compañero jefe del Departamento de Seguridad solicitó una entrevista a fin de informarme acerca de un asunto importante, al mismo tiempo que para traerme copia de la declaración escrita de su puño y letra por parte del señor Marcos Rodríguez. [...] Habrá alguien que piense que nosotros apañábamos al señor Marcos Rodríguez, ¿por qué un año?, se preguntan algunos, ¡Yo asumo enteramente esa responsabilidad! Hace un año estaba en mis manos, y a nuestras manos llegan a veces cuestiones importantes, cuestiones delicadas, cuestiones que han de ser tratadas escrupulosamente, y ojalá siempre sea así. ¡Ojalá siempre los hombres de cuyas decisiones puedan depender cuestiones que interesan y afectan a personas, y al pueblo, y a la Revolución, ojalá siempre sean todo lo rigurosos que pueda serse [*sic*], todo lo serenos que pueda serse [*sic*], y todo lo listos que pueda serse [*sic*]! [...] Unos podrán preguntarse por qué tanto tiempo, y otros se podrán preguntar, o se preguntan por qué no fuimos informados. Personas afectadas por esta confesión dirán: «¿Y por qué no se nos dijo una palabra?». Claro está que en el cumplimiento de nuestras obligaciones nosotros tenemos el derecho de tomarnos el tiempo que sea necesario, y dar la explicación que sea necesaria, cuando sea necesaria.

Fidel ha comparecido bien provisto y se ha reservado los materiales más suculentos. Tras su interrogatorio a Marquitos, reproduce la confesión que el acusado firmó un año antes.

«Desde el primer día (de mi asilo en la embajada de Brasil) la señora del embajador, Virginia Leitao Da Cunha simpatizó conmigo. Ella y yo prácticamente la pasábamos hablando la mayor parte del día, desde filosofía, hasta su devota pasión por tales políticos, de quienes ella tenía en una fotografía dedicada. De más está decir que la política era su fascinación.»

El acusado aquí [deja caer Castro en tono confidencial] hace determinadas afirmaciones que por ser difamantes para la señora embajadora no las leo.

«Llegué a México y fui directo a ver a Martha Frayde encontrándose en aquel momento en compañía de varios más. Alfredo Guevara estaba allí, el cual me identificó. [...] [Semanas después] yo me sentí muy mal y le confié el secreto a Edith, le conté todo como había sido; ella se quedó perpleja, yo no sabía qué hacer. Prometió no decir nada, me explicó que en la República China ella sabía de casos como el mío, etcétera.

»La embajada de Checoslovaquia en México ofreció cinco becas para cursar estudios en ese país. El Partido decidió que yo utilizara una de ellas. Envió al compañero Alfredo Guevara, que conocía al consejero cultural, para recabar la misma. Aceptada la proposición, Joaquín me acompañó para mi viaje, para mi presentación y comunicarle la decisión oficial del Partido. Después del triunfo, Edith regresó, como a los quince días, para resolver algunos asuntos pendientes en México, y me dijo que cuando terminara la repatriación de los demás regresara a La Habana, que el Directorio me acusaba.»

Esto sí es muy importante [apostilla ahora Castro], porque él reconoce que la compañera Edith le dijo: «Regresa a La Habana, que el Directorio te acusa»; eso está un poco en contradicción con la afirmación de que él había comunicado el secreto, porque más lógico habría sido decir, «No regreses a la Habana porque el Directorio te acusa; vete para Checoslovaquia», cualquier cosa.

«Se produce entonces la acusación, y fui detenido, conducido al DIER, desde donde se me llevó a La Cabaña para que fuera reconocido. El capitán que me acompañaba me dijo que yo no era, regresando al DIER y poniéndome en libertad. En aquellos días el Partido estaba celebrando reuniones con el Directorio a fin de centralizarlos en la pugna con el 26 (Movimiento 26 de Julio), según me habían comunicado Edith y Joaquín, y que en éstas se trataría mi caso.

»Asistía semanalmente a la embajada brasileña, invitado por los embajadores a comer con ellos, en donde se producían las acostumbradas conversaciones políticas sobre distintos tópicos. El embajador y la embajadora me narraban sus charlas con figuras políticas, incluyendo mil anécdotas y comentarios que yo le comunicaba al

Partido. [...] Como los embajadores sabían que yo había estado detenido, me propusieron asilarme, y al rechazarlo yo categóricamente, la embajadora citó a la viuda de Fructuoso para que hablara con ella. Los embajadores también me ofrecieron un trabajo en Francia, en la prensa parisina, donde ellos tenían amistades, pues habían sido representantes de su gobierno por varios años. [...]

»En el mes de mayo el Partido decidió mi viaje [a Praga]. Mi presentación se hacía como agregado cultural, recibía la correspondencia en checo y la contestaba, traducía nuestras publicaciones oficiales de instituciones y dependencias estatales, cumplimentaba los pedidos sobre información checa para nuestro departamento de política regional, así como daba alguna orientación política a la embajada acerca de mis conocimientos del país. [...]

»Una noche en que regresaba de la embajada, un estudiante brasileño que vivía en la misma casa de estudiantes, pero en otra habitación, me dijo que tenia un recado para mí. Este estudiante comunicome que había llegado un nuevo funcionario a la sede brasileña y tenía mucho interés en hablar conmigo. [...] A los pocos días, una noche él me acompañó a la sede de Brasil. Entramos por una puerta lateral y subimos hasta el último piso; en una oficina me recibió el recién llegado diplomático, dándome muestras de gran afecto, mandó a traer café, me preguntó cómo estaba, si me gustaba Checoslovaquia, si yo estaba trabajando en la embajada y qué hacia en ella. Después el estudiante salió y nos dejó a solas. El diplomático brasileño habló de filosofía, de qué tal era nuestro embajador, y sobre la Revolución, preguntándome si yo tenía algunas noticias nuevas sobre ella. Yo me concreté a decirle lo que la prensa nuestra había publicado en días anteriores sobre las nacionalizaciones y expropiaciones recién dictadas por nuestro Gobierno. Después pasó a explicarme cuál era el motivo de nuestra reunión. Me habló en nombre de Vasco Leitao Da Cunha participándome que él se lo había encontrado en un país de Europa (no me dijo cuál) y que aquél le había confiado que me dijera que me iban a detener, que saliera de Checoslovaquia lo antes posible. Para ello me ofrecía todo el dinero necesario, y que podía volar a cualquier país de Europa o a Brasil directamente, si así lo hubiera querido. Y que también me daba los medios para comunicarme con Vasco a través de las embajadas del Brasil. Me recalcó que Vasco le había dado carta blanca en aquella gestión y que él actuaba en nombre de

Vasco. Ahora recuerdo, me parece que el nombre de este diplomático era Sócrates.

»Yo rehusé aquella sugerencia, le dije que seguramente había un error, que yo estaba estudiando y trabajando y que no podía abandonar ninguna de las dos cosas. [...] Para mí, aquello constituía algo imposible de aceptar porque, tácitamente, significaba el abandono del Partido y la Revolución, todo por lo que luchaba. Entró el estudiante a la habitación y comenzamos a despedirnos, éste le pidió que nos condujera a la ciudad en su auto, etcétera.

El embajador partió con su hija para La Habana el día nueve de enero de 1961, y el día diez, es decir, el siguiente, yo fui detenido por la Seguridad checoslovaca.»

Concluida la lectura de la confesión de Marquitos, Fidel Castro explica que únicamente compartió esta información con el presidente Osvaldo Dorticós y con su hermano y ministro de las Fuerzas Armadas, Raúl Castro. Decidió darse tiempo porque el delator «estaba firmemente atrapado en manos de la ley y de la justicia revolucionaria». No había, por tanto, ninguna prisa.

Hacía falta tiempo y teníamos tiempo. Y no voy a decir que dediqué a este asunto todo mi tiempo, no voy a decir siquiera que dediqué a este asunto la mayor parte del tiempo; pero sí voy a decir que, en medio de todas las ocupaciones y todo el trabajo y todas las cuestiones que con mayor o menor urgencia gravitan sobre nosotros, estuve siempre seriamente pendiente de esto y de la luz que con toda calma y con toda paciencia pudiera obtener sobre esto.

Si estuvo en todo momento pendiente, ¿por qué entonces este asunto se le fue de las manos?, se pregunta. Por dos razones, la primera es la visita de Joaquín Ordoqui al presidente Dorticós que precipitó el careo. La segunda son las declaraciones de Faure Chomón en la primera vista del juicio, ante la Audiencia de La Habana.

Un día Dorticós le informa que «el compañero Joaquín Ordoqui le había pedido una entrevista, que le había recibido, y había expresado su preocupación por la prisión de Marcos Rodríguez, que deseaba que eso tuviera una solución; que los familiares lo habían estado visitando, que podía parecer una violación de la legalidad socialista, etcétera. [...] Aquella gestión incomodó sobremanera a Fidel: «Me indignaba que el compañero Ordoqui fuese a interesarse por este señor, cuando, incluso, estaba haciendo imputaciones tan desconsideradas. Y, realmente, me indignaba aquella especie de ingenuidad, de falta de perspicacia, del compañero Ordoqui».

Comoquiera que sea, se celebra el careo y Fidel recibe de Dorticós la impresión de que «la imputación de encubrimiento a García Buchaca es absolutamente falsa. Le pregunté si era sólo su impresión y me dijo que no, que era la impresión de todos los demás».

Superado este primer obstáculo, aparece un segundo problema inesperado: «los Tribunales un día convocaron a juicio con conocimiento de todo aquello [...] y el juicio, por las razones que expliqué, se convierte en un juicio político». Una complicación imprevista, según Fidel, que asegura que desconocía «la famosa carta dirigida por el señor Marcos Rodríguez a Joaquín Ordoqui». Producto de un triple fallo: «de los compañeros del organismo correspondiente [la Seguridad] que recibieron ese documento en un momento dado; del compañero Faure en no entregármelo; y del compañero Joaquín en no entregármelo». «Muchos han actuado mal, han actuado erróneamente», se lamenta.

La declaración de Faure Chomón en el primer juicio toma por sorpresa a «los compañeros que tienen la responsabilidad de la prensa sin tener instrucciones, sin tener a quien consultar». [...] En ese contexto «empezaron a desatarse las fuerzas, yo diría centrípetas. Esas que tienden a dividir, que tienden a disolver».

Se ocupa entonces del contenido de la carta que Marcos hizo llegar a Ordoqui desde prisión y la califica de «carta chantaje», no porque encerrase amenazas personales contra Ordoqui, sino porque el acusado amenazaba con crear un gran problema si no se le atendía. Mientras reproduce los fragmentos centrales de esa carta, acentúa con el cuerpo su autoridad y acota cada pasaje con exclamaciones sulfuradas:

«¿Cómo es posible que un partido marxista–leninista haga tabla rasa de toda su fundamentación cuando se trata, nada menos, que de una supuesta acusación de traición sobre uno de sus miembros?».

«¡Chantaje!», prorrumpe Castro.

«¿Por qué soy precisamente yo a quien se señala como el traidor de Humboldt? ¿Por qué se han ceñido sobre mí todas las investigaciones partiendo de la misma raíz que les da origen? No pueden confundirse dos tipos opuestos de información […] hay que establecer nítidamente la diferencia que existe entre el hombre que le brinda información a su partido y el hombre que le brinda información a la policía.»

«¡Chantaje!», repite.

«Pasé por el bochornoso y repugnante espectáculo de verme entre los hombres de Ventura detenidos en las prisiones militares de La Cabaña, para que me identificaran como traidor. ¿Qué poderoso interés había en encontrar una persona sobre la cual hacer recaer el peso de la responsabilidad? ¿Responsabilizar para salvar responsabilidades?»

«¡Chantaje!», vuelve a exclamar.

«En Praga, se ha propagado para justificar mi arresto, el argumento de que se me habían ocupado fotos de objetivos militares checos. En La Habana se me aduce, para justificar mi encierro, que soy el traidor de Humboldt. Este juego puede resultar peligroso como el estallido de un arma nuclear en el seno de la humanidad.»

«¡Chantaje!», brama ya Fidel Castro.

«¿Por qué se me mantuvo más de un año en prisión, por qué ningún oficial de la Seguridad del Estado ha respondido a las innumerables solicitudes que he hecho? [...] ¿Es que estamos en la embocadura de un abuso de poder por parte de la Seguridad? ¿En virtud de cuál principio de la legalidad socialista pueden afirmarse estos execrables métodos de trabajo? ¿Qué pensamiento leninista justifica tal proceder?»

Cierra la lectura describiendo el contenido de la «carta chantaje» como mera «palabrería hueca y barata». La compara de inmediato con otra palabrería del mismo porte que ha brotado a raíz del juicio, en referencia a la crónica firmada por Siquitrilla y publicada por *Revolución* en el curso del primer juicio. «Este periódico, se duele, nos ha dado a nosotros muchos dolores de cabeza en muy distintas circunstancias.» Y eso, a pesar de que «quien dirige el periódico fue designado, precisamente, por proposición mía». Tales desviaciones, advierte, deben ser corregidas porque, de lo contrario, «nosotros estamos dispuestos y gustosos a mandar para cualquier granja a cualquiera que quiera producir bienes materiales; leche y carne, sobre todo, que son las cosas que necesitan los niños y que necesitan los enfermos.»

Por si existían dudas, cita por su nombre al aludido: «Éste es el caso del periodista Casáliz, que dirige esa sección llamada "Siquitrilla", pero a la cual también en ocasiones dan deseos de ponerle "Rabadilla" y no "Siquitrilla", que no son cosas propiamente del pecho, y dicen que la siquitrilla[2] está en el pecho».

Lanzada la advertencia a quienes creen que «el mundo gira en torno suyo y no se sienten una partícula de su pueblo, una partícula de la Revolución», pasa a examinar las principales dimensiones políticas del juicio, comenzando por la controvertida pertenencia de Marquitos al Partido comunista, o lo que es lo mismo, su infiltración en las filas del Directorio Revolucionario.

«Yo creo que de todos los problemas éste no era el más importante», opina, porque «hay que tener una mentalidad dialéc-

---

2. Siquitrilla: hueso de las aves en el pecho. Siquitrillado: término utilizado en el primer período revolucionario para referirse a los elementos contrarrevolucionarios neutralizados.

tica», lo que significa que «hay cosas que vistas en un tiempo lucen absurdas», pero «eran naturales y lógicas en otro tiempo».

Por eso, aunque no pueda confirmarse que Marquitos era un infiltrado del Partido en el Directorio, el hecho no revestiría mayor gravedad, pues en aquellos años las distintas organizaciones «deseaban tener toda la información posible acerca de todas», y cuando alguien facilitaba a una organización información acerca de otra, «por lo general, se lo agradecían».

El segundo asunto político del que se ocupa es el presunto encubrimiento de García Buchaca. Revela entonces su intención al interrogar a Marquitos con una expresión que resulta escalofriante al pensar que es pronunciada ante el reo y antes de emitirse una sentencia firme: «Yo le hablé para que después de muerto no siguiera haciendo daño». Repasa las contradicciones del acusado que formula primero la imputación contra García Buchaca en su confesión escrita, se retracta más tarde en el careo e insinúa que fue idea de los agentes del Cuerpo de Seguridad, guarda silencio en el primer juicio, y repite de nuevo la imputación en el interrogatorio personal al que le somete Castro.

En la duda, en la contradicción entre una y otra versión, Fidel estima que «la apreciación más valiosa [es la que emana] de la confrontación delante del compañero Dorticós, Blas, Faure, Ramiro… Es muy significativo el hecho de que él allí tratara de insinuar que el agente se lo había dicho; es muy significativo que los compañeros allí sacaran la impresión unánime de que aquello era una calumnia». Por si fuera poco, «hay una cuestión de principio y es que jamás la palabra de un delator confeso y comprobado, la palabra de un traidor, de un individuo cuya conducta es un libro de vergüenza, de inescrupulosidad, de inmoralidad, de simulación, la palabra de un sujeto de esa índole, de un delator, jamás puede enfrentarse a la palabra de un revolucionario, cualquiera que sea su jerarquía, desde la más alta hasta la más humilde».

Por todo ello, sentencia Fidel Castro, «planteo que exoneremos totalmente a la compañera Edith García Buchaca de esta imputación».

Una vez dirimido el primer y el segundo aspecto político del juicio, Fidel Castro se adentra en el último: las responsabilidades de Joaquín Ordoqui Mesa. Y comienza por su reacción ante el envío de la «carta chantaje». «El compañero Faure le llevó esta carta al compañero Ramirito, Ramiro Valdés. [...] Ahora bien, esta carta también la presenta el compañero Ordoqui, pero la presenta muchos meses después de recibida, aproximadamente un año después de recibida. ¿Cuál es, en mi opinión, el error del compañero Ordoqui? El compañero Ordoqui debió haber presentado esa carta inmediatamente al Partido, esta carta debió haber llegado inmediatamente al Partido. [...].»

A estas alturas, la procedencia de la «carta chantaje» y sus peripecias adquiere la máxima importancia. Fidel tiene una explicación a mano. Acaba precisamente de recibir otra carta que lo aclara todo:

> Comandante doctor Fidel Castro, primer secretario del PURSC, compañero:
>
> En diferentes ocasiones durante el juicio que sigue contra el delator Marcos Armando Rodríguez, se ha hecho mención a las copias de la carta que éste le enviara al compañero Joaquín Ordoqui. Con el propósito de dejar esclarecida mi participación en este asunto le informo que desde hace años el padre de Marcos es amigo de mi familia. Por esa circunstancia es que antes de entregar la carta al compañero Ordoqui me la dio a leer. Considerando que se trataba de un documento que podría ser útil al esclarecimiento de este asunto −como los acontecimientos posteriores han demostrado− decidí conservar una copia. Meses después, ante la desesperación del padre que no veía resolverse la situación de Marcos en uno u otro sentido, hice dos nuevas copias, una para el compañero Chomón y otra para usted. [...] Personalmente le entregué la carta al compañero Chomón. Con el propósito de entregarle la otra copia a usted solicité una entrevista. [...] La respuesta a esta petición nos decía que las ocupaciones de usted en este momento le impedían recibirnos, pero que podíamos comunicarle por escrito lo que quisiéramos tratarle. Temerosos de echar al correo una carta que creíamos peligrosa en manos irresponsables, decidimos no hacerlo y esperar la oportunidad de entregársela personalmente. Después,

los compañeros de Seguridad solicitaron del padre de Marcos una copia de la carta y se les entregó la que estaba destinada a usted. […] La otra persona que conoció por nuestro conducto de la existencia de dicha carta fue el compañero Alfredo Guevara, a quien nos unen relaciones de trabajo y amistad. […]

Fidel se declara insatisfecho por la explicación y juzga que el remitente de la misiva actuó como instrumento de un chantaje, «no digo que un instrumento consciente, pero me atrevería a decir que semiconsciente». Pese a todo, magnánimo, resuelve no «culparlo ahora de ser partícipe de una maniobra. No lo vamos a juzgar ni lo vamos a molestar, no voy a mencionar ni siquiera su nombre para que vean que no tiene importancia».

El verdadero responsable de los quebraderos originados por la carta es quien debió «haber llevado esta carta a la Dirección, haber llevado esta carta al Partido», es decir: Joaquín Ordoqui. No es ése el único punto débil en la conducta del «viejo militante revolucionario». El otro fue facilitar «el ingreso a este señor en el Partido, o reingreso». Un error tanto más imperdonable cuando «los compañeros de la Juventud, que son mucho más jóvenes y menos experimentados, no le dieron, o recomendaron, o tramitaron el ingreso de este señor» lo que hace injustificable y «criticable el error del compañero Joaquín de haber viabilizado y de haber tramitado [ese ingreso]». No terminan ahí las faltas de Ordoqui. Según Fidel, «tampoco debió haberse limitado a decirle a Marquitos que cómo se iba a ir a Checoslovaquia con aquello pendiente».

Unas faltas que han facilitado la impunidad de Marquitos y hacen que «a uno se le cae la cara de vergüenza oyendo la narración de sus actividades, de sus informaciones, de sus conocimientos hasta de armas, de todo, sus contactos con todos las embajadas, sus visitas en distintas delegaciones diplomáticas. Un señor que podía ser perfectamente un agente del enemigo, reclutado en virtud del gran secreto que tenían acerca de su conducta aquellos que podían ponerlo a su servicio».

Unas faltas que le llevan a proclamar abiertamente que «¡esa actitud del compañero Joaquín es criticable, esa actitud del compañero Joaquín es censurable!, porque a un viejo militante revolucionario es correcto que se le exija no incurrir en errores de ese tipo».

Siguen las habituales apelaciones a la disciplina marxista-leninista, el usual canto a los logros de la Revolución y el enfático llamamiento a la unidad. En tono vibrante, Fidel Castro enfila el final de su monólogo:

> ¡Y que esos amagos de la ley de Saturno sean rechazados! ¿Y cuál es la ley de Saturno? Aquella ley clásica, o dicho clásico, o refrán clásico, que dice que la Revolución, como Saturno, devora a sus propios hijos. ¡Que esta Revolución no devore a sus propios hijos! ¡Que la ley de Saturno no imponga sus fueros! ¡Que las facciones no asomen por ninguna parte, porque ésos son los amagos de la ley de Saturno, en que unos hoy quieren devorarse a los otros! […]. ¡Patria o muerte! ¡Venceremos!

Pasea su mirada por la sala judicial, convertida en auditorio con visible satisfacción. Cuando concluye la sesión, son casi las dos de la madrugada. El público, puesto en pie, vitorea sus palabras con una atronadora ovación.

4

Recibí un aviso de Joaquinito al poco de enviarle los sesenta folios que ocupaban las actas originales del testimonio de Fidel Castro. «Necesitaré unas horas para leerlo. ¿Qué tal conversar después de cenar? Eso sí, donde sirvan buenos tragos, porque mañana tengo que hacerme unas pruebas y no podré fumar.» Le confirmé la hora y le dejé elegir el lugar.

Cuando bajé del taxi lo encontré agachado recogiendo fragmentos de plástico del intermitente delantero izquierdo. Acababa de aparcar justo enfrente del local cubano donde nos habíamos dado cita. Las luces de posición seguían encendidas y el motor en marcha. La escasa iluminación y la capa de suciedad hacían imposible establecer el color exacto del Volvo, pero las abolladuras seguían bien visibles. Vomitó una blasfemia sobre el capó y comentó:

—El mejor protector de este carro es la capa de churre... pero a veces también falla —bromeó.

A esa hora todavía tomaban el postre en un par de mesas rezagadas, pero sólo había una pareja en las inmediaciones de la barra. Él parecía español y vestía unos vaqueros con una raya tan planchada que se podía cortar jamón con ella. El chaquetón deportivo, con el emblema de un jugador de polo, dejaba asomar un suéter de colores vivos. Las facciones no tenían nada de especial, de no ser por una cabellera de una densidad y un tono cobrizo improbables. Ella era mulata, se alzaba sobre unos tacones de plataforma y vestía un conjunto de licra tan estricto que temí por su circulación. No parecían tener gran cosa que comunicarse y ella le dirigía miradas sucias de promesas mientras se meneaba al ritmo de una canción de Willy Chirino que llevaba doce años anunciando la liberación inminente de Cuba.

Ocupamos la mesa más alejada de la música, frente a una reproducción acaramelada de la bahía de La Habana. Joaquín me dio a leer un escrito que sacó de su pelliza. Aún lo conservo. Ocupaba varios folios impresos en cuerpo reducido y estaba dividido en tres apartados, que había titulado respectivamente: Curiosidades, Cronología y Deducciones.

CURIOSIDADES

a) La nómina de damnificados del juicio se amplía. El periodista Segundo Casáliz, «Siquitrilla», no publicó una línea más en Cuba a partir de ese discurso. Era español de origen, según he sabido, y columnista estrella de *Revolución*. Y así y todo explotó de un día para otro. Su rastro se pierde en Venezuela donde me dicen que aún publicó un libro. *Sic transit...*

b) El embajador y la pista brasileña. Esta pudorosa protección de la reputación de la esposa del embajador brasileño («Él aquí −desliza Castro− hace determinadas afirmaciones que por ser difamantes para la señora embajadora no las leo») resulta inverosímil por varias razones. Para empezar, me consta que Vasco Leitao da Cunha, embajador en La Habana a finales de los cincuenta, se había convertido en una bestia negra para el gobierno cubano en las fechas en que se celebra el juicio. Precisamente él encabezaba el sector de la diplomacia sudamericana más fervientemente anticomunista y proyanqui. De hecho, tres días después de concluir el juicio a Marquitos (fíjate bien: no tres años, ¡tres días!) la dictadura surgida del golpe militar de Castello Branco designa precisamente a Vasco Leitao da Cunha como ministro para Relaciones Exteriores. Y el mismo Leitao da Cunha preside en julio de ese mismo año, ya como canciller de su país, la Novena Reunión de Consulta de Ministros de Relaciones Exteriores de la Organización de Estados Americanos (OEA) que se celebra en Washington y que acuerda: «la ruptura de relaciones diplomáticas con Cuba; la interrupción de relaciones comerciales con Cuba; la interrupción del tráfico marítimo con la isla». Es decir, lo que todavía discuten unos y otros si hay que llamar embargo o bloqueo. Resultan poco verosímiles los miramientos de Fidel hacia la esposa de Vasco Leitao da Cunha. Pero, por si fuera poco, nada de índole sexual puede imaginarse en la relación entre Marquitos y la señora embajadora brasileña. No ya sólo por él. Hay que ver las fotos de la señora Da Cunha. Tenía fama de lunática y se hizo célebre por una anécdota con el mentalista Uri Geller, el que doblaba las cucharas en televisión. Geller se jactaba de haberla sanado mediante telepatía de una severa artrosis.

c) Sí resulta intrigante, es cierto, esa conexión brasileña que aparece a cada rato en la biografía de Marquitos: su asilo en la embajada de Brasil en La Habana tras el crimen de Humboldt 7; su asidua frecuentación de las recepciones en la misma delegación diplomática tras el regreso a la isla; los contactos con funcionarios brasileños en Checoslovaquia…

d) Con Fidel Castro pasa esto: si lo escuchas, convence; si lo lees te das cuenta de que sólo dice boberías. Mención aparte merece el indescriptible exhibicionismo de Fidel, su tono alabancioso. Para comenzar, el detalle que recogiste de los dos relojes de muñeca. Quería demostrar que su tiempo era precioso, que las ocupaciones lo desbordaban… Narcisismo primario, en fin. Según un dicho cubano, «quien tiene un reloj, sabe la hora; el que tiene dos, vive en la duda». Pero eso no va con él. No tiene dudas: es el interrogador policial, el fiscal, el testigo, el juez, el showman televisivo… De entre todos los pasajes me quedo con esa perla en que habla de sí mismo: «y ojalá siempre sea así, ojalá siempre los hombres de cuyas decisiones puedan depender cuestiones que interesan y afectan a personas, y al pueblo, y a la Revolución, ojalá siempre sean todo lo rigurosos que pueda serse, todo lo serenos que pueda serse, y todo lo listos que pueda serse». Lo que debe leerse «Ojalá pudiera garantizarse que todos fueran tan rigurosos, tan serenos y tan listos como yo».

e) Repara también en ese pasaje en que celebra que «de nuevo» un juicio sirva para esclarecer e informar al pueblo. Ya conversamos hace poco de la devoción por el género televisivo forense de este Perry Mason tropical.

He ido anotando estos días todas las referencias temporales que hallé en los testimonios. Éstos son los hitos del caso Humboldt7/Marquitos que se deducen de los materiales que llevamos examinados hasta ahora:

• 13 de marzo de 1957: asalto al Palacio Presidencial promovido por el Directorio Revolucionario y en el que fallece Manzanita y otros compañeros.
• 20 de abril de 1957: crimen de Humboldt 7.
• mayo de 1957: Marquitos permanece unas semanas refugiado en la embajada brasileña en La Habana.
• junio/julio de 1957: Marquitos sale de Cuba con destino a Costa Rica. Viaja después a Chile y Argentina, invitado por la novia de Joe Westbrook, Dysis Guira.
• enero a diciembre de 1958: Marquitos se instala en México D.F.
• finales de enero de 1959: Marquitos regresa a La Habana y se incorpora al Departamento de Cultura del Ejército Rebelde.
• febrero/marzo de 1959: Marquitos es detenido por la Seguridad y sometido a investigación, quedando en libertad a las pocas semanas.
• junio de 1959: marcha a Praga con una beca de estudios y acaba ejerciendo al cabo de unos meses como agregado cultural de la recién creada embajada cubana.
• 10 de enero de 1961: Marquitos es detenido por la policía checa.
• marzo de 1961: trasladado a Cuba, queda en manos de la Seguridad.
• julio de 1962: tras quince meses de detención sin asistencia letrada de los que nada sabemos, comienza el trabajo de indagación del investigador al cargo del caso.
• 10 de septiembre de 1962: Marquitos dirige a Joaquín Ordoqui una carta que su padre saca de la prisión y entrega a su destinatario.
• enero de 1963: el investigador al cargo del caso concluye su informe y el recluso pasa a manos del Departamento de Interrogatorios.

- marzo de 1963: confesión de Marquitos. Fidel es informado de su contenido.
- septiembre de 1963: una copia de la carta de Marquitos a Ordoqui llega misteriosamente a manos de Faure Chomón, quien interpela a Joaquín Ordoqui.
- septiembre de 1963: Ordoqui acude al ministro del Interior, Ramiro Valdés, y luego al presidente Dorticós. Ambos informan a Fidel.
- octubre de 1963: careo en la sede del Partido Unido de la Revolución Socialista de Cuba (PURSC) entre Marquitos, García Buchaca, Joaquín Ordoqui y otros dirigentes, en presencia del presidente de la República Dorticós. Fidel es, cuando menos, informado.
- 14 de marzo de 1964: comienza la primera vista de la causa 72/64.
- 21 de marzo de 1964: Fidel Castro interroga personalmente a Marquitos antes del segundo juicio.
- 23 de marzo de 1964: comienza la segunda y definitiva vista de la causa 72/64.
- abril de 1964: Marquitos es ejecutado.

DEDUCCIONES

Primera:
Es notable la indulgencia con que Fidel Castro trata a Faure Chomón. Pese a considerarle responsable del curso político que toma el juicio («El carácter político del juicio se deriva de las declaraciones emitidas por el compañero comandante Faure Chomón»), Fidel muestra gran comprensión («¿Pueden explicarse las razones, las circunstancias, que pudieron llevar al compañero Faure a cometer ese error? Entiendo que sí; entiendo que sí.»).

Segunda:
Si Fidel Castro se ha reservado el manejo directo del caso Marquitos al menos desde marzo de 1963, momento teórico de la confesión del acusado; si está «siempre seriamente pendiente de ello»; si cualquier paso –las gestiones de Ordoqui, la solicitud de careo de Edith…– se le consulta, ¿cómo es posible que al llegar al momento crucial, el primer juicio público, ese asunto se le escape de

las manos? Sencillamente es inimaginable que se celebre la vista pública de ese caso sin su conocimiento, que se publique en un periódico y en una revista dirigidos por un periodista de su confianza sin él autorizarlo, que testifique nada menos que un ministro de su gobierno sin él consentirlo. Cabe concluir que cuanto sucede en el primer juicio no constituye una sorpresa, sino parte de su guión.

Tercera:

Es más: el testimonio de Faure Chomón se anuncia en *Revolución* el mismo día en que va a producirse, ¿en qué cabeza cabe que a Fidel se le pasara desapercibida esa noticia que se publicaba en la primera página de su periódico predilecto y que involucraba a un miembro de su gobierno?

¿Es concebible que Fidel no tuviera conocimiento de la celebración del primer juicio ni de lo que en él acontecía cuando hasta los resúmenes de prensa debían contar con su conformidad? «Los compañeros que tienen la responsabilidad de la prensa no sabían qué hacer, no tenían instrucciones», dice. Una prueba más de cómo no se daba un solo paso en este caso sin el consentimiento expreso de Fidel.

Cuarta:

Todo lo referente a la carta que Marquitos dirigió a mi viejo suena estrambótico: Se confeccionó y salió de prisión en septiembre de 1962 (con Marquitos en plena fase intensiva de investigación) sin que la Seguridad se percatara. Pero he aquí que un cameraman hizo copias mecanografiadas que se mantuvieron diez meses guardadas. Reaparecieron misteriosamente esas copias cuando ya se contaba con la confesión de Marquitos y la carta resultaba incriminatoria para su destinatario, Ordoqui. Y el cameraman misterioso, copista prodigioso, el amigo de Alfredo Guevara, entrega las cartas justamente al mayor ofendido, Faure Chomón. Y, mira por dónde, los compañeros de la policía, es decir, el director de la Seguridad, José Abrahantes, es decir, el ministro del Interior, Ramiro Valdés, desorientados, acuden al cameraman para hacerse con una copia de la carta… ¡Una vez que se ha producido el careo, la confrontación, es decir, cuando ya Ordoqui y Faure Chomón han exhibido ante toda la plana mayor del país –ministro del Interior incluido– el original y una copia de la carta!

Y a todo esto, ¡Fidel pretende hacer creer que no conocía hasta el primer juicio la existencia de la carta de Marquitos a Ordoqui…!

Quinta:
Más que un testimonio, la intervención de Fidel es una soflama que envuelve una triple sentencia. Él tiene una concepción muy personal de la verdad. Verdad es lo que él decide en cada momento. La sentencia es absolutoria en dos de las tres imputaciones políticas que planeaban sobre el juicio: primero, la filiación comunista de Marquitos −observa que incluso la infiltración de otra organización revolucionaria carece de importancia…−. Todo es «relativo, dialéctico», dice. También queda exculpada Edith García Buchaca de la sospecha de encubrimiento («Nosotros exoneramos enteramente a la compañera Edith de esta imputación»), en base a un principio que se saca de la manga y enuncia por vez primera: «La palabra de un traidor no puede enfrentarse a la palabra de un revolucionario». La tercera sospecha planeaba sobre Ordoqui y, ésta sí, no encuentra atenuante; antes bien, las faltas se subrayan y aún se desorbitan. Ordoqui sí se perfila claramente como el gran chivo expiatorio.

La lectura de las notas me llevó más tiempo de lo debido porque la iluminación del local no era buena y no llevaba gafas encima. Joaquín aprovechó la espera para garabatear unas líneas que tomé por apuntes y que abandonó sobre la barra. Cuando levanté los ojos del papel, Joaquinito estaba pidiendo con gestos exagerados el tercer daiquiri. Firmó su hoja y me la entregó doblada. Quedó traspapelada entre sus notas.

−¿Cómo te sentiste después de leer el proceso completo? −pregunté.

−Ahora eres tú el que mezcla sentimientos con hechos. Contéstame antes: ¿tienes alguna objeción?

−Objeciones menores…

Es cierto que no tenía grandes reservas respecto de lo que acababa de leer, excepto algún lapsus disculpable, como la omisión de la estrecha relación de sus padres con Marquitos en México, o la intercesión de Carlos Rafael Rodríguez y su padre en favor de Marquitos ante las gentes del Directorio tras su detención… Pero eso, a estas alturas, carecía de importancia.

—¿Alguna en particular? —me emplazó. Su tono apremiante me estaba irritando.

—Nada en particular, pero sigo con la impresión de que no avanzamos. Todo lo que sé es que tú tienes la ilusión de dar con algo, pero…

—Sí ya sé. Como decimos allá, «El que vive de ilusiones muere de desengaños…».

—… simplemente damos vueltas —continué—. ¿Me puedes decir para qué sirve todo lo que hemos averiguado hasta ahora?

—¡Muy sencillo! Mi pálpito es que tras el crimen de Humboldt 7 o el caso Marquitos, lo que se está cocinando es el caso Ordoqui, que estallará medio año después. Es una pesadilla, una jodida pesadilla que se muerde la cola.

Ilustró el juego de palabras trazando un círculo en el aire. Pero a mí ya no me bastaba con bromas.

—Te recuerdo que llevamos más de tres meses siguiendo la pista del crimen de Humboldt y el caso Marquitos porque tu intuición, tu pálpito como tú dices, es que detrás de éstos se oculta la clave de la inocencia de tu padre y la explicación de su aniquilación. Y, como decís allá, «no te me vayas a ofender», pero todo lo que tenemos son preguntas, eso sí, cada vez más, y ni una sola respuesta. —Posé el dedo sobre sus notas.

—Ahora eres tú quien se precipita, socio. ¿Conoces la receta de don Fernando Ortiz, el padre de la antropología cubana? «Ciencia, conciencia y paciencia.» Sobre todo paciencia. El corolario se aparecerá cuando lleguemos al final.

—¿Y cuál es ese final? Lo que nos queda por analizar del juicio son formalidades… Y de todo lo visto hasta ahora no aparece ni una sola conexión entre el crimen de Humboldt 7 y el caso Marquitos con las acusaciones formuladas tiempo después contra tu padre.

—Se aparecerán más cosas; es cosa de seguir buscando. Kipling decía: «Tengo seis servidores fieles que me dicen lo que sé.

Se llaman qué, cuando, cómo, dónde, quién y por qué?». Tiene que haber algo más…

Estaba definitivamente harto de esa combinación de conjeturas y aforismos con la que Joaquinito alimentaba nuestra inútil pesquisa. Puede que también influyera que había tenido un mal día. O que me deprimiera la deplorable escena erótica que interpretaba nuestra pareja vecina. Por lo que fuera, estallé:

—Y si tu padre fuera culpable… ¿Has considerado seriamente esa posibilidad? Te has especializado en sacar punta a la conducta de Fidel Castro pero ¿qué me dices del comportamiento de tu padre? ¿No es el de un sospechoso? ¿Por qué ese empeño protector desde México hasta La Habana, aun después de conocer una acusación tan grave como la delación? ¿No te resulta extravagante esa confianza en la inocencia de Marquitos cuando lo retenía en prisión la Seguridad con un cargo doble de delación y espionaje? ¿Es comprensible esa ingenuidad en un militante veterano, en un revolucionario curtido, en un estalinista más que familiarizado con los métodos rudos y con las prácticas implacables de la guerra fría?

Me observaba atónito, como sin dar crédito a lo que oía. Empezó a decir algo sobre los nervios de dejar el tabaco. Yo no veía ningún camino por el que avanzar y me desesperaba la obstinación fanática de mi amigo. En vez de calmarme, sus palabras me envalentonaron:

—¿No has pensado que si Marquitos delató a los chicos de Humboldt 7 y tenía sobre su conciencia cuatro muertes es muy probable que le forzaran a seguir delatando? ¿Y no se te ocurre que si antes de la Revolución colaboró con la policía de Batista cabe suponer que continuara colaborando con los amos de Batista, los americanos, después del triunfo de la Revolución, cuando se había disparado la cotización de cualquier información relativa a la isla? Marquitos ocupaba una posición clave en Praga, un punto crucial en el nuevo esquema de alianzas internacionales de Cuba. Allí acogía delegaciones cubanas, asistía a encuentros de alto nivel como intérprete; los agentes brasileños, americanos, de todas partes, revoloteaban a su alrededor; él ya había cooperado con el enemigo al menos una vez, y una colaboración así no se interrumpe de forma unilateral, como quien se da de baja en un curso de idiomas… Y tu padre —continué embalado— antiguo responsable de organización de un partido comunista, que no es un batallón de boy scouts, un hombre forjado en cien batallas cruentas dentro y fuera de la isla, le prestaba apoyo una vez y otra. ¿Tienes alguna explicación plausible para eso? —Fue a abrir la boca y terminé hiriente—: Quiero decir, una explicación de verdad, no una de tus célebres intuiciones, ni otra cita de Kipling…

No respondió nada. Al cabo de un rato, el silencio se hizo demasiado silencio. Tosió con violencia, como si estuviese a punto de expulsar de golpe todos los cigarrillos que había fumado en su vida.

—¿Quieres saber lo que más me ha jodido? —aulló de repente—: Te lo voy a decir: imaginar a mi padre al final del discurso de Fidel, asistiendo a su propia ejecución en el paredón moral de la televisión…

Pensé que era un modo de cambiar de tema. Entonces dijo:

—¿Quieres dejarlo?

En sus palabras tiritaba una tristeza insondable y en sus ojos bailaba un agua rara. Pero pedí la cuenta y no le respondí.

—Si quieres dejarlo no hay problema. Fuiste tú quien me buscaste —gritó—. ¡Fuiste tú quien me embarcaste!

Dejó un billete en la mesa y se levantó. También olvidó la cuartilla con sus garabatos: eran versos de un poema. No intenté alcanzarle. Le vi arrancar y seguí con detalle su trabajosa maniobra de salida hasta que lo engulló la garganta de la noche.

Fue la primera vez que nos separamos sin que me diera su abrazo de oso.

Fue también la última vez que nos vimos.

No sabría decir cuántas, pero transcurrieron bastantes semanas hasta que regresé a la documentación del juicio. Entre tanto, me habían llegado nuevos materiales desde Cuba y Miami pero los dejé reposar en el despacho. En todo ese tiempo, Joaquín no dio señales de vida. Tampoco yo hice ningún intento de acercamiento.

Un día leí otra de sus críticas musicales en *Cubaencuentro*, en este caso sobre Leo Brower, «el músico cubano más completo y de formación cultural más amplia», según el artículo. Al rato, estaba rescatando los siguientes papeles del caso Marquitos.

Fidel Castro había pronunciado su soflama el jueves 26 de marzo de 1964. Tres días después, los diarios daban cuenta del alegato final del abogado defensor y del fiscal.

La exposición del primero comienza con una disculpa por tener que realizar la «desagradable misión» de defender al «autor de un hecho tan repugnante». Pasa a destacar después las facilidades y garantías de las que ha dispuesto para realizar su cometido, «como en todos los países socialistas».

En una pintoresca alegación, Grillo Longoria dedica la mitad de su parlamento a subrayar las diferencias que existen entre la forma de actuar un abogado en una sociedad burguesa y en una sociedad socialista. En esta última «el tribunal, el fiscal y la defensa no tienen posiciones antagónicas». Se disculpa de sus posibles excesos «hemos sido quizás un poco bruscos al formular determinadas preguntas»; «es posible que no hayamos sido felices en nuestros interrogatorios pero nuestra intención nunca ha sido la de proyectar sospechas sobre instituciones y hombres de la

Revolución». Atribuye esos errores y excesos a las deformaciones derivadas de «veinte años de ejercicio profesional en una sociedad distinta», algo que se refleja en reminiscencias del ejercicio de la profesión en otros tiempos, «cierta agresividad debida a que no nos hemos adaptado completamente a nuestra nueva función en la sociedad socialista».

Se entiende el engorro de un penalista ilustre como Grillo Longoria teniendo que adaptarse a las nuevas reglas de un poder que, por boca de su máximo dirigente, ha proclamado: «¡Nosotros no vamos a estar formando abogados defensores para que luego se dediquen a defender delincuentes!».

Cumplimentado el trámite de las disculpas, el abogado defensor admite que no existen dudas acerca de la culpabilidad de Marquitos, aunque solicita que se le imponga una pena de treinta años de prisión y no la condena a muerte porque «si bien el acusado no es un loco, sí presenta una personalidad psicopática y no concurre además el móvil del lucro en la comisión del delito».

Más cómoda resulta la tarea del fiscal. Así la resume la prensa: «El fiscal se refirió al testigo de mayor relevancia que concurrió a la sala, el jefe de la Revolución, comandante Fidel Castro, y señaló que las certeras conclusiones sobre los aspectos políticos del caso y su profundo análisis sobre los hechos, obviaban que él tuviera que hacer un largo informe».

Finaliza reclamando que «por toda la maldad demostrada por Marcos Rodríguez, por entender que es absolutamente responsable de sus actos, […] se imponga al procesado la pena capital por fusilamiento».

El diario *Revolución* saluda la conclusión del proceso con un editorial titulado «Olvidémonos de nuestras procedencias», un canto a la unidad bajo la batuta de Fidel.

Por su parte, el periódico *Hoy* proclama con alborozo «El juicio: victoria de la Revolución».

Más que de la culpabilidad del acusado, probada y confesada, se trataba de contestar rumores y torcidas interpretaciones de elementos interesados en dividir, en confundir, en desvirtuar el irreversible carácter socialista de la Revolución. [...] El saldo del juicio es positivo. Ha sido una victoria para la Revolución y es un punto de partida para un fortalecimiento mayor de la unidad.

La última información impresa en Cuba sobre el proceso apareció apenas concluido el juicio en un recuadro de la primera página del diario *Hoy*. El suelto se titulaba «Autocrítica del compañero Joaquín Ordoqui».

El compañero Fidel en su declaración ante el tribunal realizó una justa crítica pública y señaló errores en los que puedo plenamente haber incurrido.

Considero que mi actuación en este proceso adoleció gravemente de superficialidad, falta de perspicacia, llevándome ello a errores. [...]

No creo necesario señalar lo duro que resulta para alguien que ha dedicado su vida a la causa del socialismo el haber incurrido en errores que de una u otra forma hayan podido convertirse en manos del enemigo en armas para dañar la Revolución, para sembrar la duda y para socavar la unidad de las fuerzas en que se sustenta.

Estoy plenamente convencido que del análisis hecho por el compañero Fidel, del señalamiento público de los errores cometidos, han de derivarse enseñanzas muy valiosas para todos los que estamos empeñados en servir a la causa del socialismo.

Por lo que a mí respecta, el señalamiento de mis errores me ha llevado a comprender la gravedad de los mismos y la necesidad en que estoy de profundizar en su análisis. Esto constituye una aleccionadora aunque muy amarga experiencia en la vida de un revolucionario. Experiencia de la cual he de extraer las enseñanzas necesarias para no volver a incurrir en ellos.

Joaquín Ordoqui

Rememoré el campo de batalla en el que habíamos intercambiado nuestras agresividades contenidas y el empeño de mi amigo en reparar con palabras la dignidad maltrecha de su padre. Le envié estas notas y, al rato, le llamé. Cuando saltó el buzón, colgué.

6

No existían más referencias al caso en la prensa cubana. O no fui capaz de hallarlas pese a que seguí buscando. Me consta que el tribunal dictó sentencia el primero de abril de 1964. El corresponsal del *New York Times* en La Habana reportó el rumor de la ejecución de Marquitos el día 2 de abril. Nunca tuvo confirmación oficial.

Según el testimonio de su amigo Jorge Valls, Marquitos no fue ejecutado ese día, sino semanas después, en la madrugada del 25 de abril de ese mismo año, el mismo día en que hubiera celebrado su vigésimo séptimo aniversario. Su última voluntad fue, según parece, un plato de queso con guayaba.

Proseguí el rastreo a tientas y di con materiales variopintos. Hallé referencias difusas al caso en los tratados históricos de Hugh Thomas (*Cuba, la lucha por la libertad*), Duarte Oropesa (*Historiología cubana*), o Tad Szulc (*Fidel, un retrato crítico*); registré otras confusas en libros notables como los de Carlos Franqui (*Vida, aventuras y desastres de un hombre llamado Castro*), K. S. Karol (*Los guerrilleros en el poder*) o Serge Raffy (*Fidel el desleal*). También tropecé con otras referencias profusas en la delirante *Autobiografía de Fidel Castro*, de Norberto Fuentes. En internet topé con alucinantes teorías conspirativas que sostenían las tesis más inverosímiles.

Tras meses de búsqueda estéril, di con un informe titulado «Trial of Marcos Rodríguez Alfonso». («El juicio de Marcos Rodríguez Alfonso»). Consta de treinta y cinco páginas y cada una de ellas lleva estampado el sello «Unclassified» («Desclasificado»).

El documento tiene una procedencia peregrina. Me lo facilitó un amable profesor de la Universidad de Indiana de origen cubano, que relata así su origen:

> La documentación proviene de la antigua oficina de *La Voz de América* en Miami. Yo rescaté ese material y mucho otro del cesto de basura donde estaban botando muchas cosas cuando se mudaron de oficina en 1975. Durante el proceso de mudar la oficina de *The Voice of America* del U.S. Information Agency USA para un local más pequeño, decidieron desechar un cuarto entero donde tenían revistas y periódicos de Cuba de los años sesenta, además de transcripciones de discursos, programas de noticias radiales y todo tipo de materiales. Dieron el visto bueno para que cualquier persona, incluyendo visitantes, se llevaran lo que quisieran, inclusive publicaciones en microfilm. Tuve que hacer varios viajes para nutrir mi archivo de historia de Cuba.

El documento tiene carácter oficial y procede sin lugar a dudas de una agencia de información norteamericana que acordó su desclasificación para después entregarlo a *The Voice of America*, que realizaba desde Miami emisiones propagandísticas regulares con destino a la isla.

El memorando está redactado el 6 de abril, apenas concluido el juicio, y deja traslucir que su autor asistió a la segunda audiencia pública. Lleva la firma en clave de «CCManley/brc» y contiene un relato minucioso y fiel de los antecedentes del juicio y de su desarrollo, junto con algunas descripciones del ambiente de la sala del Supremo.

Con todo, lo más llamativo en el informe es comprobar el interés con el que la Inteligencia norteamericana siguió el desarrollo del caso Marquitos y sus agudos análisis políticos acerca de su trasfondo y sus consecuencias.

Según el autor del memorando:

> –El juicio ofrece una gran oportunidad para el desarrollo de la propaganda anticastrista y ha puesto de manifiesto los profundos

sentimientos anticomunistas que anidan en una parte de los cuadros intermedios del nuevo régimen y en amplios sectores populares. Y ello ha sido consentido por Castro.

—Los oponentes a la influencia de la Vieja Guardia comunista han llamado la atención sobre su existencia y han alcanzado un cierto grado de popularidad.

—La cohesión del Partido Unido de la Revolución Socialista ha sido seriamente cuestionada. Tras la lucha en 1962 contra el denominado «sectarismo» que encabezó Aníbal Escalante, se resiente ahora de lo que ha sido llamado el «neosectarismo».

—Cabe conjeturar si la motivación de Faure Chomón al acusar a la Vieja Guardia es un intento de congraciarse con Castro proporcionándole un arma para usarla contra los comunistas en la sorda lucha por el poder que tiene visos de proseguir.

—En efecto, se ha detectado el rumor de que Aníbal Escalante (que fue depurado en 1962) ha regresado a La Habana desde el exilio y en el número de marzo de la revista teórica *Cuba Socialista* aparece un artículo de Ladislao G. Carvajal, antiguo secretario general del Partido en Oriente y brazo derecho de Escalante hasta que ambos fueron purgados en 1962.

—Está fuera de duda que Fidel Castro mantiene el control de la situación en el país. El revolucionario barbudo parece contar con que la proverbialmente corta memoria del cubano de la calle se encargará de que el caso Humboldt desaparezca de una rápida y discreta muerte.

—La posición de Joaquín Ordoqui como viceministro de las Fuerzas Armadas y de su esposa, secretaria ejecutiva del Consejo Nacional de Cultura, aparecen insostenibles, pese al reconocimiento público de errores del primero y la exoneración de la segunda. Otros líderes de la Vieja Guardia tienen mayores opciones si se muestran tan incondicionalmente vinculados a Fidel Castro como les sea posible.

Acompañé este último envío a Joaquín Ordoqui con un breve comentario: «Esto fue lo último que encontré. No sé si te servirá de gran cosa. Con la mano en el corazón, a mí no se me ocurre en qué dirección seguir buscando ese "algo más" del que tú hablas. ¿Lo pasado, pasado?».

Me respondió con un correo en que comentaba ese papel y también el envío anterior:

Como tú dirías, es más de lo mismo. Confirma lo que ya sabíamos. Desde luego, el balance de la batalla política desatada: las gentes del Directorio Revolucionario, debilitados tras su intrépido ataque a la Vieja Guardia. Los viejos comunistas, desacreditados ante la opinión pública, pero aliviados de haber salvado los muebles. La autoridad de Fidel Castro, reforzada, como árbitro supremo y garantía de unidad. Joaquín Ordoqui, tocado y, de un modo que ni siquiera él mismo sospecha todavía, hundido.

Me reafirma, por otra parte, en lo que más directamente me atañe. Para empezar: ahora comprendo que estaba equivocado. O mejor, que mis padres estaban equivocados; o puede que prefiriesen engañarse cuando sintieron alivio al término del juicio. Desde el inicio del proceso y aún antes, mis padres estaban jodidos («quemados», dicen ustedes). Lo sabían todos, hasta la CIA lo sabía. Ellos eran los únicos que perseveraban en la ignorancia. Era sólo cuestión de tiempo completar su liquidación. Nadie se repone jamás del abyecto procedimiento de la autocrítica pública. Repasa la Historia; comprobarás que en los sistemas totalitarios nadie se rehabilita jamás tras una autocrítica.

Lo que siguen son conjeturas, como tú las llamas; o deducciones, como yo prefiero calificarlas. La suerte de mis padres estaba, pues, echada desde tiempo atrás. ¿Desde cuándo, exactamente? Cuando menos, desde un año atrás. Desde que Fidel tuvo en sus manos la confesión de Marquitos y se procuró la carta. Fíjate bien en todas las veces que Fidel recuerda que decidió esperar, jugar con el tiempo, que no tenía apuro. Da la impresión de aguardar el mejor momento. Pero prefiero no seguir por ese camino porque me acusarás otra vez de estar especulando.

Le he dado vueltas a nuestra última discusión y, aunque la tángana que formaste estaba de más, me hago cargo de tu impaciencia. Es cierto que en este tiempo no avanzamos, o que si avanzamos lo hicimos a ciegas. Puede que se deba a que no sabemos exactamente qué es lo que buscamos ni qué queremos probar. Pero te agradezco de todos modos tu esfuerzo. Estas sesiones han sido para mí un modo de exorcizar viejos fantasmas y me han enseñado cosas sobre mis padres, sobre Cuba y también sobre mí mismo.

¿Mis padres? Sigo con asombro y admiración a mi madre, me llena de orgullo ver cómo se revuelve, aun a ciegas, y cómo pelea. Mi padre luce extenuado, sobrepasado, aniquilado. Y a los dos los siento, sobre todo, abandonados por todos, solos.

También Marquitos me dio que pensar. Lo veo no como un fruto del sectarismo, como decía el guatacón de Faure, sino como la quintaesencia de todas las lacras acumuladas en la historia de esa bendita isla. La miseria sórdida y el subdesarrollo, la inclinación a fingir para agradar y ascender, la rigidez ideológica, la mitificación del macho, la confusión entre política y violencia... Visto así, me genera la misma reacción contradictoria de repulsión y compasión que debió de inspirar a muchos y que sintieron mis padres por él. Un muchacho con complejos derivados de su procedencia social, nacido en Arroyo Apolo, una de las barriadas más pútridas de La Habana; complejos derivados de su raquitismo en un ambiente de activistas; de su sexualidad ocluida en un mundo de supermachos... No sé si sería un espía, pero si es que lo fue no lo imagino como un gran espía, aunque acaso llegara a desempeñarse como un agente doble; no creo tampoco que actuara movido por la codicia. Pienso más bien que lo animaba el afán de ser alguien, de existir. Marquitos es la doblez: doblez intelectual, doblez ética, doblez política y doblez, seguramente, sexual.

Vi que me llamaste. Ando complicado estos días con pruebas clínicas y otras jodederas varias. En cuanto me desocupe, te aviso.

Despedía la nota con un escueto: «Cuídate, socio».

7

Aunque nuestras relaciones permanecieron estancadas, proseguí de tanto en tanto la búsqueda de ese indefinible «algo más», de esa explicación definitiva que Joaquinito presentía detrás de cada atropello, a la vuelta de cada paradoja del proceso, envuelto en cada enigma del caso. Busqué sin saber muy bien lo que buscaba, pero guiado por su idea obsesiva de encontrar en el crimen de Humboldt y en el caso Marquitos la explicación de lo sucedido a su padre. Y no faltaron hallazgos curiosos. Mi viejo conocido Eddy, el anarquista miamense, me proporcionó, por ejemplo, una copia de las *Memorias del teniente coronel de la Policía Nacional de Cuba Esteban Ventura Novo*, el «verdugo de Humboldt 7».

Ventura consiguió escapar por los pelos el primero de enero del 59 y se afincó en Miami donde fundó y gestionó por más de cuatro décadas Preventive Security Service and Investigation, una próspera agencia privada de guardas y detectives enclavada en la calle Uno del South West, junto a Bacon Boulevard. Una de sus últimas proezas públicas, cerca ya de los ochenta años, fue la persecución de su última esposa, bastante más joven que él, a tiro limpio por la avenida principal de Coral Gables.

Ventura había vivido su período estelar entre 1952 y 1958, los años dorados de Batista. Partiendo de una discreta posición de teniente, alcanzó los galones de teniente coronel en una carrera meteórica. Su figura espigada y su elegante porte realzado por el invariable traje blanco de dril cien, se hizo familiar en la prensa y la televisión. Comparecía con frecuencia ante las cámaras para exhibir a los revolucionarios detenidos o los arsenales incauta-

El verdugo de Humboldt 7, Esteban Ventura Novo.

dos. Siempre con una sonrisa sardónica en los labios y, sobre ellos, un bigotito de corte, a lo Errol Flynn.

Ventura Novo recorría las calles de La Habana a pie o encabezando una caravana de coches, pero siempre rodeado de sus secuaces y con un revólver de calibre 45 al cinto. Se convirtió en poco tiempo en un artista de la tortura y el asesinato, hasta el punto de inspirar a Graham Greene el personaje del capitán Segura en *Nuestro hombre en La Habana*. Fue un hombre afortunado que descubrió el modo de convertir su crueldad natural en un oficio lucrativo.

Falleció en Miami en mayo de 2001 a los ochenta y siete años y de muerte natural. Antes de ser enterrado en el cementerio de

Woodlawn Park North se ofició, en la iglesia de Saint Michael, entre Flagler y la calle Veintinueve, una misa por su descanso eterno, a la que asistieron su viuda Niurka y sus diez hijos. No uno, sino dos de ellos llevaban el mismo nombre del célebre matarife, uno en inglés y el otro en español.

Ventura era un hombre precavido. Acaso por ello, tras su precipitada fuga de Cuba, se localizaron en la Finca del Rosario, su residencia de recreo, una antiaérea calibre 30, un fusil M-1, 171 granadas de mano, seis ametralladoras y dos revólveres, además de abundante munición. Y también por precaución dejó escritas sus memorias cuarenta años antes de su muerte.

Se publicaron en Miami en 1960 en un grueso volumen de trescientas páginas sin pie de imprenta y con el título *Memorias del teniente coronel de la Policía Nacional de Cuba Esteban Ventura Novo*. Constituyen una combinación modélica de arrogancia y calumnias, un compendio de vileza moral.

Su capítulo XLV lleva el título «Humboldt número 7» y comienza con una advertencia:

> Mucho se ha hablado de los sucesos ocurridos en el edificio de apartamentos de Humboldt 7; sin embargo, el pueblo, hasta ahora, no ha sabido la verdad, porque sus promotores, los que realmente hicieron posible aquel servicio, son hombres prominentes de las hordas rojas que hoy desgobiernan Cuba. Y, claro, ellos no lo van a decir al pueblo. Nosotros sí.

A continuación, nos ofrece su verdad:

> Uno de los promotores de los sucesos de Humboldt es el actual comandante Raúl Díaz Argüelles.

Tras la calumnia, el chisme:

> Este joven comandante es hijo de una conocida artista que obtuvo más resonancia por sus escándalos que como profesional del arte e inclusive fue acusada a la caída del régimen de Pérez Jiménez

(en Venezuela) de ser quien le proporcionaba mujeres para las bacanales. […]

Y más adelante, la insidia.

Ese día, a las 12.30, recibí una llamada telefónica. La voz me era familiar.

—Quiero hablar con usted en una cafetería, donde tomemos un refresco.

—Creo que no te conviene —le dije.

—¿Por qué? —respondió.

—Porque te podrían ver —le argumenté.

—Entonces, ¿cómo hacemos?

—Yo tengo un apartamento en Carlos III número 902. Es el apartamento 4, casi esquina a Espada. Sube y entra, que no hay problema.

—No, es mejor que usted pase y yo lo vea desde la esquina.

—¿A qué hora te conviene?

—A la hora que usted diga, comandante.

—¿A las tres?

—Oká.

Y colgó el teléfono. A esa hora estaba yo en la puerta de la casa indicada. Allí estaba Raulito Díaz Argüelles y… Faure Chomón.

Mi sorpresa fue grande.

—¿Cómo han hecho esta locura? Si los ven a ustedes junto conmigo…

—Está usted equivocado. Si quiere vamos a tomar café —respondieron.

—¿Están seguros?

—Vamos. Mire, vamos a entrar aquí mismo —dijeron finalmente.

Era el café Petit Codias, situado en la esquina Carlos III y Espada. Allí el gallego Emilio nos sirvió café a los tres.

Ya el brigadier Hernando Hernández, jefe de la policía, sabía que estos dos jóvenes revolucionarios querían tres mil dólares por el servicio que nos iban a proporcionar.

Subimos a la habitación. El jefe de policía habló con ellos. Hernando Hernández temía una celada.

Raúl Díaz Argüelles dijo:

—En Humboldt número 7 están escondidos Juan Pedro Carbó Serviá, José Machado, Joe Westbrook y Fructuoso Rodríguez.

—¿Cómo sabemos nosotros que esto no es una celada?

—Porque allí está Tavo Machín esperando un mensajero a la hora que ustedes vayan a prestar este servicio —dijeron. […]

El jefe de la policía en la propia habitación, nos llamó aparte y nos dijo:

—¿Cómo tú garantizas a esta gente, Ventura?

—Pues quedándome aquí con ellos hasta que se haga el servicio.

—Bueno, está bien —respondió más sereno.

Y volvimos a reunirnos con Díaz Argüelles y Faure Chomón. Me dirigí al primero y le pregunté:

—Raulito, ¿cómo es que siendo esta gente brava, es decir, de acción, ustedes van a entregarlos por tres mil dólares?

—Nos están robando el show.

Ya el jefe de policía se marchaba. Faure Chomón al verlo en esa disposición le dijo:

—Pero hay que buscar la forma que no queden vivos porque entonces sabrán que fuimos nosotros.

Habían firmado su sentencia de muerte.

—Yo soy el secretario del Directorio y sin embargo esa gente me tiene eclipsada nuestra labor. Y eso no puede ser.

—Tengan cuidado, porque ellos van a tirar también.

—Si eso es verdad, a las siete les traigo el dinero —dijo el jefe de policía.

Allí esperamos a que se produjeran los hechos, con Díaz Argüelles y Faure Chomón. Ellos, claro, no lo dirán, pero Hernando Hernández está preso y pueden preguntarle y Emilio, el del café Petit Codias, también está en Cuba.

Y esperamos los tres escuchando la radio, hasta que se dio la noticia.

Y hoy dicen que Ventura fue quien dirigió el servicio…

Tan pronto se supo que había un tiroteo en el lugar, dejé los colaboradores y fui al teléfono.

—¿Hubo lucha, brigadier?

—Sí. Todos están heridos. Se fajaron como machos —respondió.

—¿Dónde los condujeron?

—A la Casa de Socorros de San Lázaro —nos dijo.

—Vaya, coronel, vaya a la Casa de Socorros a ver si es cierto, nos dijo muy nervioso Faure.

—Bien, iré, pero quietecitos aquí hasta que venga el jefe con el dinero.

Fui a la Casa de Socorros. Los cuatro estaban muertos. Regresé.

—¿Usted los vio, coronel? ¿Está seguro de que están muertos? —dijo más nervioso que antes Faure Chomón.

—Sí, muchachos, los cuatro están muertos.

Y sentí repugnancia por estos jóvenes que así habían entregado a sus compañeros, aunque no me crean lo que estoy diciendo.

A las 7.05 de esa noche, llegó Hernando Hernández y en nuestra presencia les entregó no tres mil dólares, que era lo pactado; sino quinientos más. Tocaron a mil setecientos cincuenta. Me quisieron regalar los quinientos. No acepté. Los testigos están todos vivos.

—Otra cosa que queremos, comandante —dijo Faure Chomón mientras se guardaba el dinero.

—¿Qué cosa?

—Que ponga en todos los atestados los nombres de nosotros como participantes de hechos subversivos… Eso nos da cartel revolucionario.

Y se marcharon, acariciando los dineros de Judas. Ya no necesita la viuda de Fructuoso Rodríguez ir a la República Dominicana o a Miami, para pedirme el nombre de los confidentes. Se llaman Raúl Díaz Argüelles, comandante de la Policía Nacional Revolucionaria y Faure Chomón, embajador de Cuba ante la Unión de Repúblicas Socialistas Soviéticas, respectivamente.

Un anuncio de crecepelo contiene más verdades que esas cuatro páginas. La versión de Ventura chocaba con todos los testimonios disponibles, pero estaba además desmentida por las fotografías que le situaban en el lugar del crimen a la hora de su perpetración. Pese a todo, se la envié a Joaquinito y le pregunté si la conocía.

También por esas fechas vi en la prensa que el campeonato del mundo de dominó acababa de celebrarse en Cuba. Con ese motivo, decía la noticia, trescientos mil jugadores de 169 municipios de la isla habían iniciado al grito de «¡Dale agua al dominó!» la mayor partida simultánea de la Historia, inscribiendo su gesta en el libro Guiness de los récords. Le adjunté ese recorte y agregué un comentario sobre su última crítica musical, una actuación en Madrid de César Portillo de la Luz, el autor de *Contigo en la distancia*, «el mejor bolero de la Historia casi sesenta años después de compuesto», según Joaquinito.

Guardó un silencio prolongado que justificó por «la jodientina de un tratamiento que me tiene jorobado y, encima, sin fumar». Comentaba con humor la noticia del dominó («Ya ves, así somos los cubanos, o no llegamos o nos pasamos») y luego los últimos papeles del caso:

No, no conocía esa bazofia. Procuro proteger mi campo energético y evito ciertas lecturas. En todo caso, anoche, después de leerlo, pensaba que, en todo este tiempo que nos ocupamos del tema, a fuerza de obsesionarnos con Marquitos, algo importante se nos quedó fuera de foco. Me explico: es casi seguro que Marquitos fue quien delató a los cuatro de Humboldt 7; pero sobra el «casi» al afirmar que fue Ventura Novo quien los asesinó… Y no está de más recordar que Ventura, apodado «el Asesino del Traje Blanco», nunca fue juzgado; al contrario, acabó plácidamente sus días en Florida impartiendo clases de democracia. Como estoy pasando una temporada de reposo en casa de mi hermana Anabelle y dispongo por primera vez en años de tiempo, he confeccionado con crónicas de la época, sobre todo de Enrique Rodríguez-Loeches, un relato frío de los hechos de Humboldt 7. Ahí te va, por si te interesa.

8

El 20 de abril de 1957 era Sábado Santo. El locutor de Radio Reloj había anunciado un rato antes las cinco de la tarde y los vecinos de la calle Humboldt confundieron los primeros disparos con inofensivas bombas de celebración que tiraban los parroquianos del bar Detroit.

Por la calle Hospital bajaba un policía apodado «Negritico», pistola en mano y obligando a los vecinos a entrar o a no salir de sus casas. Los inquilinos del edificio Cantera observaban lo que sucedía en el número siete. No había mucha gente, salvo los residentes en la zona. Los lugares de trabajo ya estaban cerrados. Llegaban y seguían llegando perseguidoras y policías uniformados, tensos y con las armas dispuestas. Desde la esquina de las calles Humboldt y P otro testigo sintió las ráfagas de ametralladoras. Como los demás que estaban por los alrededores, corrió a refugiarse en el bar cercano.

Se decía que habían descubierto a unos revolucionarios en el edificio Cantera. Luego llegó alguien más con la versión de que no era allí sino en Humboldt 7. Los policías registraban a todo el mundo y no dejaban pasar hacia el área acordonada. El despliegue de fuerzas era muy grande, con la mayor concentración frente al edificio donde estaban ocultos cuatro jóvenes que para la hora de las noticias de las seis ya estarían muertos.

Una mujer de la vecindad que esperaba en la puerta de su casa para ver la procesión del Sábado Santo vio llegar de pronto a Ventura, rodeado como de costumbre por sus secuaces, con un uniforme impecable y con un enorme bicho de buey en mano.

—¡Entra! —le gritó al pasar por su lado y ella se escabulló de momento, para escucharlo decir poco después—: ¡Tráiganmelos muertos!

Requisa policial de las armas capturadas en Humboldt 7.

Serían alrededor de las cinco y cincuenta de la tarde cuando Esteban Ventura Novo y sus asesinos comienzan a romper violentamente la puerta del apartamento con la culata de sus armas. Los cuatro jóvenes, a medio vestir, se aprestan a escapar. No todos están armados. Joe Westbrook alcanza el apartamento de los bajos y pide a la inquilina que le permita permanecer allí. La mujer accede y Joe, serenamente, se sienta en un sofá de la sala y simula ser una visita. La señora tiembla de pánico… Minutos después tocan a la puerta… Joe, aún sabiéndose perdido, tranquiliza a la inquilina y abre la puerta. La señora al verlo casi un niño, por humanidad, suplica a los policías que no le hagan daño. Apenas había caminado unos metros por el pasillo cuando, llegando a la escalera que sube a los altos, una ráfaga de ametralladora lo desplomó sobre el piso dejándolo sin vida. Su cara quedó intacta. Al llegar al Necrocomio, presentaba una herida en el lado derecho del cuello, dos heridas más en el hemotórax izquierdo, una en el hemotórax derecho, otra más en la espalda y un tiro de gracia en la nuca. Joe estaba desarmado. Tenía veinte años.

Sus otros compañeros, apenas vestidos, saltan por el tragante de aire de la cocina del apartamento hasta un domicilio situado en los bajos. Advierten a la señora de la casa que no se alarme; y salen en distintas direcciones. Ignoraban que estaban totalmente rodeados, tanto dentro como fuera del edificio. Juan Pedro Carbó se dirige velozmente al elevador pero es interceptado antes de llegar y cae ametrallado casi a bocajarro. Todo su rostro y cuerpo quedan acribillados a balazos. Indudablemente lo habían reconocido y se ensañaron con él. Tenía heridas en el cuello, en la región axilar izquierda, en la inguinal izquierda, dos más en la región glútea izquierda y otra en la tibia, justo al lado de una fractura de hueso que asomaba entre la carne desgarrada. Le metieron además dos balas en la cabeza, una en la frente, que salió por el occipital y otra en el ojo izquierdo. Sólo salió indemne de aquella lluvia de plomos el escapulario que siempre llevaba colgando sobre su pecho. La saña con él fue mayor que con nadie, acaso porque la policía le sabía responsable del atentado del Cabaret Montmartre, en que cayó meses atrás el coronel Blanco Rico, jefe del siniestro Servicio de Inteligencia Militar de Batista.

Machadito y Fructuoso corrieron en otra dirección por el pasillo y se lanzaron por una ventana hacia la planta baja. Cayeron en un pasillo de la agencia de automóviles Santé Motors Co. Era un pasadizo largo, oscuro y estrecho como la muerte. Al final de uno de sus extremos había una verja cerrada con un candado que les impidió la salida. Los obreros de esta empresa, al sentir el ruido ocasionado por los cuerpos al caer, corrieron hacia el lugar. Creían que habían sufrido un accidente unos compañeros suyos que se hallaban arreglando una antena de televisión.

La altura era excesiva y Fructuoso yacía inconsciente en el suelo mientras Machadito hacía esfuerzos por levantarse sin lograrlo porque se había fracturado los dos tobillos. Uno de los empleados de Santé, que ya ha llegado, le hace señas de que aguarde, que va en busca de la llave del candado. Pero llegan varios agentes. Uno de los esbirros sitúa la boca de su ametralladora entre los barrotes de la verja. Machadito implora: «No nos mate, estamos desarmados...».

Entretanto, otro policía se dirigía al café de la esquina en busca de un martillo con el que rompió el candado que cerraba la puerta. Una vez traspasada ésta, fueron ultimados Fructuoso y Machadito.

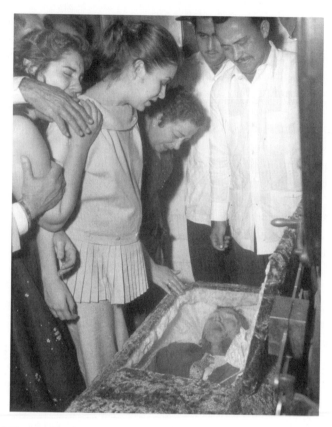

Velatorio de Fructuoso con su viuda, Martha Jiménez, a la izquierda.

Machadito recibió al menos siete balas en la espalda y fue rematado de un disparo en el lado izquierdo del rostro y otro en la frente.

Fructuoso tenía también quebradas las dos piernas. Además de una ráfaga de ametralladora en la espalda que dejó seis orificios de salida por el pecho, le descargaron un tambor completo de un 45 en el rostro, tan cerca que las quemaduras de pólvora eran visibles.

La balacera fue tan intensa que los vecinos de los edificios cercanos se asomaron a puertas y balcones. Eufórico, victorioso, Esteban Ventura entraba y salía del edificio dando órdenes de desalojar los cadáveres. Luis Alfaro Sierra, el agente Mirabal, el cabo Carratalá, arrastraron los cadáveres tirándoles por el pelo hasta la acera. A la vista de todo el mundo. Y luego volvieron a arrastrarlos hasta la esquina siguiente. Varios vecinos se asomaban tímidamente a los balcones próximos y alguno profirió algún grito apagado de protesta. Una ráfaga de ametralladora se encargó de ahuyentar a los vecinos curiosos.

Las huellas de las balas siguen aún marcando los edificios vecinos al de Humboldt 7. Ha quedado otro macabro testimonio del crimen. La foto en la que aparece un niño al pie de la escalera del edificio. El niño mira el rastro de abundante sangre que baja por los escalones hasta formar un charco en el piso. A su padre, encargado del edificio, uno de los policías le ordenó tras los veinte minutos que duró aproximadamente la matanza y el trasiego de los cadáveres hasta la calle:

—¡Sal y limpia toda esa sangre antes de que nos vayamos!

Había en ese momento unos sesenta agentes en el inmueble, todos con ametralladoras Thompson, y Esteban Ventura al frente de ellos, moviéndose y dando órdenes.

«¿Se te ocurre algo más obsceno que la impunidad de Ventura? —me preguntaba para acabar Joaquinito—. Pues ahí va: la madre de Joe Westbrook acabó con los años dando mítines anticomunistas en la Pequeña Habana de Miami junto al verdugo de su hijo, el Asesino del Traje Blanco. Alguien dijo que la Naturaleza imita al Arte. Para mí que la Historia de Cuba imita al cine de terror.»

9

Le llamé unas cuantas veces, pero saltaba siempre el contestador. Lo hacía generalmente después de leer en Cubaencuentro.com sus crónicas sobre música cubana. Ernesto Lecuona, Celia Cruz, Joseíto Fernández, Pablo Milanés, Compay Segundo, Antonio Machín... Me ingenié pretextos para restablecer contacto. Recuerdo en particular una vez que le escribí un correo contándole un chisme que me había llegado sobre Machín y el origen de su canción «Espérame en el cielo». Probé con la broma, ensayé también algunas disculpas adicionales sobre nuestra disputa. Nada dio resultado. Tampoco mis sms, que se fueron espaciando hasta extinguirse. En un momento dado, dejaron de aparecer sus críticas musicales. En alguna ocasión pensé en dejarme caer por el club de dominó o por el restaurante cubano. Lo cierto es que no lo hice.

Sucede así a menudo con algunas amistades, lo mismo que con ciertas plantas. Se mantienen lo que el momento y la situación que les dieron origen. Ocurre en el colegio, también durante el servicio militar, en los viajes en grupo. Es como si la amistad se esfumase fuera de su hábitat natural. Algunas veces vuelven a arraigar si reaparecen otras circunstancias propicias y esa amistad se reverdece. Pero eso sucede muy pocas veces, las menos.

Nos habíamos alejado a la misma velocidad que se enfriaba el interés por el caso Marquitos. Repasé nuestros encuentros y concluí que ese caso había sido, tal vez, más que el pretexto, la sustancia de nuestra amistad.

Me llevó bastante tiempo comprender la auténtica causa de su silencio. El mismo tiempo que estuve alejado por completo del caso. Nunca llegué a quitármelo por completo de la cabeza, pero otras ocupaciones lo relegaron a esa zona de la mente que mantiene en buen estado las tareas pendientes.

Hasta una mañana fría, nublada y desapacible de enero de 2004. Ese lunes comenzaba la cumbre de las Américas en Monterrey; se celebraba el bicentenario de Immanuel Kant; la NASA decidía retrasar un día Spirit, su expedición exploratoria a Marte; la Real Academia Española acababa de admitir en su diccionario el término «internet» y yo me asomé justamente a la red para buscar en Cubaencuentro.com alguna nueva crítica de Joaquinito. Lo que me encontré fue la noticia de la muerte de mi amigo:

FALLECE EN MADRID EL INTELECTUAL CUBANO JOAQUÍN ORDOQUI GARCÍA

Ordoqui fue columnista de este diario digital y miembro del consejo de redacción de la revista Encuentro de la Cultura Cubana.

El intelectual cubano Joaquín Ordoqui García, columnista de este diario digital y miembro del consejo de redacción de la revista Encuentro de la Cultura Cubana, falleció el domingo en Madrid a los cincuenta años de edad.

Ordoqui nació en La Habana el 27 de mayo de 1953. Hijo de los connotados dirigentes del desaparecido Partido Socialista Popular (PSP), Joaquín Ordoqui y Edith García Buchaca, su infancia estuvo marcada por la prisión de su padre durante el juicio del Moncada, del que resultó absuelto; y a partir de ese momento, por un largo exilio que llevó a la familia a vivir en ciudades tan dispares como México, París, Praga, Moscú o Pekín.

De regreso a Cuba tras el triunfo de la Revolución, sus padres ocuparon altos cargos en el gobierno hasta que, en 1964, fueron acusados de ser agentes de la CIA y confinados, sin que nunca se ofrecieran pruebas ni se celebrara juicio, a una prisión domiciliaria que concluyó once años después, con la muerte del padre, y en la que Joaquín pasó sus años de adolescencia.

Entre 1973 y 1975, Ordoqui realizó estudios de germanística en la Universidad Karl Marx de Leipzig, antigua República Democrática de Alemania (RDA). Sin embargo, su vida profesional se decantó por su pasión por la música cubana, el mundo de la cultura y los medios de comunicación.

Hasta su exilio en Perú, en 1987, trabajó intensamente como guionista de radio y televisión. Tras exiliarse en Perú, trabajó como asesor cinematográfico del Fondo de Promoción Turística de ese país, y como guionista de largos y cortometrajes.

En Madrid, ciudad donde se estableció a partir de 1994, fue director de Franja de Programación de la Televisión Educativa Iberoamericana. Ordoqui participó activamente en la redacción de la revista *Encuentro*, a cuyo consejo de redacción se sumó en 2003. Trabajó para Cubaencuentro.com desde el surgimiento de este diario. En el momento de su muerte escribía artículos de opinión y tenía en la sección de Música una columna semanal, «Semblanzas», dedicada a intérpretes y temas cubanos. Además, bajo el seudónimo de Pantagruel, se encargaba de la sección «El Caldero», donde con humor e ironía se dedicó a develar los encantos y misterios de una de sus principales aficiones, la cocina.

Joaquín Ordoqui deja poesía inédita y un libro inconcluso sobre la historia de la música cubana.

Lo sobreviven su madre Edith, sus hijos Joaquín y Annabelle, su esposa Nelia y sus hermanas Annabelle y Dania Rodríguez.

Lo recordé, unas veces eufórico y otras desorientado; unas sobrio y, otras, como él decía, «en nota»; unas veces sin blanca y otras, derrochador, manirroto. Y lo recordé siempre gesticulante, hablador, vital. Me resultaba imposible asociar su imagen a bordo de su destartalado Volvo, acompañado de su inseparable perra sata, a punto de blasfemia y cigarro en mano, con las nociones de quietud y final.

En los días siguientes aparecieron muchos testimonios de duelo y también algunos artículos de homenaje a Joaquinito que me revelaron facetas nuevas del amigo grandullón que conocí tiempo atrás en un café de la plaza de España en Madrid. Me detuve en uno del novelista cubano Eliseo Alberto:

Nadie sabe lo que es la amistad si no ha tenido por amigo un oso. El mío apareció en pantalones cortos una tarde cualquiera de 1965. Llegó en un jeep verde olivo, sin número de chapa [...] Luego de una rápida inspección ocular, el recién llegado nos obligó a jugar a los escondidos en el jardín [...] Vivía en el vecino barrio de Calabazar, detrás de un viejo cementerio, en una casa con techo a cuatro aguas, de tejas rojas. Mamá nos había advertido: «Hoy van a conocer al hermano chiquito de Anabelle, pórtense bien, es menor que ustedes».

Resultaba facilito descubrirlo, jamón, pan comido, por dos razones principales. La primera: a sus once o doce años ya era un oso hecho y derecho. La segunda razón que facilitaba la búsqueda aún me pone la piel de gallina: donde quiera que se escondiese, lo mismo tras el pozo que tras los tarecos del garaje, había un sargento hosco cerca de él. Sucede que nuestro amigo estaba permanentemente vigilado: a pesar de sus divinas malacrianzas y su cara de niño, Joaquín Ordoqui García era, para efectos de la vida, un preso político. Un pequeño oso enjaulado.

Cerraba la compilación una nota del chileno Roberto Ampuero titulada «Mi amigo Joaquín».

La reciente muerte en el exilio de Joaquín Ordoqui García me arrojó de golpe a un día de enero de 1974, cuando lo conocí en un internado universitario de Alemania del este donde vivían rusos, iraníes, vietnamitas, palestinos y libios. Era espigado, crespo, de ojos claros y vozarrón. Compartiríamos cuarto.

Ignoro la razón por la cual quienes distribuían a los extranjeros en Leipzig decidieron colocar en un mismo cuarto a un joven chileno comunista y al hijo del legendario comandante Ordoqui, quien vivía desde 1964 en La Habana bajo prisión domiciliaria, acusado de agente de la CIA.

Con el correr de los días descubrí que Joaquín estudiaba en Leipzig sólo porque lo apoyaba el vicepresidente Carlos Rafael Rodríguez. Este viejo comunista, casado con Edith hasta que ella se enamoró del comandante Ordoqui, quería ahora, en gesto noble, salvar a Joaquín de la prisión que compartía con sus padres. Eso explicaba por qué el hijo de un contrarrevolucionario estudiaba allá. Fue Joaquín quien me presentó a quien fue mi primera mujer en uno de esos internados y una de las causas de mi apasionado traslado posterior a la isla de Cuba.

A menudo, en medio de la oscuridad del cuarto, me despertaba el llanto contenido y distante de Joaquín. Cuando le preguntaba qué le sucedía, respondía que no lloraba, pero nunca me convenció. Yo sabía que el recuerdo de sus padres prisioneros en la isla y de su infancia entre celadores que circulaban por la casa lo quebraba. Y también me di cuenta de que Joaquín, visto por los cubanos como «tipo sospechoso», vivía en Leipzig bajo la mirada atenta de la Seguridad cubana. Ésta, que velaba para que sus jóvenes no fuesen reclutados por el enemigo, temía que Joaquín escapase a Occidente. Pero mi amigo, tipo de cultura y memoria prodigiosas, obtenía buenas notas, criticaba los socialismos reales, bebía y rumbeaba generosamente, y vivía conquistando a muchachas despampanantes.

Una vez en la isla y con Joaquín ya en La Habana, le pedí que fuese mi testigo de boda […] Durante la boda Joaquín se permitió observaciones irónicas ante ministros, bailó y bebió hasta que los mozos lo pusieron en la calle y durmió en una plaza de Miramar, donde le robaron los zapatos de cuero que le había regalado una polaca de Cracovia.

Cuando visité su casa en las afueras de la ciudad, su padre ya había muerto y su madre era la única prisionera. Allí había crecido Joaquín. Nunca, ni como niño, le habían permitido dormir en casa de amiguitos. El poder temía que se marchase ilegalmente de la isla. Era una casa con un patio enorme y cuando uno iba a la cocina o al baño tropezaba con guardias de verde olivo armados de pistola y walkie-talkie, que se desplazaban como sombras, escuchaban las conversaciones y escrutaban a los visitantes sin disimulo.

En 1987 Joaquín se exilió en Perú y en 1994 se mudó a Madrid. Vivió amando a su isla, pero sin autorización para visitarla. Aunque resulte inconcebible, los cubanos requieren visa para entrar a su propia patria.

Recordé su expresión desamparada la noche de nuestro último encuentro, de nuestro violento desencuentro, el día que se alejó del tabaco, la víspera de sus análisis. Recuperé el poema que compuso y quedó traspapelado junto a sus reflexiones sobre el juicio a Marquitos.

Se titulaba: «El inmortal».

Hoy me sé inmortal
Nunca moriré, pues no he vivido.
Sólo he sido tránsito, fugacidad, espera.
Así son los tiempos que vivimos,
Así, al menos, los que he vivido.

Cuando me vaya nada quedará
Pues nada hubo: apenas recuerdos,
Posibilidades truncas,
Ayeres sin cuajar
Y alguna que otra mentira sin culpa.

Así pues, no debo preocuparme por mi mejor palabra,
Ni por la simiente del viento que tanto me ha movido.
Estoy, pero no soy. Fui, pero ya no recuerdo.

Repasé los momentos compartidos y sus cambiantes estados de ánimo. Aquel encuentro inicial y su resignada expresión «lo peor es que ya nunca se podrá aclarar». Su insistente «tiene que haber algo más» de nuestros meses de vanas pesquisas. Y su estupor impotente frente a mi andanada verbal en nuestro último encuentro, cuando ya la muerte le goteaba de las manos.

El tiempo y la desaparición de Joaquín parecían dar la razón a la desesperanza primera, un presagio consistente, próximo a cumplirse. Al menos de momento… Pero, como diría Kipling, ésa sí era otra historia.

IV

LA VERDAD

En el sucio mercado en el que trafican los servicios secretos, los soplos se blanquean de infinidad de maneras. Pueden ser sesgados, amañados o inventados. Sirven tanto al que los da como al que los recibe, aunque a este último menos o nada. Llegan sin indicación de origen ni manual de instrucciones en el envase. Pueden destruir vidas por designio o por accidente. Y lo único que tienen en común es que nunca son lo que parecen.

JOHN LE CARRÉ, *El traidor del siglo*

1

Transcurrió un tiempo, y no fue un tiempo plano, porque a veces el tiempo se dilata y otras se inmoviliza y se hace de piedra. En esa época las novedades y los cambios se amontonaron en mi vida. Tanto tiempo y tantas novedades, que me empeñé en relegar la documentación acopiada. Del escritorio pasó a un estante contiguo. De éste, se movió a ése más apartado. De ahí, pasó a sepultarse en aquel archivador. Estuve cerca de resignarme a cerrar el paréntesis del desasosegante caso Marquitos para regresar a mi aplazado y confortable proyecto de novela *Huracán sobre el azúcar*.

Ahora sé que, de un modo u otro, antes o después, hubiera regresado al caso. Tengo esa certeza porque la imagen desvalida y noble de Joaquinito me ha seguido abordando al tropezar con ciertas melodías, ha reaparecido al pisar algunas calles, me acecha tras determinados sabores. Estoy también seguro porque durante ese período cualquier pretexto era bueno para asomarme de nuevo a los papeles y notas por más que me empeñase en mantenerlos a distancia. Cada encuentro fortuito con cubanos que habían vivido aquel momento histórico; cada referencia tangencial en una lectura…

Pero no fueron las calles que me hablaban de Joaquín, ni los temas escuchados o las recetas saboreadas en su compañía. No fueron los recuerdos de mi amigo los que me empujaron a volver sobre el caso. Fue el azar el que puso en mi camino a un testigo privilegiado. Sé de sobra que abundan quienes niegan cualquier papel al azar en el trazado de la vida y hay quien ha llegado a negar su existencia y a sostener que el azar no es otra cosa que

Martha Frayde.

el encuentro entre dos necesidades. Puede que así sea. De ser así, las dos necesidades que se cruzaron en esta ocasión fueron mi afán por llegar hasta el fin de las pesquisas que inicié con Joaquinito y la persistencia de los lazos que siguen atando a Martha Frayde con el activismo político cubano cumplidos de largo los ochenta años.

Esta veterana militante del Partido Ortodoxo ocupa la presidencia del Comité Cubano de Derechos Humanos, colabora con la Fundación Hispano Cubana, ambas con sede en Madrid, y es integrante fija de cuanto debate, controversia o coloquio sobre temas cubanos se celebre en España. Y justamente una de esas charlas me dio oportunidad de abordarla.

Martha Frayde ya desempeñó un papel activo en la oposición democrática contra la dictadura de Batista. Se vio obligada a exiliarse en México en octubre de 1957 y allí conoció, fugazmente, a Marcos Armando Rodríguez. Las actas del juicio la señalan como la anfitriona de la reunión a la que arribó el presunto delator de Humboldt 7 nada más poner pie en suelo mexicano; era la dueña de la casa donde Marquitos conoció al matrimonio Ordoqui-García Buchaca en los últimos días de 1957.

—Puede que le hubiera visto en La Habana, en la sede de Nuestro Tiempo, antes de marchar al exilio. Aunque estaba afiliada al Partido Ortodoxo yo mantenía una actitud muy unitaria con todas las corrientes opositoras: el Movimiento 26 de Julio de Fidel Castro, el Directorio Revolucionario, los comunistas del PSP… Eso hacía que frecuentara esa asociación que estaba manejada por los comunistas y que en el exilio mantuviera una buena relación con todos los sectores.

Martha Frayde me recibe un atardecer veraniego en un apartamento pequeño y cómodo, provisto de una terraza acristalada que deja pasar algunos reflejos solares agonizantes. Calcula el perímetro de la sala con ojos vigilantes y habla afincada en una mecedora que, por algún mecanismo que no alcanzo a descubrir, mantiene un balanceo uniforme, monótono. Un tenso moño restringe al mínimo la expresividad del rostro. Viste una bata holgada y oscura, sin concesiones.

—También puede ser que conociera a Marquitos de la embajada de Brasil, del período en que estuvo asilado después del crimen de Humboldt 7, antes de salir hacia el extranjero. No lo recuerdo, pero es posible. Yo frecuentaba al embajador Vasco Leitao da Cunha y a su esposa y él pasó una temporada larga encerrado allí.

—¿Cómo llega hasta su casa en México D.F.?

—Traía una carta de recomendación de un líder estudiantil muy destacado, miembro del Directorio, que estaba exiliado en Chile. Prefiero no revelar su nombre porque le sigo considerando una persona honorable y recta, y como reside en Cuba pudiera perjudicarle.

Tiempo después, me llegó el rumor de que el remitente fue René Anillo. Lo comenté por teléfono a Martha y ella confirmó el dato. Reconoció que conserva aquella carta que carece de cualquier elemento comprometedor. Únicamente prueba que cuando Marquitos partió rumbo a México, año y medio después del crimen de Humboldt, militantes opositores intachables y de filiación no comunista confiaban en él.

—Yo compartía apartamento con Barroso y otros compañeros del Partido Ortodoxo. No permanecí en el país mucho tiempo, porque en enero de 1958 Batista promulgó una amnistía, para lavar la cara a la farsa electoral que estaba urdiendo, y volví a La Habana. Marquitos llegó a la casa de nosotros un día de mucho frío. Esa imagen la conservo muy viva, porque me chocó que anduviera en mangas de camisa con aquel tiempo.

—Según las actas del juicio apareció en un encuentro al que asistía un grupo de exiliados cubanos.

—Puede que fuera así, no lo recuerdo. Tengo idea de que al poco de llegar lo puse en contacto con Alfredo Guevara y fue él quien lo conectó con los Ordoqui.

—¿Qué impresión le produjo?

—Desde el primer momento Marquitos me pareció enigmático; alguien reservado, misterioso... Y lo mismo me sucedió cada vez que volví a verlo. ¡Alguien tan silencioso que no parecía cubano! Era muy retraído, observaba las situaciones sin afán de intervenir.

—¿Lo frecuentó durante su estancia en México?

—No volví a verlo allá. La siguiente vez que lo encontré fue en La Habana, tras el triunfo de la Revolución. Estaba regando el jardín de mi casa, en la calle Diecinueve de El Vedado, junto a la embajada del Brasil. Tuve la impresión de que Marcos mantenía una relación muy estrecha con el embajador y con su esposa. Pasó por delante de la cancela y le saludé. Me contó que estaba a punto de marchar a Praga con una beca cultural. Eso debió de suceder entre mayo y junio del 59. No supe más de él hasta varios años después. Por entonces yo estaba en París como representante oficial en la Unesco y me llamó Virginia Leitao da Cunha, la esposa del embajador brasileño. Estaba de paso en Francia rumbo a su país porque su marido asumía el Ministerio de Asuntos Exteriores. Me contó que a Marquitos lo habían secuestrado en Praga —así mismo lo dijo—, lo habían trasladado a La Habana y permanecía bajo arresto en la antigua finca de Miguel Ángel Quevedo, el que fue propietario de la revista *Bohemia*. Quedaba por El Chico, cerca de Wajay. Según me dijo, le habían sometido a un interrogatorio terrible con participación del propio Fidel Castro. Eso debía de ser hacia comienzos del 64.

—¿Ésas fueron las últimas noticias?

—Regresé a Cuba y me enteré de que el padre de Marquitos tenía una enorme ansiedad por saber si a su hijo lo habían fusilado, porque no había vuelto a tener noticias después de la condena firme de diez meses antes.

—El embajador brasileño en La Habana aparece en varios momentos del proceso… —me intereso—. Fue quien proporcionó a Marquitos asilo diplomático en su residencia tras el crimen de Humboldt 7, y luego tuvo una reaparición misteriosa en la víspera de la detención en Praga. ¿Cuál era la naturaleza de la relación de Marquitos con Leitao da Cunha?

—No tengo las ideas claras, aunque me consta esa relación estrecha. Era un secreto a voces que Leitao tenía vínculos con los norteamericanos, hasta el punto que presidió la sesión de la OEA (Organización de Estados Americanos) que adoptó las primeras sanciones contra el régimen de Fidel Castro.

—Todo eso abonaría la tesis del espionaje que fue invocada como causa oficial de la detención de Marquitos —aventuro.

Martha Frayde conserva un marcado acento criollo y también el gusto por el aire acondicionado y por los pintores de la isla que decoran las paredes del salón. Pero es tan precisa en sus respuestas que parece haberse despojado de la afición nacional cubana por el chisme.

—Ése era un delito gravísimo en la atmósfera que imperaba en la isla. El mundo vivía un clima de guerra fría que allá estaba a punto de hacerse caliente. Por eso, no se entiende por qué en el juicio apenas se mencionó esa imputación y todo estuvo centrado en la acusación de ser el delator de Humboldt.

—¿Cuál es su interpretación de aquello?

—Me cuesta sacar conclusiones. Habría que preguntar a tanta gente, habría que buscar allá, sobre el terreno… ¡Chico, fue todo tan raro, tan enigmático! —concluyó Martha Frayde.

De los enigmas indescifrables. De eso conversé durante la cena con varios amigos esa noche. De regreso a casa, rescaté todas las notas y documentos atesorados y los extendí sobre la alfombra. Recapitulé los hallazgos acumulados a lo largo de meses, años ya, y comprobé que no eran tan escasos ni desdeñables como había reprochado a Joaquinito.

Repasé la documentación, reconstruí mentalmente nuestras pesquisas, rememoré nuestros diálogos. Me pregunté una vez y otra dónde estaba el fallo. Había examinado ya todas las fuentes documentales. Al menos eso pensaba. Habíamos exprimido hasta el límite la lectura de las actas, la interpretación de los testimonios. Pero, por algún motivo, la búsqueda nos devolvía una y otra vez a los interrogantes de partida, no culminaba en conclusiones irrebatibles, definitivas.

Aquí y allá resaltaban las incoherencias del proceso, se agolpaban las conjeturas sobre la súbita detención de Marquitos en Praga, acerca de su prolongada encarcelación, en torno a la precipitada celebración de su primer juicio, en relación a la acérrima reacción que condujo a la segunda vista pública… Sobraban las preguntas pero escaseaban las respuestas concluyentes.

Me distraje hojeando el periódico y una entrevista con el autor de un tratado sobre Historia oral me reveló dónde estaba el fallo: «Los documentos hablan si se les sabe escuchar; pero más elocuentes son las personas y los lugares».

Me trajo a la memoria aquella máxima de Kipling que Joaquinito citaba: «Tengo seis servidores fieles que me dicen lo que sé. Se llaman qué, cuándo, cómo, dónde, quién y por qué». Y comprendí nuestro error, mi error. Durante demasiado tiempo había centrado la atención en el qué, el cuándo, y el cómo en busca del por qué. Había pasado por alto dos cuestiones esenciales: el dónde y el quién.

Se hacía preciso recorrer los escenarios y escuchar a las personas para obtener lo que los documentos se negaban a entregar. Revisé los archivos y confeccioné una lista con todos los implicados en el caso que, hasta donde pude saber, seguían vivos. Contabilicé más de una veintena.

2

Volaba en dirección contraria al tiempo, en busca del pasado. Desconozco el punto exacto del recorrido aéreo en que mis planes tomaron forma. Recuerdo, eso sí, que divisé abajo una pequeña nube extraviada y solitaria mientras garabateba en mi cuaderno y el avión se agitaba como una coctelera en manos de un barman experto. Anoté: «Comenzar por visitar los lugares del crimen: la escena del asesinato y el espacio de la delación. El reducto de las víctimas y la guarida del verdugo». Era el «dónde» de Kipling.

Lo cierto es que en el momento de aterrizar en La Habana; antes incluso de entrar en contacto con ese aliento caliente y húmedo que acecha tras el *finger*; antes de soportar la ineludible cola de aduanas; antes de asistir al cansino desfile de equipajes por la renqueante cinta transportadora del Aeropuerto José Martí; antes de todo eso, ya estaba perfilada mi agenda habanera.

A la mañana siguiente, nada más descorrer las cortinas noté la lluvia reciente. El calor evaporaba los charcos del asfalto y la luz era tan clara que engullía los objetos. El sol reverberaba en un mar de estaño fundido.

Inicié mi recorrido por la calle Humboldt. El número 7 dista cuatro pasos de la universidad. Tal vez ello explica que los fugitivos, dirigentes estudiantiles, se sintieran a cubierto, en un barrio familiar, seguro. Es el primer edificio de una acera que arranca en el Malecón y linda por el lado norte con un escuálido parque sobre el que tiempo atrás debió de reposar otro inmueble; por el sur, con unas dependencias oficiales. El salitre ha descascarillado

Fachada lateral de Humboldt 7, en la actualidad.

la pintura y el exterior presenta un aspecto deprimente, como un manual dermatológico ilustrado.

Los bajos siguen ocupados por un taller de automóviles; eso sí, ahora de la marca rusa Lada. Una placa de bronce reproduce en bajorrelieve las cuatro figuras de Joe, Fructuoso, Juan Pedro y Machadito. Debajo, un texto premonitorio escrito por Joe pocas semanas antes de su muerte, cuando preparaba el asalto al Palacio Presidencial: «Seremos libres o caeremos uno a uno con el pecho constelado a balazos».

El zaguán, más angosto que en las fotografías, se reconoce a simple vista, pese al deterioro ocasionado por la acción combinada del tiempo, la pobreza y la roña.

Uno de los muros está decorado con cuatro flores de tallo largo, acaso tulipanes, que imitan el contorno de charcos de sangre y están rematadas por una inscripción: «Sus medallas son de sangre». Lo único que se mantiene intacto es la estrella polar trazada en el granito del suelo que se adivina en las fotos del día de la matanza.

El portero me acompaña en la ascensión de la escalera, muy empinada y estrecha. El elevador está averiado, parece que hace tiempo y de modo irreversible. También las ventanas están desportilladas. Las bombillas se esfumaron en alguna fase revolucionaria superada y dejaron a la vista los cables pelados. Ha desaparecido el rastro de cualquier objeto, salvo las gruesas rejas y los indomables candados que custodian los apartamentos.

El 201 es la segunda puerta de la segunda planta y una pequeña placa lo identifica como el apartamento en el que los cuatro mártires «vivieron sus últimos momentos de esperanza y lucha».

–Fue un museo hace tiempo, pero ahora lo habita una familia, por las necesidades que existen –justifica Francisco, el portero.

Examinado con ojos de fugitivo, el apartamento es una auténtica ratonera. No dispone de ninguna vía de salida, excepto el ascensor y las escaleras que aquel 20 de abril estaban abarrotadas de policías. Desde dentro se ofrecen otros dos caminos de escape igualmente imposibles: el patio interior de la casa y el pasillo trasero. Pero ambos requieren un salto de unos cinco metros y desembocan luego en un nuevo cuello de botella. Una cosa es segura: los jóvenes del Directorio estaban sentenciados desde que Ventura Novo conoció su escondite.

Al recorrer el perímetro del edificio descubro una placa más, ésta de mármol, en la entrada del callejón donde fue rematado Fructuoso: «En este pasillo fueron asesinados el 20 de abril de 1957 por los sicarios de la dictadura batistiana Fructuoso Rodríguez Pérez, presidente de la Federación de Estudiantes Universitarios y secretario general del Directorio Revolucionario, y José Machado, tras su participación en los hechos del 13 de marzo».

Antes de marchar, paso a despedirme del portero, que arrastra indolente una mopa por el zaguán. Viste unos pantalones militares de tipo comando y una camiseta gris ajustada que resalta el vientre.

Me fijo ahora en los buzones, corroídos hace tiempo por el óxido, en la mellada balaustrada y en las gavillas envueltas en hormigón que yacen en el suelo, como arrastradas por una marea.

—Las usamos para reforzar la puerta en el último ciclón de octubre —justifica Francisco.

Los nombres oficiales de muchas calles habaneras han cambiado, pero su trazado se mantiene intacto. La calle Infanta se llamaba en los cincuenta avenida Menocal. Basta con girar a la izquierda desde Humboldt, sobrepasar lo que debió de ser el bar Amanecer, escenario de los inicios de la cantante Freddy, y enfilar derecho. El coche devora apresuradamente una docena de cuadras a lo largo de esa vía y desemboca en la avenida Salvador Allende, nombre que desde hace unas décadas sustituyó a Carlos III.

Me lleva un buen rato orientarme a partir de las confusas descripciones que hallé en las actas del juicio hasta que localizo por fin el teatro de la delación. La claridad del día penetra los poros y produce escalofríos. Me auxilia una pareja de ancianos que no se han mudado de vivienda en el último medio siglo y recuerdan la ubicación del café Petit Codias, hoy desaparecido, que ocupaba los bajos del inmueble. No es el número 802 de la calle, como se recogía por error en algún pasaje de las actas del juicio, sino el 902. Tampoco es el apartamento 2 ni el 3, como declaró Marquitos, sino el 4 y se encuentra en el segundo piso de un inmueble de estilo art decó que vivió hace mucho tiempo sus momentos de esplendor. En esos detalles, el recuerdo de Ventura Novo es más preciso.

Las vidrieras de los bajos han sido tapiadas y una vivienda ocupa ahora el local que albergaba el Petit Codias. Nada más franquear la puerta de la calle y antes de enfilar una escalera empinada, hay que sortear unos contadores de gas que han quedado al descubierto y brotan en forma de sarmientos de un registro reventado.

Una mujer en la antesala de la vejez abre la puerta del apartamento derecho de la segunda planta. Se cubre con una bata llena de historia habanera y muestra el piso, distribuido en cocina, tres dormitorios, un baño y un espacio común. Unas coquetas columnas dividen lo que llama «la sala» en dos ambientes: un comedor y un saloncito en el que no falta una pretenciosa e inútil chimenea sobre la que cuelga el retrato al óleo de una misteriosa mujer de tez blanca como el arroz.

Todas las habitaciones, salvo la cocina, son exteriores y reciben la luz de la tarde y el bullicio que procede de las inmediaciones del Hospital Municipal y del Mercado de Carlos III.

—Sí. Éste era el apartamento de Esteban Ventura —confirma con naturalidad. Todo el tiempo da vueltas a una sortija como si enroscase una gaseosa.

—Tenía entendido que era un despacho reservado —apunto, echando mano de las referencias que plagan el juicio («Fidel: ¿Era una casa de familia o un local alquilado para eso?; Marquitos: No, era un local alquilado para eso»).

—Esto siempre ha sido un apartamento, nunca hubo una oficina. Hasta los muebles son los de entonces. Lo tenía alquilado Esteban Ventura para Silvia, mi cuñada —corrige con franqueza y gira la cabeza en dirección a la chimenea.

—¿Es ella?

—Ella misma. Era la amiga de Ventura. Marchó a Miami junto con su hijo un tiempo después de la Revolución. Nos dejó el apartamento a mi esposo y a mí. Él también falleció.

Observo el retrato. Nada posee verdadero carácter. Ni las pinceladas, cargadas de pigmento pero fláccidas, ni el rostro, falto de personalidad. La mujer que dirige la mirada a un punto indefinido más allá del pintor viste un traje de noche azulado que deja ver los hombros, recubiertos sólo con gasa transparente. La generosidad de Ventura se acredita en el collar de diamantes que adorna la garganta y en las pulseras doradas de ambas muñecas. El pelo moreno forma suaves ondulaciones que enmarcan un rostro de rasgos comunes, con labios carnosos, cejas de arco fino y ojos bien dibujados sobre una tez nacarada. El conjunto resulta a la vez inexpresivo y enigmático, como un retrato robot. Tan sólo el trazado de la nariz le confiere algo de personalidad.

—¿Era mulata? —pregunto, después de contemplar el retrato.

—Muy clara. Como mi esposo.

Retrato de Silvia, la amante de Ventura, en el piso de la delación.

Cuando las escaleras me devolvieron a la calle dejé a mi espalda la hondura del silencio y me incorporé al río de las conversaciones. La luz hería y caía rebotando en las fachadas de Carlos III.

3

Mi siguiente destino son los dos periódicos que cubrieron el proceso a Marquitos. Recorro Carlos III en dirección al centro envuelto por nubes de monóxido y acosado por vendedores ambulantes de maní. En la misma avenida, en línea recta y a pocas cuadras estaba la redacción de *Revolución*. El rotativo ocupaba las instalaciones del *Alerta*, uno de los cinco diarios batistianos que fueron clausurados el 1 de enero de 1959. No queda ni rastro.

Tras la victoria de la Revolución, la decena de periódicos sobrevivientes dio un giro radical y pasó de las simpatías con Batista a una línea de unanimidad progubernamental que se mantuvo unos meses. Aún el 15 de junio del primer año de Revolución, Fidel Castro celebró públicamente el día de la libertad de prensa. El idilio duró poco tiempo y la primera crisis estalló en algunas cabeceras cuando colectivos de trabajadores de talleres o de redacción que simpatizaban con el proceso revolucionario impusieron la publicación de notas de discrepancia con las noticias incómodas para el gobierno.

Estas notas recibieron el sobrenombre de «coletillas» y su redacción era de este tenor: «Esta noticia se publica por voluntad de esta empresa periodística en uso de la libertad de prensa existente en Cuba, pero el comité local de Libertad de Prensa de periodistas y gráficos de este centro de trabajo expresa, también en uso legítimo de este derecho, su inconformidad con los conceptos vertidos en el mismo por no ajustarse a la verdad». Algunas empresas optaron entonces por expresar su rechazo; dejaban en blanco el espacio de la noticia y publicaban a su lado la coletilla.

El poder dirigió pronto sus atenciones, como es natural, a las noticias de índole política pero también a las de crónica social que estorbaban su ofensiva contra los privilegios y que suponían una saneada fuente de ingresos para los rotativos, comparable a los actuales anuncios por palabras. Se instauró un original impuesto que gravaba precisamente los ecos de sociedad tan habituales en la Cuba anterior a la Revolución. Cada nombre publicado estaba penalizado con el pago de un peso (un dólar al cambio de la época), cada adjetivo costaba otro peso y cada pulgada de fotografía acarreaba el pago de la misma cantidad. La publicación de títulos nobiliarios, muy excepcionales en la isla, acarreaba el pago de cien pesos. Este tributo fue bautizado como «Impuesto contra la vanidad».

Con todo, los verdaderos problemas comenzaron en mayo de 1960, cuando fueron confiscados en un mismo día los seis periódicos principales del país. Se mantuvieron sólo los órganos de las distintas facciones gubernamentales: *Revolución*, del Movimiento 26 de Julio, *Hoy*, comunista, y *Combate*, portavoz del Directorio Revolucionario.

Tras cruzar la calzada de Belascoaín avanzo protegido del sol por los soportales de la calle Reina. Me adentro en la cavidad oscura del bar Mar y Tierra. Del mar, ni rastro; de la tierra proceden un par de cucarachas que corretean por los baldosines del fondo. La cafetera está averiada; o puede que no quede café. No llego a saberlo. Reanudo la marcha en dirección a la zona de hoteles internacionales con bares mejor surtidos.

Dejo atrás el parque de la Fraternidad y tomo el paseo del Prado. Me detengo frente al Capitolio. En la intersección del paseo con la calle Brasil se alza un edificio señorial de piedra. Fue sede del *Diario de la Marina* y ahora está ocupado por *Juventud Rebelde*. En tiempos del juicio albergaba al diario comunista *Hoy*. Mientras cruzo el hall repaso los personajes del caso ligados a ese diario. Para empezar, Joaquín Ordoqui, su impulsor; también Blas Roca, el correoso dirigente comunista que desempeñaba la dirección del rotativo durante el juicio; Raúl Valdés Vivó, por último, el responsable universitario de la Juventud Comunista que flageló en el juicio a los hombres del Directorio y que ejercía como subdirector del periódico.

No autorizan las visitas a la redacción. El ordenanza me informa, eso sí, que lo único que ha cambiado en el último medio siglo han sido las cabeceras ocupantes y los rótulos exteriores. Señala un mural costumbrista que decora toda la pared del fondo en el que aparece algún personaje leyendo un ejemplar del *Diario de la Marina*.

Falta casi una hora para mi siguiente cita y me atengo al poético consejo de un experto, premio Nobel de Literatura: «My mojito in la Bodeguita, my daiquiri in La Floridita». Avanzo dejando a mi derecha el cine Payret y doblo por Monserrate, hasta alcanzar mi destino en la calle Obrapía. Zambullido en el aire acondicionado, mato el tiempo observando la escena colonial que decora la trasera de la barra y el busto que perpetúa la presencia de Papá Hemingway. Atiendo también su recomendación para conseguir el daiquiri «más vibrante y purificador»: reducir la media cucharadita de azúcar y doblar la dosis de ron. Lo que se sube a la cabeza no es el ron, según Hemingway, sino el azúcar.

El hombre con el que converso tiene facciones de boxeador, muerde un tabaco y contempla siempre el mundo a través de unas gafas graduadas y casi siempre a través del visor de una cámara. El hombre que muerde un tabaco extiende una tarjeta donde figura su nombre y su oficio: fotorreportero, el mismo desde hace medio siglo. El hombre que extiende una tarjeta ha fotografiado de todo: banderas flameantes, multitudes enardecidas, balseros en fuga, voluntarios en la zafra, líderes en la tribuna; este hombre, ha disparado el obturador de su Leica ante el Che Guevara y el campeón mundial de los pesos completos Teófilo Stevenson, frente a guajiros irredentos y a Fidel Castro, ante cantantes de renombre y al paso del niño Eliancito… También fotografió hace cuatro décadas a Marcos Armando Rodríguez en un banquillo.

—Era bajito, llevaba el pelo corto y unos espejuelos grandes. Estaba inmóvil, inexpresivo. Más difícil de retratar que un plato de frijoles.

Este hombre, que se proclama comunista con orgullo, trabajaba entonces en el diario *Revolución* y le tocó ese trabajo por turno, sin más, porque sí.

–Marquitos se mantuvo todo el juicio con la cabeza baja, tanto que casi tenía que tumbarme en el piso para retratarle la cara...

Este hombre que sorbe una cerveza sin esperar que repose la espuma, no recuerda mucho más de aquel trabajo remoto, uno más entre miles y miles de faenas, aparte de la presencia de muchos fotógrafos y periodistas extranjeros, las negras togas de los magistrados, el humo de la sala... Pero sí es capaz de revivir el ambiente de la redacción de *Revolución* en aquella época:

–Cada noche se aparecían por Carlos III Celia Sánchez [secretaria personal de Fidel Castro], Faustino Pérez, Armando Hart, Montaner, Camacho Aguilera... Si no todos, sí una buena parte de la plana mayor del [Movimiento] 26 de Julio. Hasta que la portada estaba lista.

Este hombre, de complexión atlética y expresión risueña, conserva también memoria del pique entre *Hoy* y *Revolución*, entre viejos comunistas y fidelistas; y de la relación entre el diario y el líder:

–¿Sería exacto decir que *Revolución* era un periódico muy próximo a Fidel Castro?

–No sería exacto –responde–. Lo exacto sería decir que *Revolución* era el periódico de Fidel.

Recuerdo la expresión de Joaquinito en uno de nuestros primeros encuentros: «*Revolución* era el periódico particular de Fidel». Al menos en eso tenía razón.

Este hombre que apura la cerveza y marcha mordiendo un tabaco camino de su apartamento en el Vedado, me acaba de confirmar que todo cuanto apareció en la prensa sobre el juicio fue dictado desde arriba.

Lo último que le pregunté, antes de despedirnos, fue la ubicación de la calle Teniente Rey, la sede del tribunal donde se celebró el primer juicio.

–Es aquí mismo, frente al Capitolio. En la calle Brasil. Justo al lado de *Juventud Rebelde*.

Camino a toda prisa hasta divisar la placa con el nombre de la calle que corta el paseo Martí y desemboca frente a la escalinata del Capitolio. «Calle Brasil.» Pregunto por la calle Teniente Rey al dependiente de la papelería de la esquina y me confirma que es la misma.

—Brasil y Teniente Rey son la misma calle. Es como decir Carlos III y Salvador Allende, o paseo Martí y paseo del Prado —me ilustra.

Salgo apresuradamente y compruebo que la numeración de la calle no ha variado. Subsiste incluso el rótulo de una bodega con el antiguo nombre de la calle: «Bodega Teniente Rey». Justo al doblar la esquina, en la misma manzana, está el número 605.

Tan próximo que forma parte del mismo edificio que el periódico aunque la entrada sea distinta. El rótulo blanco avisa «Tribunal Provincial Popular» y, más abajo. «Ciudad Habana». Ése fue el recinto del primer juicio, aquel que atrajo la atención popular y luego desencadenó la contienda política sobre el caso Marquitos. Y está situado en el mismo inmueble que ocupaba el diario *Hoy*. Sólo una planta más arriba.

Apenas comienzo a calibrar el alcance del hallazgo, sé que he tropezado con un dato esencial para interpretar el significado del proceso y puede que también de los acontecimientos subsiguientes. Recuerdo la declaración de Valdés Vivó, subdirector de *Hoy*: «En el primer juicio, un proceso del que nos enteramos por los periódicos». ¡Un juicio que se celebraba a pocos metros de su despacho, en la planta superior del mismo edificio!

Regresan de nuevo las palabras de Joaquinito: «Además de cobardes, eran bobos de la yuca. ¿Cómo se le puede ocurrir a un tipo que es subdirector del diario *Hoy* decir que se enteró del primer juicio por los periódicos?». Otra vez su observación había dado en el clavo.

Hubiera querido ver su cara al oírmelo reconocer.

4

El sol descarga aún su furia sobre La Habana a las cinco de la tarde. Atravieso el río de las conversaciones, el vacío agazapado tras los balcones, la hondura del silencio. Pulso el timbre frente a una cancela verde del reparto de Nuevo Vedado. Es una fortaleza de varios pisos, revestida de un perímetro de espesa vegetación y protegida por una legión de perros entre los que se hacen notar un par de inquietantes rottweilers.

En el espacioso salón gira un ventilador de techo como un moscón desorientado. Su propietaria atesora cuadros de artistas famosos; primeras ediciones dedicadas por sus autores; artesanía colorista que evoca lugares exóticos; fotos que eternizan momentos de brillo de una dilatada carrera diplomática. Algunas datan de su juventud. No había sucedido aún el crimen. El mundo era un lugar plácido, cálido, feliz. Pero los recuerdos más importantes en la vida de Martha Jiménez están un piso más arriba, no son dichosos y se remontan medio siglo atrás. Están concentrados en una pequeña habitación a la que se accede tras ascender por una empinada escalera y un breve pasillo y atravesar un complejísimo dispositivo de vallas y compuertas.

—Es por los perros…Tengo nueve. Hubo tres robos cerca sólo la semana pasada —susurra a modo de explicación.

Echa mano de un manojo de llaves y me franquea el paso a un despacho angosto atestado de libros y carpetas. Está equipado con un armatoste de aire acondicionado de color marrón e inequívoca factura soviética. También atesora latas de conserva y garrafas de agua.

Martha Jiménez en su despacho.

—Es mi acueducto. Yo lo llamo así. Para cuando hay cortes. Guardo también latas de comida por si cortan el gas. Así, no tengo que cocinar.

El timbre de un teléfono crepita a lo lejos como si estuviese zambullido en una freidora. Martha lo ignora.

—Me presenté en Ciudad Libertad en cuanto supe que Marquitos estaba allí, pocas semanas después del triunfo de la Revolución. Camilo Cienfuegos me atendió de lo mejor. Pero no era fácil; se veía que Marquitos era alguien importante allí, en el departamento de Cultura del Ejército Rebelde. No mostraba ningún arrepentimiento. Igual que años después en el juicio. Lo pasó todo el tiempo con la cabeza baja. No, claro que no dije en el juicio todo lo que pensaba porque aquello hubiera sido una bomba. Sí, claro que Marquitos era homosexual, por Dios, eso todo el mundo lo sabía. Y yo respeto todo, cada cual puede hacerlo por donde quiera.

La conversación se prolonga. La persiana del santuario familiar está entornada y dialogamos casi en penumbra. Nuevo Vedado es un barrio tranquilo y circulan muy pocos coches. Los perros se han aplacado. Ni luz, ni ruidos, nada perturba el refugio de Martha Jiménez. Es una mujer de figura alta y erguida, de ojos claros y labios gruesos. Lleva una bata estampada de colores alegres que le sienta bien a la palidez de su piel.

—Lo mío no fue de un ser normal. Después del crimen de Humboldt 7, me presenté en un juzgado y denuncié a Ventura Novo por asesinato. Con Batista en el poder. ¡Como suena! Yo trabajaba en Avon Cosmetics como representante y un día iba por la calle Veintitrés y se detuvo el carro de Ventura. Dentro iba él junto con su sicario Alfaro Sierra. Ese día no iba de dril blanco, vestía de uniforme. Se detiene a mi altura y díceme: «Yo no los asesiné...». Lo dijo suave, muy blandiiito. «Martha, ¿por qué usted me acusa?»

No fue ésa la única imprudencia que cometió la viuda de Fructuoso.

—Cuando lo del asalto a Palacio yo había rentado un apartamento, cerca de la calle Vientiséis, como refugio, como escondite para los combatientes, y lo amueblamos con las cosas esenciales para pasar allí un tiempo. Una vez que el asalto a Palacio fracasó aquel piso lo descubrió la policía y lo ocupó. Pues después del asesinato de mi esposo, yo me fui al SIM (Servicio de Inteligencia Militar) que estaba en Marianao, donde ahora está el Policlínico Finlay. Pregunté por el capitán Perdomo y me recibió muy gentil. Dígole: «Vengo a reclamar los muebles del piso del Directorio». Díceme: «¿Cuál piso?». Le respondo: «El del refugio del asalto a Palacio». Me miró atónito y me dijo: «Usted está demasiado rodeada de muertos». Sacó un frasco de colonia y regó el aire y el suelo en el espacio entre él y yo. «Irenaldo sí la quiere matar», dijo. Irenaldo era el jefe del SIM; Perdomo era el dos. «Fíjese bien, yo le voy a devolver los muebles.» Pues a las dos horas, los tenía. ¿Usted se lo puede creer?

Entonces Martha Jiménez echa a rodar una carcajada joven y los ojos resplandecen. Al instante, una sombra nubla esa expresión y exclama:

–Tenía copia de todo, también de las denuncias y de todos esos papeles. Los guardaba aquí –señala justo detrás de su asiento.

Tenemos que mover la silla para acceder al armario empotrado que abre con otra llave de su manojo.

–Hágame el favor de bajar esa caja del estante alto.

Desciendo una caja y extrae varios sobres de papel de estraza que descansa sobre las rodillas. Hay una montaña de fotos de Fructuoso. En la universidad, atlético, con gafas ahumadas; Fructuoso contrayendo matrimonio con una joven de la que trasciende una frescura frutal, Martha; Fructuoso arengando a una multitud; Fructuoso corriendo y burlando a la policía; Fructuoso yaciente y sangrando en la acera; Fructuoso encabezando una manifestación; el cuerpo atlético de Fructuoso quebrado, tendido en el suelo en posición inarticulada, imposible, tras una carga policial; Fructuoso desafiando las mangueras de los antidisturbios; Fructuoso recogiendo un diploma. Otro sobre reúne las fotos de Humboldt 7. El niño al pie de la escalera sangrante. Y muchas más; el rostro joven y hermoso del marido desfigurado y bañado de sangre, el cadáver de Fructuoso en el féretro, tumefacto, desdentado, amortajado. Fotos tomadas desde todos los ángulos. Son, seguro, fotos policiales, que trasladan la imagen de una joven viuda escrutando las comisarías.

–¿Éstas son fotos de la policía? –pregunto.

Y cuando me giro, compruebo que Martha tiene la vista vuelta hacia otro punto.

–De la policía y también de los archivos de la prensa. Las conseguí después de la Revolución.

Hay más fotos de aquella noche. En el Necrocomio, con otras mujeres también dolientes. Martha aparece de perfil, con un embarazo avanzado; no se descompone ni llora en ninguna.

Aún hay más sobres, más instantáneas de Fructuoso. Con sus compañeros del Directorio. Muchas con Manzanita, orondo, jovial; otras vestido de uniforme junto a otros jóvenes al pie de un jeep en una frustrada incursión internacionalista que llevó a aquellos estudiantes a Costa Rica. Y hay una foto orlada con un marco que dice «Recuerdo de Rancho Luna» en la que posan

Fructuoso Rodríguez yace derribado tras la carga policial contra una manifestación estudiantil.

trajeados una docena de jóvenes. Martha guarda silencio. Reconozco a varios: Manzanita, Julio García, Fructuoso y los otros muchachos asesinados en Humboldt y, en un rincón, junto a Joe Westbrook, un muchacho escuálido con gafas ahumadas y un ademán sonriente:

—¿Es Marquitos?

—Así mismo.

—¿Era comunista?

—¿Tú lo dudas? —Recoge lentamente los sobres y los vuelve a guardar en la caja. Los devuelvo al armario—. Tenía otra caja entera con todos los papeles, el sumario completo, las denuncias, documentos... Pero cuando estaba en Dinamarca de embajadora sólo vivía mi hijo en esta casa y él pasaba unos días fuera cada tanto. Entraron los ladrones y se llevaron justamente esa otra caja. Yo tengo mis sospechas de quiénes fueron esos ladrones... —Sonríe con picardía.

—¿Y de quién sospecha? —le sigo la corriente.

—Bueno, ya tú sabes, unos ladrones muy especiales, porque no tocaron cuadros, ni el televisor, ni nada de valor… ¡Sólo eeesa caja de los documentos! Dejaron, eso sí, las fotos.

—¿Sigue en contacto con sus compañeros del Directorio?

—¡Cómo no! Todos somos unos viejos gruñones. —Ríe con ganas—. Jimenito (Guillermo Jiménez) fue el que más pagó por aquel juicio. Era comandante de la Seguridad y lo mandaron a una fábrica de betún quince años. Luego lo jubilaron. ¿Qué te parece? Lo dejaron en la calle y sin llavín, como decimos nosotros. Casi toda la gente que tuvo que ver con aquello acabó mal. Dysis Guira, la novia de Joe, marchó a la Argentina y se suicidó hacia el año noventa. Parece que tenía crisis nerviosas. Date cuenta que ella acogió a Marquitos a los pocos meses de que asesinaran a Joe. —Hace un alto y prosigue—: La madre de Joe ya sabes que marchó al poco para Miami … ¡Di tu!

Martha se ha vuelto a casar, pero no ha tenido más hijos que aquel niño que Fructuoso no llegó a conocer.

—¿Habló de todo aquello con su hijo?

—Nunca fui capaz. Tampoco quise que aquello marcara su vida. Él vive ahora fuera de Cuba.

—¿Dónde?

—En Miami. Pero yo sé que él siguió interesado en el asunto por su cuenta.

Martha ha recorrido muchos países, pero casi todo su mundo está encerrado en los diez metros cuadrados de esta habitación.

—Busqué hace algún tiempo al chiquito de la foto de la escalera —suelta de pronto. Lo encontré en un pueblo del interior. Era el hijo del conserje. Cuando lo encontré tenía cincuenta años.

—¿Por qué lo buscó, Martha?

—Porque estamos unidos en el recuerdo del dolor…

—¿Él se acordaba?

—Perfectamente.

El sonido de mi teléfono móvil interrumpe la conversación. Después de colgar, le comento:

—Estoy intentando que me reciba Edith García Buchaca.

Martha Jiménez, hacia 2005, con el hijo del conserje de Humboldt 7 que aparece en la portada.

–¿Y? –Martha finge mal la indiferencia.

–De momento, sin resultado.

–Vive a dos cuadras, al otro lado de Veintiséis. ¿Tú sabes? Yo soy católica y creo que lo más importante en la vida es la conciencia. Creo que Edith tendrá siempre un peso en la conciencia.

Lo deja caer sin elevar la voz, pero con un resentimiento embalsado que desborda la mirada. Calculo la cantidad de dolor que puede llegar a engendrar un golpe que arrebata cuatro vidas y destruye otras muchas.

–¿Usted la sigue considerando responsable?

—¡Mijo, tú no sabes de lo que son capaces estos comunistas!

—Pensé que usted era miembro del Partido…

—¡No me refiero a *nosotros*! ¡Quiero decir *ellos*!

Apunta con el índice en dirección al otro lado de la avenida Veintiséis, acaso el lugar donde habita García Buchaca, o cualquier punto extraviado en su memoria.

Bajamos escoltados por los perros mientras medito cómo una misma palabra puede significar dos cosas tan opuestas para una misma persona. Estamos en el jardín a punto de despedirnos. Martha me mira a los ojos muy fijamente y suspira:

—Mi amigo, alguna vez se conocerá la verdad de esta historia. Y se verá que no es lo que cuentan los periódicos…

Se ha hecho de noche. Se respira un aire cálido, enervante y pesado, casi comestible. Arriba brilla el reflector abollado de la luna creciente.

5

Había cruzado el océano, explorado los escenarios del crimen y escuchado varios testimonios capitales. Sabía ahora que aquellos juicios no cerraron ninguna vieja herida y sí abrieron otras nuevas. Mi descubrimiento fortuito de la contigüidad de la sede del primer juicio y del periódico *Hoy* revelaba que todas las facciones políticas fueron conscientes de lo que estaba en juego en aquellos procesos.

El siguiente avance efectivo hacia la solución del enigma se produjo sin proponérmelo. Si no existe el azar le llamaremos fortuna. La fortuna y mis obsesiones jugaban en el mismo equipo.

Tropecé con Roberto Fandiño por razones ajenas a mis pesquisas sobre el caso Marquitos. Ocurrió en Madrid, durante la tertulia que siguió al estreno de una película cubana. Alguien mencionó su nombre al citar su cinta *El bautizo* como una de las grandes comedias de los sesenta. Yo tenía remotas referencias sobre algunas de sus películas documentales, *Gentes de Moscú* en particular. Las que rodó durante su etapa revolucionaria quedaron en la isla cuando marchó al exilio a finales de los sesenta y aún hoy resultan inaccesibles, como sucede a los artistas vivos que son etiquetados por el régimen como desertores. Prosiguió su obra en España, donde aún rodó varios largometrajes (*La mentira, La espuela, La antorcha*) durante los setenta, para regresar al género documental en los ochenta.

El contertulio, que ignoraba mi interés en el caso, aludió de pasada a las curiosas conexiones entre el Instituto Cubano de Arte e Industria Cinematográficos (ICAIC) y el caso Marquitos.

«Primero de todo, Alfredo Guevara, presidente del ICAIC, amigo personal de Fidel Castro, rival de Edith García Buchaca y polémico testigo del juicio; desempeñó un oscuro papel en la liquidación política de Buchaca y Ordoqui. Otra coincidencia, Segundo Casáliz, que firmaba sus columnas en *Revolución* con el seudónimo «Siquitrilla» y desencadenó una tempestad con sus comentarios sobre el primer juicio a Marquitos, había sido guionista en alguna película del ICAIC...»

—¿Cuál? —me interesé.

—Sin ir más lejos, *Alfredo se va a la playa*, que, para colmo, dirigió nada menos que Roberto Fandiño.

—¿Para colmo?

—Se ha dicho que Fandiño tuvo alguna relación con el caso —se evadió mi interlocutor.

Al acabar la tertulia le abordé a solas y volví a la carga.

—¿Tienes idea de si Fandiño está vivo y, si lo está, cómo puedo contactarle?

Me observó y dudó un instante antes de responder.

—Déjame que vea...

Fandiño reside desde hace años en Madrid, cerca de la glorieta de Bilbao. Quedamos citados en el café Comercial. Me coloco de espaldas a la puerta y así puedo observarle sin disimulo mientras se aproxima a través de los descomunales espejos de azogue maltrecho que revisten los muros. Su aspecto se ajusta a su propia descripción: menudo, algo encorvado, poco pelo, en realidad calvicie pronunciada, gafas tintadas, *candado* (perilla). Pocos preámbulos, los dos sabemos a qué venimos.

—Si Marcos tuvo alguna vez amigos, ésos fuimos Jorge Valls y yo. La de Jorge es una historia que mejor debería contarte él mismo; mi amistad con Marcos venía de familia. Mi padre era contable. Tenía clientes en pueblos de alrededor de la capital: farmacias, tiendas de comestibles... Uno de esos clientes era el padre de Marquitos que era dueño de una tienda. El negocito le fue mal y marchó a trabajar a la capital, como chófer en el *Diario de la Marina*. Creo que en el traslado a la capital también tuvo que ver que a la mamá de Marquitos se le detectó un cáncer, y hubo que ingresarla en una clínica en la ciudad. Tiempo después, murió.

Habla con parsimonia y se toma su tiempo para elegir cada palabra. Pero conserva recuerdos vivos.

—Marcos venía a la casa; era un niño. Yo era apenas un adolescente, pero le llevaba unos años, así que no le prestaba atención. De modo que guardo pocos recuerdos de aquella época de niñez, porque no lo registré. Es verdad que por entonces aquel niño no me simpatizaba. Puede que me influyera mi madre que le había hecho rechazo, y eso que era lo más acogedor y maternal del mundo. Acaso todo provenga de un incidente que ocurrió una vez que las dos familias fuimos a pasar el día al río. Marquitos no quería bañarse y su papá bromeando lo tiró al agua. Aquel niño, muy menudito, se revolvió y amenazó a su padre: «¡Me la vas a pagar!», dijo. Mi madre decía que descubrió algo en la mirada de aquel niño que le dio miedo y le causó rechazo.

—¿En qué momento se marchó de casa?

Según me relató Fandiño, Marquitos siguió viviendo con su padre hasta los doce años. El padre era un hombre bueno, elemental. Era básico, humilde y no tenía estudios ningunos.

«Y eso es lo que Marquitos no le perdonaba porque ya de niño tenía su complejo. Es falso todo eso que luego contó sobre sus discrepancias políticas y que su padre era reaccionario y esto y lo otro. A los doce años Marquitos carecía de cualquier ideología política. Marchó de casa porque sentía vergüenza de su padre.» Un buen día desapareció; así, por las buenas. El padre acudió a la policía, sin resultado. A las semanas, Marquitos hizo llegar un recado de que estaba bien. Cuando reapareció se había colocado de conserje en la Asociación Cultural Nuestro Tiempo. «Estaba en la esquina de las calles Cuatro y Veintitrés. Ahora la llaman Villamiseria y es una residencia de acogida del ICAIC.»

Fandiño me dice que está algo acatarrado. Se sacude con una tos que suena como el encendido de un motor de gasóleo frío y pedimos dos cafés con leche. A él le hubiese venido mejor un jarabe.

—¿Qué carácter tenía? —seguí preguntando.

—En aquella época Marquitos me resultaba antipático, me repugnaba incluso, por el sufrimiento que infligía a su padre. Yo no quería ni saber de él, por más que yo frecuentaba Nuestro Tiempo que era un punto de encuentro de los intelectuales más o menos próximos al comunismo, una entidad tapadera. Perdí contacto con él en 1957, cuando marché una temporada a México. Yo no mantenía allí relación alguna con el exilio cubano y me limitaba a dar clases de Historia del Arte. Conservo, eso sí, una carta que Marquitos envió a mi padre al poco de salir de la isla y llegar a Costa Rica en 1957, después de viajar al extranjero a raíz de lo de Humboldt 7.

Fandiño extrae varias hojas de un sobre manila, se cala unas gafas de cristal progresivo y lee por encima de la nariz una carta escrita a mano con tinta verde en un folio de doble cara:

Querido viejo:

Deseo que al recibo de ésta, la vieja y usted se encuentren bien. Supongo que mi padre les haya leído las cartas, así que más o menos ya estarán informados de cómo es la vida y algunas costumbres del pueblo tico.

Le agradecería viejo me dijese el tiempo que Roberto va a estar en ésa y cuándo regresa a Ciudad México. Yo, por mi parte, espero a Dysis para con ella irme a México donde habrán más posibilidades de trabajo….

Aquí la vida es un poco cara y la ciudad no es gran cosa que explicar. ¡Y eso que es lo mejor de Centroamérica! Constantemente llueve. Es un eterno y monótono aguacero.

Perdónenme la brevedad de mis líneas; pero no sé qué diablos me pasa que no puedo escribir más de una cuartilla.

Espero carta de Uds. Así que me despido con esa esperanza. Los quiere mucho, M. Armandito ¡Besos y abrazos!

Al regresar a Cuba a finales del 57, Fandiño supo por sus padres que Marquitos se había exiliado a resultas del crimen de Humboldt 7, perseguido por la policía. Marchó primero a Costa Rica y luego a Buenos Aires, al encuentro de Dysis Guira, la novia de Joe Westbrook, su otro gran amigo, uno de los mártires de

Humboldt 7. Su primera reacción fue de simpatía. Por eso, cuando Marquitos le escribió, le respondió de inmediato. Aquello pareció confortar a Marcos que contestó: «Menos mal que ya me tratas mejor».

—¿Conserva cartas de la etapa de México?

Fandiño, hurga en el sobre y selecciona otra hoja.

México, 5 de enero de 1958

Estimado Roberto:

Realmente me sorprende en mucho tu carta, yo que siempre le insistía a mi padre en que me escribieras. Pero en definitiva estás aquí y llenas este inmenso vacío que constantemente me rodea.

Hace unos quince días que llegué de la Argentina. País maravilloso donde hay una gran inquietud por llegar. Buenos Aires, en verdad ciudad plateada, me proporcionó grandes y claras experiencias que enriquecen la conciencia y el espíritu de cualquier ser humano. [...]

En este peregrinaje constante, en este vivir y no vivir, en este viajar geográficamente, lucho sin desmayo por sobreponerme a las pésimas condiciones en que vivimos. No claudico pero tampoco tengo optimismo, mientras se lleven las cosas de esta manera atolondrada, carente por completo de sensatez y realidad.

Roberto, antes, ayer, no tuvimos tiempo para platicar. Hoy deseo fuertemente mantener correspondencia contigo para intercambiar ideas y aclarar dudas. ¡En el exilio a veces es tan necesaria una carta!

Sobre mi vida, hay siempre algo nuevo que decir, puesto que está en movimiento, en salvaje ebullición. ¿Estudios? En Buenos Aires con Dysis nos dedicamos a estudiar política y literatura. La última me interesa más que la primera, claro está, sin desligarlas, sin oponerlas. Por mi cuenta estudié mucho teatro y tuve ocasión de embriagarme en él.

Dysis está bien. Sabes el cariño que nos une y siempre nos fue agradable nuestra unión. Su interés por el arte se ha desplazado hacia la política debido a que se encuentra nuevamente enamorada. ¿De quién? «De un muchacho inteligente, secretario general del partido socialista.» Ya ves, todo en la vida tiene su nacer y su morir, su actualidad y su caducidad.

En México hago una vida bastante solitaria. Tengo justamente dos amigos que me aprecian y me ayudan. Vivo solo y la mayor parte del día la paso encerrado, bien estudiando, bien escribiendo. Además, estoy bastante decepcionado. Esperaba de esta ciudad otro latir (algo así como BAires), sin embargo he visto frustrado mi presentimiento.

Te agradezco mucho las direcciones que me envías [...]

Hoy es domingo. La temperatura está bajo cero, 6 grados, te imaginarás lo desagradable que es.

A los viejos bésalos de mi parte, recibe un abrazo de...

—Lo curioso es que firmaba «Dionisio Viera» y más abajo sus iniciales, M. A. R. En una postdata agrega: «Adjunto te envío algunos versos. Quiero tu opinión sobre ellos. No seas apático y escríbeme».

—¿Por qué ese pseudónimo?

—Nunca llegué a preguntar a Marcos por qué firmaba sus cartas con el sobrenombre de Dionisio Viera. Entonces pensé que podía ser para prevenir una inspección policial. Ahora no sé qué pensar. Lo cierto es que se presentó con ese nombre a la gente que conoció en México, entre otros un buen número de amigos con quienes le puse en contacto.

Dos cosas destacan en la primera carta enviada por Marquitos desde México D.F.: el estilo pedante y la buena conciencia que transpira, incluso cuando habla de la nueva relación amorosa de Dysis Guira, la compañera del asesinado Joe Westbrook, y sentencia con un eco macabro: «todo en la vida tiene su nacer y su morir».

—¿Llegaron más cartas desde México?

—Sí. Conservo algunas. Una, fechada el once de febrero de 1958 y dirigida a su padre, relata que ha solicitado «una beca para Europa», que debe de ser la beca de Praga que acabó disfrutando tiempo después. La firma cambia de nuevo. La nueva versión es «M. Armando». Semanas después llegó otra carta encabezada «Querido Roberto» donde enumeraba sus nuevas relaciones en el D.F.: «Jaime, Ricardo, Roberto, Carlos» y refería su incansable búsqueda de trabajo en el ramo teatral. Está mecanografiada y contiene, según se disculpa el propio autor, una «orgía de errores». Firma, de nuevo, «Dionisio Viera».

Fandiño depositó sobre el mármol el manojo de cartas y me invitó a seguir leyendo. De todas, la que me pareció más reveladora de la personalidad de su autor fue una larga misiva precedida de varios pictogramas indescifrables.

Demás [*sic*] está decirte el regocijo experimentado al ver que mis súplicas no fueron estériles. Recibo tu carta en momentos de profunda soledad y tristeza. Y hablando de soledad ¿no será que me siento cómodamente instalado en ella? Considerándolo bien, creo que en todo eso hay una veracidad enorme y «trágica».

No me es desconocido ese sentimiento de culpabilidad. Por lo visto está en moda. Te ruego no te ofendas, pero hace unas semanas recibí una carta de J. V. en la que reina bélicamente el mismo sentimiento. ¡Qué agradable es ser vehemente! Bueno, en realidad, sería necesario aclarar varias cosas, para llegar por vía imparcial a la conclusión de que «tú y yo no nos hemos encontrado». No sé racionalmente el motivo de nuestra desligazón. Tu culpabilidad es la mía y es la de todos, justificaciones capitales que siempre estamos dispuestos a echarlas a los pies del prójimo. No creas que haya alusión; de ningún modo, al contrario, lo que me siento incapacitado para dejar de ser culpable [no] siéndolo.

Mi vida es difícil y hostil; pero es en ello donde me hallo y me transformo no en un lobo estepario a lo Hesse, sino en un Agnóstico [¿]. Ahora aquí en México tan lejos y tan cerca de mi islita de palmas, viéndola diariamente a través de asociaciones, en costumbres, color, ritmo, nace la necesidad de la presencia física. ¡Cómo añoro el Malecón a las seis de la tarde! En ocasiones me transformo en un ser odiosamente romántico y fatuo. Extraño el V-7 que me llevaba al Sevillano, el Lyceum, N. T. [probablemente, Nuestro Tiempo] el cine Capri, la universidad y sus entes, etc, etc. Costumbres, toda una media vida ora desintegrándose, ora fortaleciéndose en las costumbres y hábitos de un alguien sin importancia colectiva.

México me ha hecho bien. No sabes hasta qué dimensión. Casi que me voy estudiando. Digo estudiando por no decir encontrando ya que el viejo Unamuno me grita en las espaldas. Él no toleraría que yo dijese «me voy encontrando» ya que daría un brinco mortal sobre los snobs.

Sé que me comprendes felizmente. Ahora formas parte integral de «mi yo». ¡Cuánto deseé tener una brújula sincera! La he encontrado en ti. Hablando sicoanalíticamente soy un tipo introvertido, lo que me hace inaguantable y egoísta. Sé que no hay otra solución que la purga aristotélica y quién mejor que vos para recibirla atropelladamente.

No sabes cuán agradecido estoy por tus críticas sobre mis versos. Esa falta de integración y sistema ha sido un mal gnoseológico.

Para ello estoy estudiando mucho y con método. De un mes a la fecha he dado un gran viraje al carro creador. Vaya a la mierda Unamuno y te diré que voy «encontrando algo». Mi preferido, Miguel Hernández, el poeta alicantino.

Escribo cosas como estas:

La leche se consume
hasta en el ceno [sic]
y consumida sube
y consumida baja
hasta la plataforma
de sustentos.
despavorida corre
hacia el helecho
y allí se le conjuga
con el pecho.

La risa socarrona de Fandiño puntúa el final del ripio.

—¿Qué le parece la poesía?

—En principio estoy a favor de la poesía —contesto—. Pero, así como la poesía es una elevación por encima de los sentimientos vulgares, no hay cursilada más abominable que una cursilada poética.

Fandiño sonríe y sigue leyendo:

Y este otro:

> *De la pena he nacido*
> *de la pena he mamado,*
> *de la pena soy hijo.*

Y este fragmento de un poema que en breve será publicado:

> *Caracoles de carne*
> *nos ajustan al cuerpo*
> *la medida, la talla,*
> *la mirada,*
> *y se nos pliega al alma*
> *la metralla*
> *como un bastón de pus…*

Creo sinceramente que ésta es mi ubicación.

La carta repasa las últimas noticias de los amigos comunes y concluye:

> No sé si te he dicho que estoy estudiando italiano y ruso. El primero lo asimilo perfectamente, el segundo es harina de otro costal.
> Dejo de escribir. No me encuentro hoy bien debido a un resfriado, pero mañana espero respuesta de tu parte.

Se despide en italiano: «A domani!». En esta ocasión firma, por una vez, con un «Marcos» diminuto.

—Conservo alguna carta más de ese mismo período rubricada por Dionisio Viera… —prosigue Roberto Fandiño—. Pero a la altura de abril sucedió algo extraño: dejamos de tener noticias de Marquitos. Tanto su padre como nosotros. Y recurrí a un amigo mexicano, Carlos, para saber si había ocurrido algo. No me contestó Carlos, sino su esposa, Martha.

> Mi estimado Roberto:
> En vista de que a Carlos no le ha sido posible escribirle porque por el día trabaja y en la noche está actuando en una obra de teatro

y llega muy tarde a casa, me he decidido a hacerlo yo para que pueda informarle al papá de Dionisio [Marquitos] lo que sabemos al respecto.

Las noticias no son muy buenas pues lo único que podemos decirle es lo siguiente: estuvo viniendo a comer a casa hasta mediados de febrero, se cambió entonces de casa y no nos dijo jamás su nueva dirección. Después de una semana y media vino a casa un día para ver si había correspondencia; después de eso estuvo viniendo regularmente hasta la última semana de marzo que fue la última vez que supimos de él.

En abril recibimos una carta para él y un telegrama poco después. El telegrama lo vinieron a recoger y al día siguiente lo trajeron nuevamente con una anotación que dice: «El interesado no se encuentra en México, pero dejarlo con sus familiares».

Estamos todos muy preocupados porque llegamos a estimar mucho a Dionisio y a tenerlo en casa como si fuera uno más de la familia. Dígale a su padre que siguen aquí la carta y el telegrama y que en cuanto tengamos una noticia de él le avisaremos inmediatamente. Pero está muy difícil la cosa.

Muchos recuerdos de

Martha

Marquitos nunca dio ninguna explicación de aquella desaparición. Cuando triunfó Fidel Castro, Marquitos regresó a La Habana y restablecieron el trato y se revitalizó la amistad. Fandiño se incorporó al naciente ICAIC y Marquitos cooperaba en el departamento de cine del Ejército Rebelde. Un día acudió a contarle que los del Directorio pretendían culparle por el crimen de Humboldt 7, cuando él era plenamente inocente. Le explicó que Camilo Cienfuegos se había portado bien y al ponerle en libertad le había dicho: «No te preocupes que esto se pasará y nada te va a ocurrir».

—¿Le advirtió de su marcha a Checoslovaquia?

—Sí, me contó lo de su beca para Praga. Marchó a Europa y ya allí se hizo novio de la hija del embajador cubano y parece que desempeñaba funciones de consejero cultural. Todo eso me lo contó por carta, porque reanudamos nuestra correspondencia.

Las primeras cartas de esta nueva etapa están fechadas en julio de 1959, poco después de llegar a Checoslovaquia. Una está dirigida a su padre y redactada en un tono muy cariñoso. En otra cuenta sus paseos por Praga y sus planes de estudio (Filosofía y Letras, ruso y francés). El remite señala como domicilio la Unión Internacional de Estudiantes. Pero la carta más peculiar está datada tres meses después, el 21 de octubre:

Querido Roberto:
Con gran alegría y sorpresa recibo tu carta notablemente equilibrada. Te digo esto porque recuerdo las que me enviabas a México cargadas de graves amonestaciones y preguntas trascendentales. Ha sido tanta mi alegría que algunos de mis compañeros me preguntaron si era de una mujer querida y abandonada en una isla exótica. Cuando les dije que era de un amigo, se burlaron de mí diciéndome que yo podría ser un homosexual en potencia. Y en realidad es lógica esa incomprensión. Lejos de ver el hombre, se ve el sexo. No sé por qué me extiendo sobre estas tonterías […]

—La carta destila ambigüedad y fervor revolucionario, bromea Fandiño:

De la purísima prueba de confianza dada por el campesinado el 26 de julio estoy informado. Mi padre fue muy amable y me envió un rotograbado con fotos de la concentración. Créeme que la misma emoción que tú sentiste en nuestro país también la sentí yo en las calles de Viena cuando más de 30.000 jóvenes de distintas nacionalidades se daban las manos en un lazo simbólico por la paz y la amistad en el mundo […]
¿Te imaginas un coro de 30.000 voces gritando PAZ y AMISTAD en todos los idiomas? También sentí a los negros y a los coreanos y a los argelinos y a los americanos. Era así. Con cada abrazo, con cada apretón de manos, una lágrima ineluctablemente corría sobre la mejilla. El hombre más nihilista hubiera recobrado la fe en la bondad, en la ternura, de la humanidad, de la especie. Y aquella extraordinaria emoción cuando nos gritaban ¡CUBA CASTRO, CUBA CASTRO! Todos: alemanes, franceses, rusos, iraquíes, argelinos, africanos, nepaleses, chinos: todos vitoreando a nuestro pueblo y yo imaginán-

dome esa imagen tuya de los guajiros cojiditos [*sic*] de las manos como si fueran niños y Fidel moviendo los brazos incansablemente, y los sombreros y los machetes, y los sombreros mambises.

Por eso el 26 de julio fue grande en Cuba y en el mundo. Porque en Cuba se estaba consolidando la paz y en Viena una juventud capaz y gallarda derrotaba en la propia casa del imperialismo sus planes de guerra fría y atomización de vidas. Te confieso que aún no me he repuesto de tantas emociones.

Sé de las conjuras contra la isla. Pero si bien éstas permanecerán por algún tiempo ello servirá para cerrar filas al lado de la Revolución, puesto que ella ha entrado en su etapa más dinámica, más constructiva, más revolucionaria. No hay duda de que si nuestro pueblo la respalda —y de eso hay hartas manifestaciones— nadie se atreverá a mancillarla…

—La despedida era efusiva: «Te quiere», decía y la firma, era otra vez cambiante: «M. A.»

—¿Hubo más cartas?

—Algunas, pero no las conservo. Siempre afectuosas, siempre pedantes y también con alto fervor revolucionario.

Un buen día, a principios de 1961, el padre de Marquitos se presentó desesperado en casa de los Fandiño. Les contó que su hijo había desaparecido. «Que se encontraba en una reunión en Praga, salió a por cigarrillos y no regresó. Inclusive dejó el saco en la silla. Está secuestrado», dijo. Transcurrieron semanas y semanas sin novedades y otro día les informó que había recibido noticias suyas. Que Marquitos estaba preso. «Lo tiene el G-2», la policía política, la Seguridad cubana, dijo. Le dieron autorización y acudió a visitarlo. Muchas veces se hizo acompañar del padre de Fandiño. Juntos fueron también en un par de ocasiones a ver a Joaquín Ordoqui, que era viceministro de las Fuerzas Armadas Revolucionarias y que «había acogido con afecto a Marquitos durante su estancia en México».

—¿Su padre era el acompañante del padre de Marquitos en aquellas visitas?

—Mi padre se volcó tanto en la ayuda al papá de Marquitos que en el juicio aparecen referencias por error al «abuelo del acusado». En realidad, era mi padre que acompañaba siempre al padre del muchacho. En una ocasión el padre de Marquitos apareció por casa y me dijo «Él le escribió una carta a Ordoqui y me la ha dado para que se la lleve. La tengo aquí.» Era una carta a mano. Lo primero que pregunté al padre es «¿Cómo pudo escribir esa carta bajo la custodia de la Seguridad y entregársela delante de sus narices?». Aquello me pareció de lo más extraño. Dígole: «¿Cuándo tienes que entregársela a Ordoqui?». Él me contesta que al día siguiente; y yo le propongo: «Déjamela esta noche que la copio y mañana pasas a recogerla». (Nosotros vivíamos en Trece y M y le cogía de camino.) Así fue como copié la carta, primero a mano y al día siguiente saqué tres copias a máquina.

—¡Entonces fue usted quien copió las cartas!

Brinco en la silla. Estoy delante del cameraman aludido en el juicio, el hombre clave para desvelar el aparente misterio de las cartas que traía de cabeza a Joaquinito. Fandiño asiente con un gesto y prosigue sin inmutarse.

—Como la cosa se prolongaba, un día le dije al padre de Marquitos: «Voy a hacer algo». Fui a ver a Alfredo Guevara y le entregué una copia de aquella carta con el ánimo de interceder por el muchacho que llevaba meses y meses detenido sin explicaciones. Alfredo no le dio ninguna importancia. La guardó en una gaveta del buró y parece que se olvidó de ella.

—¿Y las otras copias?

—Me las quedé yo. Tenía que emprender un viaje y escribí a Fidel Castro, antes de salir de viaje. Firmé la carta con mi nombre, aunque di como referencia la dirección de mi padre, porque pensaba estar un tiempo en el extranjero. En aquella carta le explicaba: «Tengo un documento muy importante. Me gustaría entregárselo en mano». Aún no había salido de viaje y recibí una respuesta de la secretaría de Fidel, firmada por Celia Sánchez, en la que me decían que sus ocupaciones le impedían recibirme y me sugerían que enviara la carta por correo. No me pareció razonable aquello porque la carta podía caer en manos de cualquiera. Tiempo después, la Seguridad del Estado solicitó al padre de

Marcos una copia de la carta y les entregamos la que estaba destinada a Fidel.

—¿Y la tercera copia?

—La última copia se la entregué a Faure Chomón, del Directorio Revolucionario, a través de un compañero del ICAIC, Cuco Basilio, que era amigo suyo. Le dije a Cuco: «Esa gente del Directorio serán tus amigos, pero son un desastre. No hay derecho que tengan preso a alguien siendo inocente». Faure Chomón me llamó y nos vimos. Me dijo que él estaba convencido de que Marquitos era el delator, que era culpable; pero que los del Directorio eran los primeros interesados en que se celebrara un juicio. Me contó que después del crimen de Humboldt siempre estuvieron convencidos de que existió una delación y que examinaron uno a uno a los posibles culpables. Los fueron descartando hasta que quedaron dos, Marquitos y otro. Los tuvieron a ambos en observación. El otro sospechoso regresó del extranjero después de la Revolución para aclarar las sospechas. Faure negó que Marquitos estuviese en manos del Directorio y dijo: «Si está preso es cosa de los comunistas, que no quieren que diga cosas que no les convienen». Tras esa conversación entregué a Cuco una copia de la célebre carta de Marquitos a Ordoqui para que se la hiciera llegar a Faure Chomón. No volví a oír una palabra más de esa carta hasta el juicio en que el tema reapareció y se convirtió en estrella.

Poco tiempo después, Fandiño recibió una llamada del padre de Marcos que entre llantos le pidió que fuera a verle. Cuando llegó a su casa, en el reparto de La Víbora, y cruzó la puerta se encontró al padre desplomado en un camastro y en un mar de lágrimas. «¡No hay nada que hacer! ¡Es culpable!» «¿Cómo es eso?», le preguntó. «Él mismo me lo ha dicho. Y ha confesado. Me ha pedido que le perdone.» Semanas después el padre de Marcos anunció a los Fandiño: «Creo que se va a hacer juicio a puerta cerrada. Me lo fusilan».

—¿Siguió de cerca el primer juicio?

—Claro. No fue a puerta cerrada, pero tampoco se le dio publicidad. Supe que Faure Chomón esgrimió la carta para atacar a los viejos comunistas. La carta era uno de los elementos centrales para apuntalar su tesis de que Marquitos era «un fruto amargo del sectarismo». Conversé sobre el asunto con Alfredo Guevara y él se puso lívido, porque había olvidado dar traslado a su copia de aquella carta. Simplemente se quedó en su buró. Me dijo: «Escribe a Fidel y explícale qué ocurrió». Así lo hice; le conté toda la peripecia y le referí que había entregado una copia a Alfredo Guevara, otra copia a Faure Chomón y una tercera copia a la Seguridad.

Cuando Fandiño vio que Fidel Castro enarbolaba la carta frente a las cámaras se le heló la sangre.

—Dijo que desconocía esa carta, pero a mí eso me cuesta creerlo porque la Seguridad tenía una copia desde hacía tiempo y otra copia la esgrimió Faure Chomón y dio lugar al careo entre los mayimbes, los mandamases de la Revolución, y Marquitos; o sea que Fidel Castro tenía que conocerla a la fuerza.

—¿Alguien le convocó durante el juicio?

—Nadie. Pero sudé tinta china cuando Fidel esgrimió la carta para montar una de sus escenas de indignación y cólera teatral. Me encontraba siguiendo por el televisor su declaración en la salita de casa, junto a mis padres. Temblaba angustiado ante el temor de que él me mencionara y aquello acabara mal. Al final, tras referir toda la peripecia de la carta y censurar mi supuesta negligencia, se detuvo y dijo: «No voy a mencionar siquiera su nombre». O sea, el mío. Sentí un alivio inmenso. Fue como si volviera a nacer. Salí a la calle a pasear. Era muy tarde ya, seguramente después de las dos de la madrugada y no había un alma. De pronto, me tropecé con Faure Chomón, que caminaba solo en dirección opuesta. Fue un encuentro muy extraño, porque nos saludamos tranquilamente, como si nada. ¡No hizo la menor alusión al juicio! Lo más lógico hubiera sido expresar esa complicidad que existía entre dos personas que acababan de ser aludidas en el testimonio de Fidel Castro y que habían salido bien por los pelos… Pero fue como si no pasara nada.

—¿Cómo encajó el padre de Marquitos la sentencia?

—Estuvo seguro de la inocencia durante toda la detención, hasta que su hijo se confesó culpable. Pero para cuando comenzó el juicio ya se había vuelto a persuadir de la inocencia. Sufrió mucho. Aquello acabó con él.

Durante el proceso se dividieron las opiniones de la familia Fandiño. La madre sostenía la culpabilidad, mientras el padre y el propio Roberto le defendían contra viento y marea. «Ella, sólo por intuición, acaso por aquel recuerdo que guardaba de él desde la niñez, sostenía que era capaz de cualquier cosa.» La ejecución reabrió el conflicto porque la madre de Fandiño se opuso a la petición del padre de Marcos y de su marido de enterrar el cuerpo en su pabellón familiar. «No quería que un día nuestros restos yacieran junto a los suyos.»

—¿Y ahora, qué piensa?

—Se ha especulado mucho sobre la culpabilidad de Marquitos y sobre los móviles de la delación, si es que él fue el delator. Eso me ha obsesionado siempre. Discutí duro con mi madre que tenía las ideas claras. Conversé también con todo tipo de gentes. Por ejemplo, con Dysis Guira, la novia de Joe Westbrook. Le pregunté si era verdad que ella había pagado a Marcos el pasaje aéreo para visitarla en Buenos Aires, como él afirmaba. Dysis quedó extrañada y lo negó: «No me digas que él dice eso, porque voy a acabar por creer que él fue el delator».

—¿Lo ha comentado con más gente?

—Con una persona que siempre lo ha defendido, su gran amigo, Jorge Valls. Él fue el único testigo que reivindicó su inocencia.

—¿Qué fue de Valls?

—Jorge fue detenido pocos días después del juicio y pasó veinte años en prisión.

—¿En qué se fundaba Valls para sostener la inocencia de Marquitos?

—Eso tendría que preguntárselo a él. Jorge es una persona especial, muy bondadosa, formidable. Sentía devoción por Marcos.

—¿No lo ha hablado con nadie más?

—Más nadie. Me sucedió algo curioso: conocí a Josefina, «Yoyi», la hija del embajador cubano en Praga que fue novia de Marcos hasta la detención. La traté, ya en La Habana, hacia 1966, dos años después del fusilamiento. Fue por la época en que estrené *El bautizo*. Ella era crítica de cine y habló bien de la película, la defendió. Conversamos de mil cosas pero nunca mencionamos el nombre de Marcos, y eso que los dos sabíamos quién era el otro.

—¿Cómo lo sabían?

—Todo era demasiado obvio, nos movíamos en círculos muy pequeños.

—¿Y usted? —insisto—. ¿Qué piensa de las versiones que conectan la delación con la supuesta homosexualidad de Marquitos y su despecho por las ofensas de los duros del Directorio?

—Ha habido muchas versiones que relacionaban la delación con la homosexualidad de Marquitos. La verdad es que él no era propiamente afeminado; si acaso algo afectado. La homosexualidad de Marcos era una de esas cosas que señalaba todo el mundo, pero no se le conoció una sola relación, una sola pareja masculina. ¿De dónde vienen aquellas especulaciones? Muy posiblemente del ambiente muy machista y alardoso que imperaba en la universidad y en los ambientes de la oposición a la dictadura de Batista. Los muchachos de Humboldt 7 eran unos duros, unos cojonudos.

Fandiño relata una anécdota que ilustra la atmósfera machista de los medios universitarios. Fructuoso iba en el asiento delantero de un taxi junto con otros dos jóvenes del Directorio, uno llamado Nino y otro más, que viajaban detrás. Nino vestía una camisa estampada, simplemente estampada. Fructuoso se giró y bromeó: «¡Vaya camisiiita!». El comentario enfureció a Nino. Se quedó un minuto en silencio y luego respondió: «¡Se puede ser bien maricón y llevar camisa blanca!». Fructuoso llevaba camisa blanca.

—Ése era el ambiente, de un machismo crispado, obsesivo —ríe—. Es fácil imaginar lo que opinarían esas gentes de un Marquitos endeble, atildado, con su vestimenta extravagante, de aire existencialista, con sandalias amarillas, saco rojo, gafas grandes de carey… A los más rudos, como Carbó Serviá, de seguro les provocaba desprecio. La escena de la humillación de Marquitos en

Humboldt 7 cuando esta gente le tachan de cobarde, maricón, comunista y mil cosas más, es completamente verosímil. En aquel tiempo la hombría se exaltaba, la masculinidad se exhibía sin complejos y cualquiera un poco atildado o de maneras menos viriles podía quedar catalogado de inmediato de maricón; y no había peor insulto que ése.

—¿Piensa que el resentimiento fue el móvil?

—En la cabeza de Marquitos seguramente se mezclaba el despecho humano hacia aquellas gentes (excepto hacia Joe Westbrook, por quien sentía pasión) que le vejaban y un desprecio político hacia aquellos individuos que él catalogaba de pistoleros, aventureros pequeñoburgueses y no sé cuántas cosas más; un desprecio que estaba alimentado por sus simpatías o su militancia comunista.

Pregunto a Fandiño por las conexiones entre el caso Marquitos y el ICAIC.

—Sí. Es verdad que resultan curiosas, aunque las atribuyo a la casualidad. Por ejemplo, es casual que el local de Nuestro Tiempo, la asociación donde Marquitos trabajó de conserje, esté ahora adscrito al ICAIC. También es una casualidad mi papel. Yo fui director de cine y empleado del ICAIC, pero mi relación con el caso viene de la amistad entre mi padre y el padre de Marcos. Lo mismo sucede con Cuco: yo le pedí un contacto con Faure Chomón y a través de él le hice llegar la copia de la carta. Es llamativo también el papel de Segundo Casáliz, guionista del ICAIC, además de periodista. Él escribió en *Revolución* la columna «Siquitrilla» que desencadenó el segundo juicio y que pareció encabronar a Fidel. Por cierto, me choca que Fidel fingiera desconocer a Casáliz. Casáliz fue el primer periodista que le entrevistó en la Sierra después de alzarse, mucho antes de que lo hiciera Herbert Mathews para el *New York Times*... También está Alfredo Guevara, nada menos que presidente del ICAIC, que tuvo un papel relevante en el caso, proporcionó la beca a Marquitos para marchar a Checoslovaquia y recibió de mis manos una copia de la carta. Pero hay otros aspectos más enigmáticos en el caso Marquitos...

—¿A qué se refiere?

—Para mí una cosa es el caso Marquitos, rebosante de incógnitas y arcanos, y otra cosa es el proceso a Marquitos. Cuando lo diviso en perspectiva, el proceso aparece clarísimo. Marquitos estaba sentenciado. Antes del minuto uno de la primera sesión del primer juicio. Ese proceso de Humboldt 7 fue un pretexto para una de las más efectistas escenificaciones políticas de Fidel Castro. Todos los testigos, la acusación, el fiscal, los periodistas, todos, eran actores de un guión escrito por Castro. Algunos eran actores conscientes, como Faure Chomón o Alfredo Guevara. Intervinieron como lo hicieron porque se les indicó que ésa era la línea o ellos mismos lo intuyeron. Si Fidel les hubiera ordenado lo contrario, hubieran hecho lo contrario. Otros, la mayoría, desempeñamos nuestro papel involuntariamente, de manera inconsciente: la gente del Directorio, los viejos comunistas, el aparato judicial, la prensa, el público que siguió con pasión el asunto frente al televisor…

La interpretación de Roberto Fandiño parece calcada de la que repetía Joaquinito una y otra vez. Y la fijación anticastrista, también.

—¿Y Ordoqui y Buchaca?

—Ésos fueron los más ciegos de todos, ignorantes de que estaban a punto de convertirse en chivos expiatorios.

—Es lo mismo que pensaba Joaquinito Ordoqui.

—¿Eso dijo?

—Casi con las mismas palabras.

—Será porque los dos hemos trabajado en el mundo del guión.

Ríe y deja a la vista una dentadura completa. Vuelvo a la carga:

—Dice que el juicio está claro… ¿y la culpabilidad de Marquitos?

—No tengo ninguna certeza sobre nada de lo que se refiere a Marcos. Con el transcurso del tiempo, una niebla de misterio se ha ido espesando en torno a su conducta. La propia carta de Marquitos a Joaquín Ordoqui… Cuando salí de Cuba rumbo al exilio dejé oculta la última copia en una gaveta en mi casa, porque no quería cruzar la frontera con ella arriba. Al poco de asentarme en Roma llamé a un amigo y le pedí que recogiera una carpeta donde la guardaba junto con otras cosas, fotos y eso... ¡Había desaparecido! Repaso los recuerdos que conservo de nuestras relaciones, releo las cartas que cruzamos... Es como si cada vez supiese menos sobre Marcos, incluso acerca de sus estudios. ¿De qué se matriculó en la Universidad de la Habana si no tenía siquiera el bachillerato? ¿Cómo pudo obtener una beca universitaria sin la calificación necesaria? Le doy vueltas y siento que nunca llegué a conocer al verdadero Marcos Rodríguez.

Fandiño me extendió el fajo de cartas. Experimenté una sensación rara. Como si estableciera un contacto físico con Marquitos. Había observado sus fotos, había leído y releído su confesión y sus testimonios judiciales. Ahora palpaba por fin objetos que habían salido de sus manos.

Sentí la misma perplejidad que Fandiño. La que hubiese sentido Joaquinito al comprobar que un misterio, el de la procedencia de las copias de la carta de Marquitos a su padre, se difuminaba y dejaba paso a otros enigmas nuevos.

Hojeé aquellos escritos de colores y tamaños distintos, con diferentes encabezamientos y firmas. Sólo tenían en común la pedantería libresca, la ampulosidad y algunos rasgos grafológicos. Como si Dionisio Viera, el heterónimo de Marquitos, hubiese existido realmente; como si las cartas procedieran de diferentes personas, o una misma persona contuviese otras varias. Esas firmas cambiantes; esa ambivalencia en las expresiones, en el lenguaje; esa sinuosidad en las inclinaciones políticas, personales, sexuales...

Antes de despedirnos pregunté a Fandiño por la manera de dar con Jorge Valls.

—No le será fácil. Vive en Miami, pero no tiene domicilio fijo.

6

Jorge Valls no se oculta. Simplemente, no tiene dirección ni domicilio fijo. Es, quizás, el último habitante de Estados Unidos sin teléfono móvil y sin coche. Para dar con él hay que dejar recados en la web del Partido Social Revolucionario Cubano y en un par de números del South West. Basta con cruzar el océano, insistir unos días, y acaba por aparecer.

Usa una añosa camisa de manga corta; pantalones azul cobalto de presidiario, desgastados; toscas botas marrones desfallecientes. De la mano derecha cuelga un ajado macuto de loneta blanca. Cruza el hall del hotel Richmond con paso gastado. Nos hemos citado a unas pocas manzanas del South Beach, el barrio de la moda en la playa de Miami, y su presencia resulta extravagante en esta pasarela de músculos y glamour. Su cabellera es frondosa y cana, con un flequillo que le confiere un absurdo aire juvenil. Las cejas tupidas y unas gafas enormes de pasta blanca y lentes progresivas dan a sus ojos una expresión de sorpresa, como un animal deslumbrado por los faros de un coche en medio de una carretera nocturna.

Jorge Valls tiene el aura inconfundible de esa estirpe de individuos que jamás pudieron correr otra suerte mejor ni distinta, que siempre se apuntaron al bando de la derrota; porque despreciaron la victoria, el éxito, el poder, la riqueza. Jorge Valls es un perdedor. No un perdedor casual o fortuito. Es un perdedor vocacional. Es decir, un idealista.

—Conocí a Marcos —desde el principio evita llamarle «Marquitos»— en casa de Dysis Guira, en 1955. Él estudiaba teatro en la universidad y yo cursaba filosofía. Era muy joven, puede que tuviera diecisiete años. Tenía interés en colaborar en las tareas revolucionarias. Se acercó mucho a casa y mis viejos lo acogieron allá en la calle la Torre, detrás del cementerio de Colón. Mi madre lo tenía como un hijo y salía junto con mis dos hermanas. Con Gladys, la mayor, y también con la chiquita.

—Según declaró en su confesión, para ese año ya era comunista...

—Marcos nunca mencionó que fuera miembro del Partido. Además, no le correspondía por edad —le disculpa.

—¿Mencionó su pertenencia a las Juventudes?

Jorge prosigue como si mi pregunta no existiese, como si mi voz quedase anulada por el ritmo sincopado, acaso un rap, que escupen los altavoces del bar.

—Sí, es cierto que él colaboraba con la sociedad Nuestro Tiempo y confesaba su simpatía por el marxismo, especialmente por la vía china, de Mao. A esa edad el pensamiento oscila entre distintas tendencias y se forma un *ajiaco*, una mezcla.

—Usted pasaba por ser un dirigente estudiantil de convicciones anticomunistas.

—Yo estaba más cercano al mundo religioso, a la mística oriental, a los rosacruces, al espiritismo, a la teosofía; igual que la madre de Dysis [Guira, novia de Joe Westbrook]. A Marcos también le interesaba todo ese mundo, aunque menos. ¡Pero todo eso era compatible con un anticapitalismo y un antiimperialismo feroz, rotundo! —puntualiza cortante.

Valls se extravía unos segundos en sus recuerdos. Cuando encuentra el camino de regreso, suspira:

—Hay que comprender aquel ambiente. Teníamos derecho a tener veinte años...

—¿Qué aspecto tenía Marquitos?

—Era menudo y de color cartucho, algo mestizo, pero de pelo indio, lacio. Ustedes lo hubiesen podido tomar por gitano.

—¿Y su carácter?

—Era persona de recia calidad moral, muy confiable. Él manejó muchas veces informaciones confidenciales, inclusive sobre conspiraciones militares y siempre mantuvo la discreción. Mi papá le prestaba el carro. ¡Y fíjate que mi papá era catalán, así que imagínate la confianza que le debía de tener a alguien para prestarle el carro! –bromea, y amaga una mueca con tenue vocación de sonrisa.

Remueve el té y sorbe sujetando la taza con las dos manos como si necesitara calentarse. Estamos en la terraza bar adyacente a la piscina del hotel y el termómetro marca más de ochenta grados Fahrenheit.

–¿Cuáles eran sus aficiones?

–Era una persona culta, escribía poesía, buena poesía…

–He leído algunos poemas suyos y me parecieron mediocres –objeto.

Valls no me oye. Y si me oye, no me escucha. Y si me escucha le importa un higo mi opinión.

–… aficionado al teatro. Alguien francamente refinado. Hay varias anécdotas que ponen de manifiesto su calidad humana especial. María Rosa de la Vega, buena amiga nuestra, atravesaba por problemas personales, porque se divorció y el marido iba a quedarse con el niño. Estábamos juntos en el porche de su casa y, de pronto, ella salió corriendo en dirección a la calzada para lanzarse bajo un auto. Marcos salió disparado tras ella y fue capaz de retenerla. Se quedó hablando con ella y la calmó. Rosa decía que le debía la vida a Marcos.

–Hay otros compañeros suyos que lo retratan como alguien muy taimado, un farsante.

–Al contrario. Era una persona de gran ingenuidad.

Ríe por adelantado, al rememorar un episodio.

Valls y Marcos se ganaban la vida haciendo *surveys*, encuestas para agencias de publicidad, como Guastella y otras menos acreditadas. Preguntaban sobre cualquier cosa: detergentes, medicinas, lo que fuese, a cuarenta centavos el cuestionario. Un día les encargaron un sondeo sobre audiencias de radio. En un cuarto de hora, de 12.15 a 12.30, tenían que encuestar a toda una cuadra de casas en el reparto de Lawton sobre la estación que estaban escuchando en ese momento y, además, tenían que verificarlo en el receptor de radio. A las 12.30, Marcos acudió escandalizado a la cita que habían fijado a media cuadra. Le había recibido una mujer desnuda y cuando había preguntado dónde estaba el receptor de radio, ella le había invitado a pasar a la alcoba. Habían recorrido el pasillo juntos, ella desnuda todo el tiempo. Valls le preguntó: «¿Tú qué hiciste?». Marcos respondió sin inmutarse: «¡Continuar con el *survey*!».

—En el juicio varios testigos insinuaron que era homosexual...

La pregunta no es cómoda. He escuchado las mismas insinuaciones acerca de mi interlocutor, también sobre Roberto Fandiño, y siempre han planeado sospechas sobre la inflamada devoción que Marquitos experimentaba por Joe Westbrook. Jorge no se inmuta.

—No era amanerado. Más bien al contrario; tenía la voz grave. Si hubiese habido cualquier mariconería en casa mi padre no lo hubiese tolerado, era muy estricto. Es cierto que su aspecto debía de ser chocante porque el movimiento revolucionario se componía de dos ramas, lo que se llamaba gente de pensamiento y gente de acción. Los primeros eran vistos con menosprecio. Y Marcos no era un hombre de acción... Siempre iba con un libro bajo el brazo.

Una vez oí decir que si la cultura entrase por el sobaco, Cuba estaría llena de sabios... Le pregunto:

—¿Iba armado?

—No le recuerdo con pistola...

—¿Y usted?

—Sólo cuando era necesario. Si llevas siempre pistola, acechan tres peligros. Que se utilice contra ti, que tú la utilices contra quien no debes y que sucumbas a la fascinación del poder que te confiere llevar una pistola. Yo la ocultaba en un lugar y la recogía un rato antes de cada acción. Al acabar la acción me desprendía de ella.

—¿De dónde pueden venir los rumores de la homosexualidad de Marquitos?

—Tal vez chocaba su afición a la poesía y el teatro. Aunque no era petulante, sí era una persona muy culta.

—Se dice que vestía extravagante, con sandalias y una chaqueta roja.

—Roja no; llevaba un saco mostaza…

—¿Compartían ideas?

—Marcos estaba con nosotros, con la gente del Directorio, pensaba como nosotros. No había fricciones ideológicas entre él y nosotros.

—¿Nunca sospechó que estuviera infiltrado entre ustedes por orden del Partido Comunista, como se dijo en el juicio?

—Ahora aparece todo muy definido, pero entonces no lo estaba tanto. Lo único definido era el Movimiento 26 de Julio y el PSP, el comunismo. En la oposición a Batista lo que había principalmente era un conglomerado de fuerzas y corrientes de inspiración martiana y de base auténtica o bien ortodoxa [Partido Auténtico, Partido Ortodoxo] y las influencias ideológicas eran de lo mas heteróclito, igual que las lecturas. Marxismo, anarquismo…

—Pero existía una aguda rivalidad entre los comunistas y el Directorio…

—También en el seno del Directorio surgió un desencuentro, aunque esta divergencia no era doctrinal, sino estratégica. Pero fue un desencuentro que tuvo que ver con la tragedia de Humboldt 7. Unos quisimos que el Directorio se constituyera en un Frente Unido de todos los sectores de oposición revolucionaria al batistato; otros, como Fructuoso, Joe Westbrook y Manzanita querían que el Directorio actuara como un grupo, un partido más, con su militancia. Nos distanciamos.

—Se dijo también que Marquitos discrepaba de los métodos violentos de la gente de Humboldt 7…

—¡Eso no tiene base! Marcos creía como todos en la acción militar. Cuando se planifica el asalto a Palacio, Menelao Mora nos contacta para saber si tenemos armas y estamos dispuestos a participar en una acción suicida, así mismo lo dijo. Respondemos que sí y se nos pregunta si tenemos problemas en colaborar con la gente de la universidad, con los otros compañeros del Directorio de los que nos acabamos de distanciar. Respondimos que no había problema. Entonces nos acuartelamos la víspera del asalto, pero surgió una discusión muy fuerte con Faure Chomón y nos retiramos.

—¿Cuál fue el motivo de la discusión?

—Prefiero no hablar de eso. Prefiero ni hablar siquiera de Faure. En aquel contexto se habían dispuesto varios pisos para ocultarnos después de la acción. Humboldt 7 lo habían rentado Marcos y....

Se golpea la cabeza con el puño cuando un nombre no acude. Lleva en la muñeca izquierda un decrépito reloj dorado y una goma de sujetar legajos...

—Pérez Cowley —apunto.

—¡Ése mismo! Ellos dos estaban viviendo allí. Inclusive Cowley llevó una mujer, según supe. Después del asalto a Palacio, como Joe y los otros andaban en problemas, Dysis les ofrece el apartamento de Humboldt 7. Nosotros estábamos refugiados en la calle Xifré 11 y no lo necesitábamos. Marcos y Cowley entregan las llaves del apartamento. Y allí empieza a desfilar gente, tanta que Marcos se siente molesto porque no se respetan las reglas de seguridad más elementales.

—¿Es entonces cuando se produce la discusión entre Marquitos y Carbó Serviá y los demás?

—Exacto. La noche del diecinueve.

—¿La enemistad entre Carbó Serviá y Marquitos venía de lejos?

—De los de Humboldt 7, el más amigo de Marcos era Joe. Carbó era un jodedor, un bromista aficionado a las bromas hirientes, pesadas. Yo me llevaba bien con él, pero era un hombre rudo, temerario, osado. Espantosamente valiente. Nosotros teníamos reverencia por el mundo revolucionario, por la pureza y la capacidad de redención de la Revolución. Carbó era un descreído, un escéptico, pero muy generoso.

—¿Usted sigue manteniendo que Marquitos no fue el delator?

—El día veinte en la tarde Marcos estaba en el cine Dúplex. Coincidió allí con mi gran amigo Tirso Urdanivia. Se enteró por la radio de lo que había sucedido en Humboldt y llamó a Blanca Mercedes Mesa, una compañera de la que estaba enamorado, aunque ella no le correspondía. Marcos no pudo ser el delator, no tuvo oportunidad ni motivo. −Agita la cabeza a izquierda y derecha−. La policía no violentó la puerta del apartamento 201, entró con llave. Y Marcos había entregado la llave que tenía.

−Pero siempre se ha dicho que la policía violentó la puerta y en las fotos aparecía astillada… −Valls continúa negando con la cabeza−. ¿Quién pudo ser, entonces?

Jorge Valls guarda silencio y observa algún detalle de mi bote de Coca-Cola. Cuento los giros de las aspas del ventilador hasta treinta y cuatro.

−Alguno de los que tenían la llave −deja caer enigmáticamente.

−¿Quiénes tenían llave?

Tampoco contesta esta vez. Pero en esta ocasión el silencio se prolonga hasta que cuento sesenta y ocho vueltas completas del ventilador de techo. Desisto y vuelvo a preguntar.

−¿Tuvo noticias de Marquitos después del crimen de Humboldt 7?

−Marcos se asiló en la embajada del Brasil y sé que se confesó con un sacerdote católico.

−¿Era creyente?

Valls ha vuelto a perderse en sus recuerdos. El camino de vuelta es arduo.

−Lo sé porque me lo confirmó el embajador Leitao da Cunha. Marchó luego a Costa Rica, donde colaboró con un revolucionario íntegro, Cándido de la Torre, y después a Argentina, con un pasaje que le pagó Dysis, la novia de Joe, que había marchado allí con su madre.

−Roberto Fandiño me ha dicho que Dysis no pagó ese pasaje…

Intento en vano interferir en su relato. Interponerse en los recuerdos de Valls es como tratar de detener un tren embalado.

−Nos reencontramos en México D.F., hacia junio del 58, un año después de salir de Cuba. Vivía en un cuartico con el líder sindical Horacio Fuentes. Me expresó gran admiración por Alfredo Guevara y por Joaquín Ordoqui. Nadie mencionó sospecha alguna sobre la delación de Humboldt 7.

—¿Cuándo oyó los primeros rumores que acusaban a Marquitos de la delación?

—La idea que yo tenía por entonces es que Ventura había dado con el apartamento vigilando el carro de Dysis. La primera vez que se oyó hablar de delación fue tras el triunfo de Fidel Castro, cuando estábamos aún en México. Marcos me dijo: «Tú sabes que esta gente me van a acusar». Yo le encaré y le dije: «Si hay algo, dímelo. Porque estoy dispuesto a echar pie a tierra por ti. Pero si hay algo, dímelo». Marcos respondió: «No hay nada de nada». Nos quedamos unas semanas y fuimos a la isla.

Jorge Valls no disfrutó un solo día del derrocamiento de la dictadura de Batista. Le alarmaba lo que se empezaba a vivir en Cuba; no por la amenaza de comunismo, sino por «el riesgo totalitario, a secas, que encarnaba Fidel Castro y el Movimiento 26 de Julio». Sentía desconfianza por un movimiento político que, en toda su existencia, no llegó a celebrar un solo congreso, «ni una miserable asamblea de cuadros, ni una convención, nada»; que no tenía más referencia doctrinal que el discurso de Castro ante el tribunal que le juzgó por el asalto armado al Cuartel Moncada, un movimiento en el que pululaba gente de todo tipo, «también de inspiración nazi, como uno al que le decían Perón». Con todo, el mayor recelo se lo provocaba Fidel.

—Él no es un líder, Fidel Castro es una religión. Y yo soy católico y no necesito otra. Sus partidarios le seguían ciegamente hacia donde él dijera. Acabó en comunismo porque a él le convino, pero hubiera podido acabar en cualquier cosa. Cuba se pintó de colorado porque era lo que se vendía en esa época.

Recuerda que Marquitos y él regresaron a Cuba con un par de días de diferencia, y en un primer momento se sentían desubicados.

—Pero Marcos comenzó a colaborar enseguida en el programa cultural del Ejército Rebelde, en Columbia… —objeto.

—Sí. Allí encontró acomodo.

—En Columbia ejercía un control directo el Partido Comunista.

—No tiene nada que ver...

Vuelve a cabecear Valls. Los psicólogos lo llaman «disociación cognitiva», y la definen como el rechazo de cualquier información que genere disonancias con nuestras certezas más arraigadas.

—Un día lo detienen —sigue Valls—, y fuimos a ver a Osmaní Cienfuegos, el hermano de Camilo. Le dijimos «Es menester que se investigue hasta el final». Tengo entendido que así se hizo y le dejaron en la calle. Entonces Marcos fue a ver a la madre de Joe Westbrook y a la viuda de Fructuoso, Martha. Pasaron varios meses y todo siguió normal. Marcos se enamoró de Silvia, una muchacha amiga de mi hermana. Recuerdo que un día se apareció en mi casa en la mañana y me dijo: «Vamos a ver *Romeo y Julieta*, de Renato Castellani». Yo nunca iba al cine, pero aquel día fuimos juntos al Capri.

—¿Cómo explicó su marcha a Praga?

—Un día, de improviso, no apareció. Ni en mi casa, ni en la suya, ni en ningún lado. Fuimos a casa de Fandiño y por él supimos que se había marchado a Checoslovaquia.

La primera reacción de Jorge fue de estupor, la segunda de irritación cuando comprendió que su amigo había abandonado el país sin advertirle. Además, siempre habían fantaseado con Roma o París como destinos ideales de futuro. Al regresar a casa, su madre le confesó que ella lo sabía, que Marcos le había adelantado que se marchaba porque la reacción de la madre de Joe Westbrook y la viuda de Fructuoso le hacía sentir mal.

—Cuándo dice «fuimos», ¿a quiénes se refiere?

—A mí exclusivamente.

Pese a los años transcurridos, Valls mantiene un hábito muy frecuente en los medios revolucionarios cubanos de hace medio siglo: el empleo sistemático de la primera persona del plural para relatar acciones individuales. Es fácil confundirlo, sobre todo en el testimonio de Fidel Castro y otros jerarcas, con el plural mayestático, pero su sentido es opuesto. Corresponde al «plural de modestia» y expresa la supeditación del sujeto individual al colectivo.

El enfado le duró a Valls hasta que recibió una carta de Praga en la que Marquitos citaba a Nietzsche y se justificaba diciendo: «Yo tenía que ser algo».

—Recuerdo que un compañero dijo al leerlo: «Tenía que ser algo y no se dio cuenta de que ya era alguien». También explicaba que trataría de saltar hasta París o Roma cuando le fuera posible.

Llegaron más cartas, todas existenciales, angustiosas, personales. Hablaban de defender la revolución de Martí. Y, de pronto, se perdió, dejaron de llegar noticias.

Para entonces, Valls ya había tomado claramente partido contra Fidel Castro y mantenía contactos con los incipientes movimientos de oposición. Le detuvieron por vez primera al poco de marchar Marcos a Praga, en junio del 59; la segunda vez fue en 1960, cuando cambiaron la moneda de la noche a la mañana y perdieron su valor todos los billetes anteriores a la Revolución. También los padres de Valls fueron detenidos a raíz de la invasión de bahía de Cochinos. «Ya se intuía el riesgo totalitario. El juicio de los pilotos, las detenciones arbitrarias, las restricciones a la libertad, todo aquello me sonaba de lo peor. Me sentía ideológicamente confuso; recuerdo que decía "Yo no sé lo que soy, pero sí sé lo que no soy". El totalitarismo se veía venir y no me convenía.»

—En cambio, en las cartas que escribió a Fandiño, Marquitos se declaraba ferviente fidelista.

—¿Eso decía? Sería una estratagema. Él ya estaba conspirando en Praga cuando le detuvieron. La primera noticia de la detención la tuve por Josefina Ruiz, que era su novia en Praga.

Valls indagó a través de algunos contactos y supo que Marcos había sido trasladado de Praga a Moscú y luego a La Habana; que estaba en manos de la Seguridad. Sus informantes atribuyeron la detención al paso por Praga del fiscal Fernando Flores Ibarra, que se alojó en casa del embajador cubano Ruiz Cortés.

Flores Ibarra recibió el sobrenombre de «Charco de Sangre» por su saña en la persecución de los opositores al Régimen.

Las siguientes noticias le llegaron a Valls a través de otro conocido que le advirtió: «Parece que tienen detenido al delator de Humboldt 7 y va a salir el juicio». Luego leyó las noticias sobre el primer juicio y tomó una decisión temeraria, que para alguien fichado como contrarrevolucionario y con tres detenciones a sus espaldas equivalía a un suicidio:

—Me presenté a ver al fiscal del caso. Discutí con él, pero no saqué nada en claro. Estuve cuarenta y ocho horas oculto, sin bañarme siquiera, para que no me detuvieran. Y me aparecí en el tribunal donde se iba a celebrar el segundo juicio. Me trancaron en una sala de testigos, pero ese día no me permitieron testificar. Al acabar la sesión, me condujeron hasta la casa de Fidel Castro, en la calle Once, en El Vedado.

Castro le interrogó personalmente, sobre Tirso Urdanivia, un compañero del Directorio que había desaparecido y con el que coincidió Marcos en el cine Dúplex en la tarde del crimen de Humboldt. También sobre su exilio en México. Apenas se refirió a Marcos.

La mañana siguiente, Valls volvía a estar frente al tribunal.

—Subí al estrado. Juré ante Dios y eso ya provocó murmullos en la sala, porque hablar de Dios estaba mal visto. A Marcos lo vi destruido. Lo llevaban del gañote. No era él, no estaba vivo, era un espectro. Cuando acabé de testificar me viré hacia Ordoqui que estaba en la primera fila y hacia Hirán Prats que también era comunista. Prats me dijo: «Esto es una cabronada para joder al Partido».

Jorge Valls acudió nuevamente a casa de Fidel Castro, esta vez por su propio pie. Pero en esta ocasión no fue recibido. Se dirigió entonces al Palacio Presidencial y Dorticós le atendió.

—Me dijo: «Aquí no interesa la culpabilidad de Marcos Rodríguez, lo que interesa son las implicaciones políticas del juicio».

Nada detuvo a Valls. Esa noche su amiga María Rosa de la Vega, la misma que, según él, Marcos libró del suicidio, contactó al presidente del tribunal que le dio esperanzas de que Marcos salvaría la vida. Le explicó que el embajador brasileño Leitao da Cunha estaba intercediendo ante Raúl Castro y otros dirigentes en favor de Marcos.

Las noticias se interrumpieron hasta poco después de Semana Santa. Jorge se encontraba rezando en la capilla de San José y Santa Teresa y un conocido le dijo: «Anoche ejecutaron a Marcos». Era el día que debía cumplir años. El cuerpo lo recogieron en el Necrocomio, la morgue, y lo enterraron en la fosa común del cementerio de Colón. Valls marchó a ver al padre y éste le confirmó la muerte de su hijo. Luego, todo se precipitó:

—Caí preso el 8 de mayo, dos semanas después de la ejecución de Marcos. El cargo fue de ser dirigente de organizaciones contrarrevolucionarias y conspirar contra los poderes del Estado. La verdadera razón me la dio un agente: «Tú te has puesto en contra de nosotros y nosotros hemos decidido ponernos en contra de ti».

—¿Cómo explica que tuvieran a Marcos detenido tanto tiempo hasta que se celebró el juicio?

—Cuando lo prenden en Checoslovaquia no sabían muy bien qué hacer con él. Algo tuvo que ocurrir mientras estaba en manos de la Seguridad hasta que le arrancaron la falsa confesión.

—¿Sigue convencido de la inocencia de Marcos? —insisto una vez más.

Responde esta vez sin vacilar:

—¡Por completo!

—¿A quién culpa entonces de la delación?

—No hay ningún muerto que no tenga beneficiario. Por ahí hay que buscar... —responde misteriosamente.

—¿Qué insinúa?

—No insinúo nada. Ni siquiera quise hablar con Ventura Novo para preguntarle, porque había matado a demasiados amigos míos.

Me pregunto si Valls está sugiriendo que comparte la versión de Ventura Novo

—¿Quién se erigió como líder del Directorio después de la masacre?

—Faure Chomón asumió un papel importante que antes no tenía.

—¿Faure tenía copia de la llave de Humboldt?

El silencio es eterno.

—Cada cual con su conciencia —acaba por decir.

—¿Conoce la versión que da Ventura en sus *Memorias*?

—La conozco.

—¿Qué opina?

Valls no quiere ir más allá de la insinuación. Si es que he interpretado bien el sentido de sus palabras.

—No guardo rencor ni quiero que nadie se sienta mal. Bastante tiene cada cual con su conciencia.

Pruebo a cambiar de tema y tanteo la posibilidad de conectar el caso de Marquitos con la detención de Ordoqui:

—¿Conoce las circunstancias de la detención de Joaquín Ordoqui meses después del juicio a Marquitos?

—Claro, supe de ello, aunque me cogió en prisión. No compartía nada con el comunismo, ni con Ordoqui y Buchaca; pero los respeto. Ordoqui era un hombre duro, implacable, incluso violento con sus rivales políticos. Pero acusarle de agente de la CIA es un disparate.

—¿Qué explicación encuentra?

—La misma que a todo el juicio de Marcos. Fidel Castro quería acabar con el Partido Comunista. Le estorbaba. Incluso tiempo mas tarde, cuando cayeron en prisión las gentes de Aníbal Escalante a raíz del caso de la ...—Vuelve a golpearse la frente.

—Microfracción...

—Eso mismo. Esas gentes que eran comunistas de una pieza veían a Castro como un enemigo. Fidel se sirvió del Partido, como de todos.

Jorge Valls pasó veinte años en prisión. Exactamente, veinte años y cuarenta días, el título de las memorias de presidio editadas por Humans Rights Watch que le amparó como preso político y de conciencia. Debe de ser cierto que Valls ha alcanzado un estadio de espiritualidad superior porque no se altera un solo instante a lo largo de toda la entrevista. «Por mis principios religiosos —sostiene—, tengo más interés en reencontrarme con Marcos que en vengarle.» Hay una excepción; Valls se inflama cuando se refiere a los anexionistas, a los cubanos partidarios de la incorporación de Cuba a Estados Unidos. «¡Yo con la independencia de la patria no transijo!», se enfurece, y en ese momento asusta imaginarlo al otro lado de una pistola.

—Entré en la cárcel con treinta y un años y salí con cincuenta y uno.

—¿Qué balance hace de ese período?

—La primera conclusión que saqué es que no hay piedad hacia los perdedores, que el vencedor impone su ley sin compasión. He visto a un cabo ordenar a un combatiente preso comer hierba. ¡Y la comió! El que tiene el poder no precisa ser valiente; tiene el poder y basta. La segunda lección es que cuando estás un día en prisión tienes la esperanza del día siguiente. Cuando estás tres meses, tienes la esperanza del mes siguiente. Cuando llevas veinte años, no tienes esperanza… La tercera es que todos confesaban. Todos acababan por declararse culpables de atentar contra Fidel Castro. Eso reforzó mi fe en la inocencia de Marcos.

—Aun suponiendo que Marcos fuese inocente faltaría por explicar por qué fue acusado precisamente él y no otro…

Valls suspira y alza sus ojos al cielo.

—Quedan todavía muchas cuestiones sin responder, muchas paradojas, demasiadas contradicciones ¿Cómo es posible que una persona detenida por espionaje en Checoslovaquia reaparezca en La Habana y se arrumbe esa acusación de espionaje? Porque desde la primera vez que Marquitos habla con su padre en cuanto reaparece en La Habana en manos de la Seguridad se refiere al caso Humboldt 7 como causa de su detención. ¿Por qué se detuvo realmente a Marquitos en Praga?

Las preguntas quedan en el aire y clausuran nuestro encuentro. Antes de separarnos le pido que identifique a los comensales de la foto de Rancho Luna que obtuve de Martha Jiménez. Es una instantánea que con seguridad corresponde a un momento feliz, a una celebración. Hay botellas regadas por la mesa y platos con viandas. Casi se oyen las risas y el sonido de los cubiertos.

Cena de dirigentes del Directorio Revolucionario en Rancho Luna, hacia 1956.

Jorge reconoce de inmediato a Joe Westbrook y Julio García Olivera que ocupan las cabeceras de la mesa. El primero posa con expresión seria, el segundo risueño extrae un cigarro de la cajetilla. Sigue enumerando: José Antonio Echeverría, «Manzanita», con una copa de cerveza en la mano y expresión jovial; René Anillo, el hombre que entregó a Marquitos la carta de recomendación para Martha Frayde; otro joven a quien no logra reconocer; Fructuoso, sorprendido por el objetivo con la boca llena. En la parte opuesta, Julio Fernández Cossío; Wilfredo Ventura y Samuel Biniakowski (que cambió de nombre en Estados Unidos y pasó a llamarse Samuel Cherson). En el rincón opuesto al fotógrafo, frente a frente, el cogote de un muchacho vuelto de espaldas:

—Era yo —dice Jorge Valls. Desliza el dedo a la izquierda y señala un personaje menudo de risa forzada, pelo lacio y gafas—. Éste es Marcos.

Jorge Valls observa su reloj anticuado, se ajusta sus gafas ajadas, se echa al hombro su macuto astroso y sentencia con una sonrisa maltrecha:

—Estamos casi al final. Y antes del final todo se va a saber…
Quede con Dios.

Le sigo con la mirada hasta que cruza el lobby del Richmond
con paso fatigado entre los cuerpos bronceados y el mobiliario
vanguardista. Se evapora bajo el sol tropical y el estruendo agu-
do y chillón de Collins Avenue.

El martes 10 de enero de 1961 Marcos Armando Rodríguez abandonó la embajada cubana en Praga a las 8.20 de la mañana. Vestía un traje oscuro y zapatos negros. Se protegía de las bajas temperaturas con un grueso abrigo gris marengo. Subió al asiento delantero derecho de un coche negro con matrícula DD 8200 que discurrió por las calles Juárez, Roosevelt y Korunovacni; atravesó más tarde el túnel y el puente de Chechuv hasta llegar a la plaza de la Ciudad Vieja. Continuó por las calles Ritirskou, Uhelny, Perstyn, Bartolomejskou, Anny Letenske y por la avenida Nacional.

A las 11.55 fue visto en compañía de otro hombre en la calle Klimentske, junto a la salida del restaurante situado frente al edificio de las Artes Plásticas Checas. Caminaron por la misma calle hasta la avenida de la Revolución. Se subieron en el tranvía número 11 y bajaron en pleno centro de la plaza de San Wenceslao. Cruzaron la calle y se despidieron delante del restaurante Sofía. Marcos entró al restaurante a las 12 horas y 5 minutos y lo abandonó a las 13.00 horas y enfiló la calle Stepanske. A las 13.05 fue realizado [detenido] por trabajadores operativos [agentes de paisano] en una operación comandada por el capitán Tasnef, jefe del Primer Departamento del Ministerio del Interior.

Es imposible acceder al expediente policial de Marquitos en Cuba, pero resulta menos complicado lograrlo en la República Checa. Las autoridades consienten las peticiones razonadas y facilitan una versión fotocopiada ligada con un cordel tricolor —rojo, blanco y azul— que reproduce la enseña nacional y que autentifica un sello estampado al dorso. El documento desclasificado ocupa cuarenta y seis páginas y está encabezado por un tampón con la orden de archivo fechada el 30 de mayo de 1961 y los datos esenciales:

Ficha temática: Rodríguez Armando, nacido el 25 de abril de 1937, nacionalidad cubana. Espionaje en beneficio de Cuba, sospecha [sic].

Ficha argumental: acción *Rorejs* (vencejo).

Responsable: teniente mayor Holub.

Tras su detención, Marcos fue conducido a la prisión militar de Ruzyni y quedó en situación de total aislamiento. Los primeros días rechazó cualquier alimento, salvo la sopa, el café y la leche. Dos días después fue conducido a presencia del teniente coronel Brucha, jefe de Investigación del Ministerio del Interior. Al comprobar que no hablaba con fluidez el checo, el interrogatorio se realizó con la asistencia del mayor Blahouta.

Comenzó su declaración manifestando que era miembro del Partido Socialista Popular de Cuba (comunista) desde 1955 y había sido enviado a la República Checoslovaca por su partido. Solicitó un permiso que le fue denegado para efectuar dos llamadas. Pidió entonces que, cuando menos, se notificara su detención a dos personas: Alberto Blanco, delegado cubano en la Federación Sindical Mundial con sede en Praga y miembro del Comité Central del PSP, y el mayor Troján, del Ministerio Cubano de las Fuerzas Armadas.

El interrogador inquirió acerca de su rechazo de la comida y Marquitos explicó que no constituía ningún acto de rebeldía sino que había perdido el apetito a causa de la privación de libertad.

Al regresar a la celda, el detenido se quejó de dolores en el pecho y fue atendido por un médico en presencia del director del presidio. La inspección médica no detectó ningún desarreglo grave.

Al día siguiente, el viernes 13, Marquitos fue sometido a un nuevo interrogatorio por el mayor Pohan Vaclav. Actuó como traductor del español al checo un civil, el señor Fleisleber. Las preguntas versaron en esta ocasión sobre la agenda e informes hallados entre sus objetos personales. Rodríguez explicó sus contactos con distintos funcionarios culturales y educativos de nacionalidad checoslovaca que atribuyó a necesidades de su puesto.

A continuación, leyó junto con el interrogador los materiales escritos que fueron retirados de su residencia: dos cartas autógrafas con fecha de 5 de agosto de 1960 y con encabezamiento «Querida Elena»; un guión cinematográfico para un documental sobre la horca; comentarios escritos a máquina sobre varias películas, una de ellas sobre reparaciones en las vías de tranvía y otra sobre jardinería; un poema en español titulado «Elegía a Santiago de Cuba»; un ensayo escrito a máquina sobre la película checa *Holuvice* (Paloma); otro ensayo sobre la arquitectura de la ciudad de Praga; una carta de contenido poético y amoroso, datada el 10 de enero, destinada a su novia; el carné del Festival de la Juventud y los Estudiantes de Viena del año 1959; invitaciones diversas a recepciones diplomáticas…

El interrogatorio se intensificó al tratar de sus relaciones con el cuerpo diplomático acreditado en Praga, en especial el primer secretario de la embajada de Estados Unidos. Dijo desconocer su nombre y explicó que sólo se había cruzado con él en una ocasión, al abandonar una recepción en dicha embajada. Manifestó que un desconocido le saludó por su apellido, lo que le pareció extraño porque no conocía su nombre y tampoco ninguna tercera persona les había presentado.

Expresó su convicción de que el embajador de México, Del Río Cañedo, «tiene una postura contraria a nuestro sistema socialista y escribió un libro sobre el dictador Trujillo en la República Dominicana de quien es seguidor y fue condecorado con una orden suya». Sobre el secretario de la embajada argentina, señor Ingenito, dijo tener la impresión de que no es favorable al sistema socialista y reveló que en una conversación este diplomático censuró a Cuba por considerarla «una amenaza para toda América».

Al concluir el interrogatorio, Rodríguez preguntó cuánto tiempo permanecería en prisión y sus carceleros le contestaron que dependían de las instrucciones que recibieran de Cuba. El detenido atribuyó su detención a maquinaciones de sus «numerosos enemigos» de La Habana.

El miércoles 18 de enero, Marquitos recibió autorización para escribir dos cartas. La primera la dirigió a su responsable político, Alberto Blanco:

> Colega Blanco:
> Los camaradas checos seguramente te han informado sobre la situación. Si fue una sorpresa para ti, más lo fue para mí que desconozco la razón, la causa o el motivo por el que estoy preso.
> Fui detenido por agentes de la policía el martes día 10 de enero. Me condujeron directamente a esta cárcel militar donde estoy aislado y me resulta imposible entender esta situación inesperada. Me negaron cualquier contacto con el mundo exterior y mi cabeza no para de dar vueltas.
> La única respuesta que he recibido fue que nuestro Gobierno pidió mi detención. Después de ello sólo puedo pensar que se trata de un lamentable error que se tiene que aclarar cuanto antes. Esta situación no tiene ningún fundamento. Te estaría muy agradecido si llamaras a los camaradas en La Habana (Joaquín, Carlos o Aníbal), para que te informen sobre lo que sucede conmigo. La situación me parece aún más injusta porque estoy encarcelado en una prisión checa. Espero que todo se aclare pronto. Por ahora perdona que te moleste y los perjuicios que te cause. Confío en la Revolución. Un abrazo, Marcos.
>
> Posdata: varias veces he querido hablar contigo pero no me lo permitieron. Me gustaría hacerlo.

La destinataria de la segunda carta era Josefina Ruiz Cortés, esposa del embajador de Cuba y madre de su novia, Yoyi.

> Querida Josefina:
> Perdone la forma de esta carta pero no puede ser otra bajo las condiciones en las que me encuentro. Hoy hace exactamente ocho

días que estoy aislado y no sé nada sobre ustedes, sobre mis seres más queridos, y no conozco la razón de este encarcelamiento vergonzoso. Tal es mi incapacidad, desesperanza, impotencia, tanta es mi soledad que hacen que mis pensamientos se dirijan en todas direcciones. Eso significa que la fuerza de la sinrazón o la razón de la fuerza se unieron contra mí.

Esta situación es vergonzosa, absurda e increíble. Mis carceleros no saben por qué estoy aquí y yo no encuentro una razón por más que pienso. Sólo me han informado que la orden de mi detención partió de nuestro Gobierno. ¿Por qué? Es la pregunta que me hago veinticuatro horas al día.

Porque la conozco y la venero profundamente apelo a la humanidad de sus sentimientos y le pido que llame a su marido y le informe sobre mi estado para que él intente enterarse sobre la razón de este encarcelamiento. Que hable con Joaquín o Aníbal porque los tres [*sic*] quizás pueden aclarar este problema.

Que se entere también Yayi [*sic*], porque no sería justo que la que debe ser mi esposa no conozca mi paradero. No sé cuanto tiempo durará este malentendido. Confío en la justicia de la Revolución hacia un revolucionario. Por ahora le pido que me envíe todas las cartas que se habían acumulado, sobre todo las de Yayi [*sic*], muchas gracias.

Marcos

Posdata: Perdone que no haya podido estar con ustedes como había prometido a Ruiz y a Yoyi.

Las dos cartas fueron escritas originalmente a mano y en español. Una vez traducidas al checo y transcritas a máquina se incorporaron al expediente A/6–00396/102–61–117 del Ministerio del Interior. Llevan sendas inscripciones con la dirección y la identidad del destinatario y una anotación: «La Habana fue informada el 23 de enero. *Rayo* [*sic*] y otra vez insistido cuándo y cómo recogerán los cubanos a Marcos».

Firma la anotación Borechky.

Los documentos traslucen un grado de cooperación entre los servicios secretos del campo socialista y la Seguridad cubana que resulta sorprendente cuando no habían transcurrido siquiera dos años desde la victoria de Fidel Castro, Cuba mantenía relaciones aún diplomáticas plenas con Estados Unidos y el líder cubano seguía insistiendo en público sobre el carácter «humanista» y no marxista de su Revolución.

El expediente, que aporta informaciones decisivas para esclarecer buen número de los interrogantes que persisten acerca del crimen de Humboldt 7 y el caso Marquitos, se abre con un informe recapitulatorio fechado el 27 de diciembre de 1960 y precedido de la advertencia:

ESTRICTAMENTE SECRETO

El día 30 de junio de 1959 llegó a Praga con un pasaporte común número 16771, expedido en La Habana el 16 de junio de 1959, el ciudadano cubano Marcos Armando Rodríguez, nacido el 25 de abril de 1937, en la Habana, estudiante en la Facultad de Cine de la Academia de Artes de Praga, con domicilio en Praga 1, calle Hradebni, número 7, que es una residencia universitaria, y con domicilio temporal en la residencia del embajador cubano.

El relato policial refiere que el primer destino de Marquitos fue el centro para estudiantes extranjeros Vitezny, en la ciudad de Marianskych Laznich, donde estudió checo, al parecer, con aprovechamiento y calificaciones sobresalientes, lo que le permitió inscribirse en la rama de dirección de la Facultad de Cine de la Academia de Artes.

Así transcurrió la vida de Marquitos en Checoslovaquia durante más de un año hasta que, a mediados de 1960, Cuba inició la apertura de embajadas en todos los países del campo socialista. Ni el titular ni ninguno de los tres secretarios destinados en Praga hablaban otra lengua que el español y, por supuesto, ni una sola palabra de checo. Recurrieron a Rodríguez, que ya había oficiado como traductor con varias misiones oficiales, entre otras la encabezada por Ernesto Che Guevara.

En la misión diplomática, colaboró primero a media jornada como intérprete y traductor especializado en asuntos culturales. Más tarde, en noviembre de 1960, el Ministerio de Asuntos Exteriores de Cuba oficializó su nombramiento como agregado cultural.

Rodríguez, dice el dossier policial, desempeña esa función en paralelo con sus estudios en la Academia y además, sirve al embajador cubano como conductor de su coche, sobre todo en horario nocturno. El autor del Informe reconoce a Marquitos «un talento y una inteligencia excepcionales para su edad. Posee conocimientos profundos de filosofía e historia del arte. Se orienta perfectamente en música, artes plásticas y literatura y posee nociones de dramaturgia. Obtiene resultados académicos destacados», a pesar de que «se salta bastante las clases y a menudo pone excusas relacionadas con su función en la embajada». El supervisor debió de considerar desmedidos los elogios porque tachó a pluma estos párrafos.

Si el rendimiento académico de Marquitos era plenamente satisfactorio, su orientación política presentaba más sombras:

> En la facultad y en la residencia se aparta del resto del colectivo, también de sus propios paisanos, entre los que es considerado individualista. Sobre la situación en la República Socialista Checoslovaca se manifiesta muy reservado y, según ciertos informes de la Agencia, no tiene una buena disposición hacia nosotros y tiene una postura opuesta a los otros estudiantes cubanos en Praga; en discusiones en las que sus paisanos defendieron la Revolución cubana y a Fidel Castro, él se mantuvo frío y no se manifestó.

Así pues, Marquitos era considerado por la Seguridad comunista un personaje cuando menos tibio, dudoso, alguien a quien ciertas informaciones consideraban incluso «un intelectual, si así se puede decir a su edad, que sufre en sus razonamientos de oscilaciones y no tiene todavía, acaso debido a su corta edad, un carácter plenamente formado. Presume mucho de sus conocimientos, es vanidoso y poco autocrítico».

Alguien, en suma, a quien mantener bajo observación, pero no catalogado aún como una amenaza política potencial. Sin embargo, el 2 de diciembre de 1960 sucedió algo que torció la vida de Marcos Armando Rodríguez Alfonso de modo definitivo:

El Ministerio de Asuntos Exteriores de Brasil envía una comunicación secreta y urgente a su embajada en Praga. El embajador brasileño en La Habana, Vasco Tristao Leitao da Cunha, solicita que, a través del embajador brasileño en Praga, se transmita esta información al estudiante cubano en la República socialista checoslovaca, Marcos Armando Rodríguez. La información advierte sobre el peligro que corre en caso de volver a Cuba, noticia ésta que Cunha obtuvo de la agencia americana en la Habana. Se adjunta una solicitud para prestarle ayuda económica en caso de necesidad. Este mensaje fue dirigido a la embajada de Brasil en Praga sin destinatario preciso. Existe una suposición fundamentada de que estaba dirigido al antiguo encargado de negocios Ouro Preto, conocido por su postura proamericana.

Como quiera que Ouro Preto había abandonado Checoslovaquia pocos días antes rumbo a un nuevo destino, el mensaje fue entregado a Rodríguez por su sucesor, Sócrates de Oliveira. Cinco días después, Oliveira confirmó telegráficamente a su ministerio en Río de Janeiro que el mensaje había sido transmitido a Rodríguez.

La conversación con Sócrates de Oliveira aparecerá tres años más tarde en la confesión de Marquitos leída por Fidel Castro en el juicio público. Lo que no se dirá entonces es que todas las comunicaciones secretas brasileñas estaban perforadas por la Inteligencia checoslovaca que poseía incluso un topo en la sede central del Ministerio de Exteriores brasileño. No se revelará tampoco que los mensajes secretos de Vasco Leitao da Cunha pusieron en marcha la maquinaria que causó la perdición de Marquitos.

Tampoco se mencionará que «según los conocimientos del Primer Departamento, el embajador de Brasil en La Habana, señor Cunha, es desde hace tiempo agente americano y está monitorado por un diplomático de la embajada de Estados Unidos en Río de Janeiro».

Se entiende que nada más interceptadas, estas comunicaciones fueran transmitidas desde Praga «al residente (del Ministerio del Interior Checoslovaco) en la Habana y por éste al camarada Sánchez, miembro del Comité Central del Partido Socialista Popular de Cuba, a quien el Partido encargó el trabajo por motivos de seguridad y que está en contacto permanente con el jefe de la Seguridad cubana, general [sic] Valdés [comandante Ramiro Valdés, ministro del Interior]».

La denuncia procedente de Praga desempolvó los antecedentes de Marquitos:

> El camarada Sánchez investigó más profundamente a Rodríguez en La Habana y comunicó a nuestro residente que Rodríguez fue en la época del régimen del dictador Batista confidente de la policía y es seriamente sospechoso de haber causado la muerte de cuatro estudiantes revolucionarios en La Habana con su traición y actividades delatadoras. Más tarde se infiltró en el Partido Socialista Popular de Cuba y fingió simpatías hacia la Revolución cubana. Por ello, fue enviado a Praga y se le encargaron trabajos en la representación cubana.

El expediente checo revela que, a partir de ese momento, el caso pasa a ser despachado por «el ministro de las Fuerzas Revolucionarias Armadas de Cuba, Raúl Castro, y la jefatura del Partido Socialista Popular de Cuba». El 22 de diciembre, los cubanos comunicaron al presidente checoslovaco que Marcos acababa de ser convocado a Cuba con un pretexto para, una vez allí, responder de las acusaciones que pesaban contra él. «Según las informaciones de Sánchez, Marcos Rodríguez prometió llegar a la Habana estas Navidades.» Pero, mientras tanto, había sido advertido por Leitao da Cunha de la trampa que le aguardaba y del riesgo que se cernía sobre su vida en caso de regresar, por lo que las autoridades cubanas transmitieron nuevas instrucciones a sus camaradas checos:

> Primero, en el caso de que Rodríguez intente abandonar el territorio de la República Socialista Checoslovaca, ello debe ser impedido discretamente sin que deba ser por ahora detenido. Es ne-

cesario hacer imposible su salida y es preciso mantener en secreto esta imposibilidad de abandonar la República Socialista Checoslovaca, sobre todo ante el embajador cubano en Praga. No debemos informar al embajador de Cuba sobre el caso.

Segundo: según las informaciones de los amigos cubanos y las nuestras propias, existen entre el embajador y Rodríguez unas relaciones íntimas y familiares, porque Rodríguez se prometió con la hija del embajador, Josefina.

De inmediato, se habilitó un mecanismo de vigilancia. Se formó un piquete de seguimiento, fueron informados tanto los pasos fronterizos como el aeropuerto y Marquitos fue sometido a estrecha observación por un agente camuflado de la Inteligencia que recibe en el dossier el nombre en clave de «Mojmir» y que acude regularmente a la embajada de Cuba y goza de la confianza de Marquitos.

El 24 de diciembre, Mojmir informó que Rodríguez tiene intención de abandonar la República Socialista Checoslovaca, que su relación con la hija del embajador no es ya satisfactoria y que es una carga para él y que le gustaría aprovechar la propuesta del embajador brasileño en Cuba, Leitao da Cunha, quien le invita a Río de Janeiro.

La Seguridad checoslovaca interpretó esta información como la confirmación de que Marquitos «se sabe descubierto como confidente de la policía de Batista y como agente imperialista y que piensa huir a Brasil».

El seguimiento se intensificó y el mismo día 24 de diciembre La Habana fue informada. La respuesta llegó en la noche del día 26 y procedía del comandante Ramiro Valdés: «Entregar inmediatamente el *Rayo* [*sic*]. Hay que detener y aislar inmediatamente a Rodríguez».

Los reportes de sus vigilantes relatan que Marquitos pasó las fiestas navideñas en casa del embajador cubano, que estuvo paseando con su hija por Praga en el coche de servicio y que realizó una excursión a Stromovce.

A las circunstancias desfavorables que ya inciden sobre Marquitos se une otra más: el propio embajador cubano despierta sospechas en los servicios secretos checoslovacos y en la Seguridad cubana. «El embajador cubano Cortés está en contacto directo con la embajada francesa y, por ello, también con los americanos.» Dado que Marquitos mantiene unas estrechas relaciones con el embajador Cortés y una relación íntima con su hija, «no puede excluirse que les haya informado sobre la advertencia». Por añadidura, «existe la sospecha de que el residente americano en Praga esté informado sobre el caso por su central, como lo estuvo por los americanos, su agente Leitao da Cunha en La Habana».

He aquí a Marquitos elevado por la prosa policial a la condición de eje de una conspiración internacional:

> La seguridad cubana tiene un interés eminente en la detención de Rodríguez, pues puede ayudar a descubrir quizás también actividades contrarrevolucionarias en el seno de la embajada cubana en Praga cuyo embajador fue comunicado a nuestro residente en La Habana y en los próximos días será retirado a raíz de la orden del general de la Seguridad Piñeiro [comandante Manuel Piñeiro Losada, alias Barbarroja] que estuvo varios días en Praga hace poco. Sin embargo esto todavía no lo sabe el embajador.

Su persona suscita el máximo interés de las agencias de espionaje y contraespionaje:

> También las informaciones sobre las actividades del embajador brasileño en La Habana y las actividades de los norteamericanos en Cuba tendrán mucha importancia para el gobierno revolucionario cubano y un posible interrogatorio de Rodríguez sobre su estancia en Praga podría aportar informaciones interesantes para la Seguridad del Estado.

Las pesquisas sobre sus actividades son materia de una sorda y aparatosa escaramuza de la guerra fría:

> Estas informaciones podrían también resultar provechosas para nuestro grupo de contraespionaje y no se puede excluir que apor-

ten alguna revelación sobre las actividades de la Agencia americana en la República Socialista Checoslovaca en la que Rodríguez podría haber estado personalmente involucrado. Los protocolos relacionados con la República Socialista Checoslovaca nos serían entregados por la Seguridad cubana en el marco de las buenas relaciones de colaboración que se están desarrollando actualmente para que podamos tomar medidas.

El responsable de la operación, mayor Müller, jefe del Segundo Departamento del Ministerio del Interior eleva al ministro del Interior su propuesta:

1) Satisfacer la solicitud de la Jefatura Cubana de la Seguridad y detener en secreto y sin testigos a Rodríguez y aislarlo en Ruzyni.

2) En el mismo momento de la detención de Rodríguez, eliminar de su habitación en la residencia sus vestigios personales para que dé la impresión de que Rodríguez ha abandonado la República Socialista Checoslovaca, y, a la vez, falsear el registro del aeropuerto para que Rodríguez figure entre los pasajeros que abandonaron el país.

El mayor Müller estima que esta operación no resultará difícil porque varios ciudadanos cubanos que se apellidan Rodríguez saldrán de Checoslovaquia. Ello debería permitir «ganar tiempo para que llegue una escolta cubana en el avión especial fletado y, a la vez, queremos imposibilitar la eventual huida del propio embajador cubano y su familia».

La suerte está echada y los acontecimientos se precipitan. El 3 de enero el residente checo en La Habana comunica por telegrama cifrado que el embajador cubano en Praga ha sido convocado a la isla para «tratar sobre asuntos importantes. Esperan que tome el primer avión y comunicarán su llegada a la Habana a nuestro residente. No obstante, nos piden que detengamos inmediatamente a Rodríguez, aún en el caso de que la partida de Cortés de Praga se aplazara por cualquier razón, si apreciamos riesgo de huida de Rodríguez».

El ministro del Interior, Barak, expresa al instante su acuerdo con la *realización* (detención) inmediata de Marcos Rodríguez.

El 9 de enero partió rumbo a Cuba en vuelo regular el embajador Ruiz Cortés.

El 10 de enero «Rorejs» (Marcos Armando Rodríguez), fue *realizado* (detenido).

El 8 de febrero de 1961, Marquitos emprendió viaje escoltado por policías cubanos. Viajó hasta Moscú, fue trasladado hasta un puerto del mar del Norte y allí tomó la embarcación que le condujo a La Habana y al encuentro con la muerte.

8

Sobrevive un testigo directo de la etapa checa de Marquitos, su novia Josefina Ruiz Cortés, «Yoyi», la hija del embajador cubano. Fue laborioso dar con ella porque vive en París completamente alejada de los círculos del exilio cubano y nunca ha accedido a hablar sobre el caso Marquitos.

Durante nuestras conversaciones telefónicas iniciales, Josefina rehusó mantener un encuentro.

–Yo le voy a ser muy honesta –dijo–, no quiero hablar de eso.

Acaté su negativa y me ofrecí a facilitarle el expediente policial checo aprovechando un desplazamiento a París. Se interesó por mi signo zodiacal y la respuesta debió de resultarle satisfactoria porque me preguntó si toleraba el tabaco. Al responder afirmativamente accedió a mantener una reunión bajo la condición de no mencionar nada referente a Marcos.

Josefina canceló la cita cuando faltaban sólo dos días. Me explicó que prefería no mantener un encuentro cara a cara porque sentía *pena*, expresión cubana que puede traducirse como pudor. Ante mi insistencia, aceptó conversar por teléfono más adelante, una vez que hubiese ordenado sus recuerdos.

Di comienzo entonces a un cerco que se prolongó por espacio de varias semanas. Se iniciaba invariablemente con una llamada a la que Josefina respondía amablemente. A continuación, también gentilmente posponía la conversación con diferentes pretextos. Cuando las excusas se agotaron o mi tozudez venció su resistencia, Josefina me explicó que estaba rompiendo por primera vez en cincuenta años la regla de no hablar con nadie sobre el caso.

—Usted es la excepción. ¡Es demasiado insistente! —me dijo con su voz ronca que se había hecho familiar a fuerza de diálogos fallidos—. Llegué a Praga junto con mis padres al abrirse la embajada, en julio de 1960. Lo conocí —Josefina evita pronunciar el nombre de Marquitos— al poco tiempo. Era buen conductor y un lector omnívoro, incansable, además de persona de gran dulzura. Seducía por su exagerada dulzura. Era incapaz de un mal gesto, de una mala palabra.

Le pregunto por el momento en que tuvo noticia de la detención de su novio.

—Marché a principios de enero a La Habana junto con mi padre y a los pocos días llamé por teléfono [a Marcos]. Fue imposible dar con él y empecé a sospechar que algo extraño sucedía. Ante su silencio, viajé a Praga en marzo y lo busqué por todas partes. Llegué a pensar que habría huido a Occidente, pero su compañero de cuarto en el albergue, un muchacho mexicano, me mostró su pasaporte, que había quedado en la habitación. Fueron tan chapuceros que hasta eso descuidaron. Regresé a La Habana al mes siguiente y conecté con su padre y con su amigo Roberto Fandiño. Supe entonces que estaba preso en Cuba.

—¿Volvió a verlo alguna vez?

—En persona, una sola vez. Fue en julio de ese mismo año 61. El padre me dijo que podía recibir una visita en La Cabaña y mantuve con él un extraño encuentro. Yo había comenzado una relación muy intensa y quería explicárselo y aclarar nuestra situación, porque planeaba casarme a los pocos días, el primero de agosto. Imagínese, era de lo más desagradable.

—¿Le contó algo?

—Hablamos de todo un poco. Me contó que le habían detenido el 10 de enero a la salida del restaurante búlgaro de Praga y le habían mantenido encarcelado un mes en Checoslovaquia. Le trasladaron por barco hasta la isla y luego le ingresaron en una casa de la Seguridad, en Quinta Avenida y calle Ochenta y cuatro.

—¿Cómo lo encontró?

—Estaba desmejorado. Aunque él era de natural muy poco expresivo lo vi especialmente abatido. Llevaba el uniforme de preso pero se quejó de la ropa interior térmica checa porque ni siquiera le habían dado muda nueva. Cuando le visité estaba ya en La Cabaña desde hacía una semana. No sé cuánto tiempo lo tendrían allí.

—¿Comentó las acusaciones que le hacían?

—Figúrese, eso era de lo único que no podía hablarse. ¿Qué podía decirme?

—¿Ya no volvió a verlo?

—Sólo por televisión, durante el segundo juicio.

—¿Nadie reclamó su testimonio?

—Nadie me habló de eso, pero, de todas formas, acababa de dar a luz dos días antes y no estaba en condiciones de moverme. Lo seguí por televisión, como casi toda Cuba.

A Josefina se le quedó grabado el abatimiento que mostraba Marquitos, su mirada vencida, la lentitud de sus movimientos, de sus respuestas.

—Tengo un defecto —bromea—: los libros me apasionan. Aquel espectáculo me recordaba lo que había leído sobre los procesos de Moscú en tiempos de Stalin. Saltaba a la vista que era lo mismo en versión cubana.

—¿Qué opina de las acusaciones de espionaje que provocaron la detención de Marcos?

—Hasta donde yo sé, él era de ideas férreamente comunistas.

—¿Y de la delación?

—Jamás traté ese asunto con él. Pero cualquiera con criterio se percataba de que en el juicio eso era lo de menos; el objetivo no era él.

—¿Cuál era, entonces?

—Deshacerse de los viejos comunistas más díscolos, de los que no se doblegaban. Lo hicieron con Aníbal Escalante y lo repitieron con Ordoqui. ¿Conoce el chiste que se contaba en los países del Este y que adaptaron a Cuba?

—¿Cuál de ellos?

—Coinciden en el patio de una prisión tres reclusos y se preguntan por qué están allí. Uno responde: «Yo, por criticar a Aníbal». El segundo contesta: «Yo, por defender a Aníbal». El tercero dice: «Yo soy Aníbal».

Le adelanto el contenido del expediente policial checo y le pregunto por Alberto Blanco, el responsable político al que dirige Marcos su primera carta tras ser encarcelado.

—«Alberto Blanco» era el alias que utilizaba Fabio Grobart, responde.

Grobart, judío de origen polaco, cuyo nombre verdadero era Abraham Semjovitch, actuó como agente de la Komintern para el Caribe y fue uno de los fundadores del Partido Comunista Cubano. A mediados de los cincuenta partió hacia Praga como responsable de la Federación Sindical Mundial para los sindicatos latinoamericanos. Algunos biógrafos de Castro, como el francés Raffy, le atribuyen una influencia decisiva en la iniciación marxista del caudillo cubano. Otras versiones relacionan a Grobart con los preparativos del asesinato de Trotski. Si Marquitos rendía cuentas ante Grobart significa que estaba vinculado íntimamente con el núcleo más duro del comunismo.

Me acomodo el teléfono y leo la segunda carta, la que Marcos envió a su madre, la esposa del embajador Ruiz Cortés. Josefina escucha en silencio al otro extremo de la línea. Al llegar a la posdata en que Marcos se disculpa por no poder acompañar a la familia tal como había prometido, exclama:

—¿Se da cuenta? Era todo dulzura... Es imposible que exista alguien así. Siempre supe que estaba interpretando un personaje; no es posible que exista alguien así, sin una fisura.

—¿Cuál era el secreto de Marcos?

—Amigo mío, usted se ha propuesto descifrar un enigma indescifrable, pero para mí la clave está en su empeño en ocultar su muy, muy humilde cuna. Y hay que decir que lo conseguía.

—¿Con qué recursos?

—Usted habrá leído referencias a su indumentaria, por ejemplo. Vestía con la distinción de un burguesito. Pero, sobre todo, él trataba de compensar su origen modesto a través de la cultura.

A veces, hasta podía llegar a ser pedante. Recuerdo que corregía mi pronunciación francesa y eso me hacía mucha gracia. O las citas eruditas que salpicaban su conversación. Podrá imaginar que he reflexionado bastante sobre todo aquello. Y para mí sigue siendo eso, un enigma.

9

Echo de menos a Joaquinito para desentrañar toda la información acumulada desde su desaparición. Imagino sus aspavientos al conocer el testimonio de Fandiño; su estupor ante la certeza inamovible y conmovedora de Jorge Valls; supongo su expresión tras la lectura de las cartas, ante la contemplación de las fotos. Trato de vislumbrar sus comentarios al expediente A/6-00396 /102-61-117 del Ministerio del Interior de la República Socialista de Checoslovaquia; a los recuerdos de Yoyi. Imagino su alborozo al conocer los testimonios de Fandiño, de Jorge Valls y de Yoyi que vinculan el juicio a Marquitos con la caída en desgracia de su padre. Pero la interpretación de todos esos indicios es una tarea que debo realizar por mí mismo, sin el auxilio de Joaquinito, sin la orientación caótica de sus disquisiciones.

Si bien resulta dudosa la participación de Marquitos en actividades de espionaje, con todos los testimonios y documentos acumulados, caben pocas dudas acerca de su culpabilidad en la delación. Por si quedaba alguna, tuve acceso a las conclusiones que alcanzó la dirección provisional del Directorio Revolucionario que se formó para sustituir a los líderes desaparecidos en los días negros del 13 de marzo (asalto a Palacio) y 20 de abril (masacre de Humboldt 7). Una de sus primeras decisiones fue designar un equipo de investigación para esclarecer la masacre. Estuvo comandado por Guillermo Jiménez, «Jimenito», el comandante que cayó en desgracia a resultas de su testimonio en el primer juicio a Marquitos.

—Sólo pudo ser una delación —sostiene con firmeza Jiménez—. No cabe otra explicación al dispositivo que desplegó Ventura Novo. Los policías acudieron a aquel apartamento para una encerrona; sabían a qué piso iban, sabían a ciencia cierta lo que iban a encontrar. No aparecieron allí por casualidad, ni siguiendo el coche de Dysis, la novia de Joe Westbrook, como se dijo. Y ningún otro pudo orientarles.

—¿Averiguaron algo más?

—Yo coordiné la investigación que promovió el Directorio. A pesar de las condiciones (no olvides que seguíamos en la clandestinidad) fue una averiguación exhaustiva, minuciosa. Reconstruimos los movimientos de Marquitos en los días que precedieron al crimen y sus pasos posteriores, cuando sale de Cuba y viaja en pocos meses a Panamá, a Costa Rica, a Chile, Argentina y, por último, a México. Nadie ha podido explicar nunca de dónde sacaba el dinero. Desde luego, no de su familia, que era muy humilde. Tampoco se ha explicado cómo obtuvo la documentación, más que gracias al consulado oficial batistiano en San José de Costa Rica.

—Pero quienes le trataron en México, tanto los Ordoqui como Jorge Valls, sostienen que arrastraba una existencia miserable…

—Eso dijeron; es cierto. Puede que se le agotara el dinero. Pero sólo los pasajes aéreos costaban una fortuna y Marquitos mintió cuando dijo que los costeaba Dysis, la novia de Joe…

—¿Siempre estuvieron convencidos de su culpabilidad, nunca dudaron?

—En ningún momento. El convencimiento era unánime entre las gentes del Directorio, empezando por Martha, la viuda de Fructuoso. Por desgracia, nuestros esfuerzos se estrellaron contra un muro, debido a la protección que el viejo Partido dispensó a Marquitos hasta el momento de su detención en Praga.

Hago notar a Jiménez que no todos los antibatistianos compartían esas sospechas porque Marquitos partió a México con una carta de recomendación de René Anillo, un prominente miembro del Directorio, y fue acogido por una dirigente del Partido Ortodoxo como Martha Frayde. La observación no resquebraja su seguridad. Guillermo repone que tanto Anillo como Frayde estaban muy cercanos al comunismo.

–¿Y qué explicación encuentra a la detención en Praga?

–No tengo una explicación. Debieron de cruzarse otros factores que se me escapan. Pero él fue el delator. Eso es seguro. Recuerdo que nada más salir de la Audiencia, después del primer juicio, comenté a un compañero: «Marquitos morirá como una rata en la carretera». Siempre supe cuál sería su final.

Por su parte, el expediente checoslovaco corrobora las indagaciones del Directorio. Primeramente, confirma la filiación comunista de Marquitos «desde 1955», su encuadramiento orgánico en las filas del PSP a través de Fabio Grobart, alias «Alberto Blanco», su máximo exponente en Praga y también la identidad de sus protectores, nada menos que los máximos cabecillas del viejo Partido «Carlos (Rafael Rodríguez), Joaquín (Ordoqui) y Aníbal (Escalante)» a quienes apela con insistencia en las primeras cartas escritas tras su detención.

Pero, a la vez, el expediente esclarece por qué prescribe la impunidad de Marquitos. Al mismo tiempo que expiraba la protección de sus camaradas comunistas, se activaba la trampa que precipitaría su fin, y ese mecanismo estaba también en manos de otros comunistas: Osvaldo Sánchez, un hombre del viejo Partido estrechamente ligado a los servicios secretos soviéticos. Cuando Marquitos se sentía a salvo en Praga, a miles de kilómetros de distancia de sus perseguidores, se vio envuelto en una conspiración de servicios de inteligencia que involucraba al menos a Brasil, Checoslovaquia, Estados Unidos y Cuba. Él buscaba un camino que le alejara de sus perseguidores, del peligro y, en realidad, corría en dirección al foco mismo del fuego cruzado de la guerra fría. Los mensajes secretos de su protector, el embajador brasileño Leitao da Cunha, precipitaron su desgracia.

Vista en perspectiva, la trayectoria vital de Marquitos tiene dos constantes. La primera es la ambigüedad, el desdoblamiento. Considerado homosexual por muchos y despreciado como tal por sus compañeros de universidad, alardea de conquistas femeninas en Cuba y Costa Rica; dirige cartas equívocas, pero deja una estela de noviazgos en La Habana y en Praga. La doblez no es meramente sexual; se extiende a su misma extracción social, a sus propios orígenes. Inventa una diferencia política para encubrir la vergüenza que siente hacia la incultura y la pobreza de su padre, y busca amparo en las redes comunistas. Ejerce como bedel de Nuestro Tiempo, pero reniega de su humilde ocupación y adopta poses intelectuales. Más tarde, milita en las filas comunistas, pero frecuenta a los aguerridos revolucionarios del Directorio Estudiantil y participa de sus anhelos y conspiraciones. Inventa, en fin, el heterónimo «Dionisio Viera» y cultiva esa doble personalidad en México.

Hay un pasaje del careo al que fue sometido en presencia de Osvaldo Dorticós y otros dignatarios del régimen que refleja vivamente la médula de su personalidad. Corresponde al momento en que Marquitos manifiesta su dificultad para explicar sus propios actos:

> Sé que es difícil de comprender eso, pero a mí mismo me fue difícil aceptar que yo hubiera hecho semejante cosa. Por eso es que siempre traté de desvirtuarlo, de ocultarlo. Porque me parecía que yo no había cometido eso. Era tan monstruoso, tan inhumano, tan cruel, tan horrible, que yo no podía aceptar eso. Entonces, ¿cuál era mi actitud de autoprotección ante eso? Creer, justificarme mentalmente, idealmente, que yo no había podido hacer eso. Y entonces creé todos esos pájaros. Llegué a pensar en un momento (y no soy ningún demente ni ningún loco) que lo que yo estaba escribiendo era la verdad. Y ahora, una persona razonable puede preguntarse: ¿cómo es posible? O éste es muy sinvergüenza, o es un esquizofrénico.

El presidente Dorticós le inquiere entonces: «¿Y usted qué es?». Marquitos responde: «Yo soy un sinvergüenza. No soy un esquizofrénico». El desdoblamiento de personalidad, la ambigüedad; ese trastorno es la primera constante que aflora en todos los testimonios y documentos.

El segundo rasgo es la perpetua búsqueda de una protección, un amparo familiar de reemplazo. Desde que Marquitos, huérfano de madre, abandona el hogar paterno y reniega de su padre, busca y halla siempre cobijo en un hogar sustitutivo. Primero, la familia de Jorge Valls, que lo adopta como un hijo más. Después, durante su asilo, la protección del embajador Leitao da Cunha y su esposa que prolongan su tutela a través del tiempo y la geografía. En México, da con una nueva familia en Joaquín Ordoqui y Edith García Buchaca que se compadecen de aquel muchacho desvalido al que «prohijan». En Checoslovaquia, el embajador Ruiz Cortés y su esposa Josefina, que le acogen sin reservas. Y siempre, en cada ocasión, Marquitos saca provecho de su debilidad y explota su dulzura. Lo encontramos al volante del coche de los Valls, en la cocina de Edith García Buchaca, al volante de nuevo del coche de los Ruiz Cortés en Praga. Desplegando en cada lugar los encantos de su fragilidad y de su pose intelectual.

Sólo una vez falló el dispositivo: con los bizarros combatientes del Directorio Revolucionario. A Fructuoso, a Carbó Serviá, a Machadito, a aquellos jóvenes forjados en el culto a la acción, osados y brutales, no les inspiraba lástima su aspecto desvalido ni les conmovían las ínfulas librescas de Marquitos. Peor aún, las tenían por un obstáculo para su misión redentora: las despreciaban. Pagaron caro ese desprecio.

Marcos Armando Rodríguez buscaba reconocimiento y ascenso social; los estudiantes del Directorio reclamaban un cambio político tajante y brusco. Un día de abril, las aspiraciones sociales de Marquitos y los sueños revolucionarios de los chicos del Directorio se cruzaron en un apartamento de la calle Humboldt; el resultado fue la muerte de todos.

Intento comprender a aquel niño que reniega de su familia y marcha de casa a los doce años; que fabula un padre cruel y reaccionario para incrustarse en el Partido; que se procura un ascensor social y una nueva identidad en el vértice de la militancia comunista y en los ambientes intelectuales que convergían en Nuestro Tiempo. Que navega siempre entre dos aguas, las del Partido y las del Directorio. Que un buen día se planta ante el mayor carnicero de la dictadura y se desquita de agravios, ultrajes y humillaciones: se deshace de sus maltratadores. Ahora intento entenderlo y aun así no soy capaz de responder a la pregunta que se hizo a sí mismo Marquitos: ¿esquizofrénico o sinvergüenza?

Si todas las pruebas corroboran la culpabilidad de Marquitos, ¿de dónde proceden entonces las dudas y las contradicciones?

Se me ocurre confeccionar una lista exhaustiva de las objeciones que formuló Joaquinito, de las incoherencias detectadas en la versión oficial del crimen de Humboldt 7 y del juicio a Marquitos por unos y otros. Compruebo que todas ellas pueden ser agrupadas en dos apartados: las anomalías que otorgaron una prolongada impunidad a Marquitos y las irregularidades que rodearon su procesamiento.

Resulta ya sencillo responder a la primera cuestión: Marquitos pudo esquivar el castigo porque era miembro del PSP y desplegó su potente coraza frente a sus acusadores. Los comunistas se sirvieron de su intimidad con los miembros del Directorio Revolucionario. Probablemente no instigaron su delación —al menos no he hallado pruebas de ello—, pero le prestaron amparo y protección sin preocuparse de comprobar su inocencia. Y lo hicieron porque era «uno de los suyos».

Más arduo resulta encontrar una explicación convincente al conjunto de anomalías y contrasentidos que abarcan la prisión, la inculpación y, sobre todo, el procesamiento. Observados desde un ángulo jurídico, carecen de lógica el dilatado encarcelamiento, el trasiego de las cartas comprometedoras, la súbita irrupción del primer juicio y la contienda política desatada a raíz de su celebración; la causa general en que se transformó la segunda vista. Son otros tantos interrogantes que siguen en pie.

Entonces resuenan las palabras de Joaquinito: «La clave del caso Ordoqui está en el juicio a Marquitos». Y por primera vez acepto admitir que encerraran una parte de verdad. ¿Y si la clave del juicio no fuera la culpabilidad o la inocencia de Marquitos? Ese punto estaba zanjado de antemano. Marquitos llevaba tres años en prisión sin asistencia letrada, tratado como culpable.

¿Y si, como sostenía Joaquinito, como confirmaban Fandiño y Valls, como corroboraba Yoyi, el juicio no estuviera dirigido a determinar la responsabilidad criminal de un acusado sino que sirviera para minar la influencia de las distintas facciones políticas revolucionarias y, en especial, de la vieja guardia comunista? ¿Y si la escenificación pública fuera la esencia del proceso?

Respondo al vacío ausente de Joaquinito:

—Estoy dispuesto a conceder que pudieras tener una parte de razón. Pero entonces —le diría—, el problema es otro: ¿cómo dar el salto, cómo vincular el caso Marquitos con el caso Ordoqui?

—Ésa es otra historia —contestaría probablemente con una media sonrisa envuelta en humo.

10

Ese vínculo decisivo, el nexo entre el juicio a Marquitos y el caso Ordoqui, me lo proporcionó un amigo, el escritor barcelonés Juan Carlos Castillón, y tenía forma de libro.

Tras una azarosa peripecia política por Centroamérica, Juan Carlos aterrizó en Miami. La vida cultural tiene en Florida la misma intensidad que en el desierto. Y la Librería Libros Españoles de la calle Ocho es uno de los contados oasis de Miami. Castillón se ganaba la vida como librero, y ésa era la ocupación más inofensiva de cuantas había desempeñado en mucho tiempo.

Desde allí me hizo llegar una rareza; un ejemplar recóndito de una edición agotada de una desconcertante novela: *Útiles después de muertos*. Apareció en México en 1966 bajo el sello editorial Costa-Amic. Su autor es Carlos Manuel Pellecer.

De acuerdo con la descripción de las solapas del libro, el tal Pellecer fue miembro de la dirección del Partido Guatemalteco del Trabajo (comunista) durante catorce años y desempeñó cargos relevantes en el gobierno izquierdista de Jacobo Arbenz, hasta su derrocamiento por un golpe instigado por la CIA en 1954. Marchó luego a un largo exilio que le condujo a Argentina, Checoslovaquia, Francia, Italia, Cuba y, finalmente, México.

«Al trasladarse de Cuba a México en 1962 –continúa el texto de la solapa–, Carlos Manuel Pellecer, repugnado por las finalidades y procedimientos marxistas, con el convencimiento pleno de lo que significa el comunismo para los pueblos y para los ciudadanos, rompió formalmente con el Partido, publicando su sensacional testimonio *Renuncia al comunismo*, documento vivo y aleccionador que consagró a Pellecer como uno de los escritores políticos más valientes y mejor dotados de nuestro tiempo.»

El título del libro, *Útiles después de muertos,* es una paráfrasis de la descripción de los mártires revolucionarios atribuida a Julio Antonio Mella, el fundador del Partido Comunista de Cuba. El grueso volumen, y esto es lo extraordinario, es una versión novelada del caso Marquitos.

Se abre con una advertencia: «En este relato los personajes son reales, son héroes, cadáveres, prisioneros, exiliados o desaparecidos, existen o existieron y de un modo u otro pertenecen a la dramática historia de Cuba. Los presento con la objetividad a que aspira todo historiador escrupuloso. Exceptuando uno o dos, les traté en el extranjero como exiliados y dentro de Cuba como activistas políticos. Los hechos que se relatan son hechos ciertos, evidentes, históricos».

La narración de Pellecer presenta un Marquitos candoroso, manipulado por diabólicos agentes comunistas que le infiltran en las filas del Directorio Revolucionario y le fuerzan a facilitar información. La delación habría sido concebida y ejecutada a espaldas de Marquitos por los pérfidos mandatarios del Partido con la finalidad de eliminar molestos rivales futuros.

El Marquitos que retrata Pellecer es tierno, sensible, pero dotado para la conquista amorosa, un galán ante cuyos encantos sucumben desde las combativas muchachas del Directorio Revolucionario hasta la hija del embajador cubano en Checoslovaquia; también las sirvientas de la embajada brasileña que le da refugio, las bailarinas de los cabarets de Costa Rica… Los rumores acerca de la homosexualidad de Marquitos no serían, en la versión de Pellecer, otra cosa que siniestras coartadas urdidas por los comunistas con algún fin inconfesable. Tan inconfesable que el propio Pellecer no llega a confesarlo.

La novela no pasa de constituir una emulación del gran clásico de la denuncia de los procesos judiciales estalinistas escrito por Arthur Koestler, *El cero y el infinito,* del que se plagian algunos pasajes de forma tan descarada como infeliz. Podría decirse que Pellecer recorre el camino de Koestler, pero en sentido inverso:

del infinito al cero, de la genialidad a la nada. En realidad, su novela se inscribe en esa efímera corriente literaria que podría denominarse «realismo antisocialista de guerra fría». A lo que parece, fue recibida en su tiempo con toda suerte de parabienes y elogios en los medios conservadores. Leída cuatro décadas después produce una sensación de incrédula incomodidad por su rabioso partidismo y su visión maniquea.

Tampoco aportan gran cosa sus truculentas concesiones al sensacionalismo y las improbables escenas de un buró político comunista desgarrado por una disputa amorosa y reunido para dirimir el litigio entre Carlos Rafael Rodríguez y Joaquín Ordoqui por el amor de Edith García Buchaca.

Lo realmente llamativo es el conocimiento minucioso de la vida de Joaquín Ordoqui y García Buchaca que la novela denota. No solamente figuran pormenores pertenecientes a la biografía pública de ambos, sino también pensamientos y detalles precisos que ilustran las escenas ficticias en que aparecen y que corresponden al ámbito estrictamente íntimo. La forma de fumar característica de Ordoqui, los giros coloquiales de Edith, el modo de dirigirse al pequeño Joaquinito, el apelativo familiar de «Idy» que sus familiares próximos emplean con Edith, el nombre del dirigente checo que atendió al matrimonio durante su estancia en Praga, su domicilio en aquella ciudad, anécdotas sobre el viaje de Edith a Pekín, sobre la indisposición de Ordoqui durante su regreso a La Habana tras el triunfo de la Revolución… Detalles, precisiones y pormenores que denotan cercanía; más aún, familiaridad.

Estos datos precisos, contrastados, aparecen engarzados en una estructura narrativa completamente fantasiosa, descaradamente falsa para el conocedor de los hechos; pero dotan a la obra de la apariencia y la fuerza de la veracidad.

Traté de procurarme alguna información adicional sobre Pellecer y comprobé que aparecía entre el puñado de dirigentes comunistas cercanos a Arbenz, el depuesto presidente progresista de Guatemala cuya eliminación fue planificada por los servicios norteamericanos. Otros eran José Manuel Fortuny, Augusto

Charnaud y Víctor Manuel Gutiérrez. Este último, un dirigente sindical fundador del Partido Comunista, desapareció en 1966, meses antes de la publicación de la novela, tras irrumpir la policía guatemalteca en una reunión secreta del Partido.

Y justamente a él estaba dedicada la novela de Pellecer con una aviesa mención: «A Víctor Manuel Guiérrez, muerto estérilmente por una causa en la que había dejado de creer».

Exploré las bibliotecas accesibles en busca de alguna otra de sus obras. Di con *Renuncia al comunismo*, que resultó ser un opúsculo megalómano fechado a fines de 1962, que contiene tres cartas abiertas a Kruschev, Mao Tse Tung y Fidel Castro. Es seguro que sus destinatarios jamás respondieron la misiva de Pellecer, probablemente ni siquiera se tomaron la molestia de leerla, si es que llegó a sus manos.

Tampoco se perdieron gran cosa, porque el libro destila resentimiento («Ante mí, no más los comunistas, hediondos a mugre, con los dientes sin lavar, cuestionándome horribles») y una vanidad enfermiza («La gente del pueblo de mi país sabe que mi amor por la libertad no es de ahora, que el mío es un nombre querido por la gente humilde, con cuya confianza seguimos contando»).

El texto rezuma además una perfidia poco común. Contiene, por ejemplo encendidos elogios a Escalante, víctima de la campaña castrista contra el sectarismo («uno de los más queridos y conocidos dirigentes comunistas cubanos»). El otro destinatario de los piropos de Pellecer es... ¡Joaquín Ordoqui! («Ha tirado siempre con abnegación de la carreta de la lucha obrera»). Son alabanzas que, viniendo de alguien que abjura del comunismo, se transforman en pruebas de cargo letales para sus destinatarios.

11

La novela de Pellecer abogaba por la inocencia de Marquitos –lo que era muy probablemente falso–, responsabilizaba al comunismo de su muerte –lo que era altamente dudoso– y exculpaba por completo a Joaquín Ordoqui y a su esposa –lo que resultaba llamativamente sospechoso–. Tanta malicia debía de tener a la fuerza un sentido, esa recopilación de medias verdades y mentiras dobles no podía ser gratuita.

Ya que no podía contar con Joaquinito, resolví buscar ayuda en la persona más próxima a él. La lengua española posee dos términos distintos para designar a los hijos que tienen en común un solo progenitor. Si es el padre, se dice que son hermanos de sangre; si proceden de la misma madre, son hermanos uterinos. Esa distinción no rige en Cuba. Allí en uno y otro caso se emplea una palabra más imprecisa y entrañable: «mediohermano». Ante el Registro Civil cubano, Anabelle Rodríguez García es la mediohermana de Joaquinito Ordoqui; pero en la vida ha sido, además de hermana completa, mediomadre. Anabelle es la hija primogénita del primer matrimonio de Edith García Buchaca con Carlos Rafael Rodríguez, el único miembro de la vieja guardia que desempeñó cargos relevantes en el nuevo régimen hasta su muerte.

Tras la separación de Edith y Carlos Rafael, Anabelle siguió muy vinculada a su padre, pero también a su madre y a su padrastro, Joaquín Ordoqui. Era aún una niña cuando su madre volvió a dar a luz y siempre estuvo pendiente del pequeño, incluso en los períodos de distanciamiento forzado por el exilio y las peripecias políticas de Edith y Joaquín. Pero su presencia se hace sobre todo patente en los momentos cruciales de la vida de su hermano. Encontramos a Anabelle intercediendo por Joaquinito ante la Seguridad en los tiempos de la prisión domiciliaria para atenuar el encierro infantil y para obtener un permiso de juego con los hijos del vecino poeta y amigo Eliseo Diego; volvió a socorrer a Joaquinito y le sacó de apuros durante su exilio en Perú. Y lo acogió en su casa cuando su salud empeoró y precisó asistencia constante.

Anabelle Rodríguez es una mujer gruesa, voluminosa, tan resuelta como su mediohermano, y más equipada que él para sobreponerse a las adversidades. Sin embargo, cuando la visité por vez primera y le hablé de nuestras pesquisas, visiblemente se emocionó.

—Joaquinito me habló alguna vez de la colaboración de ustedes… Fue cuando vino a vivir a casa. Desde que le diagnosticaron la enfermedad y comenzó el tratamiento se mudó aquí y se relacionaba con muy poca gente. Casi se aisló por completo.

Anabelle me explicó que su hermano se mantuvo activo hasta la fase final de su enfermedad, a pesar del estrago de la medicación.

—No comentaba apenas nada, pero le entró una inquietud por recuperar fotos y papeles antiguos de la familia… Como si tuviera prisa a medida que la enfermedad avanzaba y se apoderaba de los pulmones.

Anabelle recibió una llamada y se disculpó para ausentarse un instante. Me incorporé y permanecí en pie frente a la ventana. Se me ocurrió la absurda idea de que las personas deberíamos llevar una placa grabada con nuestra tara y nuestra carga máxima; el peso de nuestra carrocería y el que podemos soportar. Como los camiones. La carga máxima de Anabelle parecía ilimitada. La tara de Joaquinito resultaba en cambio agobiante. Una vez leí que «exilio» significa vivir allí donde no existe la casa donde una vez fuimos niños. Si la definición es acertada, Joaquinito estaba doblemente exiliado: esa casa no existía aquí, pero tampoco allí; alguien le robó su infancia. Cuando Anabelle regresó fui directo a ese punto:

—Supongo que por su edad debió de ser el más afectado por todo lo que ocurrió en la familia… —apunté.

—Él tenía una expresión para explicarlo. Decía que era lo bastante mayor para darse cuenta de que algo pasaba, pero demasiado chiquito …

—… para entender lo que pasaba —completé la frase.

—¿Te lo contó?

—Por encima.

—Aquel día de noviembre, cuando detuvieron a Joaquín, nuestro mundo se derrumbó. Fue como una bomba que se llevó todo por delante. Para mi madre fue la muerte en vida. Le cayeron encima al menos diez años de golpe. Joaquín, que era un hombre activo, vital, envejeció de golpe. Volcó su energía menguante en trabajar el pequeño terreno que rodeaba la casa. Sembró un huerto y empezó a criar conejos, gallinas… Era su terapia mental. Eso y las notas de sus memorias que dictaba en la mesa de la terraza. Pasó el resto de su vida esperando que un día se abriera la puerta y entrara alguien para anunciar que todo había quedado aclarado.

—¿Y para ti?

—Quedé conmocionada. Sin poder articular palabra. Estaba entonces criando a mi hija mayor, Lourdes, y a la niña le brotaron eczemas por toda la piel. Consulté al médico y recuerdo que me preguntó si había sufrido alguna desgracia, alguna pérdida familiar. Le contesté que sí, sin más detalles. Me explicó que ésa era una reacción normal en casos de crisis muy graves y que la madre podía transmitirlo al bebé a través de la leche. Se le desapareció en cuanto dejé de darle pecho y pasamos al biberón. Pero, por duro que fuera para todos, para Joaquinito fue otra cosa. Fue el acontecimiento que marcó su vida.

Acordamos seguir la conversación en su casa y lo hicimos la semana siguiente durante un almuerzo al que asistió su hija Lourdes. Aquel bebé que padeció a su manera las consecuencias del encierro de su abuela, se había transformado en una psicóloga próxima a los cuarenta y madre de dos niños.

Anabelle me anunció que habían confeccionado el menú que le hubiese gustado a Joaquinito. Sirvieron de primero una ensalada aderezada con yogurt y mostaza que presentaron como «ensalada Pantagruel». Supe entonces que Joaquín no estaba fanfarroneando cuando se proclamó gran cocinero. Disfrazado tras el pseudónimo «Pantagruel», se ocupaba de la sección gastronómica de *Cubaencuentro*. Expliqué que había quedado pendiente una cena con cebiche peruano.

—Era uno de sus predilectos. Le fascinaba la cocina peruana… Otro de los platos que mejor le quedaban es el que probarás después.

La primera parte del almuerzo transcurrió en la evocación plácida y amable del hermano y tío desaparecido. Llegó luego el segundo plato, «hígado a la italiana».

—Joaquinito siempre se refería a la cantidad de platos que llevan el nombre de otros países y nada tienen que ver con ellos. Citaba, por parte cubana, el ejemplo del «bacalao a la vizcaína», que no tiene la menor semejanza con el que se prepara en Vizcaya. Y ese combinado de arroz blanco con huevos fritos y plátano maduro y salsa de tomate que se sirve como «arroz a la cubana» en todo el mundo… menos en Cuba. Seguramente este «hígado a la italiana» tampoco tiene que ver con Italia; en todo caso, es un plato delicioso y fácil de hacer. Lo único que el aliño hay que prepararlo un día antes y dejarlo reposar.

A la hora del café, Anabelle desplegó varios álbumes con algunas viñetas vacías. Me mostraron fotos infantiles de Joaquinito; una junto al cosmonauta Gagarin, tomada durante su visita triunfal a Cuba; otra sentado en las rodillas del Che Guevara. Otras posteriores, en las que Joaquinito, un niño grandullón de once o doce años, aparece correteando por una explanada con arbustos y arecas. Siempre solo. Hay muchas más fotos; de Anabelle recién llegada a Madrid con sus dos hijas, con idénticos vestidos las tres; y otras que supongo fechadas en años muy anteriores

Joaquín Ordoqui en la última fase de su enfermedad y Edith en Calabazar, hacia 1972.

porque destilan felicidad. Edith, sonriente, sentada en las piernas del veterano luchador. La familia reunida en una celebración...

El último álbum recoge instantáneas de los últimos años del encierro de Joaquín Ordoqui en la finca de Calabazar. El anciano exhibe un gesto amargo, derrotado. En una de las instantáneas finales asoma un paño blanco de la guayabera de Ordoqui a la altura de la garganta:

—Le habían operado ya del cáncer de laringe —explica Anabelle.

Me invitaron a trasladarme hasta un tresillo vecino y Anabelle accionó el mando de un vídeo. La película, de pésima calidad, estaba filmada durante el setenta cumpleaños de Joaquín en la finquita de Calabazar, el espacio de la reclusión domiciliaria.

Se inicia con un primer plano de Ordoqui en guayabera blanca. No hay sonido ambiente ni se registran conversaciones. Las imágenes flotan fantasmagóricas ante la cámara que se desplaza por el porche de la casa y luego por el jardín. Aparecen más personajes. Joaquinito Ordoqui, un espigado adolescente de pelo crespo y barba rala. Edith, con un mechón blanco en el pelo, exhibe un aspecto severo. Otras dos hermanas del viejo mastican aplicadas sin pronunciar una palabra. La cámara enfoca absurdamente una bandeja con un pomo de leche condensada y una tajada de queso fresco.

La fachada de la casa es de piedra de arrecife y tiene ventanas con barrotes torneados de madera oscura. Un rudimentario travelling muestra el suelo de losas españolas y concluye en el fondo del jardín donde pasean los gansos y conejos que Ordoqui criaba. Al fondo, junto a la valla, se vislumbra la caseta anexa que ocupaban los guardias.

Las imágenes se suceden temblorosas en la pantalla. Están envueltas por el halo melancólico que imprime el tiempo, acentúa la mala calidad de la filmación original y multiplican los defectos de la copia. Cuando concluye la grabación con un fundido en negro y se encienden de nuevo las luces, tengo la impresión de haber asistido a un ritual ocultista.

Estamos en plena despedida cuando Anabelle se disculpa y reaparece con una caja de cartón cerrada con cinta adhesiva.

—Esto es para ti. Era de Joaquinito y, como ves, tenía tu nombre. No sé qué pueda contener. Él no hablaba nunca del tema y protegía celosamente esa caja. Sólo una vez comentó que había estado muy cerca de la solución, o algo por el estilo, pero cuando le pregunté no me aclaró. —Anabelle me dirigió una mirada fija y abarcadora.

Me sentí mal. Incluso muy mal. Sólo balbuceé:

—Tal vez sea de un proyecto que planeamos a medias y que dejamos sin terminar.

12

Nada más llegar a casa vacié impaciente la caja. Había un par de volúmenes mecanografiados y encuadernados con gusanillos y tapas de cartulina amarillenta sin inscripción alguna; otros varios cuadernos más livianos; extraje también media docena de libretas y fajos de cartas escritas a mano y a máquina. Algunas eran originales, otras eran copias mecanográficas a carbón o fotocopias. Incluso notas de lo que parecía un ensayo histórico sobre las relaciones entre el viejo Partido Comunista, el PSP, y Fidel Castro. Al fondo estaba nuestra correspondencia y las páginas impresas del sumario de Humboldt 7 que le facilité tiempo atrás.

La primera carpeta que examiné contenía la fotocopia de un recorte de prensa fechado el 18 de noviembre de 1964, «Año de la Economía». Se titulaba «Suspendido Joaquín Ordoqui en sus cargos en la Dirección del PURSC y en el Minfar».

> Por acuerdo unánime de la Dirección de nuestro Partido se decidió la suspensión del compañero Joaquín Ordoqui de los cargos de Miembro de la Dirección Nacional y de Responsable de Suministros de las Fuerzas Armadas Revolucionarias, hasta tanto se realice una investigación completa de su conducta política desde el año 1957 hasta el presente.
>
> Motiva [sic] este acuerdo determinados aspectos de la conducta política de dicho compañero durante el citado período, que no han sido aclarados de manera enteramente satisfactoria.
>
> Es igualmente propósito de la Dirección Nacional que en caso de que dicha investigación, que será realizada con entero espíritu

Joaquín Ordoqui con sus hijos Joaquinito y Teresita en Calabazar, hacia 1972.

de objetividad y justicia y que por la índole de la misma necesaria-
mente llevará tiempo, arroje resultados que despejen toda duda
acerca de la actuación del mencionado compañero, el mismo será
restituido en sus cargos y recibirá pública satisfacción por esta medida que, aunque muy desagradable, la dirigencia de nuestro Partido, en cumplimiento de su deber con el Pueblo y con la Revolución, ha considerado indispensable adoptar.

Comandante FIDEL CASTRO RUZ,
primer secretario del Partido Unido
de la Revolución Socialista de Cuba

Unida al recorte por un clip había una escueta nota manuscrita con la letra de Joaquinito. No figuraba su destinatario pero parecía reciente:

Así concluyó, según parece, el crimen de Humboldt 7, o juicio a Marquitos, si prefieres y, de camino, el caso Ordoqui. Habían pasado siete meses y veintitrés días después del monólogo de Fidel en el juicio. Y con su firma se publicó este pastoso comunicado. Él manejó en persona todo el asunto y lo que parece el desenlace lleva también su firma.

PD: Ahora es mi turno de aportar algo: lo que sigue es la carta que mi padre nos escribió en 1970. Mamá nos la entregó un tiempo después de su muerte. Como verás, está dirigida a todos: tanto a Quiche y Teresita, las dos hijas que tuvo en su primer matrimonio, como a Dania y Anabelle, que en realidad no tenían vínculo de sangre con él, puesto que eran hijas de mi madre y de su primer esposo, Carlos Rafael. Él les dispensó siempre el mismo trato que si fuesen hijas propias.

La Habana, 12 de diciembre de 1970
A mis hijos Quiche, Anabelle, Teresita, Dania y Joaquín

Queridos hijos:

Sé que estoy enfermo y que la muerte puede sorprenderme en cualquier momento. No quisiera que ello sucediera sin que les quedara a ustedes una constancia de cuanto pienso en relación con la grave acusación de que he sido objeto, basada en pruebas que el tiempo se encargará de demostrar cuán falsas son.

Pueden ustedes vivir seguros de que nada indigno he cometido en mis largos años de militancia revolucionaria; y que siempre he sido fiel, en todas las circunstancias, aun las más adversas, a los principios que abracé desde mis años jóvenes.

Un recuento de mi proceder lo he podido realizar muchas veces en estos seis años de encierro; y cualesquiera que hayan podido ser mis errores, éstos no han rozado jamás, en lo más mínimo, mi condición de revolucionario.

Si Edith ha permanecido a mi lado, si ha rechazado como falsas las acusaciones que se me hacen, ello no ha sido motivado por resortes sentimentales, por el inmenso cariño que me tiene; porque ese cariño ha dependido en gran parte de mi entrega total a nuestra lucha. Ella ha reaccionado en la forma que lo ha hecho convencida firmemente de mi inocencia.

Sé que desde todos los tiempos se han venido cometiendo por el hombre errores como el que se comete con nosotros. Por ello no dudo de la buena fe de los que me acusan, ciegos y obcecados, incapaces, quizás porque no cuentan con medios para ello, de descubrir la verdad.

No tengo dudas de que el tiempo se encargará de que esa verdad se imponga, pero no sé cuantos años han de pasar hasta entonces. Mientras tanto, para ustedes y para mis nietos, esta confesión de mi absoluta inocencia, de mi fidelidad más profunda a los principios que animan a esta Revolución que ha cambiado para siempre el destino de Cuba.

Con mi entrañable cariño,

Joaquín Ordoqui Mesa

13

Había conversado con la mujer que acogió en México al delator y recogido el testimonio de uno de relevantes asistentes al juicio; había escuchado a la viuda del líder de los asesinados; había reconstruido los intrincados circuitos mentales de Marquitos de la mano de sus dos amigos más íntimos, había escuchado la evocación de su figura de labios de su novia en Praga; tenía en mis manos la última carta crepuscular que Joaquinito alcanzó a escribirme sin llegar a enviarla; y había rescatado los documentos que mi amigo muerto había logrado recopilar. Resolví acelerar la búsqueda. Trabajaría de nuevo sobre documentos pero a la vez me centraría en los restantes testigos.

El vuelo UX 114 Madrid-La Habana despegó a primera hora de la tarde. Una vez que retiraron el almuerzo y se bajaron las persianas, los pasajeros interrumpieron las conversaciones y se concentraron en la película, una insulsa comedia adolescente americana. En esa atmósfera de silencio y penumbra me sumergí en la lectura del primero de los textos que Joaquinito había coleccionado:

Nació el niño Joaquín el día 18 de agosto de 1901 a las 8 a.m. Fueron sus padrinos don Antonio Peña y doña Luisa Mata. Fue bautizado en la iglesia de Santo Domingo el día 24 de junio de 1904 y anotado en el Registro Civil. Nació miércoles 3 de luna.

Así dejó constancia en su libro de *Anotaciones y acontecimientos familiares de Joaquín Ordoqui Rodríguez* del nacimiento de su hijo Joaquín. Y así también arrancan las *Memorias* que el propio Joaquín Ordoqui Mesa dictó a su esposa, Edith García Buchaca, durante su encierro domiciliario de ocho años y medio.

Joaquín dictaba sus recuerdos, mientras Edith tomaba notas a mano. Por lo que sé, lo hacía desde una mecedora del porche de la quinta de Calabazar. ¿Por qué no fue el propio Joaquín quien redactó de su puño estos recuerdos? Probablemente influyó su afligido estado de ánimo, la desmoralización que se apoderó de él tras la detención. La salud física de Ordoqui tampoco era buena y sus dolencias se acentuaron con el encierro. Poco después de la detención reaparecieron los trastornos gástricos y, casi de inmediato, el cáncer de laringe que acabaría con su vida. En sus notas, Edith sostiene que buena parte de esas enfermedades, acentuadas por la desdicha del encierro, fueron una somatización del sufrimiento moral. Pero, con seguridad, las dos cajetillas diarias de cigarrillos fuertes que Ordoqui consumía desde los dieciséis años también tuvieron algo que ver.

Más allá de las enfermedades y de la desmoralización, las propias *Memorias* proporcionan una clave para explicar el método de redacción. «El niño Joaquín —dicen—, era muy enfermizo. Padecía asma. En la escuela fue muy inquieto. Un defecto visual congénito le dificultaba seguir el pizarrón. Además era zurdo. Pero en el aula le impusieron el uso exclusivo de la derecha, llegando a amarrarle la izquierda para impedir que la utilizara. Eso, como ha demostrado la ciencia, provocó en el niño grandes trastornos emocionales y de carácter mecánico en la escritura por la que llegó a abrigar aversión.» Dicho de otro modo, Joaquín Ordoqui era ágrafo, detestaba escribir.

Los apuntes están redactados en tercera persona, como si Joaquín fuera un personaje de su propia historia. Pero Edith no se limitó a actuar de simple amanuense. Filtró los recuerdos de su marido a través de su propio tamiz dogmático, más estricto aún que el del veterano luchador. Más tarde alguien, acaso la propia Edith, se tomó la molestia de mecanografiarlos. Ocupan doscientas cincuenta páginas repletas de pequeños caracteres y están encuadernadas con tapas de cartulina amarilla y una espiral de gusano.

El relato de la infancia de Joaquín Ordoqui es un compendio de las desdichas que debieron de soportar muchas familias descendientes de emigrantes españoles, vascos en este caso, que afluyeron a la isla en la última mitad del siglo xix. Una prole de diez hermanos, tres de los cuales fallecen en el primer año de vida; privaciones familiares para que al menos uno de los hermanos –la mayor– curse estudios; sacrificios que se malogran cuando la recién graduada fallece de tifus; abandono prematuro de la escuela y trabajo infantil en los más diversos oficios (vendedor de carne, lechero, panadero, tabernero a los trece años, heladero, ferroviario a los dieciséis), precipitado por el injusto encarcelamiento del padre a raíz de un oscuro manejo de un funcionario municipal...

Cuando Joaquín Ordoqui alcanza la mayoría de edad, hace tiempo que trabaja como derretidor de asfalto. Su carácter ha quedado modelado tiempo atrás, posiblemente en la pugna con sus defectos físicos: «Consecuencia de las limitaciones referidas, el niño habría de desarrollar otras aptitudes de modo notable. Escuchar, observar cuanto pasaba, captar e intuir el alcance de cada acontecimiento, fueron capacidades que se manifestaron en Joaquín de manera muy temprana».

Son cualidades que desplegará con preferencia fuera de las paredes del colegio: «Por las propias dificultades que enfrentaba para el aprendizaje, sentía siempre un impulso tremendo de escaparse de las aulas y cuando se veía obligado a mantenerse en ellas constituía un factor de indisciplina que le valió el sobrenombre de "Joaquín, Cabeza de Motín"».

Joaquín dio pruebas tempranas de su disposición para trasladar sus facultades de líder desde las aulas al trabajo. Ya en las minas de asfalto, encabeza una comisión que «reclama del encargado que se adopten las medidas de seguridad indispensables». Un grupo de trabajadores españoles en el que conviven anarcosindicalistas y marxistas le proporciona el sustento intelectual para sus inclinaciones espontáneas: «Por la noche conversaban alrededor de una hoguera en la manigua hasta por la noche. Unos hablaban de Nietzsche, otros de Kropotkin y de las ideas anarquistas… El herrero les hablaba de las luchas libradas por los mineros de Asturias y entre sorbo y sorbo de café les explicaba quién había sido Marx y lo que Lenin venía realizando en su país».

El salto al liderazgo sindical se produce una vez en La Habana, durante la huelga de los Ferrocarriles Unidos de abril de 1924. En tres semanas de duro conflicto, Ordoqui se forja la fama de tribuno convincente y de luchador temerario que le acompañará toda la vida. «No vacila ante las formas de lucha más audaces». Cuando las *Memorias* hablan de audacia no emplean el término a la ligera: «Descarrilamiento de trenes, voladura de puentes, secuestro de esquiroles, sabotajes, agresiones físicas a los directivos de la compañía…».

Hasta ese momento, Ordoqui era simplemente un rebelde generoso, un intrépido luchador obrero. Pero de la mano de un veterano dirigente sindical, Rubén Martínez Villena, Joaquín Ordoqui da un paso decisivo. Se transforma en un comunista, un creyente. Desde esa fecha, todas las vicisitudes de la vida de Ordoqui reflejan esta doble faceta de su personalidad.

En ciertas ocasiones, las dos facetas se combinan y los rudos métodos de la lucha obrera se confunden con los procedimientos expeditivos del estalinismo. Una de esas ocasiones es el episodio de José Soler Lezama. Soler era un perpetuo estudiante de Derecho vinculado al Partido Comunista Cubano en Estados Unidos, que se incorpora a las tareas partidarias en la isla. «Alto, tiposo [agraciado], siempre bien trajeado, provisto de tabacos de la mejor clase, gran orador, cordial y obsequioso con los compañeros, valeroso ante la policía, siempre disponible para las acciones más riesgosas, de posición económica holgada…» Y delator al servicio de la policía del dictador Machado. Es Ordoqui el primero en sospechar de Soler Lezama; es Ordoqui quien le tiende una astuta trampa; quien ata cabos; quien lo desenmascara y es Ordoqui quien resuelve su expulsión del Partido. Tras la caída del dictador Machado, Soler Lezama fue ejecutado. Las crónicas no dicen por quién.

En 1930, Joaquín es ya un activista del Partido, un revolucionario profesional, y realiza su peregrinación a la tierra de promisión. En las páginas de las *Memorias* resuena la voz de un creyente: «El tren se detuvo frente a una pequeña y modesta estación en un pueblecito que apenas contaba con algunas calles. Allí comenzaban las tierras liberadas de la Unión Soviética. Joaquín no ha olvidado nunca esa mañana y lo que experimentó al pisar por vez primera suelo soviético. Al saberse ya en la patria que había ofrecido a la clase obrera mundial, a los pueblos oprimidos, la certidumbre definitiva de que el día de su liberación llegaría».

Son más que palabras, es una conmoción profunda ante la Patria del Proletariado. Hasta pisar territorio soviético, todo era miseria. Pero sólo cruzar la frontera «todo en aquel tren atestado de tropas, de mujeres cargadas de bultos, de trabajadores con sus acordeones [*sic*], era algarabía y alegre bullicio. Unos conversaban, otros jugaban al ajedrez en pequeños tableros, mientras los más jóvenes hacían sonar sus acordeones entonando bellas canciones. Joaquín lamentaba no poder entender las letras de las mismas en las que seguramente se expresaban profundos sentimientos de alegría de aquel pueblo. [Joaquín] no podía dejar de notar el contraste entre uno y otro tren. La atmósfera que se respiraba en el tren alemán y la que se respiraba en el tren soviético. Ambos eran expresión objetiva de lo que significaba la clase que gobernaba en uno y otro Estado». Se estaba refiriendo a la Alemania de la República de Weimar, anterior al nazismo, y a la Unión Soviética de Stalin…

Desde que pone un pie en la URSS Joaquín se comporta, actúa y razona como un creyente fervoroso. Hay un punto en que el creyente se transforma en un dogmático refractario a cualquier realidad opuesta al dogma. Todo son loas al Plan Quinquenal, a la emulación socialista desarrollada con éxito, amenizada «con música y banderas», pues «con entusiasmo desbordante iban cumpliéndose los objetivos propuestos: los petroleros de Bakú alcanzaron sus metas los primeros, les siguieron los obreros metalúrgicos de los Urales, Central Hidroeléctrica del Dnieper…». Las mismas palabras admirativas describen el proceso de colectivización agraria que, según ahora sabemos, costó la vida a millones de campesinos: «Se destacaban los koljosianos de choque y la Juventud Comunista que organizaba los célebres Sábados Rojos, en los que miles de obreros de Moscú y otras ciudades colaboraban en las tareas agrícolas consolidando así la alianza obrero-campesina en la que tanto insistiera Lenin».

Todo es formidable, sublime. Pero aun dentro de lo eximio existen distintos grados: «De todas las maravillas que se ofrecieron a sus ojos en aquellos días en que por primera vez asistió a una función de ballet, contempló obras de arte, orfebrería, arquitectura», lo que más profundamente le impresionó no fueron ni los cuadros del Ermitage, ni los iconos ortodoxos, ni las notas de Tchaikovski. Lo que más le impresionó fue «la visita realizada a la fábrica Putilov y conocer de cerca los lugares donde Lenin vivió y luchó».

El relato no está, naturalmente, exento de sombras. En particular, las que proyecta la incansable actividad de «desviacionistas, trotzkystas [*sic*] y demás enemigos de la clase obrera, siempre al acecho». Acababan de concluir los procesos contra las organizaciones contrarrevolucionarias, el último contra el Buró Unificado de los Mencheviques, y estaba en su apogeo la campaña antitrotskista: «Una fuente de incalculable valor eran los documentos en los que Stalin desenmascaró el verdadero carácter del trotzkismo [*sic*]. Le fueron facilitados a Joaquín y le impresionaron vivamente por la forma descarnada y directa utilizada por Stalin demostrando con hechos innegables la actividad fraccionaria, antipartido y de franco sabotaje del trotzkismo [*sic*]».

Los diarios recogen dos episodios singulares. El primero tiene como protagonista a un trabajador de vanguardia y acontece en la estación de Kurski. Examinado en la distancia, resulta al tiempo estremecedor, por la atmósfera que refleja, y patético, por la cerrazón ideológica que manifiesta Ordoqui. El ferroviario había cometido la grave falta de alterar las cifras del rendimiento laboral para resultar el vencedor de la emulación y obtener así los honores y el premio en metálico correspondiente. Ordoqui relata que inmediatamente se celebró una asamblea para que las masas dictaminaran el caso. «Casi todos los intervinientes mostraron su indignación y reclamaron que el trasgresor fuera entre-

gado al GPU [policía política de la antigua Unión Soviética].»
Podemos imaginar las consecuencias que tenía en pleno apogeo
del estalinismo ser entregado a la policía política.

En estas estábamos cuando «intervino un viejo ferroviario
que hizo un análisis sereno y objetivo. El compañero, dijo, había
cometido una falta grave, por la que podía ser entregado al
GPU. Pero había que tomar en cuenta su trabajo ejemplar y el
hecho de que era la vanidad lo que le había inducido a cometer
esa falta, ya que el premio en metálico lo había donado. Esa intervención calmó los ánimos y la cosa quedó en una amonesta-
ción».

La frase que sigue en las *Memorias* tiene resonancias maca-
bras procediendo de Ordoqui: «El ferroviario encausado habló
con lágrimas en los ojos; reconoció su falta y se hizo una autocrítica».

La singularidad del segundo episodio radica en su carácter
íntimo, puesto que se trata de la única concesión a las emociones en todas las *Memorias* y aun así se relata según los cánones es-
trictos del realismo socialista.

Ordoqui asiste a una fiesta de despedida del mariscal Bliujer,
jefe del Ejército del frente oriental. «Unos bailaban a los acordes
de la música que alegraba el ambiente, otros charlaban. Y se re-
partía vodka con gran prodigalidad. Era una noche de luna de
gran transparencia. Joaquín sentía los efectos del vodka al que no
estaba habituado y entre chistes y jaranas decidió salir al patio a
refrescar la cabeza. Invitó a que lo acompañara a una joven que
había conocido instantes antes: Valentina Oslova. Desde esa noche, Valia, joven comunista del sector ferroviario, figura ejemplar de la nueva mujer soviética, inteligente, rebosante de in-
quietudes y de una vitalidad extraordinaria, sostuvo una amistad
ininterrumpida hasta el mismo día en que tomara el tren que le
llevaría a Cuba.»

En conjunto, se comprende fácilmente, que «tras ese cúmulo
de vivencias políticas, artísticas y humanas, Joaquín regresó a La
Habana convertido en otro hombre, muy diferente del que había salido meses atrás».

Sigue un quinquenio de luchas libradas en Cuba contra el enemigo de clase y, cómo no, contra sus infiltrados en las filas de la clase obrera, «trotzkystas [*sic*], anarquistas, actuaban emboscados conjuntamente con gentes a sueldo de la embajada americana realizando todo tipo de provocaciones en los centros de trabajo…». Problemas que, a menudo, se reflejaban en el seno del propio Partido en que «imperaban, junto a la abnegación, el sacrificio, la honestidad» propios de la clase obrera, «la falta de iniciativa, de agilidad y flexibilidad de pensamiento de algunos dirigentes».

Y acaece también un hecho que tendrá consecuencias relevantes años después. En cierto momento, en el fragor de las refriegas frente a adversarios políticos y la patronal, la vida de Joaquín corre peligro y se ve obligado a abandonar el país en el buque *Morro Castle*. Aborda el vapor disfrazado, el pelo teñido de negro y provisto de documentación falsa expedida a nombre de Alberto de la Morena y Acosta. La policía le reconoce, pero consigue sortear la vigilancia; «soborna a los policías a cambio de un cargamento de estupefacientes». Durante la travesía se le aproximó un desconocido que le invitó a una copa de coñac. El hombre, de complexión fuerte, modales refinados y escrupulosamente vestido, se interesó por su vida… Dejaba caer frases enigmáticas, como «A veces, la forma de salvar la vida es precisamente estar dispuesto a arriesgarlo todo, porque eso desconcierta al contrario». A lo cual, Joaquín respondió: «En efecto, nadie se muere el día antes».

El misterioso pasajero comentó también que en Nueva York se condenaba a diez años a los portadores de armas de fuego sin autorización. Joaquín, que iba armado, intuyó que «estaba frente a un policía, conjeturando sobre su misión en el viaje, si liquidarlo mientras dormía, si denunciarlo al llegar, o si secuestrarlo en el propio barco no dejándolo desembarcar».

El viaje concluyó sin percances pero en la siguiente travesía del *Morro Castle*, el 5 de septiembre de 1934, se produjo una explosión a bordo del buque y se declaró un incendio que devoró por completo el navío. Perdieron la vida ciento treinta y cinco

Joaquín Ordoqui con el líder sindical Lázaro Peña.

personas. La policía norteamericana denunció un atentado y acusó a Ordoqui del incendio. Su foto apareció en la primera página de los diarios americanos.

En sus *Memorias*, Joaquín relaciona el episodio, que nunca se aclaró por completo, con la presencia del misterioso pasajero y lo considera la fuente de la feroz animosidad que el FBI siempre le profesó («Se la tenía jurada»). Por si fuera poco, continuó dando motivos a la policía y a los servicios secretos locales al animar desde el interior de Estados Unidos y amparado en la clandestinidad el Comité Manos Fuera de Cuba opuesto al intervencionismo yanqui en la isla. El presidente era el dramaturgo izquierdista Clifford Odetts, autor, curiosamente, de *Esperando al zurdo*. El gobierno americano no se sintió precisamente dichoso con las actividades del Comité y con los innumerables mítines de Ordoqui en Milwakee, Atlantic City y ante diversos congresos sindicales de la AFL-CIO.

A la altura de 1934 Ordoqui es ya, para las policías de todos los países occidentales, un peligroso activista comunista, un agen-

Joaquín Ordoqui con la dirigente comunista española Dolores Ibárruri, la Pasionaria.

te soviético. Se explica así que sea detenido en cuanto pone un pie en el D.F. bajo la acusación de pretender acceder con las peores intenciones a León Trotski que acaba de llegar a México huyendo de la persecución de Stalin y que sería asesinado poco después por un agente estalinista de padre español y madre cubana, Ramón Mercader. En esa ocasión es presentado por la prensa norteamericana como una suerte de «nuevo Dillinger», el gran criminal norteamericano.

Un hito fundamental en la biografía de Ordoqui es su participación en la guerra civil española y su destacado papel en el reclutamiento de voluntarios para las Brigadas Internacionales. Según relata, la misión le fue encomendada directamente por la Internacional Comunista, que le entregó veinticinco mil dólares junto con el encargo de captar voluntarios provistos de experiencia militar y política. En el desempeño de esa tarea mantiene significativos encuentros con Fernando de los Ríos, embajador español en Washington: «Lucía sereno y confiado —dice Ordoqui de él—, seguro del triunfo de su pueblo, pero carecía

Joaquín Ordoqui, vicepresidente del Senado, hacia 1941.

de la perspicacia necesaria para percatarse de la magnitud de la traición».

El uso del término «traición» no es meramente retórico. A renglón seguido, Ordoqui relata cómo facilitó al embajador de la República española una lista de los empleados de su embajada que actuaban en connivencia con el bando franquista. No proporciona ninguna pista acerca de la procedencia de esa lista, pero no es difícil conjeturar que provenía de las mismas fuentes soviéticas que le habían confiado la misión y los fondos. Ordoqui se comporta como un activista de primer nivel de la Internacional Comunista. Alguien que, a efectos policiales, es un «agente soviético».

La participación en la guerra civil española marca profundamente a Ordoqui que relata en sus *Memorias* los inicios de su amistad con personajes legendarios: la Pasionaria, Hemingway, Pi-

Ante los micrófonos de la emisora 1010 en el momento de su inauguración.

casso, y el poeta cubano Nicolás Guillén, a quien capta para las filas del comunismo. Congenia fácilmente con unos y otros pero manifiesta una gran predilección por los españoles, sobre todo por los andaluces, hasta el punto de describir a los cubanos como «los andaluces de América».

Desde luego, todo el análisis político del desarrollo de la contienda española y del contexto internacional se ajusta a la más estricta ortodoxia comunista. Por ejemplo, los enfrentamientos registrados en Barcelona en abril de 1937 y la persecución del POUM y de los anarquistas, son producto, para Ordoqui, «de la actitud incalificable observada por los anarquistas que habían preparado un *putsch* en el que estuvieron presentes las manos de los agentes franquistas».

Regresa a Cuba a comienzos de 1938 requerido por el Partido y allí se pliega disciplinadamente a la nueva línea. Así, describe que «Batista había dejado de ser el centro de la reacción y, consecuentemente con ello, se modifica la táctica a seguir». Se

Ordoqui y García Buchaca con Diego Rivera en México, en 1958.

modifica hasta el punto de respaldar el Partido la candidatura presidencial de Batista, el hombre a quien habían calificado no mucho antes como el gendarme de la reacción y el imperialismo. No será el último ni el más pronunciado de los bruscos virajes tácticos dictados por las conveniencias soviéticas.

El 1 de mayo de 1941 conmemoran la jornada con un desfile en el que ondean las banderas rojas y las pancartas en contra del imperialismo y la guerra, lo que en aquellos momentos no significaba otra cosa que inhibirse en la contienda que enfrentaba a Hitler con las democracias. Pero siete semanas después, el 22 de junio, Hitler ataca a la URSS y automáticamente el PC cubano solicita su entrada en el gobierno, donde obtiene una cartera ministerial que recae en Carlos Rafael Rodríguez, el primer esposo de Edith. A la vez, Ordoqui es elegido vicepresidente del Parlamento. Los mismos comunistas que la víspera denunciaban la guerra, organizan ahora cuestaciones populares para enviar alimentos a las tropas combatientes en el frente.

A lo largo de la década de los cuarenta crece la leyenda de Ordoqui dentro y fuera de las filas comunistas. Pone en pie un periódico diario, el *Hoy*, que extiende las consignas del Partido; levanta desde la nada una cadena radial, Radio 1010, que acrecienta la influencia popular de los comunistas con una programación que desliza las consignas políticas en medio de espacios musicales, infantiles y radionovelas y que le permite forjar una relación privilegiada con artistas y músicos populares.

Ordoqui no es un mero ejecutor de las consignas oficiales. Los operarios que edifican la emisora se asombran al ver al vicepresidente de la Cámara de Representantes remangarse la camisa y trasladar carretillas de cemento; los técnicos se admiran al verle importar de Estados Unidos miles de receptores radiales a pilas usados para distribuirlos en zonas campesinas donde no llegaba el fluido eléctrico… Los trabajadores se enardecen con su oratoria; los demás dirigentes se inquietan con su desenvoltura que le lleva a manifestar con desenfado sus discrepancias.

Las *Memorias* concluyen, sintomáticamente, antes del triunfo de la Revolución. Joaquín Ordoqui Mesa se perfila a lo largo de sus páginas como un personaje contradictorio. Disciplinado en la defensa incondicional de la URSS, pero indómito frente a las instrucciones que no comparte. Resolutivo en las tareas que acomete, pero rudo e impaciente ante la ineficacia de otros dirigentes. Forjado en el movimiento sindical y familiarizado con la más cruda lucha obrera, pero amigo de intelectuales y artistas como Frida Kahlo, Rivera, Wifredo Lam, Tina Modotti, Siqueiros o Picasso, disconformes con la línea estética del Partido. Intransigente en la defensa de la ortodoxia, pero políticamente incorrecto, hasta el extremo de desafiar las convenciones y desvelar su amor por Edith García Buchaca, la única mujer del Buró Político del Partido, casada nada menos que con otro miembro de la dirección comunista, el influyente Carlos Rafael Rodríguez.

Ése era el hombre acusado de ser agente de la CIA. Cerré el cuaderno y comparé esa biografía con otras igualmente fascinantes, igualmente contradictorias. Evoqué las vidas de otros míticos dirigentes comunistas, como Pasionaria o Dimitrov, sensibles ante los sufrimientos de los humildes y ciegos ante los atropellos del estalinismo; capaces a un tiempo de un arrojo heroico y de una dócil sumisión.

Como me advirtió tiempo atrás Joaquinito, nada, en efecto, permitía presagiar el desenlace paradójico de su vida. Nada permitía pronosticar que Joaquín Ordoqui Mesa terminaría convertido en víctima de la misma Revolución a la que consagró su vida. Nada hacía prever que Ordoqui acabaría devorado por Saturno, según la expresión de Fidel Castro.

14

Ya en el hotel, tras una ducha y varias llamadas, encaré con avidez el segundo documento custodiado por Joaquinito, una recopilación de recuerdos de su madre, dictados a petición suya en una fecha indeterminada, posiblemente durante un viaje de Edith a España. Ocupan una carpeta escolar de anillas, arrancan en el momento del pronunciamiento militar de Fulgencio Batista, en marzo de 1952 y se interrumpen con la muerte de su esposo.

RECUERDOS DE EDITH GARCÍA BUCHACA
TRANSCRITOS POR JOAQUÍN ORDOQUI GARCÍA (PASAJES)

Los años de exilio

Pasamos seis años exiliados, tras la detención de Joaquín en la prisión de Boniato, por lo del asalto al Moncada en julio de 1953. Allí hizo amistad con Fidel; tenían en común que eran dos hombres de acción. Aún recuerdo cuando nos encontramos al dejarle en libertad provisional. Vino exaltado y me dijo: «Idy, el Partido está equivocado, estos muchachos saben lo que quieren y han demostrado una gran calidad. Lázaro [Peña, líder sindical comunista] y yo estamos en desacuerdo con la actuación de nuestros abogados del Partido. Ellos sólo buscan que se confirme que el Partido fue ajeno al asalto y sacarnos absueltos. Pero actuar de ese modo le resta autoridad y prestigio al Partido. Ante la valentía de esos muchachos, nuestra actitud aparecerá mezquina. Batista ha cometido un crimen monstruoso y ha asesinado a decenas de jóvenes y nuestra actitud en el juicio debe dirigirse a condenar ese crimen, no a defendernos». […]

Quedó Joaquín en libertad y el Partido decidió que estaba más seguro en el extranjero y además él tenía problemas de salud de los que necesitaba atenderse fuera, tenía una diverticulitis. Fuimos a Moscú vía París y Viena, el último tramo en un avión militar soviético. Allí nos alojamos en Casas de Protocolo destinadas a partidos hermanos, cerca del periódico *Pravda*. Pasamos un tiempo en un sanatorio que era a la vez balneario y luego regresamos a Moscú. Visitamos también Georgia, donde recorrimos lugares relacionados con la vida de Stalin y también Stalingrado, donde nos impresionó la estatua de Stalin cerca del río. Intentamos regresar a Cuba, vía México, y nos instalamos en el D.F. en el Hotel Emporio, donde dos policías nos vigilaban constantemente. Llegó al fin el ansiado telegrama y nos dirigimos a Cubana de Aviación, liquidamos la cuenta y nos dispusimos a partir con impaciencia. Súbitamente, llamaron de La Habana ordenando que aplazáramos el viaje de nuevo […].

Los días transcurrían y el aviso de Cuba para nuestro regreso no llegaba; tuvimos que quedarnos y estuvimos sometidos a una vigilancia extrema en la casa que teníamos en la esquina de Tejas, en la Colonia Nápoles.

Un día tocaron a la puerta y al abrir me encontré ante dos hombres. Uno de ellos, el mayor, ocultaba su mirada tras unos espejuelos oscuros. Llevaba un sombrero de paño. «Señora ¿no me reconoce? Soy Castaño.» El policía Castaño me presentó al otro como Mainier, *attaché* en la embajada cubana en México. Joaquín le interrumpió para decir que su verdadero cargo era representante del Buró de Represión de Actividades Comunistas (BRAC) y demás cuerpos represivos. Mainier protestó con vehemencia y explicaron que el gobierno cubano pretendía que nosotros, Lázaro y otros destacados comunistas saliéramos de México porque no podían permitir un centro de dirección comunista tan cerca de Cuba. Que preferían exponérnoslo en casa y evitarnos una prisión, porque el compromiso del gobierno mexicano con el Pacto de Bogotá le obligaba a evitar actividades desestabilizadoras hacia los otros gobiernos signatarios.

Nos dijo que el gobierno cubano no estaba en condiciones de garantizar nuestras vidas y que tanto Batista como Santiago Rey [su ministro de Gobernación NdA], pese a nuestra irreconciliable enemistad política, sentían respeto y estimación por nosotros. Castaño añadió que lo habían seleccionado a él para esa misión y que él era un enemigo de la violencia, que consideraba que al comunismo había que vencerlo con medidas inteligentes por lo que nunca había maltratado ni atropellado a nadie. Le dije que él cumpliera con su papel de policía y nosotros cumpliríamos con el nuestro. Con calma le expusimos que estábamos decididos a no regresar a Europa y que sólo saldríamos de México para ir a Cuba. Castaño trató de averiguar de qué nos manteníamos y cómo costeábamos nuestros viajes. Le contestamos que al salir de Cuba habíamos llevado el dinero preciso. Le recordamos también cómo se había producido la caída del dictador Machado y que el gobierno de Batista no aguantaría mucho. Que pese a todos los pactos de Bogotá la situación en América Latina era cada día más explosiva para el imperialismo y asistiríamos a su derrota por los pueblos.

Al finalizar la entrevista, Castaño me preguntó si tenía noticias de mis hijas, diciendo que estaban bien, estudiando en el Colegio de la Luz y que Anabelle se acababa de graduar de bachillerato. Todo esto en un tono amistoso, pero dejando traslucir que controlaban sus pasos. Nos anunció que tras un fin de semana en Acapulco nos visitaría de nuevo y nos pidió que meditáramos nuestra decisión y se ofreció a sufragar nuestro viaje de salida de México. Respondimos que del gobierno de Batista no queríamos nada.

Nos dirigimos a las autoridades mexicanas para quejarnos de la irrupción de Castaño y se nos dieron garantías, ofreciéndonos incluso el general Jara su casa para evitar cualquier riesgo de secuestro como el que sufrió el secretario del Partido de Puerto Rico y también Gus Hall, secretario del Partido Comunista Norteamericano [...].

En México mantenía su sede la Confederación de Trabajadores de América Latina, que presidía el compañero Vicente Lombardo Toledano. Allí residían compañeros de Centroamérica, el Caribe, Colombia, Venezuela, guatemaltecos, llegados tras la caída de Arbenz. También un grupo numeroso de españoles exiliados. Todos esos factores hacían que Estados Unidos prestara una atención especial a México. El partido mexicano pasaba por una situación lastimosa con graves contradicciones, comentándose la existencia de policías o infiltrados en el propio buró político. Fuimos objeto de un severo acoso que nos hizo consultar a la dirección del Partido. Se nos respondió que en esas circunstancias «debíamos volver al punto de partida», a «Rancho Grande», que es como llamábamos entre nosotros a la URSS.

Partimos hacia Zúrich y desde allí a Praga. Dedicábamos parte del tiempo a leer y salíamos todos los días a caminar por la ciudad, que es extraordinaria. Aprovechamos el tiempo estudiando cuanto libro o material de otros partidos caía en nuestras manos. Llegaron el depuesto presidente Arbenz y su señora, nos invitaron a cenar en el hotel donde estaban instalados. Nos presentó a varios colaboradores y con algunos mantuvimos asiduas relaciones, sobre todo con Carlos Manuel Pellecer, Pelle. Todo ese tiempo estuvimos sólos Joaquín, el niño y yo.

Tras una prolongada estancia en París, Joaquín fue designado para concurrir al XX Congreso del PCUS en Moscú, pero no pudimos llegar a tiempo por un penoso incidente burocrático en Praga […].

Asistimos al Congreso del Partido Comunista Chino y pudimos conocer a Mao Tse Tung, que recibió a un grupo de delegados latinoamericanos; efectuamos luego una gira por ese inmenso país. Intentamos saltar hasta el D.F. para entrar desde allí a Cuba. Pero estábamos en la lista negra del Ministerio de Relaciones de México como comunistas y eso era un problema. El único lugar desde el que se podía lograr virar era Dinamarca, por circunstancias burocráticas que existían. Fuimos a Alemania y desde allí a Copenhague en un ferry en el que éramos los únicos pasajeros.

Conseguimos el visado y tomamos un avión en Inglaterra y desde allí volamos a México. Recuerdo que aterrizamos al tiempo que otro avión donde viajaba el cómico Cantinflas y eso distrajo mucho a los aduaneros que no pusieron problemas. Nada más aterrizar, el titular de los periódicos era «Castro sale», Fidel había salido de la costa mexicana hacia Cuba con el yate *Granma* […].

Aparece Marquitos
Una noche, en casa de Martha Frayde estaban Carlos Franqui, Alfredo Guevara y otra gente; Santiago Álvarez [célebre cineasta de filiación comunista] creo que estaba, y otros más; alguien dijo: «Les vamos a presentar a un superviviente de Humboldt 7».

Martha Frayde nos informó que Marcos Armando Rodríguez había sido conserje de Nuestro Tiempo y que gozaba de confianza. Eso pudimos confirmarlo con Alfredo Guevara y Horacio Fuen-

García Buchaca y Ordoqui durante una visita a la República Popular China, en 1957.

tes, un líder sindical que compartió habitación con él durante meses.

Era un muchacho que lucía delicado, frágil; él lloraba evocando a Joe Westbrook, uno de los cuatro mártires de Humboldt 7. Era su mejor amigo, según decía. Parece que, en la vida, le habían humillado mucho y muchas veces. Su padre creo que era no sé si linotipista o chofer del *Diario de la Marina* y persona de mentalidad reaccionaria.

Marcos se quedó en México y comenzó a frecuentar nuestra casa expresándonos que deseaba actuar de acuerdo con el Partido, como lo había hecho en Cuba, relatándonos sus actividades en el seno del Directorio y la forma fortuita en que se había salvado de caer en manos de la policía en Humboldt 7 [...].

En México nuestra casa era uno de los focos de encuentro de los exiliados cubanos. Por allí estaban a cada rato Emilio Aragonés, Osmani Cienfuegos, Pepe Abrahantes... Por Osmani, Pepe y otros jóvenes nos pudimos dar cuenta de que existían reservas entre las gentes mejores del nuevo movimiento 26 de Julio frente a la orientación del Partido y su actitud opuesta a la lucha armada.

Marcos Rodríguez comenzó a visitarnos y nos manifestó sus dificultades de alojamiento. Hablamos con Horacio Fuentes que vivía solo y tenía un piso amplio. La comida, le dijimos, podía hacerla con nosotros. Venía habitualmente a la hora de almorzar. Unas veces se iba tras el almuerzo, otras se quedaba a leer o a escuchar música. Manifestaba grandes ansias por estudiar y se matriculó en la universidad en algún curso libre.

Él quería ir a Cuba a toda costa en una expedición armada y para eso, según otros compañeros, había pasado entrenamiento, según ellos, con buen comportamiento.

Leía a todos los escritores febrilmente. Lo recuerdo anotando durante semanas las obras completas de Goethe. Manifestaba una preferencia marcada por escritores como Dostoievsky y los místicos, por Kafka y los existencialistas, Sartre, Camus, etc. Pero también estudiaba las obras marxistas, cuyos principios decía acatar plenamente.

En cuanto a su carácter, se mostraba muy alejado de las frivolidades propias de la juventud. Era triste y taciturno. Atribuimos esos rasgos de su personalidad a una niñez desgraciada. Según nos refirió, quedó huérfano de madre muy pequeñito y al cuidado de unos tíos que lo maltrataban. De mayor, la vida con su padre se había hecho imposible porque aspiraba a que se convirtiera como él en asalariado de *El Diario de la Marina* o se dedicara a algo que él considerara útil; y cuando lo descubría leyendo poesías o le encontraba literatura comunista lo maltrataba, no sólo de palabras.

Se vio por eso obligado a abandonar la casa y a trabajar de conserje en Nuestro Tiempo. Se quejaba de que sintiendo tanta afición al arte y la literatura se viera limitado a funciones de limpieza.

Nos contó que el Partido había utilizado sus relaciones con el Directorio para procurarse informaciones sobre sus actividades y mantenerse al corriente de sus planes. Como esto era normal que se hiciera, no nos extrañó ni nadie lo desmintió hasta el juicio.

Jamás en México oímos la menor alusión a que estuviera implicado en la delación de Humboldt. Nosotros no lo «prohijamos», como se dijo en el juicio, le ofrecimos lo que a cualquier compañero.

No recuerdo que a nadie entonces le inspirara otra cosa que conmiseración. Hay una situación que ilustra cómo era. Una vez le dejamos en una habitación al cuidado de Joaquinito, que tenía cinco años. Al rato, quien salió de la habitación fue el niño y dejó dentro trancado con llave a Marquitos […].

Marquitos pidió el ingreso en el Partido y nosotros trasladamos la solicitud a Cuba, donde se decidió aprobarlo. Por México pasaron y conocían la petición de ingreso de Marcos en el Partido varios compañeros, incluyendo Carlos Rafael, mi primer marido, que tenía que ver con Nuestro Tiempo. Nadie expresó la menor reserva. Pero, desde el momento en que se declaró culpable, todos dijeron haber tenido hacia él sentimientos de repulsa. Para todos había sido sospechoso o desagradable. Todos renegaron de su amistad y todos negaron su vinculación al Partido.

Alfredo Guevara, en particular, mantenía una amistad estrecha con él y colaboró en que el muchacho no careciera de lo indispensable.

¿Por qué no confesar simple y llanamente que nos engañó a todos?

Nada en su actitud podía habernos alertado. Cuando le conseguimos un alojamiento en casa de Horacio Fuentes, compañero del Partido, se apareció con varias maletas y Horacio nos dijo: «Todo son libros». Casi no tenía ropa. Pasados los días, Horacio sólo se quejaba de que consumía mucha luz porque no paraba de leer hasta muy tarde.

Joaquín y Alfredo Guevara vieron al agregado cultural checo en México y le gestionaron a Marcos una beca para Praga porque quedaban varias desiertas […].

Marquitos acusado
Ya en Navidades del 58 llegaron noticias de que los hijos de Batista habían abandonado el país, lo que nos hacía pensar en una inminente victoria. El día primero de enero, llamó Osmani Cienfuegos. Batista había huido. Joaquín se vistió y fue a avisar a muchos compañeros y amistades. Subió y bajó muchas escaleras en unas horas. Cuando regresó a casa sintió un fuerte dolor de pecho y tuvo que reposar durante dos días completos.

El 5 de enero de 1959 salí con Joaquín hacia La Habana, en el mismo avión que Dorticós. Nos esperaban mis hijas Anabelle y Dania.

Al llegar, Joaquín se hace cargo de la propaganda del Partido y cuando se inicia el proceso de unificación de las organizaciones revolucionarias (el 26 de Julio, el Directorio y el PSP) en las ORI (Organizaciones Revolucionarias Integradas), le hacen miembro de la dirección. Estuvo un tiempo en el Ministerio de la Construcción y pronto pasó a la dirección de Milicias. Fidel le dio la responsabilidad de la Retaguardia y Logística de las Fuerzas Armadas como capitán y al poco ascendió a comandante y fue nombrado viceministro. Entre otros encargos, estuvo en la URSS para entrevistarse con Kruschef y tratar de la ayuda militar a Cuba. Cuando la crisis de octubre, de los misiles, ya vivíamos en una casa en Nuevo Vedado.

Antes, al poco tiempo de estar en la isla, yo tuve que regresar a México por encargo del Partido. Nada más volver a poner pie en La Habana, Joaquín me contó los comentarios de los del Directorio referentes a Marquitos que consideramos una infamia y una venganza por sus vinculaciones con el Partido.

Cuando unas semanas más tarde Marcos vino a Cuba, fue llevado por Chelo Martínez a trabajar en el departamento de Cine y Cultura del Ejército, en Columbia, lo que luego sería Ciudad Libertad. Durante un tiempo no supimos de él. Una noche Osmani nos contó que la viuda de Fructuoso y otros miembros del Directorio habían estado en Columbia buscando a Marcos. Osmani consideró necesario detenerlo, incluso para salvarle la vida.

Finalmente el propio Osmani nos informó que las investigaciones no habían arrojado ningún resultado. Luego, aquello quedó en nada y Marquitos salió para Checoslovaquia. Cuando vino a decirnos que se iba para Praga, Joaquín le dijo: «Yo, en tu lugar, no lo haría». Como él insistió, dijo: «En todo caso te vas a un país socialista y de ser necesario te mandarán a buscar para declarar». Después que se fue a Checoslovaquia apenas tuvimos relaciones con él; sólo nos escribió dos o tres cartas […].

Cuando lo traen detenido para Cuba al cabo de un tiempo, el abuelo, creo que era el abuelo y no el padre, pidió ver a Joaquín y le trasladó las quejas por la detención prolongada y sin explicaciones ni juicio del nieto. Joaquín había intercedido ya otras veces

Joaquín Ordoqui con Kruschev y Osmani Cienfuegos en Moscú, en 1961.

para que no tuvieran a gentes presas sin juicios. Inclusive intercedió ante Ramiro Valdés, el ministro del Interior, cuando detuvieron al escritor Virgilio Piñera acusado de homosexualismo. Cuando llegó la carta de Marquitos, Joaquín no le dio importancia porque lo que venía a decir era lo mismo que Marquitos había manifestado la otra vez que le detuvieron y las quejas que transmitía su abuelo. Eso fue un error.

Llega un año después Faure Chomón, del Directorio, y dice que tiene copia de esa carta y Joaquín habla con Dorticós. Es entonces que se entera de que Marquitos ha confesado hace tiempo y, además, ha dicho que yo estaba al corriente.

Pedí un careo con Marquitos para aclarar aquello. En realidad lo hice por Faure Chomón. En el Directorio había de todo, como en cualquier lado, pero también muchos anticomunistas. Y Chomón lo era. En el careo, Marquitos se echa atrás de la acusación, la niega y dice que fue el investigador quien le sugirió que dijera aquello sobre mí […].

Me costó mucho trabajo convencerme de que Marquitos fuese culpable. Ni siquiera me convenció la confesión, porque yo sé cómo son los interrogatorios y que uno puede acabar confesando lo que sea. Si él no hubiese descrito el apartamento de Ventura en Carlos III con lujo de detalles, yo hubiese creído que él confesaba sólo por poner fin al sufrimiento [...].

El segundo juicio se convirtió en un juicio político que sólo pretendía dejar claro que el Partido no tenía responsabilidad en el crimen. En la época de lo de Humboldt, nosotros estábamos exiliados y bien lejos, pero creo que es posible que el Partido llegara a perforar el Directorio. Es evidente que cada partido trata de hacerse con el máximo de información de los demás partidos. Pero, de ahí a alentar una delación a la policía o una agresión física creo que hay un abismo [...].

La detención de Joaquín

Es verdad que ya el año 1964 no había comenzado bien. El presupuesto de Cultura sufrió una sensible rebaja y con el transcurrir de los meses notábamos frialdad y alejamiento por parte de Fidel; esa distancia fue absoluta tras el juicio.

Fue después del juicio cuando me llamó un día el presidente Osvaldo Dorticós para informarme de que habían acordado aceptar la renuncia de Vicentina Antuña [presidenta representativa del Consejo de Cultura que dirigía Edith en calidad de secretaria ejecutiva] y que sobre mí no se había hablado nada. Me sugirió una cátedra en la universidad. Le contesté que no. Que desde la adolescencia había optado por el trabajo político y que esperaba que se me ubicara como cuadro del Partido. Dorticós quedó en estudiar el caso.

Ya por entonces, en junio, nos habíamos mudado a la quinta de Calabazar, al fondo del cementerio. La casa estaba en muy mal estado y los terrenos aledaños llenos de basura. Joaquín lo arregló todo. La casa era una especie de cortijo, con paredes de piedra de arrecife y techo de madera [...].

Transcurrieron los meses de verano y comenzó el otoño. Anabelle había salido de viaje meses después de su boda y regresó a La Habana a punto de dar a luz. El 7 de noviembre fuimos como siempre a la recepción de la embajada soviética y el día siguiente que era domingo le celebramos a Rebequita, mi nietecita, su cumpleaños con una piñata y un almuerzo criollo. Vino Raúl Castro, también Alexeiev, el embajador soviético. Los mayores seguimos en la noche oyendo música y bailando, conversando y contando anécdotas de la lucha revolucionaria. Es verdad que nos extrañó que a última hora faltase Fidel. Yo pienso que Raúl no sabía siquiera que en unos días iban a detener a su número dos, a Joaquín. Él estaba ajeno a eso porque vino a la fiesta y estuvo muy jodedor y muy alegre.

El 16 de noviembre Joaquín sale a Matanzas a realizar un trabajo con otros compañeros militares. Debía regresar en la noche y dirigirse a Palacio, donde tenía lugar una reunión del Comité Ejecutivo del Partido, el PURSC. Cuando entró en la sala, fue desarmado por sorpresa. Joaquín no regresó a casa, sino que llegaron Dorticós, Blas Roca y Fidel, además de los jóvenes: Pepe Abrahantes, Osmani Cienfuegos y Aragonés. Estos tres tenían un trato tan familiar con nosotros en México que nos llamaban padre y madre.

A Joaquín le acusaban de trabajar para la CIA. Publicaron una nota diciendo que lo iban a investigar. Desde el 16 de noviembre hasta el primero de enero de 1965 tuvieron a Joaquín detenido, investigándolo en una casa de la Seguridad. [...].

A mí me decían «O tú o él». Desde el principio les respondí: «Si ustedes tienen la convicción de que él es culpable, yo tengo la convicción de que es inocente». Crearon una comisión del Partido en la que estaban Aragonés, Abrahantes, Osmani Cienfuegos, todos los que habían estado con nosotros de muchachos en México.

Nos llevaron a Santa María del Mar [población vacacional situada en las Playas del Este, a pocos minutos de La Habana] y nos tuvieron en dos casas separadas, aislados, interrogándonos.

La información se la había brindado alguien de la CIA o próximo a ella que, supuestamente, quería dejar al descubierto las maniobras contra la Revolución. Según esta información, un agente de la CIA había estado trabajando a Joaquín cuando vivíamos en México. El nombre en clave para referirse a Joaquín era «Canoso». La acusación sostenía que era informante de la CIA. Decían que durante la crisis de los misiles, hasta los americanos habían dispuesto un avión para sacarnos a la familia de Cuba por si se producía un ataque nuclear. Nunca me dejaron ver aquellas fichas, pero me leyeron algunas. En general, estaban confeccionadas a partir de algunos datos circunstanciales ciertos envueltos en montones de falsedades. Se reproducían minuto a minuto, etapas de nuestra vida en México. Los movimientos, adónde íbamos, con quién nos encontrábamos… Todo cierto, punto por punto. Lo que cambiaba eran los contenidos. Es decir, que si Joaquín había estado en tal sitio de tal hora a tal hora, eso era verdad. Incluso estaban recogidas expresiones y gestos de él inconfundibles, auténticos. Pero no había ninguna información que la CIA no pudiera haber obtenido sin dificultad. En cambio, todos los asuntos delicados que pasaron por nuestras manos durante esa etapa no figuraban en los memoranda. Ni mis contactos con la embajada soviética ni nada de importancia se recogía. Pero sí aparecían supuestas conversaciones con un agente de la CIA que estaría reclutando a Joaquín. Se mencionaban unos imaginarios informes que estaría facilitando Joaquín, pero no aparecía uno solo de ellos. Es decir, la técnica de aquellos papeles era trufar falsedades en datos ciertos; insignificantes, minúsculos, pero ciertos al fin. Aquellos memoranda parecían fabricados, una descarada manipulación de la CIA para generar contradicciones en la Revolución.

Los interrogatorios a los que me sometieron comenzaban con boberías, preguntas sobre cosas intrascendentes; luego iban derivando hacia los puntos clave. Todo lo interpretaban de modo que confirmara la culpabilidad. Por ejemplo, en un momento había visitado Cuba alguien a quien Joaquín había conocido mientras vivió en Estados Unidos y esa persona había llamado a casa para saludar y encontrar personalmente a Joaquín. Como, por su trabajo, Joaquín no encontró tiempo de celebrar ese encuentro, decían que lo había hecho para disimular y que ése era un contacto con el enemigo.

Me di cuenta de que tenían nuestro teléfono intervenido desde tiempo atrás, porque conocían todas las llamadas y todos los movimientos. Era normal, no lo considero criticable, teniendo en cuenta el ambiente de la época y la presión que el imperialismo ejercía para acabar con la Revolución; pero era así. Yo me desesperaba porque a veces interpretaban como falsedades lapsus de memoria simples e inocentes que cualquiera tenemos sobre cosas menores. Siguieron y siguieron, pero no encontraron nada, porque nada había.

Recuerdo que durante la investigación, Osmani Cienfuegos me dijo: «Si esta gente que te fuimos a ver [Fidel, Dorticós, Blas Roca, etc.] me dijeran de mi madre lo que te hemos dicho de Joaquín, yo hubiera aceptado que sí, que mi madre colabora con el enemigo». Yo le respondí: «Lo que tú no entiendes es que Joaquín no es tu madre y, sobre todo, yo no soy tú».

Me extrañó la posición de los viejos comunistas. Puedo entender la postura de los del Movimiento 26 de Julio, pero me chocó la de mis antiguos compañeros. Joaquín nunca culpó a nadie de lo que le sucedía. Él creía que la CIA se había salido con la suya.

El primero de enero lo trasladaron a nuestra quinta situada en el «callejón del Jíbaro», en Calabazar, de donde no podíamos salir, en prisión domiciliaria los dos. Ni a nacimientos ni a honras fúnebres pudimos asistir, pese a que murió el entrañable Higinio, hermano de Joaquín.

Decían que, al respaldarle, yo me convertía en sospechosa de complicidad en la traición. No salíamos jamás ni teníamos visitas, salvo la familia. Joaquinito iba a la escuela acompañado de un policía. El niño, con once años, no entendía nada. Él era un niño de la Revolución, que hasta había aparecido retratado en los diarios con el cosmonauta Gagarin. Recuerdo que decía «Quisiera ser más chiquito para no darme cuenta de que pasa algo; o más grande para entender todo lo que pasa» [...].

Los años de encierro

Esos nueve años de encierro fueron un tiempo de angustia, de desesperación. Pasamos mucho rato en hospitales, ya antes de la enfermedad fatal de Joaquín. Tuvo primero un coágulo cerebral; luego la operación de cáncer de laringe, su metástasis y después la agonía hasta morir en la Sala Marinello del Hospital Oncológico. Él vivió aquellos años esperando que en cualquier momento tocaran la puerta y llegara la verdad. Trató de ayudarme a mí. Hizo un palomar, hizo una huerta, crió animales [...].

Pedíamos un juicio, pero nos contestaron que aunque ningún tribunal podría condenarlo con las pruebas que existían, tenían la convicción moral de su culpabilidad.

Joaquín era un hombre vertical, de una pieza. Incluso en aquella situación decía que las situaciones personales no pueden determinar la posición política. A Fidel le escribió varias cartas en que le pedía ser sometido a juicio y pasar por detectores de mentiras. Todas quedaron sin respuesta.

Cualquiera que conociera a Joaquín tenía que saber dos cosas: que él era inocente y que nunca confesaría ser culpable [...].

Joaquín tenía amistad de tiempo atrás con Arthur London [London escribió *La confesión*, un relato autobiográfico sobre el

Joaquín Ordoqui en su prisión domiciliaria en Calabazar, en los últimos meses de su vida.

último proceso de la era estalinista, en el que se basa la película del mismo título que dirigió Costa Gavras sobre un guión de Jorge Semprún]. Él sabía lo que le hicieron a London y a sus compañeros checos, a Rudolf Slansky y a los demás, en 1952. Todos confesaron crímenes horribles, de colaboración con la CIA y demás, crímenes todos ellos falsos. Joaquín sabía cómo funcionaban esas cosas. Por eso, le dijo a Fidel: «Yo sé cómo funciona eso y nunca me confesaré culpable».

Para hacerse una idea del sentido de la integridad que tenía Joaquín, basta una anécdota. Cuando, ya en tiempos de Kruschef, dejaron libre a London y lo rehabilitaron, me contactó Lisa, su esposa, para vernos. Lisa y yo también éramos muy amigas. Lisa era española de nacimiento pero era dirigente de las Juventudes Comunistas francesas. Cuando visité París por primera vez me atendió y nos alojamos juntas. Pues pese a todo, pese a esa relación que existía hacía tanto tiempo, Joaquín no quiso volver a ver a London. Y no rehusó verle porque sospechara de su culpa. Él siempre supo que London era inocente. ¡Joaquín lo rechazó por haberse confesado culpable siendo inocente! Él decía que «un comunista nunca reconoce culpas que no son suyas».

Cuando Joaquín se estaba muriendo llevábamos casi nueve años de prisión y no había juicio ni había investigación. Pedimos que por humanidad reconocieran la inocencia de Joaquín. El Partido sacó un comunicado.

El comunicado no lo rehabilitaba, aunque sabían que le quedaban unas semanas de vida. Decía que no había pruebas para procesarle después de casi nueve años de detención; levantaba los castigos penales cuando ya carecían de sentido, pero mantenía las sanciones políticas. Fue muy cruel. Setenta y cuatro días después, falleció Joaquín en la sala Marinello del Oncológico de La Habana, de un cáncer de garganta. Murió en la madrugada en mis brazos. Solos, él y yo.

15

Decisión del Buró Político en el caso de Joaquín Ordoqui Mesa

La Habana, 16 de abril de 1973

El 16 de noviembre de 1964 la Dirección Nacional del PURSC anunció que Joaquín Ordoqui Mesa quedaría suspendido de sus cargos en el Partido y Gobierno hasta tanto se realizara una investigación completa sobre determinados aspectos de su conducta política a partir de 1957, quedando bajo arresto.

En el momento de adoptar esa decisión y anunciarla, ya habían transcurrido varios meses en que, con la participación de miembros de la Dirección Nacional del PURSC y los órganos competentes, se habían realizado indagaciones exhaustivas sobre serias evidencias que comprometían a Joaquín Ordoqui Mesa desde su estancia en México de posibles contactos personales con un agente enemigo destinado a reclutarlo, lo cual puso en tela de juicio su conducta revolucionaria a partir de entonces.

Al negar Ordoqui todo tipo de responsabilidad, se hizo evidente que las investigaciones llevarían tiempo. Considerando que se trataba de un miembro de la más alta dirección política del país y los méritos que había acumulado en su actuación revolucionaria en varias décadas, en enero de 1965 fue reintegrado a su domicilio, con algunas restricciones, en unión de su esposa e hijos, situación ésta que se ha mantenido desde entonces.

Posteriormente, el Comité Central del Partido Comunista de Cuba que sucede al PURSC en 1965, encomendó la decisión del caso al buró político, que creó una comisión con la finalidad de examinar toda la documentación, pruebas e indicios disponibles hasta entonces y recibir el testimonio de todos aquellos compañeros que podían aportar antecedentes que contribuyeran al esclarecimiento de la situación analizada.

Por último, la comisión procedió a la confrontación de Joaquín Ordoqui Mesa con la documentación que constituye la base de las investigaciones y Ordoqui reiteró su negativa de haber colaborado con el enemigo.

Después de estos procedimientos, la comisión elevó al buró político sus conclusiones y recomendaciones, expresando su convicción unánime de culpabilidad y de que hay serios indicios de responsabilidad que pudieran conducir a su enjuiciamiento por un tribunal revolucionario, como correspondería de acuerdo a los delitos que se le imputan, con el agravante que implican los cargos de miembro de la Dirección Nacional y viceministro de las Fuerzas Armadas Revolucionarias que ocupaba en el momento de iniciarse la investigación. No obstante, al no haber podido establecerse pruebas de valor jurídico definitivo que confirmaran los indicios de colaboración, la comisión opinó que en estas circunstancias no era recomendable someterlo a juicio.

La edad de Joaquín Ordoqui Mesa y el hecho de que en los últimos años haya sufrido enfermedades que determinaron intervenciones quirúrgicas en las que sólo la esmerada atención de los mejores especialistas médicos de nuestro país permitieron preservarle la vida, señalan la conveniencia de no aplazar por más tiempo una decisión sobre el particular.

El buró político después de examinar el caso y acorde con la tradición revolucionaria de ventilar siempre estos delicados problemas políticos con la más esmerada pulcritud, considera que pese a las debilidades que se evidencian en la conducta revolucionaria de Joaquín Ordoqui Mesa y los serios indicios de culpabilidad, al no haber podido establecerse las pruebas definitivas de su colaboración [con el enemigo] acepta las recomendaciones de la comisión y en consecuencia decide no acusarlo ante los tribunales revolucionarios y suspender las restricciones que pesaban sobre él.

El buró político acordó igualmente transformar en definitiva la separación provisional de Joaquín Ordoqui Mesa de los cargos que ostentaba en el Partido, de su militancia y de toda responsabilidad en el Gobierno Revolucionario. A la vez, decidió archivar las actuaciones y poner a disposición del Comité Central del Partido Comunista de Cuba la documentación del caso.

16

Tras cruzar una avenida salpicada de penachos de palma en reposo como plumas de avestruz, llego a Nuevo Vedado. Es una zona menos cotizada que Miramar para las firmas comerciales, diplomáticos extranjeros y turistas porque se encuentra algo apartada de la costa, pero está arbolada y salpicada de bonitas viviendas de sólida construcción. Edith García Buchaca habita una casa agradable de dos plantas en una calle recogida y tranquila. Es domingo y brilla un sol ceniciento.

Nada más ingresar en la casa, pasamos frente a una escalera que asciende al piso superior. Un mortero adorna el vano. Me detengo un instante y mi anfitriona comenta:

—Me lo regaló hace tiempo la mamá de Bola de Nieve, el músico. Éramos muy amigas...

Conversamos en un despacho que antes fue garaje donde no se filtra un solo rayo de luz exterior. Consumo a sorbos un café hirviente y cargado que atenúa la congelación procedente de un aire acondicionado de fabricación soviética. Tengo que concentrarme para entender a Edith porque el zumbido del aparato distorsiona sus palabras. Descansa en una mecedora de caoba y tiene a mano un bastón de madera noble con una empuñadura labrada. Viste una camisa carmelita de rayón y un pantalón de gasa a juego. Las gafas son grandes y recias, de pasta, ahumadas. Le dan un aire severo. Las estanterías rebosan libros usados. Se nota que es una librería trabajada, no una de esas que decoran ciertas casas y que pasan de inquilino en inquilino. Desde la pared del fondo nos observa un Fidel Castro de perfil griego, joven y con aire mesiánico. Un reloj de péndulo trocea el tiempo desde el tabique contiguo. En el suelo yacen inertes una fotocopiadora desmontada y varias lámparas de neón.

—Yo sí creo que Fidel es un gran hombre, que ha hecho mucho por los humildes. Hay que mirar al futuro y no perderse en los accidentes del presente. Igual que la Revolución francesa tuvo momentos de retroceso, y después se abrió paso, lo mismo sucederá con el socialismo.

Para Edith todo es sencillo y simple; simple y sencillo. El desplome del campo socialista no pasa de ser un episodio dentro de un movimiento de cambio histórico mucho más amplio. Carecemos, dice, de perspectiva para juzgar lo que ocurrió hace tan poco tiempo; «Yo pienso que Stalin cometió sus errores, pero trajo avances para el mundo, comenzando por la derrota del nazifascismo. Hay que mirar al futuro…». Edith no acepta que el capitalismo sea el fin de la humanidad. «Esa sociedad de explotación y de injusticia no puede ser el fin de la Historia.»

Habla con suavidad y parsimonia, pero sin vacilar. Sin plantearse que, acaso, su vida sea una refutación categórica de las ideas que profesa. Le pregunto cómo es posible que una comunista a ultranza como ella siguiera al lado de su esposo y no acatara las recomendaciones del Partido; cómo se explica que pusiera las circunstancias subjetivas por encima de la razón política.

—No lo hice por razones sentimentales. Yo estaba convencida de que hacía lo políticamente justo al rechazar una acusación falsa. Yo nací en Estados Unidos, soy norteamericana de nacimiento. Renuncié a esa nacionalidad y me hice comunista siendo una niña. Y desde entonces sé que hay que estar lista para sacrificar todo; pero sé también que no se puede transigir con la verdad. Yo no puse a mi esposo por delante del Partido; yo puse la verdad por delante del Partido.

Le comento que he leído dos de los opúsculos que publicó: «Teoría de la superestructura, la Literatura y el Arte», y «Tres intervenciones». El primero, aparecido en 1961, rebosa citas de autores entre los que Lenin pasaría por un liberal: Zdanov, Nekrasov, Plejanov, Chernichevsky, Stalin, Mao Tse Tung. Con auxilio de todos ellos sostiene que «el arte y la literatura, como parte de la superestructura, deben contribuir a transformar la realidad social, a acelerar la desintegración del mundo capitalista y el tránsito a la sociedad socialista». El segundo ensayo recoge discursos pronunciados en 1963 y exhibe el mismo dogmatismo, además de una repugnancia irreprimible hacia el arte abstracto.

Me intereso por su incidente con el escritor Guillermo Cabrera Infante y con su hermano Sabá Cabrera, cuya película, *PM*, prohibió en 1961.

—Ya les expliqué entonces a Guillermo y a Sabá Cabrera que no censurábamos la película. Únicamente, pedimos que se aplazara la exhibición, porque daba una imagen deformada de la noche habanera, con gente bailando y tomando, cuando los combatientes y los milicianos estaban listos para hacer frente a un ataque imperialista. Pero aquello se complicó.

«Aquello se complicó» tanto que la película quedó proscrita; *Lunes de Revolución*, el suplemento cultural del diario *Revolución* dirigido por Guillermo Cabrera, fue clausurado y poco después se desencadenó una involución que culminó en la reunión de Fidel con los intelectuales en la Biblioteca Nacional y en su célebre consigna: «Dentro de la Revolución, todo; contra la Revolución, nada».

Hablamos de personas que ha conocido: los artistas Tina Modotti y David Siqueiros en México, Dolores Ibárruri («una mujer admirable y una muy buena amiga; me regaló este collar»), Caridad Mercader, la madre de Ramón Mercader, el asesino de Trotski («No llegué a tratarla mucho»).

Aludo de pasada al juicio a Marquitos y cambia de tema. Suscito la detención y la prisión domiciliaria de su esposo y se mantiene absorta. Entonces, lo intento con Jacobo Arbenz, el presidente de Guatemala depuesto por una contrarrevolución instigada por Estados Unidos.

—Sí. En Praga. Lo conocimos junto con un amigo nuestro de entonces, Carlos Manuel Pellecer que había sido ministro de Reforma Agraria con él.

Carlos Manuel Pellecer acompaña a Joaquinito en un parque nevado de Praga, hacia 1956.

¿Se refiere al mismo Pellecer, autor del libro *Útiles después de muertos* que novelaba el caso Marquitos? Aprovecho la oportunidad.

—¿Conoce alguno de los libros que publicó Pellecer?

—He oído decir que escribía, pero nunca he leído ninguno de sus libros. Pellecer trabajó con Arbenz hasta el golpe que instigaron los yanquis. Le conocimos en Checoslovaquia donde estaba exiliado. Trabajaba en la Federación Sindical Mundial. Vivía solo y tomó mucho cariño a Joaquinito. Entonces al niño lo llamábamos Quiqui. Él lo sacaba a pasear, lo llevaba a patinar. No tenía familia allí y nosotros fuimos un poco su familia. Luego volvimos a coincidir en México el tiempo que pasamos allá antes de regresar a Cuba. Participamos en muchas reuniones con los comunistas guatemaltecos. Y, por fin, en La Habana, donde Pelle pasó un tiempo trabajando en el periódico del Partido, el *Hoy*, como responsable de la rúbrica de cultura o de internacional, no recuerdo bien…

—¿Le llamaban «Pelle»?

—Así le decíamos.

Joaquín Ordoqui y Edith recién casados, en 1952.

—¿Ha vuelto a tener noticias de él?

—No después que se fue de Cuba. Creo que él tuvo sus diferencias con el Partido guatemalteco, pero ya después sucedió el problema nuestro…

Edith no acaba la frase. Menciono la novela de Pellecer sobre el caso Marquitos, en la que ella y su esposo aparecen.

—No la he tenido entre las manos. De todas formas, Pellecer no era una persona muy previsible. Él era muy vanidoso y tenía muchas desviaciones de conducta. Recuerdo inclusive que en Checoslovaquia Joaquín tuvo que reprenderlo muy seriamente porque le entró a golpes al delegado francés.

—¿Joaquín tenía alguna responsabilidad sobre él?

—El Partido cubano tuvo históricamente una especie de tutela sobre los camaradas guatemaltecos. Y Joaquín era alguien muy respetado dentro y fuera del Partido.

Me muestra varios opúsculos de su marido sobre la historia del movimiento obrero cubano; discursos en congresos de partido; el carné que le acreditaba como vicepresidente de la Cámara de Representantes cubana en 1940 donde aparece fotografiado de perfil con una chaqueta cruzada de raya diplomática. Expone la semblanza que le dedicó Nicolás Guillén, un folleto biográfico de homenaje aparecido antes de la Revolución; fotos vestido con el uniforme de campaña de sus años en las Fuerzas Armadas; una instantánea del exilio en Capri, jugando al ajedrez en el mismo lugar, creo, en que lo hicieron Lenin y Gorki; una abrazado a Kruschef, exhibiendo ambos una sonrisa decorada con piezas doradas. Hay también unas cuantas de Ordoqui treintañero, con el pelo ya blanco.

—Ésta es de cuando le conocí, en 1930. Yo era una muchachita de quince años; él ya era una leyenda.

Relata una reunión política de hace tres cuartos de siglo como si se tratase de una cita amorosa que acabase de concluir. Recuerda la voz y las palabras de Joaquín, la indumentaria de Joaquín, sus gestos vigorosos… Después de escucharla un buen rato, comprendo por fin lo que sucede. Estoy simplemente frente a una mujer enamorada.

17

A los pocos días se cumplía el aniversario del crimen de Humboldt 7. La celebración ha ido perdiendo relevancia en Cuba hasta pasar desapercibida, pero ese año apareció en *El Nuevo Herald* de Miami un extenso artículo del único hijo de Fructuoso Rodríguez y Martha Jiménez:

Humboldt 7 y el hombre que delató a mi padre

Si de algo puedo sentirme orgulloso es de mi padre. Mi padre era Fructuoso Rodríguez, un líder estudiantil asesinado a la edad de 23 años junto a sus compañeros José Machado, Juan Pedro Carbó Serviá y Joe Westbrook. Todos murieron en la masacre de Humboldt 7, provocada por una delación.

El artículo describe las circunstancias del asesinato y destaca la militancia comunista del delator. «Semanas después –continúa–, Marcos Rodríguez inició un extravagante periplo latinoamericano sufragado por la Cancillería cubana. El periplo concluyó en México.»

Pero el destinatario de la diatriba no es Ventura Novo ni los hombres a su mando. Tampoco Marquitos:

En aquella época Joaquín Ordoqui, uno de los principales dirigentes del Partido Socialista Popular (PSP), y su mujer Edith García Buchaca, vivían exiliados en México y recibían un sueldo de la CIA que oscilaba entre dos mil y tres mil dólares mensuales. [...]. El propósito era que los Ordoqui informaran de las interioridades

357

del PSP y de la Confederación Latinoamericana de Trabajadores (la central sindical mexicana, controlada por el PRI). El elevado tren de vida de Ordoqui le permitía mantener dos y tres amantes a la vez en la capital mexicana. Los Ordoqui recibieron a Marcos Rodríguez y le ofrecieron cobijo, alimento y amistad. Marcos vivió y compartió estrechamente con el matrimonio.

Edith García Buchaca, casada en primeras nupcias con Carlos Rafael Rodríguez, con quien tuvo dos hijas –Anabelle y Dania–, supo sacar buen provecho de sus matrimonios en la alta jerarquía comunista y logró que al triunfo de la Revolución, en 1959, se le nombrara como presidenta del Consejo Nacional de Cultura. Desde esta posición, a su vez, ella concedió una beca para completar estudios culturales en Praga a Marcos Rodríguez. El funcionario encargado de gestionar la beca fue Alfredo Guevara Valdés, fundador del Instituto de Cine (ICAIC).

Se refiere a los esfuerzos baldíos de su madre, Martha Jiménez por desenmascarar al delator y facilita seguidamente una versión apócrifa de la detención de Marcos en Praga hasta referirse al juicio que «después de la primera vista, desveló la verdad del encubrimiento del PSP en dicha delación. Quizás sin proponérselo o quizás aprovechando todo su jugo político, el mismo Fidel Castro convirtió el juicio en un proceso público televisado en 1964. El Tribunal Revolucionario n.º 1 de La Habana decretó el fusilamiento de Marquitos; inmediatamente después, Ordoqui fue condenado a 30 años de prisión.»

¿Prisión? [prosigue] Bueno, su «cárcel» era una hermosa finca, llena de árboles frutales y animales para la alimentación de este reo de lujo, en las afueras de La Habana, y con un auto y chofer de las FAR. Y, dicho sea de paso, en compañía de Edith García Buchaca, ya destituida y no apresada gracias a la defensa y alegatos que Carlos Rafael Rodríguez hizo de ella. Le acompañaba, le podía cocinar y vivir a su gusto, y ella alternaba entre la finca y su espléndida casa en el Nuevo Vedado.

Cada cierto tiempo la señora García Buchaca viajaba a Madrid para encontrarse con su hija Anabelle, quien años más tarde sería recibida por su papá, Carlos Rafael Rodríguez, vicepresidente de los Consejos de Estado y de Ministros de Cuba, cuarto hombre en jerarquía, pero tercero en poder [...].

En enero del 2004, García Buchaca perdió a su hijo varón, Joaquinito, el fruto de su idilio con Ordoqui. Al menos ese joven que conoció a su padre, pudo conversar y disfrutar con él (aunque fuese en la finca donde se encontraba «detenido»). Y como hijo de un «preso político» fue becado en Alemania, estudió Germanística en la Universidad Carlos Marx de Leipzig, pudo viajar y conocer el mundo.

¡Qué extrañas vueltas da la vida!, a veces injusta, otras veces no. Nunca antes supe que algún hijo de preso político cubano estudiase en una universidad extranjera, becado por el régimen castrista. Muy por el contrario, todos fueron —y son— vejados, marginados, despreciados, señalados de por vida, por el solo hecho de tener un padre desafecto o en el terreno contrario.

Por culpa de un delator, yo jamás pude conocer al mío.

OSVALDO FRUCTUOSO RODRÍGUEZ
Abogado y periodista cubano

El vuelo entre La Habana y Miami es tan breve que se compone de dos fases: despegue y aterrizaje. Pero la Ley de Ajuste Cubano sólo permite volar directamente entre las dos ciudades al personal diplomático, periodistas y, cada cierto tiempo y con numerosas cortapisas, a los familiares de los cubanos residentes en Estados Unidos. Los demás viajeros hemos de dar un rodeo por Cancún (México) o Bahamas para sortear las restricciones americanas. Después de dos saltos aéreos me encuentro cara a cara con el autor del artículo.

El texto que firma Osvaldo Fructuoso está atiborrado de inexactitudes y salpicado de calumnias; pero encierra una verdad básica y emocional: Osvaldo nunca llegó a conocer a su padre. Su madre estaba a punto de dar a luz cuando fue asesinado. Y siempre eludió hablar sobre él («Es como si tuviera un stop sobre ese asunto»). Las versiones que recibió fueron contradictorias: «Llegué a creerme que mi papá era comunista porque lo decían los periódicos y los discursos oficiales». Aunque también pudo contrastar esa versión: «Mi madre me dijo solamente que mi papá fue un gran hombre, y me dio una lista de gente para que yo conversara con ellos. Allí estaban sus compañeros, sus amigos…».

De todas formas, crecer como hijo de un mártir en la Cuba revolucionaria no ha sido fácil: «Yo quisiera que el edificio aquel –de Humboldt 7– lo arrancaran, que desapareciera. Que hubiera allí un hueco y que el mar pasara sobre el Malecón y lo cubriera». Se podría decir que su infancia lo traumatizó, aunque él lo explica de otro modo: «A mí me tararon. Hay un pedazo de cerebro que lo tengo mal, como una nube, con aire. A mí me taró Fidel Castro».

Cuando nos encontramos, Osvaldo Fructuoso está cercano a la cincuentena, pero mantiene un aspecto juvenil que entona con el sobrenombre familiar con que se le conoce: Fructuosito. Existen en Cuba unas curiosas reglas que rigen el empleo del diminutivo. Se aplica a los seres entrañables (Vicentico Valdés, Pablito Milanés…), a sujetos «desviados», que tienen su «problemita», como suele decirse eufemísticamente (Marquitos…). Pero también a hombres hechos y derechos que portan el nombre de un padre excepcional y crecen opacados por su figura (Fidelito, Fructuosito, Joaquinito…).

Fructuosito viste camiseta verde y un corte de pelo estricto, al rape. Es día festivo y aparece sin afeitar. Tiene el coche averiado y nos citamos a la puerta de su casa, un condominio poblado de judíos jubilados situado cerca de *Adventura Mall*, sobre la US-1. Es fácil reconocer algunos rasgos de su padre: la piel cetrina, pelo crespo, ojos saltones.

Nos sentamos en una cafetería a la entrada del Mall y revisa minuciosamente el menú. Rechaza con sequedad todas las sugerencias de repostería que hace la camarera y pide agua mineral sin gas. Osvaldo Fructuoso se vuelca enseguida en el monotema que apasiona en Miami:

—A Fidel le hice un rechazo grande. Es un enfermo mental al que no soporto. En una ocasión estaba en una fiesta en casa de García Márquez y me mantenía distante, al margen. Se me acercó Raúl para que me incorporara. Le dije: «No soporto hablar de vacas y de esas locuras que él habla». Me miró fijo y me respondió: «Yo llevo cuarenta años oyendo la misma mierda».

—¿Por qué te marchaste de Cuba?

—Aborrecí todo aquello. No piso una isla hace años. Sólo estuve en Mallorca y hasta allí me sentí mal. Creo que la única isla que visitaría es Australia. Y aun así me lo pensaría…

Aplaude su broma con una de esas risas nerviosas que siguen a los chistes malos del jefe.

—Pero aquí, en Miami, es donde viven los asesinos de tu padre…

—Es cierto. Al poco de llegar estuve trabajando de *real state* para ganarme la vida. Acompañé un día a una señora con muchas sortijas. Conversé con ella y resultó ser hija de Ventura Novo, el asesino de mi padre. Subí en el carro y no paré de conducir hasta los cayos, hice más de cien millas, no sabía ni qué hacía ni adónde iba.

—¿Has tenido algún roce más con esa gente?

—A veces paso por el lugar donde tenía Ventura Novo su empresa de seguridad y me viene todo eso a la cabeza. Ahora hay allí una agencia de viajes.

—¿Ninguno más?

Osvaldo Fructuoso sonríe con picardía y explica:

—Bueno, también fui una temporada chofer de una puta, Cristina, que tenía como nombre artístico Tanya, y que regentaba una agencia de prostitución, Apple & Apple. Era en realidad un travesti y me contó que tiempo atrás se acostaba con Ventura…

Antes de decidirse a abandonar la isla, Osvaldo Fructuoso sintió la vocación militar: fue *camilito*, alumno de un colegio militar. Le paseaban las autoridades de un lugar a otro, como correspondía al hijo de un héroe. Recuerda con espanto la ocasión en que asistió en la Isla de Pinos a la inauguración del monumento que Fidel levantó a *Ubre Blanca*, la vaca experimental que crió con mimo y estaba destinada a resolver los problemas lácteos del país. «¡Fíjate qué ridiculez, qué subnormalidad! Desde entonces odio la leche de vaca. Pido siempre *skim milk*. ¡Es más fuerte que la yedra!», se sofoca.

Osvaldo se levanta y va al servicio. Regresa a los pocos minutos con un pedazo enorme de tarta cremosa coronada por una guinda roja.

–No lo pude resistir –confiesa.

Fructuosito se exilió en dos etapas. La primera vez salió con autorización en regla y permiso para regresar. Era amigo íntimo de Pepe Abrahantes, el ministro del Interior. Antes de la salida le revisaron la libreta de direcciones y ahí figuraba el nombre de Abrahantes, el primero por orden alfabético. Cuando regresó de visita acababan de destituir y encarcelar a Abrahantes a raíz del caso Ochoa. Su madre le preguntó: «¿A qué vienes? Porque todos terminan en ti…». En realidad, Fructuosito tenía otros planes, pero se marchó al quinto día al detectar un mal ambiente. A punto de despegar le bajaron el equipaje del avión de Mexicana.

–Me encueraron, y me preguntaron por el teléfono de Abrahantes. Recuerdo que llevaba un periódico en el que aparecía una foto de mi padre con un pie que decía «Fructuoso comunista».

Osvaldo hace una pausa de concentración y con una representación de ira que reproduce la que contempló el aduanero cubano exclama señalando un periódico imaginario:

–«¡El muerto éste es mío!»

Se arrima tanto al proclamarlo que puedo oler su colonia. O acaso su rencor.

–¿Cómo reaccionaron?

–Me registraron a fondo. Tanto que me hicieron un tacto rectal, para humillarme. Salí llorando. Me senté en el piso y me tiraron la ropa ahí, en un montón. –Señala un rincón distante de la cafetería–. Me preguntaron: «¿Cuándo vuelves a Cuba?». Les contesté: «Quiero que pongas en el informe ese para el *Furry* [Colomer Ibarra, militar que sucedió a Abrahantes como ministro del Interior] que soy el enemigo número uno de la Revolución cubana». Ahí mismo lo decidí. Miré para donde queda el Palacio de la Revolución y me dije: «Te la voy a hacer en el dolor de tu alma».

Y lo hizo. No cejó hasta que sacó ilegalmente de Cuba a Alina, la hija de Fidel Castro. «Yo fui quien buscó a las españolas que la ayudaron, quien organizó la falsificación del pasaporte, quien consiguió los dieciocho mil dólares que puso una revista para costear todo… ¡Se la cobré bien a Fidel!»

Osvaldo Fructuoso despacha el pastel y se relame con gusto. Le pregunto si tiene prisa. No tiene nada mejor que hacer y yo tampoco. Le pregunto por su artículo del *Nuevo Herald*.

—A ellos les hice también un rechazo grande.

«Ellos», son la familia Ordoqui-García Buchaca. Y también Carlos Rafael Rodríguez y su descendencia.

—Fíjate que mamá trabajaba bajo las órdenes de Carlos Rafael cuando ella era embajadora y él canciller. Los libros que Carlos Rafael publicaba nos los enviaba dedicados. Los tengo aquí. Me los llevé de Cuba. Era macabro. Muy doloroso.

—¿Por qué? —le pregunto conociendo de antemano la respuesta.

—Por lo que explico en el artículo —se indigna—. ¡Porque ellos tuvieron que ver con el asesinato de mi padre!

Apunto que Ordoqui y García Buchaca estaban en el exilio cuando se produjo la delación de Marquitos y el crimen de Humboldt 7, por lo que difícilmente pudieron participar en él.

—¡Pero encubrieron al delator! —repone.

—¿Estás seguro?

—Como de todo lo demás que publico en mi artículo…

Le hago notar que en su artículo atribuye a Edith García Buchaca el cargo de presidenta del Consejo Nacional de Cultura y en realidad su cargo era el de secretaria; lo considera un detalle irrelevante. Apunto entonces que responsabiliza a Edith de las gestiones en favor de la beca para Marcos en Checoslovaquia cuando, en realidad, esa beca la venía gestionando Alfredo Guevara desde el exilio en México…

—¿Y qué más da?

—Afirmas en el artículo que Ordoqui fue condenado a treinta años de prisión y, en realidad, nunca fue condenado; ni siquiera fue juzgado, sino que se le sometió a arresto domiciliario hasta su muerte…

—¡Pero él tuvo grandes privilegios! Y lo mismo sus hijos.

—Por lo que sé, Ordoqui estuvo recluido hasta su muerte. Y es verdad que su hijo gozó de cierta protección del anterior marido de su madre que, al fin y al cabo, era vicepresidente del Gobierno.

—¿Y qué me dices de la operación de vista de Anabelle en la Clínica Barraquer costeada por Fidel Castro?

—¿Estás seguro de eso?

—¡Por completo! ¡Existen pruebas! —afirma aferrándose al elemento que considera incontrovertible.

Anoto el dato y cambio de tercio.

—¿Y piensas que ese encubrimiento lo realizaron por su cuenta o por cuenta del Partido Comunista? —le pregunto.

—Seguramente por cuenta del Partido… Ellos eran comunistas acérrimos —concede.

—Y Buchaca lo sigue siendo —corroboro—. Pero entonces, suponiendo que encubrieran a Marquitos por disciplina comunista ¿por qué afirmas que eran agentes de la CIA?

—¡Porque lo eran! Ellos cobraban un sueldo de la CIA desde que estaban en México…

Osvaldo Fructuoso continúa recitando una versión que ya escuché de otros antiguos miembros del Directorio Revolucionario y que también recoge el escritor cubano Norberto Fuentes en su delirante *La autobiografía de Fidel Castro*.

—¿Tienes pruebas de eso, de que eran agentes de la CIA?

—Lo dice en su *Diario* el mismo Philip Agee, el espía de la CIA que vive en Cuba. Además, hoy mismo te las puedo mostrar… Conozco a quien las ha visto con sus propios ojos.

—Entonces, si eran agentes de la CIA, ¿por qué denuncias en tu artículo que estuvieron protegidos por el Régimen comunista y que su prisión fue de lujo? Lo normal sería que los hubieran fusilado…

—¡Te mostraré las pruebas!

Las pruebas de Fructuosito no aparecieron ese día; tampoco el siguiente. Ni me las envió por correo como aseguró. Y si existiese algo similar a los papeles que invoca, se trataría probablemente de las fichas que alguien puso en manos de la Seguridad cubana y desencadenaron la detención de Joaquín Ordoqui una noche de noviembre de 1964.

Intento explicárselo en vano a Osvaldo Fructuoso hasta que comprendo que es inútil y desisto. Está invadido, con motivo, por un sentimiento más fuerte, más luminoso y esclarecedor que cualquier razonamiento lógico: un odio ciego, devorador, total. Abrumado por mis explicaciones exclama:

—¡Tú no sabes cómo son esos comunistas! Son capaces de todo…

—Sí. Lo sé. Lo mismo me dijo tu madre. Son capaces de todo… es verdad. ¡Menos de ser a la vez comunistas fervientes y agentes de la CIA! —le replico.

Le expongo que cabe tanto la posibilidad de que Joaquín Ordoqui amparara a Marquitos a sabiendas de su delito como que lo hiciera sin conocerlo. Si no era consciente no tendría responsabilidad. Si lo hizo a conciencia caben dos posibilidades: o bien actuó por cuenta propia o bien actuó en nombre del Partido Comunista, del PSP. A su vez, si fue por cuenta del Partido, la relación con la CIA es inverosímil. Y si actuó por su cuenta, porque él trabajaba para la CIA, el encubrimiento no sería obra de los comunistas.

—¿Qué quieres decir?

—Que las pruebas de la colaboración de Ordoqui con la CIA son problemáticas y las del encubrimiento son endebles…

—¿Tú no serás amigo de *Ellos*, por casualidad? —me espeta Osvaldo, suspicaz, cuando advierte una insistencia excesiva…

Ahí concluye la discusión sobre el crimen de Humboldt 7 y el caso Marquitos. Seguimos conversando, pero cambiamos de tema.

Si un día se celebrase una competición para designar la sede mundial de la paranoia política, la final se disputaría, sin lugar a dudas, entre las ciudades de Miami y La Habana. La Habana contempla Miami con envidia y con odio. Miami observa La Habana con nostalgia, también con odio.

—Los de allá pasan la vida soñando con venir acá; los de acá viven del recuerdo de allá. Aquí se les paró el reloj el día que salieron de Cuba. No avanzan. Yo les digo los «ía»: «Yo tenía», «Yo hacía», «Yo poseía»... –bromea Osvaldo Fructuoso.

Las dos ciudades tienen mucho más en común de lo que se piensa. En ambas cualquier bulo tiene cabida, cualquier fantasía encuentra eco, cualquier fabulación hace fortuna. La razón es simple: ambas alcanzan la mayor concentración de espías por kilómetro cuadrado del mundo entero. La CIA y los Servicios Secretos cubanos libran una batalla sin cuartel desde hace cinco décadas. Inteligencia, contrainteligencia, espionaje, contraespionaje, información, desinformación... En ese contexto lo de menos es la coherencia o la verosimilitud de las versiones. Las únicas cualidades para que un relato prospere son dos: que sea escabroso y que traslade una carga de rencor suficiente.

–¿Piensas regresar? –pregunto a Osvaldo a modo de despedida.

–¿A Cuba? –se extraña–. Si acaso cuando abran un Corte Inglés. Iré de compras y viraré para acá de nuevo. Ya te dije lo que pienso de las islas.

V

EL TRAIDOR

… el bien y el mal no eran privativos exclusivamente de un partido o de una persona… Pero lo importante, en estos momentos y siempre, es saber de qué lado está el porcentaje más elevado de mal.

MARGUERITE YOURCENAR,
Memorias de Adriano

1

Yo sí regreso a Cuba donde tengo una cita pendiente. Allí vive Philip Agee. No intervino directamente en el caso, pero he oído invocar su testimonio tanto al hijo de Joaquín Ordoqui como al de Fructuoso Rodríguez.

Ahora me encuentro en el punto y en el momento donde comencé este relato. En noviembre de 2006, reunido con el ex espía americano en la cocina de su apartamento de El Vedado. A él le queda un año de vida y yo estoy a punto de dar con la clave del enigma que persigo hace tiempo. Pero ninguno de los dos lo sabemos. Acabo de preguntarle por el juicio a Marquitos. Me corta en seco:

—Es un asunto sensible. —Y recalca—: Aquí, todavía, ese caso que a usted le interesa es un asunto sensible.

—¿Cree que existe alguna relación entre el caso Marquitos y lo que le sucedió a Joaquín Ordoqui?

—No lo conozco a fondo. Cuando ocurrió todo aquello yo estaba destinado en la estación de la Agencia en Montevideo.

—Pero luego estuvo destacado en México…

—Eso fue ya en 1966 —se resiste.

—¿Puede hablarse de un caso Ordoqui? —volví a la carga.

—Cuando llegué a México ya no estaba allí el oficial que había manejado el tema de Ordoqui. Se llamaba Archenhold, Stan Archenhold. Le dieron la máxima condecoración de la Agencia por el manejo de ese asunto.

El antiguo espía se levanta para servir otras dos tazas. Remueve el azúcar con parsimonia. Por la ventana se cuela un sonido sincopado, como de dos palas de ping–pong dialogando. El

Philip Agee en La Habana.

mulato musculoso cruza la cocina en dirección a una especie de office que Agee tiene a sus espaldas.

—¿Cuál fue su mérito? —pregunto.

—La operación consistía en aparentar que Ordoqui había colaborado con la CIA. Hicieron llegar a los servicios de inteligencia cubanos en México y en otras capitales centroamericanas una serie de cartas. Hacían ver que procedían de alguien de la CIA que trataba de ayudarles a desenmascarar a un agente infiltrado. Se «sembró» ese material, en el lenguaje de la Agencia. Y de las cartas se desprendía que Joaquín Ordoqui era informante o agente de la CIA. Aun después de que Ordoqui fuera detenido a finales del 64 se siguieron enviando las cartas. El jefe de la sección de operaciones cubanas de la Estación de la Agencia pasó a ser Sherry…, no recuerdo el nombre.

Medita un instante que aprovecho para colocar otra pregunta:

—¿Y qué había de cierto en todo eso? ¿Ordoqui colaboró realmente en algún momento con la CIA o todo fue un mero montaje?

—Hay muchas versiones… No conozco bien el caso.

—Y, sobre el caso Marquitos, ¿tuvo algo que ver la CIA?

—Mi impresión, pero hablo de simples impresiones, es que la Agencia aprovechó el juicio y promovió una campaña a favor de Marquitos del tipo «La revolución devora a sus hijos». De todas formas, todo está escrito y publicado.

—¿Dónde? —me sorprendo.

—En los periódicos, en la prensa. Cuando yo estaba escribiendo mi primer libro, *Diario de la CIA*, puede imaginar que no conservaba notas de la época. Un espía no puede permitirse llevar una agenda. Todo eran recuerdos, pero necesitaba precisarlos y acudí a la British Library. ¡Allí estaba todo! Todo lo que hacíamos en la CIA dejaba su rastro en los periódicos. Trabajé allí meses, y mediante los periódicos y haciendo memoria pude reconstruir las operaciones de aquellos años. Todo está escrito, publicado y se conserva.

—El caso es saber dónde… —comento por decir algo.

Hace una pausa, estira el cuello y se mantiene alerta, como un perro de caza. Llega desde el office el murmullo de una radio. Por un momento tengo la impresión de que está a punto de decirme algo, pero esa sensación se desvanece al instante, o Agee desiste. He hablado con muchas clases de personas. Algunas resultan tan fáciles de descifrar como la fila alta de un test optométrico. Otras son enigmáticas, como un manual de un electrodoméstico mal traducido. Con Agee es imposible adivinar lo que pasa por su cabeza. Vuelve a clavar la vista en la taza de café y susurra:

—Sólo hay que saber buscar. Seguro que también está allí lo que busca…

—¿Usted sabe quién es Carlos Manuel Pellecer? —pregunto al azar.

—¿El guatemalteco? ¿Por qué?

—Leí un libro sobre el caso Marquitos que se titula *Útiles después de muertos* y da la impresión de que conocía muy de cerca ese asunto.

—Pellecer fue uno de los agentes de la CIA más activos de toda la Estación de México. Su criptónimo, si no me equivoco, era LINLUCK.

—¡Pellecer era agente de la CIA! ¿Eso es seguro?

—Desde luego.

Agee no se atreve a precisar en qué momento fue reclutado Pellecer; acaso en México, o puede que antes, en la antigua Checoslovaquia. Explica que en la Estación de México D.F. de la Agencia existía una sección especial para operaciones del Partido Comunista, que se ocupaba de todos los partidos de la región y que orquestaba las operaciones de penetración técnica y de infiltración en las organizaciones revolucionarias.

—En mi época había dos funcionarios de la Agencia, Driscoll y otro que no recuerdo, a cargo de esa sección. Cuando yo llegué, la información era excelente, aunque su calidad había descendido desde finales de 1962; precisamente Pellecer salió al descubierto con un libro de denuncia anticomunista a finales de ese año.

—¿Recuerda el título?

—Era algo así como denuncia del comunismo o algo similar.

—¿*Renuncia al comunismo*? —pregunto.

—Seguramente. Era uno de esos típicos libros de la guerra fría que auspició la Agencia en todas partes. Pellecer había sido dirigente del Partido Comunista de Guatemala y, antes, también ministro, creo que de Trabajo, en la década de los cincuenta, con el gobierno de Jacobo Arbenz …

—Me parece que fue responsable de la Reforma Agraria.

—Tal vez. Tengo recuerdos vagos de todo aquello. Lo seguro es que durante años Pellecer fue la mejor fuente de la Estación acerca de todas las organizaciones revolucionarias radicadas en México; no sólo de los exiliados guatemaltecos, de todos. Sé que su libro fue subvencionado por la Estación y difundido por toda América Latina. Cuando quedó quemado como agente de penetración siguió colaborando como agente de propaganda. Me parece que el libro que menciona, ese de *Útiles después de muertos* fue también respaldado por la Estación mientras yo estaba en el D.F.

Agee me informa que ése era el procedimiento habitual que se seguía con los agentes de penetración que rompían con el comunismo. Salían al descubierto y se consagraban enteramente a tareas de propaganda, sin revelar, claro está, sus años de labor como espías. Cita el notable precedente de Eudocio Ravines. Compatibilizó nada menos que la secretaría general del Partido Comunista Peruano y una lucrativa colaboración con la Agencia. Salió al descubierto con un panfleto que se titulaba «La gran estafa».

—Yo hablo de todo eso en mi libro —termina, y se mantiene en silencio, con la mirada puesta en la ventana, como si deseara memorizar los dibujos de las nubes al atardecer.

—Sí, algo me comentó el hijo de Joaquín Ordoqui en Madrid.

Tarda un rato en responder y, por fin, pregunta:

—¿Dónde vive ahora?

—Vivía en Madrid. Murió hace un tiempo.

—No sabía… En mi libro hablo también de Pellecer.

Le interrumpo y vuelvo a la carga:

—¿Ordoqui fue realmente un agente de penetración?

—Ya le dije que no conozco el caso con detalle… Existen todo tipo de versiones. ¿Por qué no pregunta a la CIA?

—¿Qué quiere decir?

Tomo la sugerencia de Agee como un extravagante regate, un burdo truco para esquivar mi pregunta.

Pero habla en serio. Me detalla el trámite a seguir a través de la web oficial de la agencia, www.cia.org. Una página que consta de varios apartados: ofertas de empleo, noticias de actualidad, ¡hasta una sección dedicada a los niños! En la zona corporativa está desplegada una pestaña titulada FOIA Electronic Reading Room. Allá explican cómo solicitar la desclasificación de documentos acogiéndote a la Freedom of Information Act (Ley de Libertad de Información). Si no atenta contra la seguridad nacional, ellos deben desclasificar cualquier documento que se solicite. Observa mi asombro y remacha—: Ya le dije que todo está escrito.

—Lo haré —susurro, y vuelvo a insistir—: Pero, por si acaso, poniéndonos en lo peor, ¿qué sabe de aquella historia?

—Las referencias que tengo son de segunda mano —pretexta—. Yo estaba en Montevideo cuando sucedió aquello. Y además…

—Ya sé. Además, es un asunto sensible —atajo.

Agee se incorpora con un gato blanco en brazos con un ademán que en cualquier parte del mundo significa que el encuentro ha terminado. Antes de traspasar la puerta me dice:

—Todo está escrito y publicado. El secreto consiste en saber buscar y encontrar… —vuelve a recalcar—. Todo lo que quiera saber debe buscarlo; seguro que está publicado.

Evito el ascensor y un piso más abajo tropiezo con una chapa que identifica al vecino de Agee: Leo Brower, Músico. Leo Brower, «el músico cubano más completo y de formación cultural más amplia» del que hablaba Joaquinito en una de sus últimas crónicas. No quiero ni pensar qué explicación daría Agee a esta nueva coincidencia…

Repaso los seis «fieles servidores» de Kipling: «qué, cuándo, cómo, dónde, quién y por qué». Creo conocer casi todos ellos; me falta precisar del todo la identidad del traidor y, sobre todo, desvelar el móvil de su fechoría.

Enfrente del edificio de Philip Agee se rematan neumáticos usados y piezas de viejos automóviles desguazados. En lo alto se han encendido ya las luces de la Oficina de Intereses de Estados Unidos. Paseo hasta el Malecón, donde la luz agoniza entre un llanto de gaviotas.

2

Mis pistas sobre el paradero de Carlos Manuel Pellecer se desvanecían en su ciudad natal, la Antigua de Guatemala. Allí lo entrevistó hacia el 2000 la historiadora francesa Elizabeth Burgos, autora de la controvertida biografía de la indígena guatemalteca y premio Nobel de la Paz Rigoberta Menchú.

Burgos me describió a Pellecer como un personaje histriónico y parlanchín. Cuando dio con él, vivía acogido en casa de su hermana menor y su marido, Javier Godoy, en un caserón de la capital colonial de Guatemala. Pellecer había perdido contacto con todos sus hijos, tanto los cuatro franceses nacidos de su primer matrimonio con Blanche, como Carlos Paolo, residente en San Diego y nacido de la unión con una mexicana.

El apellido Pellecer es frecuente en Antigua. Tanto que el pase plastificado de la joven documentalista que maneja el archivo fotográfico del CIRMA (Centro de Investigaciones Regionales de Mesoamérica) la identifica como Lucía Pellecer. La fundación, especializada en estudios históricos y antropológicos, ocupa una espaciosa mansión del centro. Es el lugar más lógico para iniciar cualquier pesquisa. Compruebo con sorpresa que existe un fondo donado por Carlos Manuel Pellecer a la institución. Tiene poco interés: unos cuantos recortes de prensa, una foto de frente tomada en 1944 en pleno exilio, muchas fotos de espaldas entrevistando a mandatarios guatemaltecos en los años setenta, unas cuantas instantáneas familiares, media docena de cartas mecanografiadas y unos gemelos dorados.

Comento a Lucía la coincidencia con el apellido del político y concede de pasada que es su tío. Deja claro al instante que no conoce su domicilio. Es más, no quiere saber nada, reniega abiertamente de él. Exploro entre la correspondencia archivada y tropiezo con una carta de 1975 dirigida a su primo Juan José Pellecer en la que se refiere a un enmarañado asunto de ciertos terrenos pertenecientes a un norteamericano asentado en la localidad.

En la guía telefónica aparecen varios Pellecer; sólo las iniciales de uno de ellos coinciden con las del primo de mi personaje. El domicilio se encuentra en la calle Poniente, a unas manzanas de mi hotel. Juan José Pellecer, conocido en la zona como «Chepe», poseía varios cines y otras propiedades urbanas y agrarias en la zona. Era un hombre alto y de facciones agraciadas, con abundante pelo de suaves rizos y un fino bigote que le confería un aire de galán de cine en blanco y negro.

—Mi esposo era todo lo contrario de su primo Carlos Manuel. En una ocasión, Carlos Manuel se llegó al portal medio tomado y Chepe no le dejó entrar: Él protestaba y repetía «Mírate tú y mírame a mí». Porque el metro ochenta de mi esposo contrastaba con los cinco pies escasos de su primo. ¡La envidia no lo dejaba vivir!

Habla Ana María Montealegre, viuda de Juan José Pellecer; no oculta su admiración y su pasión por su difunto esposo. Tampoco el desprecio hacia su primo:

—No quiero saber nada de él. Chepe nunca le dejó poner un pie en esta casa. Era una persona de un gran resentimiento social. Su padre, don Pancho, tomaba mucho y dilapidó la mayor parte de su patrimonio. Carlos Manuel incubó un odio enfermizo hacia los parientes con más fortuna. Siempre andaba lamentándose de que si su madre tenía menos joyas que la madre de Chepe, de que si las tierras de la familia se distribuyeron mal... En el tiempo del régimen de Arbenz, cuando él tuvo responsabilidades en la reforma agraria, se trasladó a la zona y se ensañó sobre todo en expropiar las tierras de sus familiares.

Ana María es una mujer vivaz, risueña y de ideas decididamente conservadoras. Relata anécdotas sin parar mientras admiro las estancias de su caserón, una construcción de mediados del siglo XVI que ha sobrevivido intacta a la serie de terremotos que asolaron la ciudad a partir de 1773. Me describe a Pellecer como un sujeto con los mismos sentimientos y escrúpulos que una esponja calcárea.

—Era un malvado y destilaba maldad. Cuando ha querido perjudicar a alguien, por envidia o por conveniencia, se ha servido de sus habilidades de novelista. Idea cualquier patraña fabulosa a partir de algunos datos ciertos y la divulga para desacreditarlo. La mezquindad de Carlos Manuel es tal que durante uno de sus destinos diplomáticos, en Houston creo que fue, se enemistó con una sobrina suya que había llevado como secretaria, la Canche. No se contentó con despedirla del consulado. Escribió además a todos los cónsules y embajadores guatemaltecos del mundo una carta en la que les prevenía contra ella. Fíjese que de la muchacha, que era bajita decía: «No sólo es enana de estatura, sino también de espíritu y alma». Le inventó un cuento de que sustraía dinero de las cuentas del consulado. ¡Es un bandido!

—¿Sigue vivo?

—Lo ignoro, pero lo único que cambiaría es el tiempo verbal. Si ha muerto, diré: «¡Era un bandido!».

—¿Qué opina de las acusaciones que le hicieron de ser agente de la CIA?

—¡No puede ser! —se indigna—. Mis dos hijos son norteamericanos y conozco bien ese país. La Compañía contrata a gente selecta, mucho más inteligente.

—Se asombraría usted, Ana María, de la gente que ha estado en nómina de la Agencia… —intento persuadirla.

—¡De ningún modo! Aquí cerca vive retirado un señor de ochenta y dos años, ex agente de la CIA, todo un caballero. ¡Nada que ver con ese sujeto!

Ana María es una mujer de ideas claras. Desisto de empañar su imagen de los espías yanquis.

—¿A usted le gusta el cine? —me espeta.

—Mucho —respondo desconcertado—. ¿Por qué?

—Chepe adoraba el cine. Teníamos salas en varias ciudades de la región hasta que el negocio se fue al traste. Primero la televisión, luego el video y ahora internet… Bueno, el caso es que mi marido repetía una frase de *El tesoro de Sierra Madre*, ya sabe, la gran película de Houston. Creo que era Bogart quien la decía: «En la tierra sólo hay dos cosas. El bien y el mal. Y no hay nada en medio».

No hacía falta preguntar de qué lado situaba al primo de su marido.

—¿Tiene alguna idea para localizar a Carlos Manuel? —pregunto antes de despedirme.

—Sé que estuvo mucho tiempo recogido por su hermana y su cuñado, Javier Godoy, un buen hombre, que se apiadó de él. Pero creo que tuvieron sus diferencias.

Las «diferencias», me relata Álvaro Godoy, hijo de Javier Godoy y sobrino de Carlos Manuel, se referían a la herencia paterna. A los padres de Álvaro les correspondió en el testamento la casa familiar. Años después, Carlos Manuel, arruinado y solo, fue acogido en casa de su hermana. Un buen día sacó a relucir su desacuerdo retrospectivo con el reparto de bienes de treinta años atrás.

—Para mí que él se deschavetó —opina con amargura Álvaro—. Mezclaba muy seguido jarabe y alcohol y empezó a inventar cosas de mi padre para vengarse.

—¿Qué tipo de cosas? —me intereso.

—Decía que mi papá era narcotraficante…

—¿Narcotraficante?

—Sí —sonríe Álvaro—. Mi padre era transportista y el tío Cabezón (así es como le llamamos) decía que ocultaba cocaína en las alpacas de lana. Lo malo es que fue con el cuento a la policía y aquello nos trajo problemas.

Cualquiera que haya puesto un pie en Guatemala sabe que, por mucho menos, la policía se come los pies de algunos detenidos. Es, como el paisaje del país, salvaje y brutal. Los Godoy echaron de casa a Carlos Manuel Pellecer; pese a todo su sobrino sigue visitándole.

Álvaro se ofrece a acompañarme al asilo de ancianos militar donde su tío aguarda la muerte. Nos citamos para dentro de dos días.

Junto con Álvaro Godoy, su otra sobrina, Lucía Arce, debe de ser la única persona en el mundo que profesa afecto por Carlos Manuel Pellecer. De regreso de Antigua, me reúno con ella esa misma tarde en una cafetería céntrica de Guatemala ciudad. Es una señora de mediana edad, con aspecto pulcro, de ideas tradicionales. Profesa un catolicismo ferviente.

–Fue un soñador. Creyó ver un foco luminoso en el comunismo. Un hombre de gran cultura. Hasta hace tres años aún escribía artículos en *La Hora*. Clemente Marroquín, el director del periódico, fue quien le inició en el comunismo y siguieron siendo amigos hasta el final. Cuando lo de Arbenz él fue el primero en entregar las tierras de su abuelo para la reforma. En 1962 renunció al comunismo.

–Recibió muchas acusaciones de colaborar con la CIA…

–No, no es verdad que él fuera agente de la CIA. Pero los comunistas nunca le perdonaron que renegara de su fe. Por eso le mataron a un hijo.

–¿Un hijo de Carlos Manuel fue asesinado?

–Bueno, mi tío cuenta que simularon un accidente. Un camión de peso exagerado le atropelló cuando circulaba en bicicleta por París. Se salvó por la nieve, pero tuvo que someterse a cuarenta operaciones.

–¿Hallaron alguna prueba de la implicación comunista en el accidente?

Lucía Arce reflexiona unos instantes.

–… No, pero él siempre lo ha dado por seguro.

–¿El muchacho murió?

–Diez años más tarde, en 1976.

–¿A consecuencia del atropello?

–No. Se suicidó… –La duda asoma, pero Lucía se reafirma–: ¡Pero tenía menos de treinta años! A Carlos Manuel le afectó mucho. Estaba entonces en Houston de cónsul y se volcó en buscar ayuda para el terremoto para evadirse del dolor. Él es un gran intelectual. En un libro de Carlos Monsanto figura entre los escritores guatemaltecos más importantes...

Dispongo de un rato hasta la visita a Pellecer y lo aprovecho para recoger más testimonios. Marco Antonio Flores es un escritor guatemalteco de setenta años, residente en México y con una obra tan extensa como heterogénea. Ha cultivado la poesía, la novela, el periodismo, el cuento, el ensayo... Su biografía es aún más variada que su literatura. Ha ejercido como profesor, director teatral, periodista, editor, investigador y guerrillero. Su obra más célebre, la novela *Los compañeros*, le valió en 1976 el repudio del Partido Comunista por sus críticas a la lucha armada. Flores fue miembro de las Fuerzas Armadas Rebeldes, la guerrilla guatemalteca, durante una parte de la década de los sesenta y reingresó en 1977 para abandonar definitivamente las armas en 1980. Conversamos en una librería próxima a mi hotel. El establecimiento está distribuido en dos plantas diáfanas y en la baja hay una zona de cafetería limpia y alegre.

—Pellecer era un narcisista y un provocador. Él y Castillo Flores, secretario general de las asociaciones campesinas, impulsaron ocupaciones salvajes de tierras no afectas a la Reforma Agraria del gobierno Arbenz. Violó inclusive la disciplina partidaria y desencadenó reacciones virulentas de la Frutera, la United Fruit Co., que fueron el germen del golpe yanqui contra Arbenz.

—¿Era agente de la CIA?

Para Marco Antonio Flores está fuera de toda duda. La dirección del Partido Comunista era de la misma opinión según le corroboró quien fue secretario general durante un tiempo, Huberto Alvarado, y también José Manuel Fortuny que le sucedió al frente del Partido. Por si no bastara, durante la última etapa de su vida política se vinculó al MLN, un partido de ultraderecha creado por los veteranos de la sublevación contra Jacobo Arbenz respaldada por la CIA.

—¿En qué momento empezó a trabajar Pellecer para la CIA?

—No puedo precisar el minuto exacto en que fue reclutado... A menudo se confunde la solidaridad con los humildes y la envidia hacia la clase alta. Pellecer no sentía solidaridad, sólo envidia.

—Algunos lo sitúan en 1962, cuando él publica *Renuncia al comunismo* —sugiero.

—No, con certeza la cosa venía de antes. Existen dos versiones. Según la primera, se convirtió en agente muy temprano, a raíz de un desfalco en que se vio envuelto en los años cuarenta, cuando estaba destacado en la legación diplomática en Londres. Es posible que le apretaran con ese asunto de dinero y eso explicaría su conducta de provocación durante el gobierno Arbenz. Según otros, fue reclutado en el exilio, a finales de los cincuenta, tras el derrocamiento de Arbenz. Yo lo traté en esa época. Tuve inclusive un encuentro con él en 1962, en el D.F., poco antes de que cambiara abiertamente de bando.

—¿Él exteriorizaba ya de algún modo su distanciamiento del comunismo?

—¡En absoluto! Recuerdo que un primer contingente de militantes del Partido se disponía a viajar para seguir entrenamiento guerrillero en Cuba. Yo acompañaba a Víctor Manuel Gutiérrez, que era el responsable máximo del Partido allá en México. Pellecer apareció en esa reunión y supe que atendió a ese grupo antes de marchar a Cuba. Luego esa gente se integró en la guerrilla y algunos fueron a combatir a Vietnam. Ni uno solo sobrevivió.

—¿Cuál fue su impresión?

—Ya le dije, era un narcisista. Además, era un hipócrita. Era un individuo capaz de orinarse en un jacuzzi; una mofeta humana. Aunque, con seguridad, ya trabajaba para la CIA desde hacía tiempo, se comportaba con un dogmatismo extremo. Era un falso moralista, un fariseo. A mí me montó un juicio privado por transgresión de reglas durante mi estadía en Cuba...

—¿Qué reglas?

Flores sonríe y explica que los integrantes de la guerrilla tenían prohibido entablar relaciones sentimentales con las compañeras de expedición... Pellecer se amparó en su condición de miembro de la dirección y le reprendió duramente. Marco Antonio sorbe el café y saluda a un conocido que se aproxima a nuestra mesa. Intercambian unos números de teléfono y reanuda la conversación.

—La primera persona que lo detectó fue la peruana Hilda Gadea, la primera esposa del Che Guevara.

—¿Se conocieron?

Marco Antonio camina seguro hasta un estante de la librería. Extrae un libro titulado *Presencia viva del Che Guevara en Guatemala*, de J. C. Cambranes, y después de hojearlo brevemente, lee:

> Recuerdo que durante una visita a un pueblo vimos dando saltos ornamentales al entonces diputado comunista Carlos Manuel Pellecer que ni siquiera nos saludó. Tuvimos la impresión de que estaba inflado con el puesto de diputado y de querer exhibirse. Ernesto [Che Guevara] me comentó: «Es un típico representante de una burocracia que domina». Nos sorprendía y por eso comentamos que fuese representante del Partido Guatemalteco del Trabajo un sujeto como Pellecer que fue destituido de un cargo diplomático en Londres por haber malversado fondos de la embajada.

Marco Antonio levanta la mirada y señala el libro con el índice. Pasa unas páginas y advierte:

—No lo digo yo; lo dice la que fue esposa del Che.

Continúa leyendo:

> Cuando triunfó la Revolución cubana, Pellecer fue a La Habana a buscar trabajo. Por su posición en el PGT consiguió entrar en el diario *Hoy* y moverse en los círculos de la Administración pública. Aprovechándose de que conoció a Ernesto en Guatemala lo entrevistó. Él me saludó muy cortésmente, pero yo, ironizando, le dije: «Ahora es distinto, no como cuando usted estaba orgulloso, cuando era diputado». Probablemente cuando llegó a Cuba ya estaba ganado como agente del imperialismo, pues aprovechó su posición de periodista y las facilidades que le daba el Gobierno revolucionario para traicionar, como lo demostró después al escribir *Renuncia al comunismo* y luego otro nauseabundo libro en el que se mezclan algunos —muy pocos— datos ciertos, con toda una estructura derivada de una imaginación realmente esquizofrénica.

—Ese libro debe de ser *Útiles después de muertos* —sugiero.

—¿El del caso Marquitos? —pregunta Marco Antonio.

—Ese mismo.

—Tengo referencias, pero no lo he leído. Pero fíjate que el Che ya había convivido con Pellecer tras el derrocamiento de Arbenz.

—¿Dónde ocurrió eso?

—Ambos se refugiaron en la embajada argentina en Guatemala. Pasaron allá unas semanas. Escucha el retrato que hace el Che Guevara de Pellecer.

Marcha de nuevo hacia otra estantería y hurga en un libro con recuerdos del Che Guevara sobre su etapa en Guatemala:

> Por lo que pude averiguar, Pellecer fue alumno de la Politécnica en la época de Ubico, siendo procesado y dado de baja. Fue a México y luego apareció como agregado en las embajadas de Guatemala en Inglaterra y Europa, siendo ya comunista. Aquí era diputado y dirigente campesino en el momento de caer Arbenz. Es un hombre inteligente, valiente al parecer. Tiene un gran ascendiente sobre todos los camaradas asilados, ascendiente que no sé si dimana de su propia personalidad o del hecho de ser dirigente del Partido. Se para siempre derecho con los pies juntos, en posición de firme. Hizo algún libro de versos en años anteriores, enfermedad muy difundida por estos lares. Su ilustración marxista no tiene la solidez de otras figuras que he conocido y la esconde detrás de cierta petulancia. La impresión que me da es la de un individuo sincero pero exaltado, uno de esos personajes ambiciosos, capaz de realizar los más altos sacrificios en un momento dado, pero a los que un traspié coloca en una situación de renegar violentamente de su fe.

—Puede que el Che no fuera un gran economista, pero tenía psicología para analizar a las personas… —señalo.

—Argentino, al fin —bromea Marco Antonio.

De los párrafos leídos me quedo con una expresión de Hilda: «Se mezclan algunos (muy pocos) datos ciertos, con toda una estructura derivada de una imaginación realmente esquizofrénica». Es una definición que puede aplicarse a su libro *Útiles después de muertos*, pero también a la rocambolesca historia del atropello de su hijo, o a los infundios de Pellecer contra su sobrina la Canche; también a la calumnia urdida contra su cuñado Javier Godoy. Trato de recordar cómo describió Edith García Buchaca las fichas que la CIA sembró en la Seguridad Cubana contra Ordoqui: «Algunos datos circunstanciales ciertos envueltos en montones de falsedades».

Alfonso Bauer Paiz es mi siguiente visita. Conserva una buena memoria a sus casi noventa años. Fue miembro del Frente Popular Libertador y diputado a la Asamblea Constituyente con veintisiete años. Luego sirvió como viceministro de Economía, gerente del Departamento de Fincas Nacionales y gerente del Banco Nacional Agrario, todo durante el gobierno de Jacobo Arbenz. Todavía en 2000 este abogado laboralista fue reelegido diputado en una lista electoral de izquierdas. Renunció tres años después.

—Pellecer no fue el único traidor. Hubo más, pero él fue el peor.

—¿Dónde trabajaba Pellecer durante el gobierno de Arbenz?

—En el Departamento Agrario Nacional, era el encargado de la aplicación de la Reforma Agraria.

—¿Usted cree que ya entonces tenía contactos con la CIA?

—No le sé decir. En todo caso, la comprobación de que era agente fue estando ya en el exilio, después del derrocamiento de Arbenz.

Ésa es también la opinión de Piero Gleisejes, autor de uno de los estudios más sistemáticos sobre la intervención norteamericana en Guatemala: *Shatered Hope: the Guatemalan Revolution and the United States, 1944–1954*, publicada por la Universidad de Princeton en 1992.

Mientras sus antiguos compañeros fueron torturados, asesinados y despedazados, Carlos Manuel Pellecer vivió bien. Fue un influyente miembro de la dirección del Partido Guatemalteco del Trabajo (comunista) durante los años de Arbenz, pero rompió públicamente con el partido en 1962. No sólo se transformó en un ardiente anticomunista sino que se unió a quienes aplaudían la «liberación» de 1954. Fue nombrado embajador en Israel, cónsul general en Houston y encargado de negocios en Paraguay.

Gleisejes entrevistó a Pellecer y lo encontró un «ingenioso e inteligente conversador». En su opinión, no hay pruebas de que Pellecer trabajara ya para la CIA durante los años de gobierno de Arbenz. Y, a decir verdad, ciertos indicios respaldan su versión. Entre otros, varios documentos secretos desclasificados de la CIA que incluyen a Carlos Manuel Pellecer entre los comunistas más influyentes en el gobierno Arbenz que debían ser eliminados por indicación del embajador americano, John Peurifoy, y de acuerdo con las normas del Manual de Asesinatos distribuido por los entrenadores de la Agencia.

En todo caso, las divergencias se refieren a las fechas, nunca a los vínculos de Pellecer con la Agencia. Los registros de la operación encubierta de la CIA que forzó el derrocamiento del gobierno progresista de Jacobo Arbenz están desclasificados en su práctica totalidad. Una de las facetas de mayor interés de estos archivos se refiere al hostigamiento pertinaz al que Arbenz fue sometido por la Agencia, aun después de dejar el país y partir al exilio en 1954. Una fuente de información sobre los avatares de la familia Arbenz destaca entre todas: INLUCK (no LINLUCK, como erróneamente citó Agee). INLUCK proporciona en 1956 copiosa información acerca de los movimientos de Arbenz en Praga y se cuida de advertir a sus oficiales de enlace que debía evitarse hacer «mención de los detalles íntimos de la familia», como la escolarización de las hijas del ex presidente en colegios soviéticos. De lo contrario, existía el riesgo de «poner en peligro la privilegiada posición» de la fuente. La CIA confeccionó también con datos proporcionados por el mismo INLUCK una minuciosa biografía cronológica que abarcaba las etapas checa, francesa, mexicana y cubana del exilio de los Arbenz. El informe contiene escabrosos comentarios y sugerencias acerca de cómo tratar aspectos personales de la familia y su círculo de allegados, incluyendo asuntos relativos a su equilibrio mental, inclinaciones sexuales y debilidades con la bebida.

Un investigador mexicano, Roberto García Ferreira, ha estudiado el influjo de la CIA en la odisea del ex presidente guatemalteco que culminó en su suicidio y ha advertido la pasmosa coincidencia entre las versiones que contienen las fichas facilitadas a la CIA por INLUCK que han sido recientemente descatalogadas y las descripciones que publicó treinta años antes Carlos Manuel Pellecer en periódicos de su país. El historiador mexicano deduce que «la similitud no es casual, ya que todo indica que INLUCK era el criptónimo de Pellecer». Si no antes, parece confirmarse que Carlos Manuel Pellecer cooperaba con la CIA muy poco después de la destitución de Arbenz, casi ocho años antes de su ruptura pública con el comunismo.

Algunos testimonios señalan a Pellecer como culpable de la delación de un grupo de siete jóvenes encabezados por Ricardo Ramírez conocido por el alias de «Rolando Morán», que fueron interceptados a su regreso de un entrenamiento guerrillero en Cuba.

Es la última de las preguntas incluidas en el cuestionario que tengo listo para mi encuentro con Carlos Manuel Pellecer. La primera es más directa: «¿Por qué traicionó a su amigo Joaquín Ordoqui?».

Monja Blanca es una vistosa especie de orquídea que la Constitución de Guatemala proclama «flor oficial» del país. Monja Blanca es también una «residencia temporal para personas adultas mayores». En suma, un albergue militar para ancianos enclavado en las afueras de Guatemala, en las inmediaciones de un acuartelamiento. La tartana de Álvaro Godoy ronca y expulsa una densa humareda al reanudar la marcha, tras superar la garita de control.

El pabellón que aloja al antiguo revolucionario, escritor, diplomático y, según parece, espía infiltrado, es una construcción en ladrillo con amplios ventanales por los que circula una ventilación que se agradece en pleno verano tropical y en ausencia de aire acondicionado.

Foto de la familia francesa de Carlos Manuel Pellecer en la cabecera de su cama en el Asilo Monja Blanca, en Guatemala.

–Wellington es el cuidador que se ocupa del tío Cabezón –nos presenta Álvaro.

–Su tío ha dormido mal. Tiene muchas flemas por la complicación del pulmón. El médico ha recomendado que descanse en la silla –informa el cuidador.

La habitación de Pellecer es amplia, aireada y aséptica. Sólo dos detalles la distinguen de cualquier otra estancia del asilo: un dibujo infantil de trazo inseguro representa a un personaje con una enorme cabeza. Aparece identificado como «Carlitos». Sobre la cama, en el muro, está clavada con una chincheta una foto de una mujer bella y cuatro niños sonrientes, la familia francesa de Pellecer. No conserva ningún otro objeto personal.

Junto a la ventana, dormita en una silla de ruedas Carlos Manuel Pellecer. El cráneo es descomunal y descansa sobre el pecho. Un hilo de baba discurre por la papada hasta un babero. Está enfundado en un chándal azul marino y calza zapatillas deportivas. El cuidador y el sobrino nos presentan y alza una mirada que

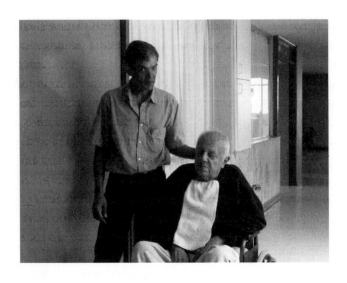

Carlos Manuel Pellecer con su sobrino Godoy en el Asilo Monja Blanca, en Guatemala.

mezcla recelo y extrañeza para vaciarse al instante. Emite unos sonidos guturales que ni de lejos podrían confundirse con palabras y la cabeza se desploma nuevamente. Wellington nos recomienda que le dejemos descansar un poco antes de intentar de nuevo una conversación.

Nada más salir al pasillo me aborda otro anciano que se desplaza enérgico en silla de ruedas.

—¿Vino a visitar a Pellecer, el agente de la CIA? —espeta de entrada.

El viejo se presenta como el coronel retirado Francisco Romero Rodas y tiene cosas que contar sobre su vecino.

—Fui compañero de Pellecer siendo ambos cadetes en la Academia. En el 52 fui gobernador de Escuintla y este sujeto era diputado por la misma circunscripción. Lo amparaba el Partido Comunista y tenía prisa por mandar. Le denuncié por su intromisión para hacer fracasar la Reforma Agraria en el distrito. Luego se comportó como un cobarde cuando derrocaron a Arbenz y se acomodó en Europa y en México. En Cuba lo metieron los gringos como falso comunista. Todo está explicado en un libro del general Gramajo: *De la guerra a la guerra*. Siempre le fue bien. No sabe lo que son penas… No tengo relación con él. Pues mire que sí, de buena gana le diría cuatro cosas, pero no es fácil porque la mente se le fue.

El coronel apuntala sus tesis con varios testimonios. El más apabullante es el que recoge Carlos Figueroa Ibarra en su libro *Paz Tejada. Militar y revolucionario*. Pellecer es descrito por el que fuera jefe de las Fuerzas Armadas del presidente progresista Juan José Arévalo como «un fabulador delirante, un egocéntrico patológico, sucio y pretencioso que desde sus tiempos de cadete proclamaba ante sus próximos que la Escuela Politécnica no estaba a la altura de su genio».

El coronel retirado Romero Rodas retiene una memoria prodigiosa. Es también escritor. Guarda varios ejemplares de su novelita *Soledad* en un estante de la mesilla de noche. Me extiende uno.

—Cuando el golpe de la Frutera [United Fruit] contra Arbenz me quedé escondido. Mi vida ha sido difícil desde entonces. Y de eso hace cincuenta años.

—¿Por qué acusa a Pellecer de ser agente de la CIA?

—Éste es un país chiquito y yo ya tengo unos años. Acá todos nos conocemos. Él es un canalla, un agente de la CIA, un inventor de historias y un mal escritor.

Resulta difícil saber cuál de las cuatro acusaciones reviste mayor gravedad. Volvemos a la habitación de Carlos Manuel Pellecer. Continúa en la misma posición.

—¿Qué hace durante el día? —pregunto a Wellington, el cuidador.

—Lo pasa transpuesto la mayor parte del tiempo. —Limpia la baba de Pellecer con un trapo que vuelve a colocar sobre su hombro.

—¿No conversa con él?

—Hace algún tiempo se le fue la cabeza. A veces dice palabras o números. Pero son incoherentes. Se conoce que son piezas perdidas en su memoria.

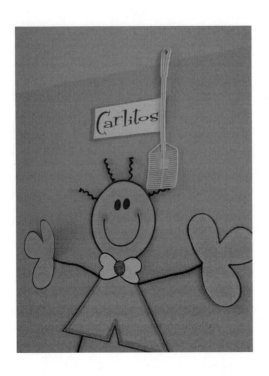

Monigote que decora las paredes de la habitación de Pellecer en el asilo.

Me aproximo a la cama y vuelvo a observar la imagen de una familia perdida. Doblo mi cuestionario y lo deposito sobre la mesita de noche, frente al monigote clavado en la pared llamado «Carlitos».

3

De vuelta a Madrid, me aguardaba un recado urgente de Lourdes, la sobrina de Joaquinito, hija de Anabelle Rodríguez. Quedamos en vernos después de comer y ocupé lo que quedaba de mañana en una tarea pendiente: escribir una carta a la CIA. No es tan peliagudo como pueda parecer; basta cumplimentar un formulario dirigido al Information and Privacy Coordinator de la Agencia que comienza así:

> Under the Freedom of Information Act, 5U.S.C. subsection 552, I am requesting information or records for Joaquín Ordoqui, a high-ranking Cuban official who was relieved from duty in November 1964 and subsequently sentenced to house arrest by the Cuban government. Among other charges, he was alleged to have been a CIA informant. Mr. Ordoqui was a member of the pre-1959 Popular Socialist Party (Communist) and assumed key responsibilities after 1959 until he was purged.*

Rellené los apartados del impreso y envié la solicitud por correo urgente. Faltaban muy pocos días para Navidad y no podía hacer otra cosa que esperar para comprobar si esta vía de exploración resultaba productiva o conducía al vacío.

---

* «De acuerdo con la ley de Libertad de Información, 5U.S.C subsección 552, solicito información o documentación acerca de Joaquín Ordoqui, funcionario cubano de alto rango que fue relegado del mando en noviembre de 1964 y a continuación sentenciado a arresto domiciliario por el gobierno cubano. Entre otros cargos, se le acusó de ser informante de la CIA. El señor Ordoqui fue miembro del Partido Socialista Popular (Comunista) anterior a 1959 y asumió responsabilidades clave después de 1959 y hasta que fue purgado.»

En casa de Lourdes me esperaba un denso y humeante café cubano y un hallazgo que contenía una pista crucial. Mientras cumplía con el penoso ritual de despejar los cajones del último escritorio de su tío para que lo utilizara el mayor de sus hijos, Lourdes había rescatado un fólder que contenía diversos papeles sueltos de Joaquinito. Había varios poemas inacabados, un artículo inconcluso sobre la bolerista Ela Calvo, y fotocopias de varias páginas de un libro y de una carta manuscrita.

La misiva está escrita por Edith García Buchaca, lleva fecha de octubre de 2002, casi treinta años después de la muerte de su marido, y está dirigida a la dirección del Partido Comunista.

Al finalizar los interrogatorios a que fuimos sometidos y dar por terminada la investigación llegándose a la conclusión por parte de los investigadores de la culpabilidad de Joaquín, redacté una carta que guardé y que ahora envío adjunta.

Si no lo hice entonces ni lo he hecho durante estos años ha sido porque la situación del país y los abrumadores problemas, tanto de carácter nacional como internacional, que pesan sobre nuestro Partido me cohibieron de hacerlo.

Pero los años han ido pasando y yo he llegado a los ochenta y seis, esperando cada día el esclarecimiento de los hechos. No sé cuánto pueda quedarme de vida, pero me siento en el deber y la obligación con mis hijos y nietos de hacer este último esfuerzo pidiéndote que no se abandonen las investigaciones, segura de que tarde o temprano saldrá a relucir la verdad.

En los documentos que me dieron a leer en Santa María [Santa María del Mar, localidad donde fueron aislados e interrogados García Buchaca y Ordoqui tras la detención] no existía nada que pudiera probar la culpabilidad de Joaquín, como manifiesto en mi carta de entonces.

Después hemos tenido pruebas directas de la participación de la CIA en el complot para destruir la figura de Joaquín.

Como se ha sabido, el agente que condujo el caso fue premiado por la CIA.

Mi hija Anabelle tuvo la oportunidad de entrevistarse con Philip Agee cuando éste hace años visitó España. En esa ocasión, a la petición de Anabelle de que le informara lo que supiera del caso

Ordoqui, él respondió que «no podía darle detalles porque en aquel momento se encontraba en Uruguay con el problema de los Tupac Amaru, pero que sí podía decirle que el coronel encargado del caso había recibido la condecoración más alta que otorga la CIA cuando el caso concluyó».

Como se comprueba en la página de su *Diario*, de la que acompaño copia, Philip Agee, después de referirse al objetivo de la CIA con Joaquín, expresa su criterio de que quizás Joaquín fuera informante en México y al negarse a seguirlo siendo en Cuba fue quemado.

Esta opinión de él se considera por los medios desafectos a la Revolución fuera de Cuba, añadida después de su visita a Cuba y sus entrevistas con la dirección política del país.

Desde luego que no tengo que decir que considero la cosa totalmente falsa y creo que esta opinión de P. A. en la forma en que la da no resta nada al hecho del objetivo de la CIA de destruir a Joaquín, objetivo que persiguieron por años el FBI y la CIA, como se puede demostrar con hechos. […]

Ya no por mí, que por mis firmes principios sé la realidad de que «la Revolución es más grande que todos nosotros» y ello me ha permitido tragarme mis sufrimientos por el destino que me ha tocado y me fortalecen los éxitos de la Revolución. Pero hijos y nietos siguen estando muy afectados y siempre esperanzados de que se esclarezcan los hechos y nos devuelvan nuestra verdadera condición de revolucionarios de acuerdo con la vida que llevamos siempre.

Edith

Apenas concluyo la lectura sé que debo hablar con Anabelle y sé también qué debo preguntarle. En cuanto se sienta en el café donde nos hemos citado, le extiendo la copia de la carta. Se cala sus gruesas lentes, y lee las cuartillas.

—Lo había eliminado por completo de la cabeza. Le hice tal rechazo a este tema que, más que lagunas, tengo océanos de olvido… —Se queda pensativa un instante y rememora—: En cierta ocasión, papá me dijo…

—¿Tu padre, Carlos Rafael?

—Él mismo —prosigue—, me dijo en una visita a Madrid: «Sale ahora un libro de un agente americano que desertó, Philip Agee, y que deja las cosas claras. Parece que se podrá rehabilitar a Joaquín y, de paso, a tu mamá».

Cierta noche, Anabelle estaba viendo un programa de debate en Televisión Española que se llamaba *La clave*. El coloquio trataba sobre los servicios secretos y participaban un antiguo jefe de la Stasi, otros agentes y… Philip Agee. No lo dudó, llamó a la centralita de la cadena y pidió que le pasaran con el programa. Atendió una secretaria que le informó que la transmisión se realizaba en directo. Anabelle dejó un recado para Agee que debió de asombrar a su interlocutora: «De parte de Anabelle, la hija de Edith García Buchaca, de Carlos Rafael Rodríguez y de Joaquín Ordoqui». Lo dijo tal cual, de los tres. Y dejó su número.

—¿Llamó Agee?

—No pasaron ni diez minutos desde el fin del programa. Vino a casa esa misma noche y conversamos en el salón, delante de mis hijas. Agee me explicó que Estados Unidos le tenía mucha manía a Joaquín desde los años treinta, desde lo del *Morro Castle* y su período de activismo izquierdista entre el movimiento obrero americano, y que habían utilizado a Pellecer para destruirle y para sembrar discordia en la cúspide de la Revolución. Me dijo que el agente que manejó el asunto recibió la más alta condecoración que otorga la CIA.

Anabelle pensó que ese testimonio permitiría aclarar todo y rehabilitar a Joaquín y a su madre. «Viajé meses después a Cuba e incluso varios altos cargos me corroboraron que el asunto estaba a punto de aclararse de una vez por todas. Pasaron semanas, meses, y mi madre seguía esperando aquella visita que le dijera que se había demostrado que Joaquín y ella eran inocentes. Tiempo después, mi padre volvió a pasar por Madrid, camino de Moscú, ya en otoño. Cuando le pregunté "¿Qué pasó con lo de Joaquín?", me dijo: "Sólo sé que Agee estuvo en Cuba y después de eso no se ha vuelto a mencionar el tema". Fue un disgusto enorme para todos, sobre todo para mi madre, que supo que esa visita nunca llegaría.»

Anabelle vuelve a encajarse las gafas cuando nos traen los cafés. Aprovecho para preguntarle si se ha operado alguna vez de la vista.

–Dos veces, nada menos. La primera de miopía en Cuba y fue un desastre porque me hicieron tres perforaciones de córnea.

–¿Y la segunda?

–La segunda fue aquí en España, de cataratas.

–¿No sería en la clínica Barraquer, por casualidad?

–No, fue en Las Palmas de Gran Canaria, con un médico argentino muy bueno, por cierto. ¿Por qué quieres tú saber eso? –pregunta recelosa.

Invento un pretexto y cambio de tema. Leo la fotocopia a la que alude en su carta Edith. Corresponde a la página 583 de la primera edición española del libro de Philip Agee: *La Compañía por dentro: Diario de la CIA*. Los tres párrafos destacados dicen literalmente:

Otra importante operación dirigida contra los cubanos es una sofisticada provocación que al funcionario que la fraguó, Stan Archenhold, le valió la Medalla de Inteligencia de la CIA. La operación consistía en una serie de cartas que había que enviar a los servicios de inteligencia cubanos de la embajada de Ciudad de México, enviadas por una persona que alegaba ser un funcionario de la CIA que intentaba ayudarles. Las cartas dan a entender que el respetado dirigente del Partido Comunista Cubano de la vieja guardia y militar de alta graduación, Joaquín Ordoqui, es agente de la CIA.

Desconozco todos los detalles de esta operación, pero tengo la impresión de que tal vez Ordoqui actuó de informador en la década de los cincuenta, en que estuvo exiliado en México negándose más tarde a proseguir, y siendo como consecuencia de ello quemado por la Agencia, que le delató indirectamente ante los cubanos.

Las cartas siguen enviándose [la anotación del *Diario* corresponde a 1966] a los servicios de inteligencia cubanos, a pesar de la detención de Ordoqui en 1964, y de la deseada controversia y disensión que se registró entre los dirigentes revolucionarios cubanos como consecuencia de todo ello.

Sé que he llegado a un punto decisivo de mi búsqueda y necesito recapitular. Me despido apresuradamente de Lourdes y Anabelle y regreso a casa.

En Miami son ya las once de la mañana y conozco a alguien que puede aclararme el punto de vista de Raúl Castro sobre el caso. El ex general Alcibíades Hidalgo huyó de Cuba en 2002 y es editor del telediario de una cadena hispana. Antes, fue embajador de Cuba en Naciones Unidas y, durante doce años, jefe de despacho del hermano y sucesor de Fidel Castro.

—No es mucho lo que puedo decirle sobre el caso… Es un tema tabú, nunca se mencionaba. —Hace una pausa y prosigue—: Sólo hubo una excepción. Cierto día, Raúl había tomado unas copas y tenía la lengua más suelta. Me contó que había estado en una fiesta en casa de Joaquín Ordoqui poco antes de su detención.

—Una nieta de Edith García Buchaca celebró su cumpleaños días antes…

—Será ésa. De todos modos, Joaquín Ordoqui era su primer viceministro y despachaban constantemente.

—¿Raúl se manifestó conforme con el desenlace del caso?

—Nunca se expresó claramente, pero evidenciaba que aquello le cogió por sorpresa y le había disgustado. Raúl siempre fue el protector de los viejos comunistas. Aún hace poco ha presidido un homenaje al viejo PSP…

—¿Dejó traslucir si daba crédito a la acusación contra Ordoqui?

—¡Ni por asomo! Aquella acusación no tenía ni pies ni cabeza. Otra cosa es que Raúl, por disciplina, lo acatara.

4

Me quedé frente a la ventana, con el teléfono en la mano. Me serví un ron y derramé unas gotas en una maceta, en homenaje a los muertos, sobre todo a uno. Me pareció un momento oportuno para repasar los últimos hallazgos y decidir el camino a seguir.

Hacía tres horas tenía la certeza de que el juicio a Marquitos fue una farsa de principio a fin, con una única consecuencia: el debilitamiento de todas las facciones en pugna y el fortalecimiento del poder de Fidel Castro. Hacía tres horas sabía que las informaciones y fichas que determinaron la detención de Ordoqui estaban confeccionadas por la CIA y se venían «sembrando» regularmente desde meses antes de su captura. Hacía tres horas conocía incluso la identidad del traidor que pudo poner su inventiva literaria y su bajeza moral al servicio de la operación, el hombre que había coincidido con los Ordoqui en Praga, París, México D.F. y La Habana, el compañero al que llamaban «Pelle», el amigo que sacaba a pasear a un Joaquinito de tres años por las amplias avenidas nevadas de Praga, que disponía de todos los detalles precisos para urdir un montaje.

Pero desde hacía un rato contaba además con un par de nuevos datos. Conocía las especulaciones sobre la transacción de Philip Agee a cuenta de unos cuantos párrafos de su libro y sabía que la detención había sido manejada en solitario por Fidel Castro. Quedaba por resolver la duda definitiva, capital; si la acusación tenía algún viso de ser cierta o constituía un puro montaje; mejor aún, un montaje maquinado por la CIA y avalado y

Carlos Franqui.

encubierto por alguna razón desde Cuba. Y, en caso afirmativo, por qué motivo, con qué finalidad.

Para una duda trascendental, valía la pena acudir a un buen conocedor de los entresijos de la Revolución. Carlos Franqui dirigió desde la Sierra Maestra Radio Rebelde, la emisora del Movimiento del 26 de Julio y *Revolución*, órgano oficial del partido. Al entrar en La Habana se mantuvo al frente del diario durante unos años, hasta que la línea de apertura cultural que propiciaba el periódico provocó roces de importancia con las autoridades.

Su choque más señalado estuvo originado por el mediometraje *PM* (post meridian), la película de Sabá Cabrera auspiciada por *Revolución*. Según sus censores, con Edith García Buchaca a la cabeza, el film fue prohibido por reflejar una visión contrarrevolucionaria de la realidad cubana. Detrás de ese enfrentamiento vinieron otros varios sobre asuntos culturales y políticos. Franqui rompió definitivamente con Castro en 1968, tras condenar la invasión soviética de Checoslovaquia y optó por el exilio. Desde entonces se ha acostumbrado a las descalificaciones habituales.

–En la historia de la humanidad es difícil encontrar alguien que no cambie –exclama para defenderse de las acusaciones de traidor–. Efectivamente, milité primero muy joven en el comunismo; rompí luego con el Partido Comunista cuando tenía veinticinco años, en 1946, porque no me parecía el modelo de socialismo al que yo aspiraba. Y creo que no me equivoqué. Después rompí con Fidel Castro y su Revolución porque era todo lo contrario de lo que debería ser una revolución. En cambio, Fidel Castro renegó de ser católico, renegó de ser «tira tiros» en la universidad, renegó de ser ortodoxo, renegó del 26 de Julio, renegó del humanismo revolucionario, renegó del marxismo-leninismo y, después, se volvió mercantilista para conseguir dinero cuando estaba en apuros y se asoció con el peor capitalismo mundial. Ahora se las ha arreglado para ser chavista.

En la segunda mitad del siglo XIX, la poeta Lola Rodríguez de Tío se trasladó de su Puerto Rico natal a la próxima Cuba y plasmó su visión poética de las Antillas hispanas en unos versos que afirmaban que «Cuba y Puerto Rico son /de un pájaro las dos alas. /Reciben flores y balas /sobre el mismo corazón». Tal vez el cubano Carlos Franqui se inspiró en esa rima cuando siguió el camino inverso a la poetisa boricua y se afincó en San Juan de Puerto Rico.

Pese a su edad, cinco años mayor que la de Fidel Castro, tras haber publicado media docena de libros, Franqui continúa conferenciando por todo el mundo y cultiva su pasión periodística en la revista trimestral *Carta de Cuba*.

—Los de Marquitos y Ordoqui son dos de los episodios más oscuros de la primera etapa de Fidel Castro.

Cuando estallaron los casos de Marquitos y Ordoqui, Franqui había sido apartado de la dirección del diario *Revolución* y desempeñaba responsabilidades en asuntos culturales. Pero tiene pocas dudas sobre el sentido de lo que ocurrió:

—Las paradojas históricas se dan de tanto en tanto. En el año 1957, cuando me mandan a organizar el Movimiento 26 de Julio en el exilio, empecé por México. Allí estaba exiliado Joaquín Ordoqui, quien afirmó públicamente que yo era un agente de la CIA. Lo paradójico es que, después, Ordoqui muriera acusado de ser agente de la CIA.

—¿Qué base tenía aquella acusación?

—La misma que la que él me hizo a mí; ninguna. Allá en la isla tenemos refranes para todo. Aquí diríamos que «Quien a hierro mata, no puede morir a sombrerazos» —ríe Franqui con picardía.

Viste un traje de lino color hueso con el que parece que acaba de pelearse y se defiende del sol con un sombrero de jipijapa adornado con una cinta estampada con motivos vegetales. Debajo asoma un flequillo exageradamente oscuro, igual que el bigote recortado que luce hace seis décadas. Mueve la mano derecha con el índice encorvado, en un gesto muy característico de Fidel Castro. Le pregunto su opinión por el episodio.

—Puede comprender que yo le tuviera poca simpatía a Ordoqui. Cuando yo era un joven comunista tuve conflictos con él; era autoritario, mucho. No me gustaban ni él ni su esposa, que tuvo un comportamiento estalinista cuando lo de *PM*; pero afirmar que Ordoqui era agente de la CIA sonaba ridículo. Él no era agente de la CIA; todo lo contrario. Se ha dicho —continúa— que Ordoqui y Fidel chocaron cuando la crisis de los misiles, que puso al mundo al borde de la guerra nuclear en octubre de 1962.

Franqui evoca la crisis más grave en décadas de guerra fría, que tuvo a Cuba como escenario. Tras la invasión fracasada de bahía de Cochinos en 1961, la Unión Soviética accedió a la solicitud de Fidel Castro de instalar en la isla misiles con cabezas nu-

Joaquín Ordoqui en una reunión con militares cubanos y técnicos soviéticos durante el período de instalación de los misiles, La Habana, 1961.

cleares. Se pretendía así disuadir a Estados Unidos de cualquier nueva agresión contra Cuba. Joaquín Ordoqui estaba a cargo de la Retaguardia y Logística en las Fuerzas Armadas y era el único viejo comunista con responsabilidades en el Ejército, la espina dorsal del sistema de poder de Fidel Castro. Encabezó la delegación que negoció con Kruschev a principios de 1961 los acuerdos defensivos secretos con la URSS y la instalación de los misiles soviéticos en la isla. Luego, coordinó su despliegue a mediados de 1962.

Cuando el 22 de octubre de 1962 un avión espía U-2 reveló la presencia de misiles soviéticos en Cuba, Kennedy decretó por televisión una cuarentena y un cerco alrededor de la isla. Aviones y navíos de guerra estadounidenses se desplegaron de inmediato. Pese a que por unas horas Kruschev denunció el bloqueo como una agresión y anunció que no desviaría sus barcos, los buques soviéticos disminuyeron la velocidad y regresaron o alteraron sus rutas.

El 27 de octubre un avión espía U-2 de Estados Unidos fue derribado por un proyectil soviético cuando sobrevolaba la isla, aumentando aún más la tensión. Sin embargo, el mismo día, Kruschev y Kennedy convinieron el desmantelamiento de las bases soviéticas de misiles nucleares en Cuba, a cambio del compromiso de no realizar ni apoyar nuevas invasiones a Cuba y de desmantelar también las bases de misiles nucleares estadounidenses en Turquía. Castro fue excluido de las negociaciones secretas.

En sus *Memorias*, Kruschev recuerda su reacción horrorizado ante la carta que Castro dictó al embajador ruso, entre cerveza y salchichas. Cuando el líder soviético preguntó incrédulo a su hombre en Cuba si Castro proponía lanzar un ataque nuclear preventivo contra Estados Unidos, Alekseiev respondió: «No exactamente; sostiene que puede ser conveniente poner a prueba la perfidia de los imperialistas dejándoles que ataquen primero y que borren a Cuba de la faz de la Tierra».

Al conocer el acuerdo de desmantelar los cohetes, Fidel se sintió burlado por la URSS, montó en cólera y sacó a la gente a la calle. Los manifestantes protestaron con carteles que decían «Nikita (Kruschev), mariquita, lo que se da no se quita». Hay un artículo del Che Guevara escrito en esos días y no publicado hasta después de su muerte, que refleja la postura que compartía con Fidel Castro: «Es el ejemplo escalofriante de un pueblo que está dispuesto a inmolarse atómicamente para que sus cenizas sirvan de cimiento a sociedades nuevas y que cuando se hace, sin consultarlo, un pacto por el cual se retiran los cohetes atómicos, no suspira de alivio, no da gracias por la tregua; salta a la palestra para dar su voz propia y única, su posición combatiente, propia y única, y más lejos, su decisión de lucha, aunque fuera solo».

—Se le acusó de ser de la CIA, un agente imperialista. Se basaron en que había mantenido contactos en México con los norteamericanos y con el jefe del BRAC [Buró de Represión de Actividades Comunistas], Castaño.

—¿Entonces considera que todo fue un invento?

—Es posible que Ordoqui visitase alguna vez la embajada americana en el D.F. para tramitar alguna visa. También puede que hablara con algún diplomático… Ordoqui se sentía por encima de toda sospecha por su naturaleza autosuficiente y porque era el encargado en el Partido de todas esas funciones diplomáticas de gestionar visas y demás. Pero era, por encima de todo, un hombre de los soviéticos.

—¿Está insinuando que Ordoqui era un agente soviético, un colaborador del KGB?

—Lo mismo da que da lo mismo —responde con ironía Franqui, y eleva la porción izquierda de la línea de su bigote.

—¿Pudo haber una relación directa entre aquellas diferencias y el final de Ordoqui?

—Tengo entendido que el choque entre Fidel y Ordoqui fue duro. Aunque en la crisis de los misiles toda la vieja guardia comunista se alineó con los soviéticos, lo de Ordoqui tuvo que molestarle más a Fidel, porque era quien había negociado personalmente en Moscú el despliegue de los cohetes. No puedo asegurarlo, pero me inclino a pensar que su detención nada tuvo que ver con lo que Ordoqui no era (agente de la CIA), y mucho con lo que sí era, un incondicional de la URSS. Fidel sabía que sus intereses y los de la Unión Soviética podían volver a separarse en el futuro. Y sabía también que si Joaquín Ordoqui tenía que volver a elegir entre él y la URSS por segunda vez, no dudaría.

5

Cada vez que avanzaba sentía que la respuesta se alejaba como un barco mercante rumbo a algún punto situado más allá del horizonte. Las certezas y convicciones se acumulaban: en lo referente a la conexión entre el juicio a Marquitos y el caso Ordoqui, acerca de la intervención de la CIA en el complot para aniquilar a este último, sobre la identidad del traidor que facilitó los materiales para el montaje. También estaba en condiciones de entender por qué Joaquín Ordoqui se había convertido en un personaje molesto a la vez en Washington y en La Habana. Las convicciones y las certezas abundaban, pero las pruebas escaseaban.

Me concentré en el *Diario* de Agee. El libro apareció en septiembre de 1978 en la editorial Laia. En su prólogo especial para la edición española, Agee advertía que esa edición había sufrido un retraso de tres años, pero lamentaba, en abierta alusión a la Administración norteamericana, «que la intervención de un gobierno interesado impidiera su publicación hasta ahora».

Existe otra edición de bolsillo en español aparecida más tarde, también en Barcelona, en el catálogo de Bruguera. Su contenido es idéntico, letra por letra. Ambas ediciones remiten a la original inglesa de 1975 publicada conjuntamente por Stonehill & Penguin Books.

Recordé entonces el consejo que Philip Agee me había dado meses atrás: «Todo está escrito y publicado. Sólo hay que saber buscarlo y encontrarlo».

Decidí comprobar si existía alguna diferencia significativa entre la edición española y la versión inglesa. En una librería virtual localicé y encargué un viejo ejemplar usado de la versión de bolsillo de *Inside the Company: CIA Diary*. Estaba impreso en Estados Unidos en enero de 1976 y editado por Bantam Books.

Me llegó pocos días después. Lo desenvolví nervioso y busqué el pasaje referido a Ordoqui, que localicé en la página 547. Tiene, palabra por palabra, el mismo comienzo que las ediciones españolas:

> Another important operation directed against the Cubans is a sophisticated provocation that won the CIA Intelligence Medal for Stan Archenhold, officer who conceived it. The operation consisted of a series of letters sent to the Cuban intelligence service in their Mexico City Embassy form a person who purported to be a CIA officer trying to help them. The letters purport to implicate Joaquín Ordoqui, a respected, old-guard leader of the Cuban Communist Party and a high-ranking military leader, as a CIA agent.

Y continúa más adelante con el párrafo condenatorio:

> I haven't learned all the details of this operation, but my impression is that Ordoqui may have been an informant during the 1950s when exiled in Mexico, but that refused to continue and was subsequently burned by the Agency to the Cubans.

También el final del pasaje era idéntico al de la edición española:

> The letters continue to be sent to Cuban intelligence although Ordoqui was arrested in 1964, and the desired controversy and dissension in the Cuban revolutionary leadership followed.

Examiné una y otra vez la vieja edición americana y repasé el pasaje media docena de veces. Aunque no tenía índice onomástico que facilitara la búsqueda, localicé también otra referencia a Carlos Manuel Pellecer. Proporcionaba la misma información que ya Agee nos había transmitido personalmente tanto a Anabelle Rodríguez como a mí con veinte años de intervalo: Pellecer era agente de penetración de la CIA, monitorado desde la Estación de México y actuaba no sólo entre los comunistas guatemaltecos, sino entre todos los movimientos revolucionarios que pululaban en la capital azteca. Ratificaba punto por punto todo lo dicho por Agee; también que la CIA instigó la publicación de varios libros de Pellecer cuando éste «salió del armario» y se convirtió en un agente de propaganda.

Leí y releí obsesivamente todos los papeles en busca de una clave. Por vez primera experimenté la excitación de tener la solución al alcance de la mano. Pero me frustraba la incapacidad para atraparla. Me repetía la frase de Joaquinito: «Tiene que haber algo más». Sentía que ese algo más estaba cerca. Cuando me acosté seguía dándole vueltas.

Me desperté agitado a media noche y me dirigí nuevamente al escritorio. El libro seguía abierto, tal como lo había dejado horas atrás. Me fijé en las primeras páginas que preceden al índice y me detuve en la letra menuda que las rigurosas ediciones americanas consagran a su *printing history*, el historial editorial del libro. Reproducía el listado exhaustivo de todas las ediciones anteriores con sus fechas de aparición.

La obra de Agee había sido un *best seller* y las ediciones se sucedían al principio en lapsos de un mes. Sentía que estaba cada vez más cerca de la clave cuando reparé en un detalle: la primera edición del libro no estaba fechada en Estados Unidos, sino en Gran Bretaña y el año anterior, en 1975. ¡Pero no era la edición de Stonehill & Penguin Books que había dado pie a la traducción española, sino que había sido publicada por otra editorial, Allen Lane!

Existía, por tanto, una primera edición distinta de la americana que tenía entre las manos y también de la española, pero también diferente de la versión inglesa de Stonehill & Penguin Books, que había servido de base a todas las demás y que yo creía primera y original… Si había una edición anterior, podía existir en consecuencia una versión anterior del libro; una versión rara, diferente, única.

Esa sospecha tomó cuerpo cuando leí más abajo, en letra diminuta: «A small number of corrections, amendations and additions to the American edition have been made by the author». (El autor ha realizado un pequeño número de correcciones, modificaciones y adiciones a la edición americana.)

Es verdad que estas correcciones no tenían por qué coincidir con los pasajes que hablan de Joaquín Ordoqui. Pero esa posibilidad no quedaba fuera del ámbito de lo probable. Es más, esa hipótesis daría pleno sentido a la expresión que Edith García Buchaca empleó en la carta que dirigió a la dirección del PCC en 2002 y que Lourdes acababa de encontrar. Exactamente la frase que señala: «Esta opinión de él [de Agee] se considera, por los medios desafectos a la Revolución fuera de Cuba, añadida después de su visita a Cuba y sus entrevistas con la dirección política del país». Edith había escrito «añadida». «Añadida», significa que en un primer momento no figuraba y luego sí apareció.

Esa posibilidad encajaría también con las conversaciones que Anabelle decía haber mantenido con Philip Agee y con su padre, Carlos Rafael Rodríguez, cuando parecía inminente la rehabilitación de Ordoqui.

Sólo podía hacer una cosa. Buscar, buscar, buscar sin parar hasta dar con un ejemplar de la versión original para comprobar si su contenido era el mismo que en las posteriores o existía alguna diferencia significativa en los pasajes referidos a Ordoqui.

Volví a recordar las palabras de Philip Agee: «Todo está escrito y publicado. Sólo hay que saber buscarlo y encontrarlo». Y me volvió a la cabeza su gesto de alerta cuando le pregunté dónde seguir investigando: «Seguro que también está allí lo que busca». ¿Podía estar sugiriendo una pista?

Me conecté a internet y busqué la web oficial de la Biblioteca Británica, la British Library. En el buscador introduje «Agee Philip» y aparecieron, además de algún que otro libro de contabilidad de autor homónimo, media docena de ediciones de *Inside the Company: CIA Diary*, todas ellas correspondientes a 1975 y atribuidas a Agee, Philip Burnett Franklin. La de fecha más antigua está editada por Allen Lane, 17 Grosvenor Gardens, SW1W OBD London.

6

Dejo a mi espalda la boca de la estación de Saint Pancras, una construcción de ladrillo y terracota que, por describirla de modo benevolente, se puede calificar de neogótica. La primavera ha sido decretada en los comercios, pero en las calles de Londres impera un frío ártico que cala hasta los huesos, con la contribución del viento racheado que sopla en las esquinas.

Toda la explanada que precede a la British Library está solada con los mismos ladrillos rojizos que el edificio. El centro lo ocupa un monumento a las víctimas de las guerras que componen ocho moles de piedra que oprimen a otras tantas figuras humanas y que simbolizan, según advierte una placa, las múltiples formas del sufrimiento. En un lateral destaca una cita desoladora tomada del *Diario de Anna Frank*; en concreto, el apunte correspondiente al 15 de julio de 1944: «Veo el mundo transformarse lentamente en un lugar salvaje, escucho el trueno que se aproxima y que un día nos destruirá, siento el sufrimiento de millones…».

Para solicitar cualquier libro hay que cumplimentar un formulario en cualquiera de los ordenadores del aséptico espacio de «Readers admissions» situado en el entresuelo. Se precisan un par de documentos de identificación, en los que figure la dirección y la firma del solicitante, pero el trámite es ágil.

El libro que busco está alojado en el primer piso, en la sección de Humanities 1. En una tentativa inicial me facilitan una edición inglesa del libro de Philip Agee fechada en 1976. Es idéntica a las que ya he manejado. Una funcionaria amable me atien-

Portada de la edición de Allen Lane del libro de Philip Agee.

de, renuevo la solicitud y aguardo hasta que me avisan de que puedo retirar el libro.

Verifico la edición. El volumen está encuadernado en tapas duras y bien conservado. La cubierta es la misma que en las posteriores ediciones británicas y americanas que había tenido entre las manos: la fotografía de una máquina de escribir portátil Royal encajada en un estuche de cuero. El forro interior del estuche ha sido desgarrado y deja ver un circuito de micrófonos o un ingenio electrónico camuflado. Según se explica en las solapas, la máquina, provista de una grabadora oculta, le fue colocada a Agee tras su ruptura con la Agencia por personas de su confianza que trabajaban para los servicios secretos americanos.

En la British Library no existe servicio de préstamo para extranjeros no residentes, de modo que hojeo el libro en la sala de lectura hasta dar con el pasaje.

En sólo cuatro escuetas líneas de la página 532 de esa edición encontré la respuesta al último enigma del caso. La contestación a la pregunta que Joaquín Ordoqui, Edith García Buchaca, su hijo Joaquín y tantas otras personas llevaban haciéndose desde hacía cuatro décadas.

En esta edición original no existía ni rastro del párrafo inculpatorio. Aquel que se agregó más tarde y decía: «Desconozco los detalles de esta operación, pero tengo la impresión de que tal vez Ordoqui actuó de informador en la década de los cincuenta, en que estuvo exiliado en México, negándose después a proseguir, y siendo como consecuencia de ello quemado por la Agencia, que le delató directamente ante los cubanos».

Ese párrafo simplemente no aparece en la versión original del libro. Fue, por tanto, añadido con posterioridad, en todas las ediciones ulteriores, británicas y americanas, así como en las traducciones a otras lenguas, tal y como sospechaba Edith García Buchaca e insinuó en su carta a la dirección del partido.

El cambio no fue ni improvisado ni accidental, porque en la primera edición, en el lugar que después ocuparía el párrafo inculpatorio que añadió Agee, figuraba una frase de similar extensión, pero de sentido totalmente opuesto: «The letters are based on information from Carlos Manuel Pellecer, the Guatemalan exile and penetration agent, who was closely associated with Ordoqui and Marcos Rodríguez when all three lived in Mexico City during the late 1950s». (Las cartas están confeccionadas con información de Carlos Manuel Pellecer, el exiliado y agente de penetración guatemalteco que tuvo una relación estrecha con Ordoqui y con Marcos Rodríguez cuando los tres vivían en México a finales de los cincuenta.)

Desciendo hasta la cafetería con una fotocopia completa del libro sin rozar casi los peldaños. Después de todo, Agee lo anticipó: «Todo está escrito y publicado, la cuestión es saber buscar y encontrar». Las mesas están dispuestas al pie de un gigantesco cubo de madera formado por estanterías que albergan los ejemplares más antiguos de la Biblioteca. Me siento de espaldas a un mural ilustrado con frases de artistas y pensadores célebres. Me llama la atención una orgullosa cita de Picasso, oportuna a más no poder: «Yo no busco, encuentro».

Éste es el momento que hubiera deseado vivir Joaquinito. Le recuerdo envuelto en humo y advirtiéndome: «Si lo que esperas encontrar es un documento que diga "García Buchaca y Ordoqui eran inocentes y fueron víctimas de una trampa", ya te digo desde ahora que eso no existe. Y, si existió alguna vez, ya hace tiempo que pasó a mejor vida».

Me apresuro a escribir mis primeras reflexiones:

Después de todo, resulta que sí existía ese documento. Es ese párrafo de este libro. Y lo aclara todo.

Primero: zanja el caso Ordoqui. Al parecer, el viejo comunista jamás colaboró con la CIA; al contrario, fue víctima de una trampa urdida por la propia CIA.

Segundo: Carlos Manuel Pellecer fue el traidor; él facilitó la información... Peor aún, confeccionó también los memoranda con la misma técnica que empleó en su novela: insertar material inculpatorio falso entre informaciones ciertas e inocuas a las que tenía acceso como amigo de Joaquín Ordoqui. El mismo sistema que usó contra su cuñado Javier Godoy, contra su sobrina, la Canche, en los informes contra Jacobo Arbenz, en su novela *Útiles después de muertos*...

Tercero: el crimen de Humboldt 7, el juicio a Marquitos y el caso Ordoqui eran los tres actos de una misma pieza, como siempre sostuvo Joaquinito.

Pero el libro prueba algo mucho más terrible. La inocencia de Joaquín Ordoqui era conocida desde el poder.

¿Desde cuándo?

Caben al menos dos interpretaciones. La mala es que, con seguridad, se conoce la inocencia de Ordoqui al menos desde que Agee aportó esa información al escribir la primera versión de su libro. La revelación resultaba comprometedora, porque arrojaba sombras sobre la destitución de un relevante dirigente revolucionario. En vez de rehabilitar a Ordoqui y a García Buchaca, se perpetró una cruel y siniestra falsificación histórica y se obligó a Agee a corregir la primera versión del libro. Así se mantenía en pie la acusación contra Ordoqui, aun después de muerto y pese a tener constancia de que era víctima de un montaje de la CIA.

La cafetería se había ido abarrotando y algunos lectores trasladaban tempranamente el almuerzo en bandejas oscuras. Casi todas las mesas estaban ocupadas por lectores solitarios; apenas se oía un murmullo, como si en el café también imperase la exigencia de silencio que reinaba en las salas de lectura. Seguí escribiendo:

> Existe otra interpretación y no es mejor, sino peor.
> Puede que se conociera la inocencia de Ordoqui aun antes de que lo revelara Philip Agee. Y en ese supuesto tampoco resulta fácil determinar hasta qué fecha hay que remontarse. Tal vez existiese constancia desde antes de 1973, antes de la muerte de Joaquín Ordoqui. Puede incluso que se conociera antes de su detención en noviembre de 1964. Y hasta puede que se supiera desde el primer momento, aun antes de iniciarse el juicio a Marquitos.
> Hay un dato crucial que refuerza esta hipótesis. El de Ordoqui es el único caso conocido de un dirigente comunista purgado y castigado únicamente con la prisión domiciliaria. Una pena inexistente en el código penal y aplicada de modo extrajudicial. Lo que conduce a la siguiente pregunta: ¿por qué no llegó a ser juzgado? Nuevamente se bifurcan las respuestas posibles: *a*) porque jamás se prestó a amañar una confesión, y la confesión es un requisito indispensable en el mecanismo de los procesos totalitarios, y *b*) porque un proceso de esta naturaleza sólo podía desembocar en una ejecución. Y los soviéticos no consintieron en sacrificar a su hombre.
> Pero entonces, ¿por qué Ordoqui? El viejo líder comunista tenía todos los números en esa lotería. Gozaba de cierto predicamento público, es decir, no era un sujeto antipático como Escalante; poseía un contacto estrechísimo con los rusos, era su hombre de confianza; finalmente, se había mostrado capaz de contradecir a Fidel Castro en asuntos clave, como la retirada de los misiles. Tal

Joaquín Ordoqui con Fidel Castro en Playas del Este, cerca de La Habana, hacia 1962.

vez fue ése, la crisis de los misiles de octubre de 1962, el momento en que el destino de Joaquín Ordoqui quedó sentenciado.

Cabe entonces preguntarse por qué se aguarda hasta noviembre para detenerle. Nuevamente puede formularse una hipótesis. Kruschev, el protector de Ordoqui, su interlocutor en las negociaciones defensivas en Moscú, fue depuesto en octubre de 1964. No había transcurrido ni un mes cuando Ordoqui fue detenido y encarcelado.

Sopeso ambas interpretaciones. Ambas son plausibles, verosímiles, razonables. Sólo saldremos de dudas si un día la CIA accede a desclasificar los papeles de Joaquín Ordoqui.

Tan sólo una cosa es segura: Joaquín Ordoqui no era un hombre de la CIA; era un hombre de la URSS. Ordoqui era un incondicional de la Unión Soviética. Ordoqui era, si acaso, un hombre del KGB, por decirlo de algún modo. Alguien incómodo en Cuba donde sólo cabía una clase de incondicionalidad, la fidelidad personal a Fidel Castro.

Hoy está claro: Joaquín Ordoqui no fue un traidor, fue un creyente. Durante medio siglo vivió estrictamente según los votos de su orden, el Partido. Estaba preparado para todo. Para combatir por cualquier medio y con cualquier método a quienquiera que fuera señalado como enemigo del proletariado o de su partido, el comunista, o de su patria, la URSS. Estaba preparado para todo, salvo para ser apuñalado por la espalda y por los suyos. Puede incluso que se considerara también preparado para eso, si atendemos a su reacción frente a su antiguo amigo Arthur London. Pero no lo estaba. Y ésa fue justamente la suerte que corrieron él y su esposa.

He aquí por qué, cincuenta años después, todo cuanto rodea a estos tres episodios sigue siendo un asunto sensible.

En el momento en que cierro el cuaderno recuerdo una respuesta de Joaquinito: «Dentro de cientos de años, cuando las palabras «comunismo», «Stalin», «misiles»… sean mierda y no signifiquen nada, entonces la palabra «traidor» todavía seguirá significando lo mismo».

Al incorporarme, quedo frente a una frase escrita en rojo a la altura de mis ojos; es de Lucrecio y tiene al menos media docena de posibles interpretaciones: «Nada puede ser creado de la nada». El cielo de plomo presagia un aguacero. Nubes compactas y turbias permanecen inmóviles como montones de ceniza.

7

Casi había dado por concluida mi investigación cuando, nada más comenzar el año 2008, recibí un sobre grande de color ocre con un remitente inhabitual. Scout Koch, Information and Privacy Coordinator, de la Central Intelligence Agency firmaba la carta que precedía un fajo de documentos desclasificados. Se refería a mi solicitud de información y proporcionaba algunas precisiones burocráticas sobre el proceso de desclasificación de documentos y acerca de las tarifas de fotocopiado. Se excusaba, asimismo, de la presencia en el dossier de varios documentos referidos a los antecedentes del asesinato del presidente Kennedy ya que, explicaba, «existen numerosas teorías que vinculan ese asesinato con Fidel Castro, bahía de Cochinos y otros asuntos de Cuba».

Los documentos secretos lo son por su contenido, pero deben, además, parecerlo. Presentan por ello un aspecto misterioso y su superficie exhibe códigos, claves, sellos, tampones, inscripciones indescifrables, tachaduras. Tachaduras, sobre todo tachaduras. Aparecen borrados pasajes enteros, páginas completas, a veces fechas o palabras a los que el censor atribuye relevancia para la Seguridad Nacional.

Examiné el envío con aprensión. Mis averiguaciones me habían llevado a una conclusión del caso en la que creía firmemente, disponía de una teoría completa y cerrada sin necesidad de contar con los documentos de la CIA. Tenía la total certeza de haber dado con la explicación definitiva de todos los hechos que culminaron en la destitución y arresto de Ordoqui. Pero ignoraba qué podía encerrar exactamente aquel sobre. ¿Hasta dónde llegó la intriga urdida por la CIA con la ayuda de Carlos Manuel Pellecer?; ¿cuál era la calificación auténtica de Ordoqui para la Inteligencia norteamericana?

Los primeros documentos datan de principios de 1963 y se refieren, efectivamente, al asesinato de John F. Kennedy. Recogen confidencias de informantes habaneros que narran una conversación mantenida en los baños de una estación de servicio por el chofer de Joaquín Ordoqui con otros dos veteranos militantes comunistas. El conductor parecía celebrar el asesinato del presidente norteamericano e incluso insinuaba que los servicios cubanos mantenían a Kennedy bajo seguimiento desde hacía meses. Siguen varios informes igualmente especulativos, hasta llegar a abril de 1964. Ordoqui aparece mencionado en varios documentos que reseñan el juicio de Marcos Rodríguez; uno de ellos es el amplio análisis al que yo había accedido meses atrás.

Constan a continuación varios cables de los centros directivos demandando a las unidades operativas novedades acerca de lo que denominan «la lucha entre los viejos y los nuevos comunistas», la ejecución de Marquitos, las tensiones entre Faure Chomón y Ordoqui…Hasta llegar a un documento fechado el 27 de noviembre de 1964, diez días después de la detención de Ordoqui, en el que se valora este hecho como «un episodio más dentro de la lucha entre viejos y nuevos comunistas». Tras pronosticar que las tensiones proseguirán, el memorando concluye que «es de esperar que Castro continuará utilizando esas diferencias, como en el pasado, para mantener y reforzar su posición de dominio».

Siguen abundantes cables de similar tenor hasta llegar a los documentos que revelan la verdadera consideración que la CIA tenía de Ordoqui.

El primero de estos informes corresponde a un reporte ordinario (*routine*) acerca de «Comentarios _____ sobre las potenciales repercusiones del asunto Ordoqui». Está expedido el 3 de febrero de 1965.

Tras un espacio reservado a la fuente que aparece completamente tachado, el memo introduce el caso explicando a los responsables de la Agencia que la caída en desgracia de Ordoqui es una situación análoga, aunque de mayor entidad, a la vivida con la destitución de Aníbal Escalante dos años antes. Califica a Ordoqui como el segundo miembro de la vieja guardia comunista más importante de Cuba. Describe a los viejos comunistas como «literalmente paralizados por el terror», «temerosos de moverse o de hablar» y afirma que existen rumores de que Ordoqui puede ser juzgado. Hace notar en todo caso que «el embajador de Moscú, Aleksandr Alekseiev, está ejerciendo una formidable presión en contra de un juicio».

«Esta fricción —prosigue el informe— ha provocado el malestar de Fidel Castro hacia la URSS y está probablemente detrás de las enigmáticas palabras pronunciadas por el líder revolucionario en su discurso del 2 de enero conmemorativo del triunfo de la Revolución, cuando afirmó que "no necesitamos los cerebros de otros para decidir".»

«En círculos restringidos —termina—, Castro ha prometido que se celebrará un juicio, pero a finales de enero no se conoce ningún pronunciamiento oficial respecto de ese posible juicio.» Siguen cinco líneas tachadas.

No es un panfleto propagandístico para uso público. Es un cable interno de la Central de Inteligencia americana enviado desde Cuba. En 1965, en plena guerra fría, un juicio celebrado en contra de un altísimo dirigente de la Revolución bajo el cargo de cooperación con la CIA, es decir, de alta traición, sólo podía desembocar en la pena máxima, en el paredón.

Dos semanas después, la fuente vuelve a emitir. El despacho se titula: «Problemas suscitados por el juicio de Ordoqui». Nuevamente, el censor ha eliminado la identidad de la fuente, así como la evaluación de la misma. Desde el arranque del memorando se explica que el asunto Ordoqui se ha convertido en «el mayor problema político de Cuba».

Luego expone la razón: «Los soviéticos no aceptan el juicio de Ordoqui. Castro lo sabe, pero parece determinado a llevar adelante el juicio, aunque reconoce la posición potencialmente difícil en que este juicio podría situarle con respecto a los soviéticos». Y dictamina que la magnitud del problema es tal que puede poner en riesgo las relaciones entre Cuba y la URSS: «Las tensiones entre los dos países son muy altas y si el juicio se lleva a cabo puede ser el pretexto para que los soviéticos se distancien y abandonen Cuba».

«Algunas personas próximas a Castro –sigue el cable– consideran que es un error procesar a Ordoqui, pero temen expresar sus puntos de vista porque saben que Castro está muy nervioso con este asunto y ha decidido ya ir adelante con el juicio.»

Vuelve a reaparecer el nombre de Ordoqui en el Informe Anual de la Agencia sobre «La inestabilidad en Latinoamérica» correspondiente a 1965. Dos son los factores cruciales de inestabilidad mencionados en el caso de Cuba; el primero, las dificultades económicas, el racionamiento de los bienes de primera necesidad; el segundo, las tensiones derivadas del posible procesamiento de Ordoqui.

En un cable emitido presumiblemente a mediados de 1966, un agente cuyo nombre en clave es «Hysage-I», comunica en tono decepcionado que «Ordoqui no será juzgado y ha sido transferido a una pequeña granja a las afueras de la Habana, pese a que se mantienen los cargos iniciales de traición en su contra».

En ese punto se detienen los informes que la CIA ha accedido a desclasificar. No figura, desde luego, entre ellos ninguno de los dossiers que fueron sembrados calculadamente a la Inteligencia cubana; lo que por otra parte nada tiene de extraño, puesto que su presunto artífice, Carlos Manuel Pellecer, sobrevive en la ciudad de Guatemala, al término de una parábola vital y política en la que ha respaldado sucesivamente a los comunistas y a la extrema derecha.

Pese a esas carencias, de los documentos desclasificados se desprenden varias conclusiones cruciales.

Primera: Joaquín Ordoqui aparece descrito sin ambages como un incondicional de la URSS, y su caso es asimilado al cese de

Escalante y otros dirigentes prosoviéticos. Ninguno de los cables o informes norteamericanos destila la menor simpatía hacia él; si acaso, un cierto regocijo ante los conflictos internos del régimen y su repercusión en las relaciones cubano-soviéticas.

Segunda: aun pesando sobre Ordoqui la acusación de espionaje a favor de la CIA, la URSS ejerció las máximas presiones para evitar su procesamiento y eventual ejecución. La resistencia debió de alcanzar tal magnitud que, finalmente, se desistió del propósito. Este hecho, por sí solo, constituye una prueba de que los soviéticos no creyeron en ningún momento en las acusaciones.

A los pocos días de acabar este capítulo un despacho de la agencia Reuters informó que: «Philip Agee, un antiguo agente de la CIA que desveló las acciones encubiertas de la Agencia en Latinoamérica en un libro aparecido en 1975, falleció en La Habana, según informó *Granma*, órgano oficial del Partido Comunista de Cuba».

«Agee, de setenta y dos años –continuaba–, murió el lunes por la noche.» El diario le calificaba de «amigo de Cuba, consecuente defensor de los pueblos y luchador por un mundo mejor». Su viuda, la bailarina alemana Giselle Roberge, dijo a sus amigos que su esposo «estaba hospitalizado desde el 15 de diciembre y no sobrevivió a una perforación de úlcera». Seguía una semblanza de Agee coronada por un «sin comentarios» del portavoz de la CIA.

Hay pocas personas con las que se pueda evocar con franqueza la figura de Agee. Una de ellas es Oleg Nechiporenko, ruso, setenta y pico años, actual presidente de la Fundación Nacional contra el Crimen y el Terrorismo con sede en Moscú. Nechiporenko fue residente del KGB en varios puntos del planeta, entre otros México D.F., entre 1961 y 1965, los años clave en la gestación del caso Ordoqui. Según la CIA, fue el mejor agente soviético en América Latina. Nechiporenko tradujo al ruso el *Diario de la CIA* de Agee.

–Era una curiosa mezcla de compromiso y romanticismo. Dejó la CIA en 1969 después de doce años destacado en América Latina donde se fue asqueando de la complicidad de la Agencia con las dictaduras militares de la zona. La matanza de Tlatelolco en México le afectó mucho también. Se trasladó a Londres junto con Angela, su segunda esposa, una militante de la izquierda revolucionaria brasileña que había sido torturada en su país, y con los dos hijos de su primer matrimonio. Colaboró con *Time Out* y otras revistas hasta que Kissinguer, el secretario de Estado norteamericano, solicitó su expulsión de Gran Bretaña. Agee era un chico de familia católica que había estudiado en la tradicional Universidad de Notre Dame. Parecía llamado a hacer carrera en la CIA… Lo tenía todo: *bright, sharpwitted*, bilingüe, culto…

Pronuncia un inglés más que aceptable. Trato de entender el comportamiento de Agee en relación a mi investigación; me pregunto si me puso deliberadamente sobre la pista.

—¿Qué hizo cambiar de bando a Philip Agee?

—Ya se lo dije; era una persona comprometida y un romántico. El mundo de los espías es extraño. Siempre digo que el primer espía fue la serpiente que tentó a Adán con la manzana en el paraíso.

—¿Cuál fue la serpiente que tentó a Agee?

—Se ha dicho que fue una mujer de la que se enamoró; pero estoy convencido de que en su caso fueron las ideas. Era un romántico, créame. Aquéllos eran años feroces y algo debió de ofender el sentido de la decencia de aquel joven.

—¿Cuándo le conoció?

—Fue cuando traduje su libro al ruso, a principios de los setenta. Volvimos a coincidir en La Habana en 1978 durante el Festival Internacional de la Juventud y los Estudiantes. Diez años después volvimos a vernos en Canadá, durante un programa de televisión. Para entonces el muro de Berlín se había derrumbado. Sus ideas seguían en pie.

Pregunto a Nechiporenko por el caso Marquitos y Ordoqui.

—Tengo recuerdos muy vagos de todo aquello. Sí sé que Ordoqui era un personaje muy afín a la Unión Soviética, pero no retengo mucho más.

—¿Hay algún colega suyo que tenga más información?

—Aleksandr Alekseiev, el embajador en Cuba. Era amigo de Ordoqui… Pero falleció hace tiempo. Amigo mío, si Dios existe, su otro nombre es Tiempo.

VI

LA FE

Que he vivido toda mi vida hasta hoy sólo para el Partido. Por enfermo y degradado que esté, es nuestro Partido. Que no tengo ni pensamiento ni conciencia fuera del Partido. Que le soy fiel al Partido sea lo que sea, haga lo que haga. Que si debo morir aplastado por mi Partido, lo acepto... Pero que les advierto a los cretinos que nos matan que ellos matan al Partido.

VICTOR SERGE, *El caso Tulayev*

1

Todavía visité una última vez a Edith García Buchaca en La Habana. Acababa de cumplir noventa años. Mientras nos saludamos, descansó en las piernas un grueso libro y la mecedora quedó en suspenso. El asiento reanudó el balanceo cuando conversamos sobre política. Se manifestó convencida de que nos hallábamos en el inicio de un ciclo esperanzador para la causa revolucionaria en América Latina y en todo el mundo.

—Hay que contemplarlo todo desde una perspectiva histórica —sostuvo—. El siglo XIX fue el siglo en que nació la idea del socialismo; el XX fue el siglo en que esa idea se realiza en un país. La Historia camina despacio, hay que estar atentos a lo que nos trae este nuevo siglo XXI que acaba de comenzar. Pero es absurdo criticar la Revolución bolchevique o condenar a Stalin. Es tan ridículo como criticar la Revolución francesa o a Iván el Terrible.

Edith estaba enojada por unos cuantos artículos aparecidos recientemente en Cuba que criticaban a Stalin y ponían en tela de juicio la ayuda que prestó la Unión Soviética a Cuba.

—¡Caballero, nos dieron todo; fábricas enteras, tractores que se quedaban regados por los campos sin utilizar!

Lo proclama sin alzar la voz, pero en un tono enérgico, de patente indignación. Mientras la observo caigo en la cuenta de que es como el último soldado japonés que seguía combatiendo en la jungla treinta años después de que su emperador hubiese firmado la capitulación.

Apareció entonces un joven alto y rubio de expresión alegre y ojos muy azules.

—Es mi nieto, Joaquín. Lleva el nombre y el apellido de su padre y de su abuelo —aclaró con orgullo.

Retomó de inmediato el hilo y dedicó unas palabras al bloqueo imperialista. En su opinión, tenía los días contados. Vaticinó luego que la Revolución se sobrepondría a todas las dificultades.

La escuché un buen rato sin decir palabra, con el zumbido de fondo del aparato de aire acondicionado soviético. Estuve tentado de decirle varias cosas. Por ejemplo, que para saber en qué bando combatió realmente su esposo, habían tenido que vulnerarse las reglas de su Revolución. O que para probar que Joaquín Ordoqui no fue un traidor, dos de sus hijos habían tenido que romper antes con el sistema político al que ella y su esposo habían consagrado su vida.

Me limité sin embargo a observarla y a fingir interés en su monserga. Luego, me deslumbró una idea: a veces, la dignidad humana se sobrepone a la infamia del modo más inesperado. La vida de Edith García Buchaca era un rotundo testimonio de resistencia frente al atropello de un poder arbitrario y absoluto. Aunque fuera un poder que ella misma había contribuido a erigir y al que seguía respaldando. Antes de marcharme le anuncié que tenía tres cosas para ella.

—Este paquete es de parte de su nieta Lourdes, me insistió que le dijera que lleva esas sopas en polvo que a usted le gustan tanto. Traje también unos bombones; éstos son regalo mío. —Asomó un destello goloso en la mirada. Preguntó entonces—: ¿Y el sobre?

—El sobre es de su hijo. Resultó tan terco como usted.

Me observó con curiosidad mientras le entregué un sobre de papel manila. Contenía las pruebas de una falsificación: dos fotocopias de dos páginas, con dos versiones distintas de un mismo libro. Las observó con detenimiento y después las plegó con mimo. No me hizo una sola pregunta. No hacía falta. Nos entendimos en silencio.

—Así fue. Así mismo fue. *Ellos* lo sabían, lo supieron siempre. Estando preso, antes del cáncer, Joaquín tuvo un problema de derrame cerebral y le llevábamos cada tanto para revisarse. Eso fue hacia 1970. Una vez se encontró en la misma puerta del hospital con el embajador soviético. Había mucha gente, y nos acompañaban como siempre policías. Pero el embajador se acercó delante de todos y abrazó a Joaquín emocionado. ¿Se da cuenta? Delante de todos, también de los policías que nos escoltaban. *Ellos* lo sabían, siempre supieron que era inocente.

Estaba hablando de los soviéticos. *Ellos* eran los comunistas rusos. Salí del despacho y cerré la puerta para que nada la estorbara en su paseo por los recuerdos.

En la calle vacía, soplaba una tenue brisa y el aire parecía más limpio que otras veces. Me sentí aliviado, en paz.

Tardé unos minutos en llegarme hasta el Cementerio de Colón, que se encuentra a un par de kilómetros, y un poco más de tiempo acceder al registro oficial del Camposanto.

Como causa del fallecimiento de Joaquín Ordoqui Mesa consta un «carcinoma epidermioide parotideo». La defunción está inscrita en el folio 575 del tomo 241 del Registro Civil de La Habana. El antiguo dirigente comunista fue sepultado al día siguiente de su muerte en el Cuadro 20 del Cuartel Noroeste. Campo Común, Bóveda de la Administración.

Visito primero el Memorial a los participantes en el asalto a Palacio el 13 de marzo de 1957 que está de camino. Sobre un promontorio cubierto de césped flamean unas banderas metálicas. A ambos lados se escalonan losas con los nombres de los combatientes. Entre ellos, los cuatro de Humboldt 7: Fructuoso, Joe, Machadito y Juan Pedro.

La ciudad de los muertos está delineada con calles que siguen pautas calcadas de la ciudad de los vivos. Me dirijo a la calle M, entre la Catorce y la Dieciséis. Con ayuda de un sepulturero descifro las coordenadas del expediente 52.307, la sepultura de Joaquín Ordoqui Mesa: «Vértices NO a 7,70 del Norte y 8,50 del Oeste». Mi guía calcula los metros con grandes zancadas y desemboca frente a un sepulcro sobrio, sin otra identificación que el número de expediente.

—Éste es. ¿Quién era él?

Le explico que se trata de un antiguo dirigente caído en desgracia.

—Es que ésta es una zona reservada para la Administración, para personas allegadas a los dirigentes que no tienen mausoleo propio. Por ejemplo, aquí mismo está el sepulcro de Fructuoso Rodríguez.

La observación me coge por sorpresa.

—¿El de Humboldt 7? —pregunto.

—Ese mismo. Aquí lo tiene, el expediente número 52.304.

Aquí sí figura el nombre: «Fructuoso Rodríguez y familia».

Me concentro en las dos sepulturas separadas tan sólo por dos túmulos. Igual que las dos ancianas que habitan en el mismo barrio de la misma ciudad, separadas por sólo un par de cuadras y por un abismo de recelos.

Levanté la vista más allá de las tumbas. Por encima de la tapia enjalbegada, divisé la cúspide del monumento a Martí que remata el edificio del Consejo de Estado desde donde se han dirigido lo destinos de Cuba durante medio siglo.

Recordé a Joaquinito, pensé también en Jorge Valls, en Martha Jiménez, en su hijo Osvaldo Fructuoso, en tantos otros, unidos involuntariamente por el dolor y la necesidad de conocer la verdad, de hablar de todos los asuntos sensibles. Pregunté al sepulturero por la fosa común del cementerio, el último paradero de los huesos de Marquitos.

—Queda allá, al fondo. —Señaló un punto, en dirección a la tapia del camposanto.

Fuera: humo coches bicicletas ruinas policías carritos de vendedores sol soportales columnas bodegas semáforos elprismaalargadodelHabanaLibre ruinas pioneros escuelas música maestros policías asfalto socavones aceras desconchones ruinas PatriaoMuerteVenceremos policía sol música arrecifes playas una belleza rubia perseguidoras policías jineteros hospitales CubaSeráUnEternoBaraguá angustia ilusiones miedo policía ruinas. Y el ronquido de un camión en denodada competición con la inclinación de la calzada. La vida.

CRONOLOGÍA

1 de julio de 1948. Últimas elecciones libres en Cuba. Resulta elegido presidente Carlos Prío Socarrás, candidato del Partido Revolucionario Auténtico que sustituye a Grau Sanmartín, del mismo partido.

10 de marzo de 1952. Cuando faltan menos de tres meses para las nuevas elecciones presidenciales del primero de junio, el general Fulgencio Batista regresa de su retiro en Florida (Estados Unidos) y encabeza un golpe de estado con el apoyo de la mayoría del Ejército desde el cuartel general de Columbia (La Habana).

26 de julio de 1953. El abogado Fidel Castro, procedente de las filas del Partido Ortodoxo, lidera un fallido asalto al Cuartel Moncada en Santiago de Cuba. Resultan muertos sesenta y cuatro atacantes (sólo ocho en combate y el resto después de rendirse o ser capturados) y veinticinco militares. Las imágenes de la cruel represión contra los asaltantes indefensos conmocionan al país.

21 de septiembre de 1953. Se celebra el juicio contra Fidel Castro y sus colaboradores. El cabecilla del movimiento pronuncia su alegato «La Historia me absolverá» y es condenado a cadena perpetua.

15 de mayo de 1955. Fidel Castro abandona la prisión de Isla de los Pinos tras beneficiarse de una amnistía general para los presos políticos. Marcha a México donde organizará la insurrección armada contra el régimen de Batista.

24 y 25 de febrero de 1956. Se celebra el XX Congreso del Partido Comunista de la Unión Soviética en el que Kruschev presenta su informe secreto sobre los «crímenes de Stalin».

2 de diciembre de 1956. Fidel Castro desembarca junto con ochenta y dos guerrilleros a bordo del yate *Granma* en la zona Oriental de la isla. Los escasos supervivientes del desembarco marchan hacia la Sierra Maestra donde inician la lucha armada.

13 de marzo de 1957. Miembros del Directorio Revolucionario junto con otros combatientes procedentes del Partido Auténtico lanzan un asalto contra el Palacio Presidencial. Batista huye por una puerta oculta y en el curso de la acción, que fracasa, pierden la vida veinticuatro combatientes, incluido el líder del Directorio Revolucionario, José Antonio Echeverría, conocido popularmente como «Manzanita».

1 de enero de 1959. Tras perder el control de buena parte del país, Fulgencio Batista huye de Cuba a bordo de un avión con sus allegados rumbo a República Dominicana. Las primeras columnas del Ejército Rebelde penetran en la capital días más tarde y es proclamado presidente de la República el juez Manuel Urrutia. Un gobierno democrático moderado se forma bajo la dirección del abogado José Miró Cardona.

8 de enero de 1959. Fidel Castro llega a La Habana y celebra la primera concentración multitudinaria. Ha sido proclamado jefe máximo del Ejército Rebelde pero no desempeña ningún puesto en el nuevo gobierno.

13 de febrero de 1959. Dimisión de Miró Cardona en disconformidad con algunas de las primeras medidas de corte más radical que adopta el nuevo gobierno en relación con la Reforma Agraria y la Reforma Urbana.

17 de julio de 1959. La renuncia del presidente Manuel Urrutia, forzada por un movimiento popular masivo, pone término a una crisis originada por la dimisión de Fidel Castro que protestaba por las resistencias presidenciales a su programa de reformas.

8 de noviembre de 1960. Elecciones norteamericanas. Vence el candidato del Partido Demócrata, el senador John F. Kennedy con una plataforma programática que incluye medidas severas hacia el régimen cubano.

3 de enero de 1961. La administración Eisenhower en sus últimos días al frente del país, rompe unilateralmente relaciones diplomáticas con Cuba tras la nacionalización de numerosas empresas norteamericanas.

14 al 20 de abril de 1961. Unos mil seiscientos cubanos lanzan un asalto a la isla en la costa sur, en el enclave conocido como bahía de Cochinos. Cuentan con la financiación y la asistencia militar de Estados Unidos que en los días previos ha bombardeado instalaciones aéreas cubanas. El ataque fracasa y son capturados mil doscientos cuatro prisioneros.

14 de octubre de 1962. Primer avistamiento de instalaciones de cohetes rusos en Cuba. Estalla la Crisis de los Misiles al denunciar Estados Unidos que la Unión Soviética ha instalado ingenios nucleares en la isla que amenazan directamente territorio americano. Kennedy decreta un bloqueo aéreo y naval sobre la isla. Tras varios días de máxima tensión que pusieron al mundo al borde de una guerra nuclear, la Unión Soviética negocia la retirada de los misiles de la isla sin contar con la opinión de Fidel Castro. A cambio, Estados Unidos se compromete en un protocolo secreto a retirar sus misiles de Turquía y renuncia a cualquier nuevo ataque directo sobre la isla. Esta decisión provoca una enorme contrariedad a Fidel Castro, que abogaba por una resistencia a ultranza.

22 de noviembre de 1963. Atentado contra el presidente Kennedy en Dallas. El acusado, J. Oswald, es miembro del fantasmagórico Fair Play with Cuba Committe y había residido en la URSS donde había contraído matrimonio con una rusa, Marina Prusakova.

14 de marzo de 1964. Un día después de cumplirse el séptimo aniversario del asalto al Palacio Presidencial, se inicia en el Tribunal de La Habana el primer juicio contra el delator del crimen de Humboldt 7.

23 de marzo de 1964. Se abre en el Tribunal Supremo el juicio en apelación por el crimen de Humboldt 7.

25 de julio de 1964. La Organización de Estados Americanos acuerda a propuesta de Brasil la ruptura de relaciones con Cuba.

13 al 15 de octubre de 1964. Nikita Kruschev es destituido y reemplazado por una troika formada por Brevnev, Kosygin, y Mikoyan.

16 de noviembre de 1964. Joaquín Ordoqui es detenido y conducido a Palacio Presidencial bajo la acusación de colaborar con la CIA. No recuperará la libertad nunca más.

29 de junio de 1973. Joaquín Ordoqui muere de cáncer.

2 de diciembre de 1976. Osvaldo Dorticós es sustituido en la presidencia de la República por Fidel Castro.

23 de junio de 1983. Dorticós se suicida.

DRAMATIS PERSONAE

Abrahantes Fernández, José: Jefe del Departamento de Seguridad del Estado y testigo durante el segundo juicio, estuvo relacionado con la detención y traslado de Marquitos a Cuba en 1961, acusado de espionaje. Fue ministro del Interior hasta en 1989, año en que fue llevado a juicio acusado de abuso de cargo, negligencia en el servicio y uso indebido de recursos financieros. Dos años después y en extrañas circunstancias, murió en prisión de un ataque cardíaco.

Agee, Philip Burnett Franklin (1935-2008): Agente en la CIA desde 1957 hasta 1968, año en el que se retiró y pasó a ser opositor de las prácticas de la compañía. En 1975 publicó *La Compañía por dentro: Diario de la CIA* (Bruguera, 1978), donde criticaba duramente las prácticas de la CIA; a raíz de su publicación comenzó un periplo por varios países. Murió en Cuba en 2008.

Amat, Carlos: Actuó como fiscal de la primera vista y como fiscal adjunto en el segundo juicio.

Assef Yara, José «el Moro» (1934-2001): Testificó en el juicio como miembro fundador del Directorio Revolucionario. El 13 de marzo de 1957 participó en la toma de Radio Reloj en paralelo al asalto al Palacio Presidencial de Batista. Con el nuevo gobierno, ocupó el cargo de viceministro de Gobernación. Posteriormente ejerció como médico. Murió en 2001.

Batista y Zaldívar, Fulgencio (1901-1973): De orígenes humildes, en 1921 se alistó en el ejército, donde poco después alcanzó el grado de sargento-taquígrafo del Estado Mayor del Ejército. En la Habana entró en contacto con círculos militares opuestos a la dictadura de Gerardo Machado y participó en su caída en 1933. Entre 1940 y 1944 fue presidente electo de la República. El 10 de marzo de 1952 encabezó un golpe de Estado militar para implantar una dictadura que cayó el 1 de enero de 1959. Murió en España en 1973.

Carbó Serviá, Juan Pedro (1926-1957): Fue asesinado en Humboldt 7 el 20 de abril de 1957. Desde 1952 estuvo al frente de las manifestaciones estudiantiles contra el dictador Batista. Fue herido de bala en las manifestaciones de 1955 y participó en el asalto al Palacio Presidencial en marzo de 1957.

Casáliz, Segundo: Periodista y guionista del Instituto Cubano de Arte e Industria Cinematográficos (ICAIC), escribió en *Revolución* la columna «Siquitrilla», que amplificó las especulaciones que dieron lugar al segundo juicio.

Castro Ruz, Fidel (1926): A partir de 1945 se vinculó activamente a las luchas políticas estudiantiles en la Universidad de La Habana. Miembro del Partido del Pueblo Cubano (ortodoxo), tras el golpe de Estado de 1952 preconizó la lucha armada contra Batista e inspiró el asalto al cuartel del Moncada en Santiago de Cuba el 26 de julio de 1953, que fue el origen del Movimiento 26 de julio. Después de estos hechos fue condenado a prisión. Tras ser indultado se exilió en México, desde donde preparó la expedición del *Granma*. El 1 de enero de 1959 entró en La Habana, marcando el comienzo de la Revolución. A los pocos meses fue nombrado primer ministro. En 1976 fue elegido presidente del Consejo de Estado y del Consejo de Ministros. Primer secretario del Partido Unido de la Revolución Socialista de Cuba, luego Partido Comunista de Cuba. El 24 de febrero de 2008, su hermano Raúl

Castro le sucedió como presidente del Consejo de Estado y del Consejo de Ministros.

Castro Ruz, Raúl (1931): Integrante del Movimiento 26 de Julio, tomó parte en el asalto al cuartel de Moncada. Exiliado en México, fue el que introdujo a Ernesto Che Guevara en el círculo revolucionario de Fidel. Lideró una columna guerrillera en Sierra Maestra. Fue ministro de las Fuerzas Armadas Revolucionarias. Desde el 24 de febrero de 2008 es el presidente de los Consejos de Estado y de Ministros, además de segundo secretario del Comité Central del PCC y primer secretario en funciones.

Chomón Mediavilla, Faure (1929): Ministro de Transporte en la época del juicio de Marquitos, dio sus primeros pasos en la política en la Federación de Estudiantes Universitarios (FEU). El 13 de marzo de 1957 tuvo una participación destacada en el asalto al Palacio Presidencial. En 1958 estuvo al mando de un grupo guerrillero en la cordillera del Escambray. Después del triunfo de la Revolución fue nombrado embajador de Cuba en la Unión Soviética. En la actualidad ostenta un cargo de segundo nivel en el gobierno.

Cienfuegos Gorriarán, Camilo (1932-1959): En 1954 se incorporó a la lucha estudiantil contra Batista. Participó en la lucha armada en Sierra Maestra y fue entonces cuando cultivó una gran amistad con Ernesto Che Guevara. Después de la Revolución formó parte del Alto Mando del Ejército. Falleció en un accidente de aviación en 1959.

Cienfuegos Gorriarán, Osmani (1931): Hermano de Camilo. Ministro de Turismo y vicepresidente del gobierno, fue apartado oficialmente del cargo en marzo de 2009.

Cuba, Santiago: Fiscal en el segundo juicio.

Dorticós Torrado, Osvaldo (1919-1983): Presidente de la República de Cuba de julio de 1959 a diciembre de 1976. Después fue relevado en el cargo por Fidel Castro y pasó a ocupar una de las vicepresidencias. Se suicidó el 23 de junio de 1983.

Echeverría Bianchi, José Antonio «Manzanita» (1932-1957): Opositor del régimen de Batista desde el primer día del golpe de Estado. En 1953 ocupó la secretaría general de la Federación Estudiantil Universitaria (FEU) y, a partir de 1954, la presidencia. Líder del Directorio Revolucionario, murió el 13 de marzo de 1957, durante el asalto al Palacio Presidencial, en un enfrentamiento con la policía al salir de la toma de Radio Reloj.

Fernández Piloto, José: Presidente de la Sala de lo Criminal del Tribunal Supremo en el segundo juicio contra Marquitos.

Franqui, Carlos (1921): Periodista y director de Radio Rebelde, emisora del Movimiento del 26 de Julio, y de *Revolución*, órgano oficial del partido. En 1968 se trasladó a Italia y rompió con el régimen al condenar la invasión soviética de Checoslovaquia. El gobierno cubano lo declaró traidor por sus campañas contra la represión en Cuba. En 1990 se retiró a vivir en Puerto Rico.

Frayde, Martha (1921): Dueña de la casa donde Marquitos conoció al matrimonio Ordoqui-García Buchaca en México, a finales de 1957. Temprana opositora a Batista y amiga de Fidel Castro desde 1950, al triunfar la Revolución fue nombrada directora del Hospital Nacional de La Habana. En 1976 fue acusada de ser agente de la CIA y condenada a veintinueve años de prisión. Tras una amnistía firmada por Fidel Castro, fue liberada en 1979 y se exilió en Madrid.

García Buchaca, Edith: Conoció a Marquitos en 1957 en México, durante una velada en casa de Martha Frayde. Fue la primera dirigente del Consejo Nacional de Cultura y tuvo un papel central en la constitución de la Unión de Escritores y Artistas de Cuba (UNEAC). Estuvo casada en primeras nupcias con Carlos Rafael Rodríguez, y en segundas con Joaquín Ordoqui. Tras el juicio a Marquitos, fue desposeída de todos sus cargos y vivió en arresto domiciliario junto a su marido hasta la muerte de éste.

Guevara Valdés, Alfredo (1925): Declaró como testigo durante el segundo juicio de Marquitos. A finales de la década de 1940, se inició como dirigente de las juventudes comunistas en la universidad. Después de la Revolución fue nombrado presidente del Instituto Cubano de Arte e Industria Cinematográficos (ICAIC), cargo que desempeñó durante más de cuatro décadas.

Guira, Dysis: Novia de Joe Westbrook.

Jiménez, Guillermo: Dirigente del Directorio Revolucionario y compañero de los jóvenes de Humboldt 7. Tras la Revolución fue comandante del Ministerio del Interior y testificó en el primer juicio a Marquitos. A resultas de su testimonio, cayó en desgracia y fue destituido. Durante los quince años siguientes fue el responsable de una planta de fabricación de betún.

Jiménez, Martha: Viuda de Fructuoso Rodríguez. Inició la investigación que inculpó a Marquitos como delator y actuó como testigo en el juicio. Tras la Revolución ejerció como embajadora en distintos destinos.

Leitao da Cunha, Vasco (1903-1984): Fue embajador de Brasil en La Habana de 1956 a 1961. Tras los crímenes de Humboldt 7, le proporcionó a Marquitos asilo diplomático en La Habana. Posteriormente ejerció el cargo de Ministro de Relaciones Exteriores de Brasil durante la dictadura de Humberto Castelo Branco. Murió en Río de Janeiro en 1984.

Machado Rodríguez, José (1932-1957): Fue asesinado en Humboldt 7 el 20 de abril de 1957. Se incorporó muy joven al movimiento estudiantil universitario y estuvo muy vinculado a José Antonio Echeverría en el proceso revolucionario. Fue uno de los participantes en el asalto al Palacio Presidencial.

Mora, Alberto: Dirigente del Directorio Revolucionario, junto a otros altos mandos del mismo actuó como parte acusadora en el juicio de Marquitos. Fue ministro de Comercio Exterior de 1961 a 1965. Se suicidó el 13 de septiembre de 1973.

Ordoqui García, Joaquín (1953-2004): Hijo de Joaquín Ordoqui Mesa y de Edith García Buchaca. Su infancia estuvo marcada por la prisión domiciliaria a la que estuvo sometido su padre, acusado de ser miembro de la CIA. En 1980 se exilió a Perú. En 1994 se instaló en Madrid.

Ordoqui Mesa, Joaquín (1901-1973): Comandante. Viceministro primero del Minfar (Ministerio de las Fuerzas Armadas Revolucionarias). Dirigente del Partido Socialista Popular (PSP). En 1964 fue acusado de ser agente de la CIA y condenado a prisión domiciliaria junto a su mujer, Edith García Buchaca. En 1973 murió sin ser rehabilitado por el gobierno cubano.

Pellecer Paniagua, Carlos Manuel (1920): Autor de *Útiles después de muertos*, una versión novelada del caso Marquitos. Fue miembro de la dirección del Partido Guatemalteco del Trabajo (comunista) durante catorce años y desempeñó cargos relevantes en el gobierno izquierdista de Jacobo Arbenz, hasta su derrocamiento por un golpe instigado por la CIA en 1954. En 1962, con la publicación de su libro *Renuncia al comunismo*, rompió oficialmente con el partido. Desde entonces ejerció destinos diplomáticos al servicio de varios gobiernos golpistas de su país. Actualmente reside en un albergue militar para ancianos a las afueras de Guatemala.

Roca Calderío, Blas (1908-1987): Desempeñaba el cargo de director del diario comunista *Hoy* durante el juicio de Marquitos. Antes había dirigido las huelgas generales de agosto de 1933, que derrocaron la dictadura de Machado. Secretario general del Partido Comunista de Cuba, con el triunfo de la Revolución apoyó a Fidel Castro y ayudó a disolver el partido.

Rodríguez Alfonso, Marcos Armando «Marquitos»: Acusado de delación en el caso del asesinato de Humboldt 7. Durante la dictadura de Batista estuvo vinculado al Partido Socialista Popular. Después de los hechos de Humboldt 7, inició un periplo por países latinoamericanos que terminó en México, donde conoció a Edith García Buchaca y Joaquín Ordoqui Mesa. En 1961 fue detenido en Praga y llevado a La Habana. Fue sometido a juicio por delación en marzo de 1964. Tras un segundo juicio de apelación en abril de 1964, fue condenado. En abril de 1964 fue sentenciado culpable y fusilado.

Rodríguez, Carlos Rafael (1913-1997): Histórico dirigente comunista. Fue el primer esposo de Edith García Buchaca y testigo durante el segundo juicio de Marquitos. En representación del Partido Comunista, entabló contacto con Fidel Castro y sus guerrilleros en Sierra Maestra. Después del triunfo de la Revolución, fue viceprimer ministro. Murió en La Habana en 1997.

Rodríguez Pérez, Fructuoso (1933-1957): Fue asesinado en Humboldt 7 el 20 de abril de 1957. Después del golpe de Batista en 1952, participó activamente en las luchas revolucionarias. En 1955 fue herido de gravedad en Matanzas. Antes de ser asesinado, desempeñó los cargos de presidente de la Federación de Estudiantes Universitarios (FEU) y secretario general del Directorio Revolucionario. En julio de 1956 contrajo matrimonio con Martha Jiménez.

Ruiz Cortés, Josefina «Yoyi»: Hija del embajador cubano en Praga, fue la novia de Marquitos durante su estancia en esa ciudad.

Valdés Menéndez, Ramiro (1932): Durante el caso Marquitos desempeñaba el cargo de ministro del Interior. Fue uno de los participantes en la reunión-careo que, a petición de Edith García Buchaca, mantuvo una comisión de la dirección del partido con el procesado Marcos. Antes había formado parte de la expedición del *Granma* y había participado en la lucha guerrillera de Sierra Maestra. Actualmente forma parte del gabinete ejecutivo de Raúl Castro.

Vallés Vivó, Raúl (1929): Testificó en el juicio de Marquitos como subdirector del periódico comunista *Hoy*.

Valls, Jorge: Único testigo de la defensa y amigo incondicional de Marquitos. En 1964 fue declarado culpable de conspiración contra el Estado y pasó veinte años en prisión. Sobre aquella experiencia trata su libro *Veinte años y cuarenta días: mi vida en una prisión cubana* (Encuentro, 1988).

Ventura Novo, Esteban (1913-2001): Fue el responsable policial del operativo de la calle Humboldt 7. Considerado uno de los pilares represivos del gobierno de Fulgencio Batista, alcanzó notoriedad como jefe de la Quinta Estación de Policía de La Habana durante la etapa final del régimen de Batista. Murió en Miami en mayo de 2001.

Westbrook Rosales, Joe (1936-1957): Fue asesinado en Humboldt 7 el 20 de abril de 1957. En 1952 fue promotor del Movimiento Nacionalista Revolucionario y, a partir de 1955, miembro del Directorio Revolucionario. Empezó la lucha armada a finales de 1955, durante la huelga azucarera, en un comando del que también formaba parte Faure Chomón. Cedió su refugio a sus tres compañeros de lucha y fue asesinado con ellos en Humboldt 7.

ÚLTIMOS TÍTULOS PUBLICADOS
EN LITERATURA MONDADORI